Aos queridos filhos dos bous
amigos Barbara e Jurgen,
ofereço com prazer

15-5-15

ANTÔNIO ERMÍRIO DE MORAES

DE MORAES

Memórias de um diário confidencial

José Pastore

ANTÔNIO ERMIRIO DE MORAES

Memórias de um diário confidencial

prefácio de **Fernando Henrique Cardoso**

3ª reimpressão

 Planeta

Preparação: Dida Bessana
Revisão: Tulio Kawata
Diagramação: Casa de Ideias
Imagem de capa: Lenise Pinheiro

CIP-BRASIL. CATALOGAÇÃO NA FONTE
SINDICATO NACIONAL DOS EDITORES DE LIVROS, RJ

P327a

Pastore, José, 1935–
    Antônio Ermírio de Moraes: memórias de um diário
confidencial/ José Pastore. – São Paulo: Planeta, 2013.
    360 p.

    ISBN 978-85-422-0014-0

    1. Moraes, Antonio Ermírio de, 1928–. 2. Empresários –
Brasil – Biografia. I. Título.

| 13-1680 | | CDD: | 926.58 |
| | | CDU: | 929:658 |

2014
Todos os direitos desta edição reservados à
Editora Planeta do Brasil Ltda.
Rua Padre João Manuel, 100 - 21º andar - Conj. 2101 e 2102
Edifício Horsa II - Cerqueira César
01411-901 - São Paulo - SP
www.editoraplaneta.com.br
atendimento@editoraplaneta.com.br

Sumário

Agradecimentos

As principais fontes para a elaboração deste livro foram as inúmeras anotações que fiz ao longo de 35 anos de convívio com Antônio Ermírio de Moraes.

Para relatar uma vida tão intensa, porém, isso exigiu a colaboração de várias pessoas que com ele conviveram. Agradeço, *in memoriam*, a Carlos Ermírio de Moraes, que deu valioso apoio para o desenvolvimento de uma pesquisa detalhada sobre seu pai. Sou grato também a Maria Regina Costa de Moraes e a seus filhos, que carinhosamente apontaram imprecisões e sugeriram acertos no texto aqui publicado. Destaco a ajuda preciosa de Celia Maria Cristofolini Picon, coordenadora dos Conselhos do Grupo Votorantim, que facilitou o acesso a uma vasta documentação sobre Antônio Ermírio. Sou igualmente grato a toda a equipe do projeto Memória Votorantim, que me ajudou a localizar documentos estratégicos, destacando aqui o primoroso trabalho de Silvia Pedrosa e Tânia Lima e dos assistentes Beatriz Izumino, Cinara Oliveira, Carlos Henrique Pedroso Mello, Clarissa Batalha, Dianaluz Corrêa, Kelly Mariane de Almeida, Lia Emi, Luís Branco, Marcus Borgonove, Priscila Mimoto e Sophia Gutierrez.

Agradeço ainda a Nelson Teixeira, Julio Yonamine e Paulo Pisauro – ex-colaboradores de Antônio Ermírio –, que cuidadosamente leram e criticaram vários trechos deste livro.

Um beijo muito especial à minha esposa Wilma, que pacientemente tolerou as prolongadas ausências durante a pesquisa e a redação deste livro e, ademais, com interesse e carinho, me ajudou a rever as várias versões – sem ela, nada seria possível.

Deixo ainda um agradecimento muito especial, com enorme admiração pelo seu talento, à escritora Ana Luisa Martins, que colaborou na revisão e no aperfeiçoamento de inúmeras passagens deste texto.

Sou grato também às secretárias Maria Valeria Tulini e Aparecida Carmen M. Leinmuller, que tão bem organizaram os arquivos pessoais de Antônio Ermírio de Moraes a que tive acesso.

Mas é claro que a responsabilidade pelos erros é inteiramente minha.

JOSÉ PASTORE

Um homem surpreendente

O SUBTÍTULO "MEMÓRIAS DE UM DIÁRIO CONFIDENCIAL" JÁ INSINUA QUE José Pastore fez mais do que um retrato biográfico de Antônio Ermírio de Moraes. Seu envolvimento afetivo e o relacionamento contínuo e próximo com Antônio Ermírio permitiram que por trás da descrição minuciosa de fatos e situações nos fosse revelada a riqueza de sentimentos de uma pessoa que, aparentemente, é só objetividade e, no fundo, se desmancha em emoções. Trata-se de uma quase autobiografia, com a vantagem de que o foco ora se aproxima do sentimento e da visão do biografado, ora permite vê-lo em ação, como se fosse uma cena teatral.

Antônio Ermírio, todos os que o conhecem sabem, tem uma personalidade forte, característica que também foi de seu pai, o senador José Ermírio de Moraes. Recordo-me de haver conhecido o senador por intermédio de um amigo, Fernando Gasparian, que me levou até seu escritório em São Paulo, lá por 1963. Na época eu fazia uma pesquisa para minha tese de livre-docência, que mais tarde se transformou no livro *Os empresários industriais no desenvolvimento do Brasil*. Não era habitual, naquele tempo, prestar-se muita atenção ao tema. Eu, que lera muito Max Weber e Werner Sombart, sempre tive a curiosidade de entender os processos inovadores na ação dos empresários. Havia aprendido com aqueles autores que a acumulação de capitais motivada pelo autêntico espírito de capitalismo fora mola fundamental para provocar as grandes transformações da sociedade industrial que se formara a partir do século XIX. E também que sem inovação é impossível refazer e ampliar os ciclos de crescimento econômico.

Para essa pesquisa, listei os principais empreendedores da época e suas empresas e fui pesquisar até que ponto um grupo de brasileiros, criadores de riqueza, poderia servir de base para assegurar o desenvolvimento autônomo do Brasil. Logo percebi que já havia um forte entrelaçamento de interesses entre os capitais agrários e os industriais e que a trama de associações dos empresários nacionais com os estrangeiros e com as multinacionais configurava um quadro bem distinto do que ocorrera nos países de "capitalismo originário". O senador José Ermírio, entretanto, era um exemplar raro (que tinha em Gasparian um torcedor e um seguidor), crente que era no papel positivo dos empresários nacionais e na especificidade dos interesses industriais em relação aos agrários e aos financeiros e, sobretudo, na importância de manter uma atitude "nacionalista", para se criar um Brasil próspero e desenvolvido.

Não foi, pois, surpresa para mim ver registrados neste livro os diálogos, pregações e obras teatrais de Antônio Ermírio, reafirmando, atualizando e guardando a mesma convicção e a mesma crença de seu pai quanto àqueles valores. Diria mesmo que, assim como o pai, Antônio Ermírio é o tipo ideal de "empresário nacional". Não no sentido menor, de quem defende interesses pessoais, mas no sentido de quem efetivamente acredita que o país necessita de empresários genuínos, isto é, de pessoas que acumulam para investir e não para consumir e que arriscam ao inovar para expandir a riqueza. Sua ação, crê Antônio Ermírio, pode fazer mais para o país se desenvolver e as pessoas progredirem do que quaisquer outras forças da sociedade. Utopia? Racionalização? Pode ser, mas também virtude: Antônio Ermírio cobra do empreendedor devoção, desprendimento, coragem e ação social. Não por acaso ele se tornou um pregador.

Desde os primeiros capítulos, com riqueza de pormenores, vão surgindo os familiares de Antônio Ermírio, a começar pelo avô materno, o lendário Pereira Ignacio até o pai, a mãe, os irmãos e, mais tarde, a esposa Regina, os filhos, sobrinhos, genros etc. Ao percorrer essa genealogia, José Pastore revela o núcleo de valores com que todos foram criados. A rigidez das expectativas – ah, como é bom, pensam todos, passar alguns anos numa localidade perdida dos Estados Unidos, em Golden, no Colorado, onde há uma famosa escola de metalurgia! A simplicidade da vida e mesmo a rudeza do cotidiano ensinam às pessoas e conformam-lhes o caráter. Geração após geração é assim; é na escola da vida, distante do conforto das casas paternas e da rede de apoio dos amigos influentes, que se moldam as virtudes necessárias, mais do que ao empreendedor, ao industrial ou ao capitalista, ao ser humano.

A têmpera de cada um, somada à motivação de tudo fazer para melhorar as pessoas e situações que os circundam, e à convicção de que não são os políticos nem é o governo quem indicam os melhores rumos para o país, formam o núcleo das convicções de Antônio Ermírio. Ele sabe que sem a política e os políticos a sociedade não funciona. Mas há que guardar alguma distância e manter a desconfiança: se algum político pede recursos para realizar um objetivo justo – edificar uma escola, uma clínica ou o que seja –, está bem; sendo possível, concede-se. Mas, atenção, é melhor fazer a obra e entregá-la ao uso público, mesmo que o governo ou um político leve a fama de havê-la feito, do que dar o dinheiro que pode escorregar pelas mãos da ineficiência ou da corrupção, elevando o custo da realização ou mesmo inviabilizando-a.

O que se destaca nessa narrativa é o modo como Pastore deu vida e alma ao enredo que conta. O ambiente familiar, os amigos, a Academia Paulista de Letras, as grandes obras sociais, como a ação na Beneficência Portuguesa, o industrial consolidador de um império, o homem público de coragem, o homem comum e até o criador artístico não aparecem no livro como "atributos de um grande homem" (que por certo Antônio Ermírio é), mas como expressão de uma vida. Vida, como a de todos nós, cheia de percalços e contradições. Mas que, no caso, é chama ardente: tudo que Antônio Ermírio faz o faz por inteiro. Nesse sentido, seu envolvimento na política eleitoral (e deste eu me lembro bem), sua quase ingenuidade, suas quase vitórias, não o transformaram em um político, mas deram-lhe maior sentido de realidade e, sobretudo, permitiram-lhe, ao se envolver com a política (que é sempre um desafio, uma tentação de se fazer um Pacto com o Demônio), sair dela com a cabeça erguida e mantendo suas visões, valores e procedimentos.

Os que viveram o período amargo dos governos militares sabem quanto custavam as palavras naquela época. Pois bem, a invenção de uma liderança empresarial nova, comprometida para além dos muros das fábricas com os rumos do país, como quando o jornal *Gazeta Mercantil* elegia os dez maiores líderes empresariais e estes faziam coro às pregações pela volta da democracia, foi poderoso instrumento para abalar a fortaleza autoritária. Entre essas vozes, o líder eleito e sempre reeleito, Antônio Ermírio, tonitruava, clamando por dias melhores. De igual modo, quando necessário, essa mesma voz esbravejava contra os equívocos da política econômica de governos todo-poderosos. Não era protecionista no sentido vulgar, mas reclamava da proteção a investimentos estrangeiros que não eram produtivos; opôs-se à política nuclear porque nossa riqueza era hídrica e não de urânio e porque podíamos explorar o etanol; nunca deixou de ter um pé atrás quanto aos juros e ao predomínio financeiro; manteve sempre uma visão crítica com respeito ao centralismo econômico governamental e foi cético a respeito de projetos estatais grandiosos que em geral fracassavam e embalavam o país no sonho de "milagres econômicos". E, principalmente, sempre manteve o tom de um sadio nacionalismo, não chauvinista nem infantil, e a convicção de que o empresário atua melhor do que o burocrata.

Nas empresas, o estilo de Antônio Ermírio era o dos manuais de empreendedorismo: decisões rápidas, corajosas, com objetivos estratégicos e, sobretudo, cobrança de comportamento devotado e de resultados. Para tanto, como se fosse um puritano dos que na Renânia deram origem ao capitalismo moderno e não o católico fervoroso que era, não se poupava. Houvesse um acidente em suas fábricas, fosse onde fosse, era o primeiro a acorrer e tentar remediar; fosse necessário importar equipamentos modernos para assegurar vantagens competitivas, lá ia ele em pessoa à Alemanha ou onde fosse verificar e comprar as máquinas. E, como Deus ajuda a quem cedo madruga, às sete da manhã estava em seu escritório, não sem antes haver passado na Beneficência Portuguesa para ver cada conta, cada procedimento cirúrgico e dar o exemplo. Expressão mágica que resume tudo: dar o exemplo, pedir que os outros façam o que ele também fazia bem.

Não me cabe antecipar o que se narra, para não tirar do leitor o gosto do percurso, mas no meio de tantas realizações, de tanto arrojo empresarial, a aparência de sisudez e de homem de observações cortantes – ainda mais vindas de alguém de proporções grandes, na altura e na compleição corporal – se desfaz na revelação do homem que é modesto (tem horror a que se noticiem suas benemerências e usa dinheiro de seu bolso para as obras sociais, e não vantagens fiscais), da pessoa que chora e aplaude, do ser humano sensível, mas que esconde essas características até dos mais próximos, passando antes a imagem da severidade. É que retidão, austeridade, compostura não são excludentes de solidariedade, emoção, ternura. O difícil, muitas vezes, é expressá-las, temendo o ridículo. Depreende-se desta biografia, em suma, o retrato humano de um grande realizador na vida prática.

Tão intrigante quanto o envolvimento de Antônio Ermírio com a política eleitoral foi seu envolvimento com o teatro. Ambos brotam do mesmo desejo: ser ator ou fazer os atores desempenharem para

provar a justeza de suas "causas". Estas foram muitas, mas na essên-
cia se concentraram em melhorar a educação para todos, oferecer
bons cuidados com a saúde do povo e criar condições favoráveis de
infraestrutura econômica, principalmente na energia. E não serão
esses os desafios contemporâneos? Que haja enveredado pela política para melhor propagar e, eventualmente, transformar em realidade
seus desejos é mais compreensível. Mas por que o teatro? Talvez
seja este o grande enigma, para o qual Pastore, sem desvendá-lo,
fornece a pista para algumas hipóteses.

Seria capricho de homem rico? Não parece: lia tudo que podia a
respeito de teatro e das encenações que montava. Assistia aos ensaios, ajudava a escolher diretores e atores, opinava sobre as cenas,
assistia a quase todas as representações que podia, engolia em seco
as críticas, nem sempre favoráveis, fazia o próprio José Pastore (ou
quem sabe este por seus próprios impulsos assim atuava) participar
de cada fase da escritura e da montagem da peça. Era algo, pois, ge-
nuíno nele.

Sabe Deus, portanto, por quais motivos Antônio Ermírio escolheu
trilhar um caminho difícil para quem nada tivera a ver até então com
escrever peças (crônicas semanais, sim) e muito menos com sua montagem. Talvez porque o autor teatral, de certo modo, é um demiur-
go: cria o mundo que deseja e faz as peças funcionarem conforme sua
vontade. Já que na vida real é tão difícil ser ouvido e mudar o curso
dos acontecimentos, sublimemos as dificuldades criando um mundo
no qual os personagens obedecem à vontade do autor. Por narcisis-
mo e voluntarismo? Talvez. Mas sejamos generosos no julgamento
do que não conhecemos: as motivações conscientes e inconscientes
de cada um. Por que não acreditar que em sua obra teatral o que realmente contava para o autor era a propagação daquilo em que acreditava, sua pregação constante? Os números de audiência atestam que,
de ser assim, as peças funcionaram: a pregação encontrou ouvidos
que nos comícios políticos talvez fossem menos atentos. Dito isso,
não deixa de ser interessante que uma pessoa como Antônio Ermírio
tenha ido buscar na arte – domínio aparentemente tão longe de seu

modo de ser – o meio de expressão. E, diga-se, foi buscá-lo em uma manifestação artística que é, por natureza, coletiva.

Em suma, o livro faz justiça a uma pessoa incomum de modo simples: narrando com simpatia como este grande homem agia, sem enfeitar ou desfigurar seus gestos cotidianos, nem deixar de mostrar, sem precisar calcar nas cores, quanto de grandeza havia neles.

Fernando Henrique Cardoso
março de 2013

O início de uma longa amizade

*"*Q̲u̲e̲r̲o̲ v̲e̲r̲ u̲m̲ B̲r̲a̲s̲i̲l̲ h̲u̲m̲i̲l̲d̲e̲, r̲e̲s̲p̲o̲n̲s̲á̲v̲e̲l̲,
t̲r̲a̲b̲a̲l̲h̲a̲d̲o̲r̲ e̲ q̲u̲e̲ s̲e̲j̲a̲ r̲e̲s̲p̲e̲i̲t̲a̲d̲o̲ p̲e̲l̲o̲ c̲a̲r̲á̲t̲e̲r̲
d̲e̲ s̲e̲u̲s̲ h̲o̲m̲e̲n̲s̲. I̲s̲s̲o̲ é̲ c̲h̲e̲g̲a̲r̲ a̲o̲ P̲r̲i̲m̲e̲i̲r̲o̲ M̲u̲n̲d̲o̲.*"*
Antônio Ermírio de Moraes

E̲s̲t̲e̲ l̲i̲v̲r̲o̲ n̲ã̲o̲ é̲ u̲m̲a̲ b̲i̲o̲g̲r̲a̲f̲i̲a̲ e̲x̲a̲u̲s̲t̲i̲v̲a̲. T̲a̲m̲p̲o̲u̲c̲o̲ u̲m̲a̲ n̲a̲r̲-rativa completa da vida e das realizações de Antônio Ermírio de Moraes. Trata-se de uma coleção de memórias que relatam meu convívio com ele durante 35 anos de boa amizade. É um depoimento que contém dados objetivos e apreciações pessoais, muitas vezes marcadas por adjetivos próprios do relacionamento entre amigos. Sim, porque nosso convívio é mais de amizade que profissional. Como amigo, sempre acompanhei sua atuação no campo social, assim como seus passos nas áreas da economia, da política e até da dramaturgia. Nunca tive um entrosamento profundo com os negócios de suas empresas, mas muito me beneficiei dos diagnósticos e soluções que meu amigo Antônio apresentou para os problemas do Brasil.

Sou feliz por ter desfrutado de uma grande intimidade com ele. Por telefone, conversávamos quase todos os dias. Uma ou duas vezes por semana tínhamos encontros pessoais. Às sextas-feiras, almoçávamos juntos – durante anos a fio. Por inúmeras vezes tive o prazer de recebê-lo em minha casa para "jogar conversa fora", assim como usufruí do privilégio de conviver com sua bela família. Acompanhei o crescimento pessoal e o desenvolvimento profissional de seus filhos. Tive a enorme satisfação de desfrutar a amizade de sua adorável esposa, Maria Regina, mulher forte, dedicada, inteligente e, para mim, protagonista de preciosas lições de vida, especialmente quando, depois de perder dois filhos queridos, Mario e Carlos, reforçou sua fé em Deus.

Neste relato, abordarei o que sei sobre a formação de Antônio, sua personalidade e seu jeito de ser, sua atuação como empresário influente, sua participação na política brasileira, suas obras no campo social, sua incursão no terreno do teatro e sua permanência na mídia e no cotidiano da vida brasileira. Tocarei muito em seus valores e princípios, relatando passagens interessantes e até pitorescas de sua vida.

Meu primeiro encontro com Antônio Ermírio de Moraes foi muito formal. Em 1979, o então ministro do Trabalho Murillo Macêdo, a quem eu assessorava, recebeu uma solicitação do empresário para mediar uma disputa sindical que afetava a Companhia Brasileira de Alumínio (CBA), pertencente ao Grupo Votorantim, do qual, na época, Antônio era superintendente. A fim de entender melhor do que se tratava, Macêdo convidou-o a expor a questão numa reunião em seu gabinete em Brasília, para a qual convocou vários profissionais – entre eles, eu.

Antônio Ermírio já era uma figura nacional. Eu acompanhava seus passos desde os anos 1960 – um empresário de sucesso, cidadão participante de importantes movimentos cívicos, formador de opinião e trabalhador contumaz, com fama de *workaholic*. Nem sempre, cumpre dizer, eu concordava com suas opiniões, mas nunca deixei de admirar a paixão que ele demonstrava pelo Brasil e de respeitar seu alto senso de responsabilidade social. Num país como o nosso, onde a maioria dos afortunados costuma doar algo à sociedade apenas uma vez por ano – de preferência, descontando o valor doado do Imposto de Renda a pagar –, a postura desprendida de Antônio Ermírio me parecia peculiar. Ele jamais abateu suas doações dos impostos, os quais, aliás, sempre pagou com pontualidade.

Voltando à conversa em Brasília, confesso que eu não estava preparado para o enorme impacto que senti naquele primeiro encontro. Antônio chegou na hora marcada, trajando um terno simples meio amarrotado, gravata fora de lugar, sapatos tipo Vulcabrás e uma pasta de couro bastante surrada na mão esquerda. Ao abri-la, alguns papéis desordenados saltaram sobre a mesa de reunião, e foi logo expondo ao ministro o motivo de sua solicitação: o Sindicato dos Metalúrgicos do município de Votorantim (hoje Alumínio), esmagado em meio a uma disputa acirrada entre CUT e Força Sindical, estava pressionando os funcionários para desligar os fornos da Companhia Brasileira de Alumínio (CBA), que nunca podem parar, sob pena de perder-se a fábrica. A produção já estava sendo prejudicada e não havia sinal de solução.

Concentrado e de cara fechada, Antônio descreveu fatos, apresentou relatórios, citou números e mais números – uma memória fabulosa! – e pediu a mediação do ministro para pôr fim àquela disputa e, com isso, voltar a produzir em paz. O assunto foi bastante debatido. Murillo Macêdo, que sempre se mostrou muito jeitoso no cargo que ocupou de 1979 a 1985, prometeu conversar com os dirigentes sindicais dos dois lados.

No primeiro encontro, fiquei meio intimidado pelo tamanho daquele homem – quase 1,90 metro de altura. Eu já o vira pessoalmente como palestrante, mas, naquele momento, ele me pareceu um gigante ainda maior pelo conhecimento profundo que tinha sobre os temas que abordou, pelas cifras impressionantes que envolviam seus negócios e pela contagiante crença no sucesso do Brasil.

Para mim, não foi uma conversa. O diálogo se limitou a Antônio e o ministro. Tomei nota de tudo e, para não parecer que eu era mudo, dirigi-lhe uma pergunta, respondida com uma extraordinária abundância de dados.

Terminada a reunião, como havia detalhes operacionais a combinar, a pedido do ministro conduzi-o à antessala do próprio gabinete, onde ficamos a sós por cerca de uma hora. Eu continuava inibido e ouvindo atentamente o que Antônio relatava. Mesmo porque ele não parou de falar um só segundo. Lembro-me bem do tom de sua fala – suave, sem arrogância, sempre com muita simplicidade e, aqui e ali, recheada com testemunhos de humildade que me deixaram fascinado. Discorreu sobre a origem do projeto, a construção da fábrica (CBA), a instalação dos equipamentos e os percalços pelos quais passou. Conhecia em detalhes a situação de todos os concorrentes no campo do alumínio, dentro e fora do Brasil. Entremeou a narrativa com inúmeras análises da situação econômica do país e do mundo, sempre com enorme fé em nosso país.

Anotei tudo o que precisava saber, nome dos dirigentes sindicais com quem falar para se chegar à pretendida mediação – o que ocorreu na mesma semana e com sucesso. As partes chegaram a um acordo e a paz voltou ao trabalho.

Na conversa a dois, chamou minha atenção a franqueza com que Antônio abordava todos os temas, inclusive os considerados "delicados" e que envolviam decisões tomadas pelos militares que estavam no poder. Ao longo da conversa, ele se manteve sisudo, mas, quando ensaiava um sorriso, este ganhava corpo, pois saía de um semblante fechado e até carrancudo.

Num dado momento, quis saber minha situação e o que eu lecionava na Universidade de São Paulo (USP). Expliquei-lhe que estava temporariamente prestando serviço no Ministério do Trabalho, pois minha atividade era a de ensino e pesquisa sobre questões trabalhistas e de recursos humanos na Faculdade de Economia e Administração daquela universidade.

Quando toquei no assunto educação, Antônio ficou mais entusiasmado, revelando sua preocupação com a baixa escolaridade dos brasileiros. Já naquela época via a má qualidade do ensino como um sério entrave para o crescimento econômico do país, para o exercício da cidadania e, consequentemente, para o amadurecimento da democracia, opinião com a qual concordei de plano. A conversa foi se tornando mais leve e me deixando descontraído. Mas ele continuou me chamando de "professor" e "senhor", malgrados meus esforços para convencê-lo do contrário.

Trocando ideias sobre nossa formação profissional, descobrimos ter um ponto em comum. Ambos havíamos estudado nos Estados Unidos – ele, na Escola de Minas do Colorado, onde se formou engenheiro metalúrgico, e eu, na Universidade de Wisconsin, onde obtive o título de PhD. em sociologia. Guardávamos lembranças semelhantes do rigor do inverno, da rígida disciplina de estudos e do proveitoso aprendizado.

A conversa ficou agradável e prosseguiu nesse clima até o fim. Na despedida, aconteceu comigo (saberia depois que com ele também) aquilo que ocorre poucas vezes na vida: tudo pareceu um encontro de velhos amigos e que desde sempre se conheciam. Antônio fez-me então o convite que sempre fazia a autoridades e técnicos quando acabava de conhecê-los:

– Gostaria de receber sua visita na CBA para que veja o que produzimos e o que fazemos a fim de gerar empregos na região. Acredito que pode ser útil para ilustrar suas aulas na USP.

Aceitei o convite satisfeito, mas a visita à fábrica só se concretizou muito mais tarde, porque para a mediação do impasse foi designado outro assessor do ministro do Trabalho. Não obstante, passei a ter contatos com Antônio em reuniões que envolviam outros empresários. Fazia parte de meu trabalho acompanhar as mesas de negociação entre empregadores e dirigentes de sindicatos. Em geral, o embate era tenso. Os primeiros anos da década de 1980 foram difíceis. O movimento sindical renascera com força, propelido, em grande parte, pela combatividade de Luiz Inácio da Silva, o Lula, então dirigente do Sindicato dos Metalúrgicos de São Bernardo do Campo. Surgia ali um novo sindicalismo, mais combativo e mais independente. Inúmeras greves eclodiram no período. Algumas se arrastaram por semanas, como a do setor automobilístico, que teve início em março de 1980, durante 42 dias e terminando com a lamentável prisão de vários sindicalistas e a intervenção do Ministério do Trabalho naquele sindicato.

Os embates sindicais não pararam ali. Ao longo do período de 1980-82, passamos por vários momentos de tensão naquele ministério. A diferença de interesses entre empresários e trabalhadores aflorava de forma descontrolada. Participei de várias reuniões em que Antônio Ermírio esteve presente. Raramente falava no começo. Observava atentamente o teor dos argumentos. No fim, emergia com alternativas mediadoras, e conseguia obter o apoio dos demais empresários e dos próprios dirigentes sindicais. Eu achava isso uma arte. Uma habilidade rara. Ao mesmo tempo, ele nunca abria mão de buscar a eficiência empresarial, crucial para garantir a competitividade das empresas.

Em várias circunstâncias, ele avançou mais do que o desejado pelos demais empresários. Isso criava descontentamentos na classe empresarial. Ao fazer propostas, ele revelava um estilo de administrar bem diferente da maioria. Antônio, seguindo a tradição de seu pai e de seu avô, proporcionava muitas oportunidades para os funcionários no campo da educação, extensivas aos familiares. O mesmo apoio era dado na área da saúde. Visitei várias de suas empresas posteriormente e constatei essa política na prática.

Minha simpatia por Antônio Ermírio foi crescendo a cada novo contato. Nos últimos meses em que trabalhei no ministério (início de 1985), nosso relacionamento se estreitou. Conversávamos bastante sobre a situação geral do país. Todavia, foi apenas em 1986 que consolidamos uma relação de profunda amizade. Tudo começou quando ele se candidatou a governador do Estado de São Paulo. Jacques Marcovitch, meu colega na Faculdade de Economia e Administração da USP e então presidente do Conselho de Administração da Companhia Energética de São Paulo (CESP), do qual Antônio fazia parte, sugeriu meu nome para atuar como coordenador do programa de governo naquela campanha. O próprio Jacques agendou nosso encontro para tratar do assunto, marcado para o dia 15 de abril daquele ano, às 7h30, na sede da Votorantim, na praça Ramos de Azevedo (centro da cidade de São Paulo).

Disposto a impressionar o anfitrião, cheguei 15 minutos antes do combinado. Só muito tempo depois ficaria sabendo que Antônio tinha horror a gente que chega adiantada, por sentir-se pressionado, ao mesmo tempo que detestava quem chegava atrasado, por sentir-se desrespeitado.

A secretária me acomodou na sala de espera e, às 7h30 em ponto, vi um gigante desengonçado entrando por uma porta para cumprimentar-me formalmente ("Bom dia, professor!"), e passamos para uma pequena sala de reuniões. Assim que sentei, notei, pendurado na parede, um mapa do Estado de São Paulo todo marcado com canetas coloridas e rabiscado com muitas anotações e números. Sem perder tempo, ele passou a descrever os principais problemas de São Paulo e do Brasil.

Eu esperava uma reunião breve, em vista da fama de Antônio de não dedicar mais que alguns minutos a seus visitantes. Surpreendi-me, portanto, ao ver de soslaio meu relógio de pulso marcar 8h, 9h, 10h, 10h30... Seu entusiasmo era crescente. Esquecera-se do mundo. Tanto que, às 11h, interrompeu para dizer:

– Professor, desculpe minha indelicadeza. Não ofereci nem um café para o senhor. Um momento, vou pedir à copa.

– Não há necessidade, doutor Antônio. Acho que já devo sair, pois seu tempo é precioso e escasso.

– Nada disso. O senhor não vai embora sem tomar um café.

Fiquei abismado e, ao mesmo tempo, amedrontado por encontrar um candidato que conhecia profundamente o Estado de São Paulo. O que poderia eu contribuir para um homem que, para cada problema, tinha uma solução, certa ou errada?

Fiquei encantado com suas ideias sobre a modernização da máquina administrativa que pretendia imprimir no governo de São Paulo. Lembro nitidamente da explicação que ele me deu sobre seu método de atender políticos:

– Sempre que um político me pede para financiar alguma coisa, por exemplo, a construção de uma escola, peço para me trazer o projeto. Primeiro confiro sua finalidade, depois entrego-o aos técnicos da minha equipe. Eles examinam todos os detalhes e contratam uma empreiteira que constrói a escola por um terço dos recursos que o político solicitou. Quando a obra fica pronta, deixo-o "faturar" a iniciativa.

E acrescentou, com uma ponta de ironia:

– Os políticos não ficam tão satisfeitos quanto ficariam se recebessem os recursos, mas para o povo é melhor assim. Faço três escolas com o que eles me pedem para fazer apenas uma.

Na ocasião, ele disse uma frase que, mais tarde, verifiquei fazer parte de seu ideário:

– Governar não é dar ordens, e sim fiscalizar, cobrar, acompanhar e fazer acontecer. Se eu fosse só dar ordens em minhas empresas, poderia entrar na Votorantim às 7h e sair às 7h30...

Mas do que mais gostei foi de seu pragmatismo:

– Se eu posso fazer isso na iniciativa privada, já imaginou quanto ganharemos em eficiência se fizermos no governo?

Outro tópico de nossa conversa foi sua experiência com obras sociais. Ele me explicou como era seu método de administração no Hospital da Beneficência Portuguesa, em São Paulo, do qual era presidente havia vários anos. Foi quando me dei conta de seu impressionante poder de memorização. Pasmo, ouvi-o listar de cabeça números e mais números: sabia de cor quantos quilos de roupa haviam sido lavados no dia anterior, quantos litros de leite consumidos, quantos pacientes internados, quantas bolsas havia no banco de sangue, como estava o estoque da farmácia e por aí afora. Não satisfeito, comparava os dados apresentados com os do mês anterior, destacando sua busca por eficiência máxima. Explicava tudo de maneira muito simples, pessoal e direta, sem a menor afetação ou complicação.

– Por que não se faz o mesmo nos hospitais públicos? – perguntava retoricamente. – Basta querer – respondia.

A conversa teve vários desvios. Com frequência pulávamos dos problemas de São Paulo para os problemas do Brasil.

Terminado esse encontro histórico e do qual saí quase sem rumo, Antônio marcou nova conversa para dali a três dias, passando-me a tarefa de recrutar técnicos para integrar as diferentes áreas da equipe que formularia o programa de governo. A partir da segunda reunião, nossos encontros tornaram-se diários, nascendo ali a amizade estreita que mantemos viva há muitos anos.

Na campanha, foram sete meses de convívio diário, exercitando a atividade que ele mais gostava de praticar: estudar. Todos os dias, antes de sair para passeatas, debates, comícios ou programas de televisão, ele se reunia com a equipe técnica, pedia detalhes sobre os principais problemas de São Paulo e, dono que era de uma praticidade que jamais vi, ensaiava ali mesmo as soluções. Foi também nessa época que tomei conhecimento de sua extraordinária capacidade de leitura – devorava os textos com uma velocidade impressionante.

O trabalho prosseguiu com intimidade crescente. Aos poucos, fui descobrindo seu lado controverso. Na política, usava de extrema franqueza. Isso era feito num mundo em que a sutileza das ideias era requisito de sobrevivência, o que preocupava os marqueteiros que temiam perder apoios importantes. Mas ele insistia na franqueza. Repetia aos quatro ventos que, em seu governo, a população paulista teria de ser bem atendida em todas as áreas, custasse o que custasse para os políticos.

Em pouco tempo, passei a entender as preocupações dos marqueteiros. Do ponto de vista deles, Antônio cometia verdadeiras heresias políticas. Ele afirmava na televisão e nos comícios que cobraria dos professores presença constante em salas de aula. Dos médicos, demandaria marcação de ponto e dedicação integral aos doentes. Dos comerciantes, exigiria a emissão de notas fiscais completas em todas as transações. Eram frases contundentes e condenadas pelos que cuidavam da propaganda da campanha. Desesperados, eles anteviam o risco de as corporações profissionais unirem-se contra o candidato. Ele não recuava: rebatia os argumentos dizendo que a população paulista queria um governo exigente e operoso, e era isso que ele proporcionaria.

Àquela altura, eu acreditava sinceramente que, se eleito, Antônio Ermírio de Moraes imprimiria um novo estilo à política do Brasil e não apenas à de São Paulo. Mas ele não foi eleito e, hoje em dia, já não tenho tantas certezas sobre as possibilidades de mudança daquele quadro político.

Jamais deixamos de praticar os papos a que nos habituamos durante a campanha. Sempre curioso, Antônio nunca mais parou de me instigar a debater com ele os problemas nacionais. Durante as palestras que dava, as ideias surgiam aos borbotões, calcadas em uma imensidão de números. Seus interesses eram variados. Saltava da engenharia para a medicina com a mesma facilidade com que relacionava história com demografia, e esta com educação e teatro – sua grande paixão. Quando questionado, rebatia com respostas imprevisíveis, que sintetizavam meditações profundas.

Para mim, o convívio com esse homem de sólida base teórica, excepcional espírito prático e riquíssimo lado humano, sempre foi uma grande escola. Aprendi muito com ele; acima de tudo, sobre como viver de maneira simples. Antônio Ermírio de Moraes é um dos homens mais ricos do país e, ao mesmo tempo, o dono da mais genuína simplicidade. Sempre foi indiferente a coisas materiais. Nunca praticou exibicionismo, nunca fez noitadas e, durante toda a vida, postergou suas férias para o semestre seguinte...

Antônio é um homem comprometido com o progresso do Brasil até o último fio de cabelo. Para tanto, trabalhou de forma alucinada. Nunca parou. E sempre ajudou o próximo. Apesar de suas imensas e variadas atribuições, sempre encontrou tempo para visitar um amigo no hospital, frequentar as enfermarias e se interessar pela vida daqueles que o cercavam. Como qualquer pessoa, tem seus defeitos – todos facilmente detectáveis: estopim curto, exageradamente exigente, autoritário –, mas são sempre superados pela magnitude das virtudes.

Nessas quase quatro décadas de convívio, partilhamos muitas de nossas alegrias e problemas pessoais. Desfrutamos juntos os bons momentos da vida e nos apoiamos na tristeza. Foi assim que se consolidou minha maior e mais profunda amizade. Hoje, embora ele esteja adoentado, visito-o com frequência em sua residência e continuamos a viver como irmãos. Narro neste livro o que pude observar sobre sua vida, seu jeito de ser, sua fé no Brasil, o apego à produção, a valorização da educação e o empenho na promoção de obras sociais, com o propósito de trazer à tona um pouco da obra realizada por esse operoso brasileiro.

A formação de um caráter especial

Antônio nasceu em São Paulo em uma família de quatro filhos. A diferença entre eles era de praticamente dois anos. O mais velho, José Ermírio de Moraes Filho, nasceu em 26 de novembro de 1926. Antônio, o segundo, é de 4 de junho de 1928. Maria Helena de Moraes (depois Scripilliti em decorrência de seu casamento com Clovis) é de 20 de setembro de 1930, e Ermírio Pereira de Moraes nasceu em 13 de maio de 1932. Os pais, José Ermírio e Helena, marcaram a criação dos filhos com valores profundos nos campos da ética, da moral e da fraternidade. José, Antônio, Maria Helena e Ermírio tiveram uma vida bastante harmoniosa e com muito carinho uns pelos outros.

Antônio foi uma criança cheia de energia que adorava jogar futebol e vôlei. Foi também um bom nadador. Na adolescência, transferiu a paixão do futebol para o tênis. Foi chamado diversas vezes para disputar campeonatos, mas sempre recusou com o mesmo argumento:

– Não quero ser tenista. Quero estudar.

Passou boa parte da infância na mesma casa em que nasceu, na avenida Paulista, quase esquina com a atual rua da Consolação. Era um casarão, adquirido por seu avô materno, Antonio Pereira Ignacio, em 1915. Ficava perto do Estádio do Pacaembu. Nele havia muito espaço para brincar, inclusive um belo quintal com árvores frutíferas. A construção não era lá muito bem conservada, segundo as lembranças de Antônio – ou talvez não apresentasse o mesmo padrão de manutenção que ele próprio passaria a adotar em sua residência, nas fábricas e nas obras sociais que apoiava.

O bairro do Pacaembu era um grande "precipício" coberto de mato. Uma verdadeira barroca, "cheia de perigos e homens mal--encarados", como diziam os mais velhos. Ao relatar as peripécias de menino, Antônio costumava me dizer que seus pais o proibiam de se aventurar por lá com uma ameaça definitiva: "Quem vai não volta". Apesar da vontade de conhecer a "terra proibida", ele se continha, mas confessou que dava suas escapadelas.

Aos quatro anos, Antônio começou a frequentar o jardim de infância no Colégio Elvira Brandão, uma escola tradicional na alameda Jaú e atualmente instalada no bairro do Morumbi.[*] Na mesma escola estudaram muitas personalidades de destaque na vida paulistana, como Paulo Autran, Ruy Mesquita, Dorina Nowyll, Tarcísio Meira, Gloria Menezes, Eva Wilma, Aracy Balabanian, Etty Fraser e os irmãos Cutaits, inclusive Raul, que mais tarde se tornaria confrade de Antônio na Academia Paulista de Letras.

Segundo o próprio Antônio disse certa vez:

– Comecei o curso primário com quatro anos. Meu irmão José tinha seis anos, mas eu não queria ficar em casa sozinho. Minha mãe atendeu e me matriculou na escola em que ele estava. Ele tinha a

---

[*] Nascida em 1879, Elvira Brandão foi uma professora de grande importância na educação em São Paulo: criou os primeiros cursos preparatórios para a Escola Normal Caetano de Campos.

cabeça muito boa, me ajudou o tempo todo, até na universidade em Colorado para onde fomos juntos.[1]

Antônio foi alfabetizado por Amélia Castelões e, depois, por dona Soledade Santos. A primeira era mãe do célebre professor de português José Rios Castelões, que, mais tarde, foi seu mestre no Liceu Nacional Rio Branco, na rua Dr. Vila Nova, onde Antônio completou o curso ginasial e o colegial. Sobre Castelões, Antônio disse certa vez:

– O saudoso José Rios Castelões exerceu uma influência enorme em minha vida. Li tudo o que ele sugeriu e muito mais coisas que brotaram das nossas gostosas conversas sobre Machado de Assis, Eça de Queiroz, José de Alencar e tantos outros. Ele estava convencido de que minha vocação era o Direito. Cheguei a cogitar isso. Mas o destino quis diferente. Fui para a engenharia.[2]

Dois dos vários amigos que Antônio fez no Rio Branco o seguiram durante toda a sua vida: Gerard Loeb e Paulo Lebeis Bomfim. Foi colega também de Chiquinho Matarazzo, que, como ele, ia para a escola de automóvel, embora nem sempre, porque Antônio gostava de usar o bonde, o meio de transporte mais corriqueiro da época. Os pais recomendavam que só tomasse o "camarão" – um bonde vermelho todo fechado e mais protegido. Entretanto, ele e os colegas preferiam o bonde aberto, onde se divertiam em farras arriscadas, pulando de estribo em estribo.

José Ermírio, pai, desempenhou um papel histórico naquela escola: salvou-a da falência. Foi quando comprou o prédio da rua Dr. Vila Nova e doou-o ao colégio. Mais tarde, viria a comprar um grande terreno no bairro de Higienópolis, de cinco mil metros quadrados, onde foi construído o novo Colégio Rio Branco.

A influência da avó e do pai

Uma das figuras mais marcantes da infância de Antônio foi sua avó paterna, a pernambucana Francisca Jesuína Pessoa de Albuquerque (1885-1940), de quem ele guarda a lembrança de "uma senhora perfumada, sempre envolta em roupas engomadas e imaculadas". Antônio considera dona Chiquinha (como era conhecida) uma visionária. Motivos não faltam, a começar pelo fato de ela ter enviado o filho José Ermírio para estudar "no estrangeiro" numa época em que os garotos pernambucanos mal terminavam o curso primário em Recife.

Chiquinha era filha de Ana Joaquina de Albuquerque e de Serafim Velho Camello Pessoa de Albuquerque, citado por Gilberto Freyre em *Casa grande e senzala* como chefe da tradicional família Pessoa de Albuquerque, muito respeitada na região da Zona da Mata. Casou-se com Ermírio Barrozo de Moraes (1861-1902), também da aristocracia açucareira, originária de Inhamã, no município de Igarassu. O casal foi morar em Nazaré da Mata (atual município de Aliança), onde Ermírio administrava o engenho Santo Antônio "como um patriarca remanescente de outras épocas", segundo o historiador Jorge Caldeira. Chiquinha e Ermírio tiveram cinco filhos, duas meninas e três meninos: Maria Amélia (Memé), nascida em 1893; Evangelina (Vanju), em 1895; Antônio, primeiro filho homem, em 1898 e falecido aos três meses de idade; José, em 1900 e, em 1902, o caçula Ermírio.

Nesse mesmo ano, duas tragédias abateram-se sobre os Moraes. Em agosto, morreu o velho Ermírio, não sem antes fazer a mulher prometer que mandaria o filho mais velho estudar.[3] Comenta-se que, após a morte do marido, Chiquinha teve um sonho em que ele lhe dizia: "Chiquinha, o José é seu, mas o Ermírio é meu". Mas Ermírio faleceu, aos seis meses de idade, razão pela qual seu irmão José incorporou o nome de Ermírio por ocasião da crisma, em homenagem ao pai e ao irmão.

Com duas meninotas e um menino de pouco mais de dois anos para criar sozinha, Chiquinha não fraquejou. Assumiu com unhas e dentes a administração não só do engenho Santo Antônio, como também de outro que haviam comprado antes de ela ficar viúva. Tudo isso em meio a um cenário econômico em que o setor açucareiro nordestino passava por grave crise.

Ao narrar todo esse histórico, Antônio diz com orgulho: "Minha avó foi uma mulher extraordinária. Nunca teve medo do trabalho. E o fez nas condições mais adversas. Na Zona da Mata, prevalecia o cangaço. Ela punha a tranca na porta às seis da tarde para se defender. E sozinha".

Fiel à promessa feita ao marido, Chiquinha enviou o único filho (que viria a ser pai de Antônio) para cursar o primário na cidade mais próxima, Lagoa Seca (atual Upatininga). Diariamente, José Ermírio era obrigado a deixar de lado as brincadeiras de pé no chão com a criançada do engenho e percorrer a cavalo vários quilômetros até a escola da professora Tecla Lemos, que o ensinou a ler, escrever e fazer as quatro operações. Tão logo o menino completou o primário, Chiquinha tomou uma decisão arrojada: fez o filho estudar no Colégio Alemão, em Recife, onde aprendeu inglês e alemão. Àquela altura, Chiquinha, num esforço hercúleo, procurava se informar sobre cursos no exterior. Em 1917, assim que o filho terminou o colegial, com 16 anos, encaminhou-o à Universidade Baylor, em Waco, Texas, onde ficou pouco tempo. Seu interesse era em metalurgia. Por isso, rumou para a melhor escola da época – a Escola de Minas do Colorado, em Golden, Colorado, onde foi um excelente aluno e se formou engenheiro metalúrgico em 1921.

A ousadia e a coragem de dona Chiquinha ainda permanecem na mente de Antônio: "Que coisa incrível! No meio de tanta precariedade, minha avó percebeu a necessidade de dar uma boa formação ao filho".

Depois de formado no Colorado, José Ermírio voltou para a propriedade da família. Chiquinha percebeu que, como engenheiro metalúrgico e conhecedor de minerais, ele teria melhor futuro em Minas Gerais, e não o deixou nem desfazer as malas. Ele foi logo trabalhar na prospecção de minas nesse Estado, em lombo de burro. Como a Usina Aliança de seu cunhado Belarmino Pessoa de Mello passava por dificuldades, José Ermírio voltou a Pernambuco, e ali constatou que o principal problema eram os equipamentos obsoletos. Resolveu ir à Europa em busca de novos.

Aqui começam as grandes coincidências de sua vida e, com isso, chegarei a Antônio Ermírio de Moraes. Na Suíça, José Ermírio conheceu o empresário Antonio Pereira Ignacio, e ambos conversaram muito sobre suas empresas. Pereira Ignacio gostou muito do jovem, a ponto de convidá-lo para trabalhar nas fábricas de sua propriedade – cimento, tecidos e cal – em Votorantim, São Paulo. A conversa foi feliz porque José Ermírio se animou não apenas com a perspectiva do trabalho como, principalmente, por ter conhecido a filha de Pereira Ignacio, Helena. Foi amor à primeira vista e fator adicional para aceitar o convite. Mudando-se para Votorantim, ele se apaixonou de vez por Helena. Depois de um curto namoro, casaram-se em 18 de maio de 1925.

Como as empresas passavam por sérias dificuldades, o trabalho de José Ermírio foi árduo, mas em poucos anos conseguiu pôr todas de pé, tornando-se rapidamente um empresário respeitado. Já no início da década de 1930, passou a ser considerado um dos mais expressivos líderes industriais do país, e assim continuou por muito tempo. Em 1962 entrou no mundo da política, sendo eleito senador pelo Estado de Pernambuco. Em 1963 foi ministro da Agricultura, cargo em que ficou poucos meses, voltando ao Senado Federal e exercendo seu mandato até 1970. Faleceu três anos depois, em 9 de agosto de 1973.

Conto tudo isso para mostrar que Antônio viveu em casa os mundos do estudo, dos negócios e da política. E, neste último campo, sempre ouviu de seu pai o seguinte conselho:

– Filho, jamais entre na política. Só tive decepções.

A engenharia nos Estados Unidos

A exemplo do que fez sua mãe, assim que os dois filhos mais velhos completaram o colegial no Rio Branco, José Ermírio providenciou a ida deles à mesma escola em que estudara nos Estados Unidos: a Escola de Minas do Colorado.

Antônio partiu para os Estados Unidos aos 16 anos de idade (como o pai), em meados de 1945. Embarcou com o irmão, José

Ermírio Filho, numa viagem que durou seis dias, em razão da pouca autonomia dos aviões e de irem parando de aeroporto em aeroporto ao longo do caminho, inclusive pernoitando em alguns. Fizeram oito escalas até Brownsville, no Texas, de onde tomaram um trem para Denver. Antônio lembra até hoje que chovia muito no dia do embarque. Os passageiros tinham os pés tão lambuzados de lama que o avião precisou ser forrado com jornais e, com esse tapete improvisado, decolou.

Antônio ficou nos Estados Unidos de agosto de 1945 a maio de 1949. Mais tarde, quatro de seus cinco filhos se formariam na mesma escola: Antônio, Carlos, Luis e Mario. Rubens se formaria na Universidade de Ciências Agrárias de Alfenas, em Minas Gerais.

A Escola de Minas do Colorado fica aos pés das Montanhas Rochosas, na cidadezinha de Golden, que, à época, contava com apenas 3,5 mil habitantes e, segundo Antônio, "três restaurantes péssimos e um cinema cheio de pulgas". Antônio formou-se engenheiro metalúrgico antes de completar 21 anos.

Logo que começou o curso, chamou sua atenção o orgulho com que os professores se referiam à contribuição técnica daquela escola para esculpir, no monte Rushmore (Dakota do Sul), a cabeça dos quatro presidentes norte-americanos: George Washington, Thomas Jefferson, Theodore Roosevelt e Abraham Lincoln. É uma obra realmente monumental.

Antônio morava num quarto individual na casa da sra. Kerry Parfait, no número 18 da rua 54, pelo qual pagava 15 dólares mensais – 10 pelo aluguel e 5 pelo banho diário. A senhoria não cobraria essa taxa extra se Antônio seguisse o padrão da maioria de seus companheiros estudantes – não mais que um ou dois banhos por semana.

Antônio guarda muitas lembranças do sofrimento que viu estampado na sociedade americana durante a Segunda Guerra Mundial. "Cada família tinha em sua janela uma bandeirinha com estrelas. A azul significava parentes vivos e a amarela, parentes mortos. Havia casas com quatro bandeiras amarelas: pai e filhos! Foi pesado aquilo."[4]

Apesar da guerra, as escolas não afrouxaram as exigências de bom desempenho para americanos e para estrangeiros. Os cursos eram semestrais, no outono, de setembro a janeiro, e na primavera, de janeiro a junho. Havia também os de verão, de julho a agosto, sempre frequentados por Antônio. Como todos eram muito puxados, ele logo viu que, nos Estados Unidos, era preciso levar uma vida espartana. Desde o primeiro dia, passou a estudar numa velocidade incrível e com uma carga horária brutal. Ficava sobre os livros até as duas, três horas da madrugada. No dia seguinte, estava na sala de aula às 7h30.

Certa vez, em meio a uma conversa, comentei com ele ter estudado 11 mil horas quando fiz meu doutorado nos Estados Unidos, de 1964 a 1967 – uma carga horária apreciável.

– Eu não contei as horas – retrucou Antônio –, mas sei que os fins de semana que deixei de aproveitar somaram uns 14 anos de minha vida... [risos]. Mas não me arrependo. Aprendi muito.

Antônio sempre se refere ao tempo de estudante no Colorado como o melhor investimento que fez na vida. Na maioria das matérias, obteve notas acima da média da classe. E justifica:

– Com 20 graus abaixo de zero no inverno, não havia outra coisa a fazer senão estudar todos os dias. Tínhamos aulas aos sábados, até o fim da tarde. Por isso, nos quatro anos em que fiquei nos Estados Unidos, tirei apenas sete dias de férias, para conhecer a cidade de San Francisco.

Com muito orgulho, ele relata o fato de ter recebido um convite pouco usual entre norte-americanos: um de seus professores (Edward Fischer) convidou Antônio e José, seu irmão, a participarem de seu almoço de Natal, ao lado de toda a família. Com apenas 16 anos, era um dos alunos mais novos da turma. Com os sentidos aguçados, ele logo percebeu que os norte-americanos julgavam os latino-americanos "gente de quinta categoria" e, tomando o preconceito como desafio, fez questão de "brilhar". Certa vez, um colega lhe perguntou:

– Tony [como era chamado], você já viu sua nota?

– Não.

– Então corra à secretaria.

Ele foi, apreensivo. Pensava saber bem a matéria, mas, diante do alerta do colega, perdeu toda a certeza. Ao chegar lá, teve uma grande surpresa: tirara 97, a nota mais alta da turma. Para um brasileiro, a alegria foi tanta que Antônio decidiu comemorar com uísque. Era a primeira e a última vez na vida que tomaria aquela bebida. Isso porque ele passou tão mal que precisou ser levado ao hospital, onde, depois de vários exames, descobriu algo importantíssimo sobre si próprio: nascera com apenas um rim. Ele tinha 20 anos e estava num país estranho. Sentiu-se desnorteado, certo de que estava condenado. Os médicos do hospital o tranquilizaram e deram-lhe orientações práticas de como lidar com a deficiência. Uma delas era tomar pouco uísque – ele o cortou de vez – e muita água – o que fez a vida toda.

O nome "Tony", para os americanos, era fácil de entender e de pronunciar, mas "Moraes" era um deus nos acuda. Pronunciavam "morreis", "moráos" e a maioria nem se aventurava. Intrigado com a dificuldade, ele encontrou uma maneira fácil para chegarem à pronúncia certa. E explicava que seu nome é composto de duas palavras inglesas: "more" e "ice". Os americanos passaram a pronunciar "more ice" e tudo se resolveu. "Pedi que me chamassem de 'mais gelo' e deu certo", diverte-se ao relembrar o episódio.

No Colorado, seu plano inicial era fazer engenharia de petróleo. Por isso, frequentou inúmeros cursos de química, muito além da quantidade necessária para um engenheiro metalúrgico. Manteve acesa a chama da engenharia de petróleo até o fim do segundo ano, quando seu pai lhe escreveu contando uma novidade:

– Filho, estão falando em criar uma empresa do governo para cuidar da exploração de petróleo no Brasil (a Petrobras). Se você quer ser funcionário público, continue nesse campo.

A notícia caiu como uma ducha de água fria. Como tinha restrições a trabalhar no setor público, Antônio mudou de ideia e resolveu seguir o ramo da metalurgia, decisão da qual jamais se arrependeu. Ele sempre viu o Brasil como uma grande fábrica que precisava ser alavancada de forma pragmática. Esse era seu plano, e assim o realizou.

Um curso levado a sério

O que marcou a estada de Antônio nos Estados Unidos foi o enorme empenho em fazer tudo bem-feito. No início do curso, achou a carga de matemática e química bastante pesada. Eram disciplinas de grande exigência no que tange a leituras e, sobretudo, na resolução de problemas e execução de experimentos – o que pode ser atestado no material escolar que ele guarda até hoje.

Pela análise de seus cadernos, depreende-se que o tempo investido na prática em laboratório equiparava-se ao que era dedicado à leitura dos livros. A gorda pasta por ele reunida com anotações do curso é de uma organização surpreendente. Boa parte está datilografada, com muita ordem e poucas emendas. Outra, escrita à mão, com letra legível e bem desenhada.

Além dos cursos teóricos, Antônio fez vários cursos de cunho prático. Um deles, curioso, foi sobre os primeiros socorros que se devem prestar no interior de uma fábrica. No fim, ele recebeu um certificado de conclusão que, com estes dizeres, exigia de seu portador manter-se atualizado: "O detentor deste certificado deve ser reexaminado anualmente para comprovar sua eficiência".

Consultando seus cadernos, verifiquei que vários foram revisitados ao longo de sua vida profissional. Encontrei inúmeras anotações cunhadas por ele mesmo muitos anos depois da conclusão do curso de engenharia, como:

> Este foi um dos anos mais árduos da última década (1965). Mesmo assim melhoramos muito em alumínio. Nosso produto está sendo bem aceito no Brasil e no exterior. Precisamos estar preparados, mais do que nunca, para produzir economicamente, pois é possível que em 1966 tenhamos mais um concorrente internacional – a Alcoa. Mas não há razão para ter medo, porque até lá estaremos capacitados para produzir tão bem ou melhor do que eles.

Em outros, encontrei mensagens de seus colegas de curso, como a de seu querido colega Patrick M. Settanni, com quem escreveu diversos *papers* em coautoria. O nome desse colega ficou gravado em sua mente. Recentemente, mesmo adoentado, ao me ouvir mencionar esse nome (que eu conhecia da leitura de seus apontamentos), ele rememorou muitos momentos agradáveis. No meio de seus cadernos achei um cartão-postal enviado por Settanni em 22 de junho de 1948, quando passava férias com a esposa em Chicago, em que dizia:

> Olá, Tony. Está tudo ótimo, e estamos nos divertindo muito. Luto para perder peso, mas só engordo, na verdade. O tempo está bom. Acho que partirei para o Kansas daqui a duas semanas. Devo voltar a Denver na última semana de julho. Não trabalhe demais e se divirta um pouco, se conseguir. Diga "oi" a todos. Pat e Margie.

É curioso que já naquela época alguém recomendasse a Antônio: "não trabalhe demais", conselho que obviamente nunca seguiu. Pelo que ele me relatou, Patrick era falante e tinha temperamento extrovertido. Devia ser o oposto de Antônio, sempre reservado e quietarrão. Terminado o curso, nunca mais teve notícia do amigo, mas seu nome está gravado em sua memória até hoje.

No terceiro ano de engenharia, a escola proporcionava visitas a inúmeras minas do Estado do Colorado. Ao voltar dessas viagens, Antônio apresentava *papers* caprichosamente datilografados, descrevendo os processos observados. No fim do curso, houve uma excursão pedagógica para conhecer as melhores minas e indústrias metalúrgicas dos Estados Unidos. Antônio sempre me relatou o choque que sentiu ao ver condições de trabalho tão precárias naquelas minas ao lado de tecnologias tão avançadas.

Tendo completado uma quantidade de cursos impressionante, Antônio estava pronto para fazer o mestrado e seguir para o doutorado. Mas teve de voltar ao Brasil. Anos mais tarde, viria a revelar uma frustração ao repórter que lhe perguntou:

– Doutor Antônio, qual é seu sonho não realizado? O que o senhor gostaria de fazer e não fez?

– Gostaria de tirar meu PhD em ciência, tecnologia ou até mesmo em artes. Faltava pouco para eu terminar o mestrado e seguir para o doutorado quando meu pai me chamou de volta ao Brasil. Voltei. Mas isso ficou atravessado.[5]

Como se vê, o sonho foi deixado de lado para atender ao pedido do pai. Um dia após sua chegada, às 6h30, no café da manhã, o pai chamou o filho, brilhantemente formado em Colorado, para anunciar:

– Preciso dizer uma coisa. Você vai trabalhar um ano na Votorantim, sem salário. É um período de experiência. Se você não der certo, não quero mágoas. Quero que procure emprego em outro lugar. Agora vista-se e vamos trabalhar.

Sem saber que começava ali uma fase agitadíssima de sua vida, Antônio estremeceu. Falou com seus botões: "Meu Deus, passei quatro anos sem voltar ao Brasil, estudei como um louco e, depois de tanto esforço, recebo essa proposta para trabalhar sem ganhar...".

Mas ele jamais se esqueceu da Escola de Minas do Colorado, e vice-versa. Foram várias as homenagens que a instituição lhe prestou após a diplomação – a mais tocante, quando fez 50 anos de formado. Na ocasião, o já célebre ex-aluno teve satisfação de encontrar vários antigos colegas de turma, como demonstram as inúmeras fotos, cuidadosamente guardadas até hoje, que tirou para registrar sua alegria.

As coincidências do amor

Pelas coincidências na vida de Antônio e Maria Regina, se poderia dizer que eles estavam mesmo destinados a construir juntos uma bela história. Os dois paulistas conheceram-se por acaso em Nova York. Maria Regina passava um período de férias na cidade, acompanhada da mãe, dona Rosa. Já Antônio vinha do Colorado, depois de sua formatura no curso de engenharia, e estava a caminho do Brasil. Era em Nova York que ele embarcaria de volta à sua terra, junto com a família.

Faço um parêntese neste ponto para reiterar que os pais de Antônio haviam passado por situação semelhante quando, em 2 de maio de 1924, José Ermírio de Moraes e Helena Pereira Ignacio conheceram-se por acaso, na Suíça, para, mais tarde, se casarem. E que dizer do improvável fato de o pai de Maria Regina ter nascido em Baltar, Portugal, cidade natal de Antonio Pereira Ignacio, avô materno de Antônio? As famílias se conheciam!

O primeiro encontro de Antônio e Maria Regina também foi uma coincidência. Com 17 anos, ela havia embarcado em Santos, com a mãe, no navio *Brasil* da Moore McCormick com destino a Nova York. Durante a viagem, acabou conhecendo dona Helena e Maria Helena, mãe e irmã de Antônio, que contaram que estavam indo aos Estados Unidos para assistir à formatura de um filho e irmão que terminara um curso de engenharia no Colorado. Elas conversaram muito durante a viagem e, antes de partirem para hotéis diferentes, trocaram telefones.

Na volta do Colorado, dona Helena convidou Maria Regina e sua mãe para um jantar e para conhecerem o filho. O primeiro encontro foi no restaurante Cascade Room em Nova York, em 30 de junho de 1949.

Antônio ficou imediatamente fascinado pela beleza da jovem campineira. Na tentativa de causar boa impressão, disparou a falar durante todo o jantar. Maria Regina também se impressionou com a inteligência e o carisma do aplicado estudante. Mas a conversa ficou num âmbito muito restrito. Antônio discorreu o tempo todo sobre os estudos, os cursos que fez, os livros que leu ou aqueles que estava em vias de comprar, recorda ela. E não era para menos. Afinal, ele havia passado quatro anos só estudando.

Maria Regina continuou em Nova York, e, no dia seguinte, Antônio zarpou para o Brasil. O navio fez uma parada no Rio de Janeiro, onde a família desembarcou para viajar de avião a São Paulo, a fim de assistir à festa de bodas de ouro do avô Pereira Ignacio.

O namoro entre os dois demorou a decolar. Houve avanços e recuos, mas, bem ao estilo de Antônio, a paixão brotou como um sentimento sólido, profundo. Ele passou a inventar motivos para ir a

Campinas, onde o pai da futura esposa, Firmino da Costa, fundara um curtume ao chegar de Portugal, e vira nascer ali Maria Regina, em 24 de outubro de 1932. O casamento civil ocorreu no dia 20 de junho de 1953, em Campinas, e sete dias depois, no religioso, em São Paulo.

O fato mais conhecido foi a ilusão da lua de mel do casal. Em seu afã de bem utilizar o tempo, Antônio "aproveitou" a estada na Europa para visitar fábricas e conhecer os avanços tecnológicos no campo da metalurgia. Na Áustria, foi a várias empresas, pois tinha notícia de que o país inventara um processo revolucionário de fabricação de aço. Da Áustria foram para a França. Chegando a Paris, Antônio disse a Maria Regina:

– Fique tranquila, porque aqui vou ver rapidamente só uma fábrica de alumínio.

Durante a visita, ele descobriu que havia outra empresa importante no interior da França. Telefonou à esposa para que se preparasse para tomar o trem à noite, pois queria iniciar o dia dentro daquela fábrica. E assim prosseguiu a "lua de mel" de Antônio Ermírio e Maria Regina.

– Mas não foi uma viagem perdida – diz ele seriamente –, porque a Regina aprendeu coisas interessantes sobre alumínio...

É certo que Antônio tem um espírito trabalhador incansável, mas houve outro motivo para aquela conduta. Ele viajara à Europa no meio de uma crise. Uma semana antes de seu casamento, a Construtora América, que estava levantando a Usina Elétrica de Juquiá, parte da rede da CBA, falira. Antônio embarcou com isso em mente e sob forte pressão. Durante a lua de mel, foi forçado a dar inúmeros telefonemas (meio de comunicação precaríssimo na época) para contratar outra construtora. Ao se referir ao episódio, justifica:

– Durante nossa viagem de núpcias, passei um bom tempo cuidando de uma falência. O problema se tornou complicado quando eu soube que o dono da empresa havia fugido para os Estados Unidos. Como podia usufruir de uma lua de mel com tais problemas me acompanhando?

Antônio costumava dizer à Maria Regina que lhe devia uma lua de mel de verdade e que a teriam "assim que possível". Ela espera por isso até hoje. O fato é que Antônio nunca gostou de viajar para o exterior, embora adore geografia, sendo fã da revista *National Geographic*. Também passava horas estudando o atlas, convidando Maria Regina para acompanhá-lo em suas viagens imaginárias.

– Nós viajamos muito pelo atlas – diz ela até hoje, com doçura.

Os jornalistas sempre provocaram Antônio por causa de sua ojeriza a viajar para o exterior. Uma vez ele confessou ao repórter João Dória:

– Espero que nos últimos anos da minha vida possa viajar um pouco mais. Sinto falta de muita coisa. Gostaria de visitar os bons museus do mundo. Conheço muitos deles, mas só por estudo. Quem sabe, quando eu me aposentar...

– Quando será isso, doutor Antônio?

– Talvez quando eu completar 65 anos [estava com 63].[6]

Isso nunca ocorreu. Suas responsabilidades profissionais foram galopantes. Ademais, sua família cresceu muito e em pouco tempo. Em 20 anos, nasceram nove filhos: Antônio Ermírio Filho, Carlos Ermírio, Rosa Helena, Mário Ermírio, Luis Ermírio, Vera Regina, Rubens Ermírio, Maria Lúcia e Maria Regina.

A vida em família

Ninguém conheceu e amou tanto Antônio Ermírio como Maria Regina. Durante o convívio de 60 anos, ela sempre soube compreender a volúpia do marido por construir um Brasil melhor. Resignou-se com sua ausência no dia a dia da família. Quando ela perguntava: "Por que não acrescentar um pouco de leveza, de lazer a esse ritmo de trabalho que foi imposto, indiretamente, a todos nós?", Antônio respondia com um novo projeto e um complexo desafio. A vida toda ele repetiu uma frase que ouvira de seu pai:

– Os políticos passam, o Brasil fica.[7]

Tão amorosa quanto forte, Maria Regina sempre foi o esteio da família e a companheira de todas as horas, mesmo sabendo que a grande paixão de Antônio era o trabalho. Para provar sua tese, costuma dizer, entre resignação e lamento:

– Ele não sabe descansar. Tem vergonha de ficar na piscina enquanto os empregados estão trabalhando...

Em uma entrevista a Jô Soares, em 1996, Antônio recebeu à queima-roupa a seguinte pergunta:

– Antônio, quantas vezes você entrou na piscina de sua casa?

Ele ficou visivelmente encabulado, sem saber o que dizer, e deixou escapar de seus lábios poucas palavras sem muita convicção:

– Sei lá... Algumas.

Maria Regina, que estava presente, esclareceu com humor e carinho:

– Em 35 anos, ele entrou apenas três vezes. A primeira para tirar o neto da água, a segunda para salvar um cachorro e a terceira por estar com muito calor [*risos*].

Para mim, Antônio reconheceu ter exagerado no trabalho. Mas era tarde demais. O tempo havia passado. Sua juventude ficara para trás. E, na tentativa de aliviar seu sentimento de culpa, dizia:

– Minha mulher é uma heroína por aguentar meu ritmo reconhecidamente alucinante. Como é muito inteligente, sabe me compreender. Apegou-se aos filhos e também aos netos. São todos muito bem formados, graças a ela.

Isso não era suficiente para lhe dar conforto. Ironicamente, ou talvez para compensar suas próprias frustrações, ele me criticava:

– Você trabalha demais. Sua profissão o afasta da família. Ler, pesquisar e dar aulas são atividades solitárias. Dê mais atenção à Wilma [minha esposa] e a seus filhos.

– Reconheço meus defeitos, Antônio. Mas eles diferem dos seus em um importante aspecto: na intensidade. Em relação à família, você é muito mais ausente do que eu.

– Como assim? Você sabe que não durmo fora de casa a não ser em casos muito especiais, e você vive mais em Brasília do que em São Paulo.

– Realmente. Mas, quando estou em São Paulo, procuro ficar próximo dos meus.

– Procura, mas não fica... É melhor acabar esta conversa porque, pelo que vejo, estamos no mesmo barco.

Eu só tinha de concordar com ele. Sofríamos do mesmo mal.

O rigor de Antônio com os filhos era semelhante ao que recebera de seu pai. Já se contou aqui que, quando voltou ao Brasil com o diploma de engenheiro, foi chamado pelo pai, que lhe propôs um trabalho sem remuneração. Se, na época, Antônio levou um susto, ao longo de sua vida repetiu o tempo todo que a lição do pai foi uma das mais valiosas que recebeu e, por isso, agia do mesmo modo com seus filhos. Certa vez, o mais velho, Antônio Ermírio Filho, ainda adolescente, ficou de recuperação na escola. O pai não teve dúvida: colocou-o para trabalhar durante todo o período de férias em uma de suas fábricas, sem salário. Foi de onde tirou um ensinamento que repetiu a vida toda:

– Não crio meus filhos com ar-condicionado no verão e calefação no inverno para que não se acostumem ao luxo fácil e à vida mansa. O melhor que posso deixar para eles é educação e apego ao trabalho. Ganhar sem trabalhar pode ser bom para o bolso. Mas é péssimo para o caráter.

Em minhas longas conversas com meu amigo, eu tinha sentimentos contraditórios, e duvidava da eficiência do rigor excessivo na educação de seus filhos. Por outro lado, agradava-me a firmeza com que lhes transmitia os valores de responsabilidade e humildade nos quais acreditava. Quantas e quantas vezes ele me repetiu o lema: "A arrogância é a pior herança para se deixar a um filho. Depois da arrogância, as piores doenças são a indolência e a preguiça".

Certa vez perguntaram-lhe o que ele pretendia fazer com sua herança. E ele respondeu de pronto:

– Estou colocando todos os meus filhos para trabalhar.

A um repórter que desejava saber o que ele fazia com tanto dinheiro, respondeu:

– O dinheiro foi feito para ser bem empregado porque não tem nenhum valor em si mesmo.[8]

A jornalista Marília Gabriela, no meio de uma entrevista, exclamou:

– Antônio! Você é o homem mais rico do Brasil. O que se faz com tanto dinheiro?

– A riqueza tem de ser interna e não externa – respondeu de imediato.[9]

Essa é sua filosofia. Nunca foi de dar mesadas generosas aos filhos. A eles, repetia:

– Todo jovem precisa aprender que é preciso trabalhar duro. Meu avô, quando começou, era um simples sapateiro. Ganhou a vida trabalhando.

Antônio tem um lado afetuoso, porém oculto. Para os filhos, sempre mostrou uma personalidade fechada. Mas o que sempre o perturbou foi a dificuldade para expressar o que sente. Em consequência, suas manifestações sempre foram mais para corrigir do que para acariciar. Mario Amato, que conhece bem a personalidade do amigo, costumava dizer:

– Antônio, seja menos rigoroso com seus filhos. Você é mais aberto na empresa do que na família. Procure conversar mais com seus meninos e meninas.

Seu filho Rubens Ermírio me contou certa vez que, quando decidiu se casar com a namorada Denise, foi à casa do pai, num domingo, para fazer o anúncio. Mal iniciou a conversa, recebeu um balde de água fria de Antônio:

– Passe amanhã às 7h30 na Votorantim para tratarmos desse assunto.

Pelo que pude observar, os filhos se ressentiram desse distanciamento, embora todos mantenham até hoje uma verdadeira veneração pelo pai. Muitas vezes os ouvi comentar que o pai tem um coração bem maior do que os seus quase 1,90 metro de altura. A psicóloga Rosa Helena, a mais velha das filhas, resumiu a mistura de carinho e disciplina do pai desta maneira:

– Algumas lembranças são evocadas de nossas memórias como a de um homem sério, olhos penetrantes, para o qual um simples olhar já dizia tudo e todos se calavam. Medo? Respeito? Sim, acreditamos que esses sentimentos tenham permeado nossa existência. Mas havia também momentos de descontração presentes no doce cheiro do algodão-doce colorido que comíamos aos domingos no zoológico, no contato com a natureza e com os bichos. Depois de tanto caminhar, o outro programa era alimentar mais substancialmente nosso "bando", e que apetite! Íamos a uma cantina bastante barulhenta na famosa rua Augusta. Lá sentávamos em uma mesa que com certeza fugia dos padrões mais convencionais de uma família "normal" constituída por pai, mãe e, no máximo, dois irmãos. A nossa era mais numerosa, mais barulhenta e, muito, muito faminta! As brincadeiras no mar de Bertioga também são motivo de boas lembranças, assim como as caminhadas na praia cantarolando o "Chico Barrigudo". Não menos importantes são os almoços de quarta-feira, uma tradição que já se estende na família e é carinhosamente aguardada por todos. Essa é a hora em que as gerações se encontram para matar as saudades, colocar a conversa em dia e, de certa forma, dar continuidade à tradição que vinha de sua mãe, a vovó Helena, e, até agora, mantida por nossa mãe Maria Regina, de agregar a todos e transmitir, de maneira muito sutil, valores de respeito e união familiar.[10]

Desnecessário dizer que Maria Regina sempre percorreu o caminho oposto do marido. Sabia tudo sobre sua família, distribuindo amor para todos os filhos, noras, genros e netos. Para cada filho tinha a dose certa de atenção e carinho. Nunca fez diferença entre eles. Foi e é uma grande mulher.

Entre os três irmãos de Antônio, José sempre atuou como mediador nas pequenas desavenças que raramente eclodiam entre eles. Antônio valorizava muito essa virtude do irmão. Volta e meia me dizia:

– Nos negócios, os desentendimentos em família destroem mais do que a concorrência. Esta, a gente vence pela competência. Aqueles, só evitando. Para tanto, é preciso cultivar a tolerância.

Em 1993, baseada em comentários de Paulo Maluf, a imprensa especulou sobre um eventual desentendimento entre Antônio e José. Antônio ficou irritadíssimo. Além de explicar-se diretamente com José, publicou uma carta aberta em sua coluna dominical na *Folha de S.Paulo*, na qual dizia:

Nós, que trabalhamos juntos há 43 anos em um clima de paz e respeito, não podemos permitir que outros interesses nos desagreguem. Por tudo isto, meu caro José, é que venho a público para manifestar o meu total apoio à sua conduta. Para desespero de alguns é preciso que todos saibam que estamos mais unidos do que nunca.[11]

O mal-estar foi prontamente superado. José adoeceu antes de completar 80 anos. Foi uma doença grave – um tumor maligno na laringe. Antônio sentiu profundamente, aproximou-se ainda mais do irmão e o apoiou na dura jornada. Ele "fabricava" tempo para ficar com o irmão. Estive presente ao último almoço dos dois no Restaurante Ca'd'Oro, em São Paulo. Antônio ficou contente porque, apesar dos danos da cirurgia e da radioterapia, José conseguiu comer bem as fatias de presunto cru de que tanto gostava. Por cruel ironia do destino, José morreu em consequência da doença que ocupou grande parte de sua vida, quando foi presidente do Hospital do Câncer. Faleceu em 11 de setembro de 2001 na hora em que as Torres Gêmeas estavam sendo destruídas em Nova York. A comoção dos amigos presentes foi amplificada pela perplexidade do histórico desastre. Para Antônio, a agonia de José marcou um dos tempos mais difíceis de sua vida.

Antônio sempre teve um bom relacionamento com sua irmã, Maria Helena. Tal como ele, é uma mulher forte, ponderada e extremamente afetuosa. Por ocasião do octogésimo aniversário dele, assim se expressou:

– Sendo sua única irmã, tenho bem viva na minha memória as brincadeiras, artes e até as briguinhas que tivemos na infância, e também a camaradagem, o companheirismo e a amizade de nossa adolescência até nossa "velhice". Contei sempre com a presença dele, principalmente nos momentos difíceis que a vida nos trouxe. É uma alegria vê-lo em companhia da Maria Regina, a qual, para nós, cunhadas, é a irmã que não tivemos, e dos filhos maravilhosos, por quem tenho um carinho especial.[12]

Calmo, carinhoso e muito inteligente, Ermírio é o caçula. Também se formou em engenharia nos Estados Unidos, em Tucson.

Sempre guardou boas lembranças da infância, ao lado de Antônio e dos outros irmãos:

– Você e José me pareciam sempre grandes quando éramos criança. Eu era, respectivamente, quatro e seis anos mais moço. Nessa fase, era muito tempo. Era o irmão pequeno entre vocês e Maria Helena. Apesar disso, tivemos todos uma infância feliz com brincadeiras simples. A maratona para chegar a Bertioga, que nos parecia outro mundo, cheio de surpresas, as cobras, o barco de acesso, as pescarias, a aventura do isolamento. Nossa mãe, corajosa, enfrentava bem tudo isso, pois nosso pai, com tão pouco tempo livre, ainda se preocupava em zelar para que tivéssemos a melhor experiência do contato com a natureza. À medida que crescemos, acabei indo mais cedo estudar nos Estados Unidos para não perder o tempo em que vocês ainda estivessem por lá. Sabíamos que era uma oportunidade excelente que nosso pai se empenhava em nos dar. Tinha orgulho de poder seguir seus passos e cumpri meu programa quase sem voltar a ver minha família.[13]

Antônio sempre disse que queria morrer trabalhando. Em uma entrevista concedida em 1988, reafirmou:

– Como tenho 40 anos de trabalho, na base de 12 horas por dia, trabalhei 50% a mais do que o normal nestes meus 60 anos de idade. Como comecei a trabalhar aos 21 anos, tenho 80 anos de trabalho. Está na hora de ir embora para casa, né? Mas eu não quero isso. Quero que Deus me dê saúde para eu morrer trabalhando.[14]

Dez anos mais tarde, Antônio repetiria a mesma frase no programa de Juca Kfouri:

– Quero morrer trabalhando...

– Esse é o melhor remédio para se ter saúde e sanidade a vida inteira – respondeu Juca.[15]

Por ironia do destino, Antônio acabou tendo uma combinação de doenças que afetaram sua mente e seus movimentos, imobilizando-o na cama durante os anos em que ele pretendia continuar sua trajetória de realizações.

O espírito de disciplina dominou toda sua vida. Trabalhar, ser humilde e ser econômico eram lemas permanentes. O hábito de economizar veio do exemplo do pai. Quem trabalhou com José Ermírio de Moraes lembra que, depois de uma longa jornada de 12 horas, ele apagava as luzes de todas as salas do escritório antes de sair, especialmente, para chamar a atenção de quem as deixara acesas. Antônio costumava dizer:

– Fui criado debaixo da batuta portuguesa, que não admite desleixo.

Há nele, porém, um detalhe intrigante. De um lado, gastava o que fosse necessário para comprar o melhor laminador do mundo ou o mais moderno tomógrafo para a Beneficência Portuguesa. De outro, controlava rigorosamente os gastos de todos os insumos, em casa, nas empresas e nas obras sociais. Ele não se conforma com a sociedade americana, que, nos últimos tempos, ficou perdulária. Ele vê nisso um perigo:

– Mais cedo ou mais tarde, vai acontecer alguma coisa séria nos Estados Unidos, pois não é possível para um povo gastar mais do que ganha o tempo todo.

A solidariedade com os amigos

Gerard Loeb, já mencionado, é um dos mais antigos amigos de Antônio e sempre frequentou sua casa. Seu pai, Mark Loeb, foi muito amigo de Antonio Pereira Ignacio, avô de Antônio. Tinha uma loja de joias na rua São Bento, próximo à Votorantim, que ficava na rua 15 de Novembro. Era ali que os amigos se encontravam, num tempo em que tudo funcionava de portas abertas no centro da cidade – até as joalherias! José Ermírio de Moraes herdou a amizade do sogro e cultivou-a. Quando se casou, Mark presenteou-o com duas belas alianças. Em 1955, José Ermírio adquiriu a casa de Mark, na esquina da rua Costa Rica com a rua México, e presenteou-a a seu filho, José. Gerard era vizinho e quase parente. Brincavam juntos, costumava viajar com os Moraes para Bertioga e não perdia um aniversário do clã. Quando Antônio voltou do Colorado, ele o acompanhava a Campinas, onde morava a namorada querida, Maria Regina.

Outro colega de ginásio que mantém forte amizade com Antônio é o poeta Paulo Bomfim. Com muita emoção, na posse de Antônio na Academia Paulista de Letras, o "Príncipe dos Poetas" assim o saudou:

– As aulas de dona Amelinha (Amélia Castelões), de dona Ana, de dona Maria e de dona Leontina fazem parte do acervo de nossas melhores lembranças. Ali no Rio Branco, sob o olhar de nossos mestres, você, seu irmão José e eu, nos idos dos anos 1940, consolidamos uma amizade que atravessaria décadas e décadas, mantendo vivos sonhos e travessuras que alimentam nosso sorrir de hoje. Hoje, dois meninos disfarçados em dois senhores se abraçam, e o mais velho quase solenemente diz: "Bem-vindo à Academia Paulista de Letras, meu querido acadêmico Antônio Ermírio de Moraes".

O apoio de Antônio quando algum amigo caía enfermo era sempre extraordinário. Assim que sabia de algum caso, oferecia imediatamente seus préstimos. Quando solicitado, agia no ato, sem piscar: ligava para o administrador da Beneficência Portuguesa, e tomava todas as providências para receber o paciente no hospital com atenção e carinho. Sei isso de cátedra – ou de cama –, pois fui operado seis vezes naquele hospital. Em todas elas, apesar de suas imensas responsabilidades, Antônio me visitou duas vezes por dia e telefonou outras tantas para ter notícias. Durante as visitas, dava-me insistentes conselhos:

– Você precisa aprender a viver mais a vida, a ficar mais com a família, a ter menos estresse – dizia, sem o menor moral, pois os conselhos cabiam mais a ele do que a mim.

Espantava-me constatar que sempre sabia os resultados de meus exames e cirurgias antes de mim ou de minha mulher, Wilma. Ao descobrir o diagnóstico, passava a acompanhar tudo passo a passo. Certa vez, como a Beneficência Portuguesa não tinha determinado aparelho, fui operado do intestino no Hospital Oswaldo Cruz para a retirada de um pólipo. Interrompendo sua participação num encontro com a Associação Internacional de Alumínio, em Montreal, Antônio ligou diretamente para a sala onde eu estava sendo operado e conversou com o médico, dr. Joaquim Gama Rodrigues, para saber como estavam indo as coisas. Só não mandou me chamar porque eu estava anestesiado...

Tendo ficado desapontado com o fato de eu ter feito a cirurgia no Hospital Oswaldo Cruz, ele me ligou antes da alta hospitalar para dizer:

– É a última vez que um paciente faz esse tipo de cirurgia fora da Beneficência, porque já mandei comprar a versão mais moderna desse aparelho. E pedi ao dr. Ricardo Sobrera para colocá-lo em uso imediatamente.

Em 2001, tive uma obstrução nas coronárias, submetendo-me a um cateterismo na Beneficência Portuguesa com o dr. José Armando Mangione. Antônio fez questão de acompanhar o exame ao lado de minha esposa, diante de um monitor. Antes que os médicos tivessem oportunidade de se pronunciar, apontou para o monitor e disse à Wilma:

– Pronto. Aqui está a obstrução, mas já vamos cuidar disso.

Como estava vestido e higienizado como mandam as regras, Antônio entrou na sala de cirurgia para confirmar o diagnóstico e "indicar a terapêutica" ao dr. Mangione:

– É caso de *stent*, não é?

Sem dar tempo para ele responder, e como o cateterismo tinha sido feito pelo braço, e não pela virilha, como é mais habitual para a colocação de *stent*, perguntou ao médico:

– Dá para colocar pelo braço e resolver tudo já?

Ao obter resposta positiva, voltou a seu posto de observação, ao lado de minha esposa, para "supervisionar" a colocação, não de um, mas de dois *stents*. Quando estes chegaram ao local de destino (na coronária obstruída), abraçou Wilma, radiante:

– Pronto. Fique tranquila. Ele está curado! Agora vou para o escritório para trabalhar em paz. Meu grande amigo está novo em folha.

Cinco anos mais tarde, tive de colocar um terceiro *stent*. A cena foi a mesma. Antônio acompanhou tudo, e mais uma vez deu conselhos a Wilma que ele próprio jamais seguiu:

– Ele está curado, mas precisa trabalhar menos.

Lembro-me de outro episódio, dessa vez na Argentina, em que fui alvo de sua extraordinária solidariedade num momento de doença. Antônio detestava viagens oficiais. Era frequentemente convidado a integrar comitivas dos governos, mas sempre arranjava uma desculpa polida para recusar. Certa vez, porém, o próprio presidente Fernando Henrique Cardoso insistiu para que integrasse sua comitiva numa viagem a Buenos Aires. Não teve como negar. Mas, não querendo viajar com o presidente e para ter mais liberdade, mandou preparar seu avião particular e me convidou para acompanhá-lo. Aceitei de bom grado, embora estivesse gripado — ou assim pensei. Logo que entrei no avião, comecei a tossir. E daí para a frente não parei um só minuto, até chegarmos a Buenos Aires. Antônio ficou preocupado. Fazendo uso de sua *expertise* de "médico", diagnosticou:

— Você está com pneumonia — sentenciou.

Chegando a Buenos Aires, seguimos para o esplêndido Hotel Caesar Park, onde havia uma suíte reservada para nós, com frutas, sucos, doces etc. Não provamos nada. Ele, sem fome e querendo voltar antes mesmo de assistir à cerimônia. Eu, porque não parava de tossir e tomava colheradas e mais colheradas de xarope, sem resultado. Ficamos menos de uma hora no hotel, sem descansar. De lá, seguimos para os eventos oficiais: ouvimos discursos, discursos e mais discursos — coisa que Antônio detestava ("falar é fácil", costumava dizer, "fazer é que são elas"). Vi que estava ficando cada vez mais irritado com o andamento das solenidades, "em câmera lenta". A diplomacia brasileira não lhe deu uma única chance de se pronunciar, nem sequer para testemunhar aos argentinos sua imensa fé no Brasil e estimulá-los a fazer mais negócios com nosso país.

Haveria um encontro mais íntimo no início da noite e outro no dia seguinte. Mas a maior preocupação de Antônio era minha tosse. Na primeira oportunidade, saímos "à francesa", diretamente para o aeroporto. Nem passamos pelo hotel. Chegamos a São Paulo tarde da noite. Quando fui me despedir, Antônio me deteve, enérgico:

— Não, senhor, vamos agora mesmo para a Beneficência Portuguesa fazer um raio X.

Ainda tentei resistir, mas ele não quis ouvir meus argumentos. Guiando seu próprio carro, fomos para o hospital. Fiz a radiografia e não deu outra: era mesmo pneumonia. Fui medicado no ato. Em seguida, ele mesmo me levou para casa – era mais de meia-noite – e "exigiu" que eu descansasse e chamasse o médico da família pela manhã. Dali para a frente, passou a conversar com Wilma várias vezes por dia, telefonando de manhã e à tarde para saber sobre a evolução do quadro. No início da noite, vinha pessoalmente conferir as informações. Numa das visitas eu lhe disse:

– Nada como ter um grande amigo engenheiro que é também um grande "médico"...

Personalidades admiradas

Um capítulo especial foi aberto na vida de Antônio quando ele entrou no campo da dramaturgia. Pelo fato de ter escrito três peças de teatro, ele passou a se relacionar com o mundo artístico e nele fez inúmeras amizades. Muitas delas chegaram a uma rara intimidade, como foi o caso de Marcos Caruso, Rogério Fróes, Jussara Freire, Irene Ravache e Juca de Oliveira. As histórias desses relacionamentos serão descritas mais detalhadamente no capítulo 6.

Sobre este último, porém, adianto o seguinte: Antônio havia assistido a várias peças do Juca e sempre fizera questão de levar seus cumprimentos no fim das apresentações. Mas o relacionamento mais direto teve início quando Antônio escreveu sua primeira peça – *Brasil S/A* –, para a qual Juca foi convidado a fazer a primeira leitura. Disso nasceu uma grande amizade entre os dois. Juca ficou admirado com a ousadia de Antônio ao escrever uma peça de teatro e à disciplina com que fez as leituras por ele indicadas. Sobre o assunto, Juca disse:

– Nada mais natural para mim que promover a leitura de uma peça de algum jovem autor. Para minha surpresa o jovem autor era... Antônio Ermírio de Moraes! E o maravilhoso da história: a peça era ótima! Mesmo assim, emprestei-lhe uma vasta bibliografia que guardei do precioso Seminário de Dramaturgia de Augusto Boal. Minha intenção foi a de sugerir algumas melhorias. Surpreendentemente, os livros voltaram com agudas observações a lápis, anotadas à margem de cada tópico, de cada capítulo. Uma preciosidade.[16]

Mais tarde, Juca foi convidado a dar os retoques finais – ou, como dizem os profissionais da área, a "melhorar a carpintaria" – na terceira peça de Antônio, *Acorda Brasil!*. Ele ficou ainda mais comovido com o trabalho de Antônio:

– Trata-se de um chocante musical inspirado na criação de uma escola de música numa favela carente e desamparada. Uma história exemplar de amor e compaixão, sentimentos que permeiam organicamente a vida e a obra do dr. Antônio. E é nisso que ele difere dos demais dramaturgos brasileiros e – por que não? – dos demais brasileiros: sua inesgotável capacidade de afeto, solidariedade e comiseração. E nisso o invejo muito – cético e pessimista que sou –, sua inabalável crença no homem, no trabalho, no amanhã. E mesmo hoje, em meio a esta densa neblina ética que se abateu sobre o país e o mundo, ele mantém seu irresistível e extemporâneo otimismo! É o único super-herói de verdade que tenho a honra de conhecer![17]

De fato, era difícil saber se os projetos empresariais pesavam mais do que os projetos sociais. Mais de uma vez ouvi empresários comentarem: "Antônio Ermírio não gosta de participar das organizações empresariais". Isso porque ele evitava assumir compromissos com as entidades patronais, devido à grande carga de trabalho com as organizações de ação social e de pesquisa, tendo sido diretor ou presidente de várias delas.* De sua roda de amizades no campo empresarial, Antônio nutre especial simpatia por Carlos Eduardo Moreira Ferreira, Lázaro

---

* Na época em que se lançou candidato ao governo de São Paulo (1986), estava ligado às seguintes entidades: Instituto Brasileiro de Mineração, Instituto de Pesquisas Energéticas e Nucleares, Companhia Energética de São Paulo (CESP), Companhia de Gás de São Paulo (Comgás), Eletricidade de São Paulo (Eletropaulo), Conselho de Não Ferrosos e de Siderurgia (Consider), Associação Brasileira de Metais Não Ferrosos, Associação Brasileira de Cobre, Instituto Brasileiro do Chumbo, Níquel e Zinco, Associação Brasileira de Alumínio, Comissão Nacional de Energia Nuclear, Companhia de Pesquisas de Recursos Minerais e Associação das Siderúrgicas Privadas. Antes disso, já havia participado como diretor ou presidente da Associação Brasileira de Metais, Associação Brasileira de Cerâmica, Companhia de Pesquisa de Recursos Minerais, Instituto de Pesquisas Tecnológicas e Instituto Brasileiro de Siderurgia.

de Mello Brandão, Mario Amato e Pedro Eberhardt, e era também amigo dos já falecidos Abraham Kasinski, Miguel de Carvalho Dias, José Mindlin, Olavo Setúbal e outros que me fogem à memória.

Lembro-me bem do alto apreço que dispensava a Miguel de Carvalho Dias e a José Mindlin. O dr. Miguel (médico) foi seu sócio nos empreendimentos da Votorantim (único que não pertencia à família Moraes). Era um homem culto, bem informado e entendido em assuntos pelos quais Antônio se interessava, especialmente no campo da energia. Acompanhava tudo, no mundo inteiro. Falava devagar e, apesar disso, Antônio o escutava paciente e atentamente. Muitas vezes, em meio a grandes atribulações, parava tudo para atender um longo telefonema dele. Eu também adorava conversar com o dr. Miguel e ele parecia gostar de meus papos. Tivemos longas conversas sobre economia nacional, política, sindicalismo e outros assuntos que ele conhecia em detalhes, apesar da especialidade na medicina.

Antônio também sempre gostou muito de José Mindlin. Considerava-o um empresário exemplar, patriota, cuidadoso, fabricante de bons produtos, que enalteciam o nome do Brasil. Lamentou a venda da Metal Leve. Achou que não era hora de Mindlin desistir e que devia continuar lutando. Ele não aceitava que pessoas "jogassem a toalha". No caso de Mindlin, argumentava que ele tinha inteligência e experiência para superar as dificuldades.

Tinha admiração e respeito também por várias personalidades da política. Lembro-me de boas referências ao ex-ministro da Saúde Adib Jatene,[*] Albano Franco (ex-senador e ex-governador de Sergipe),[**] Aureliano Chaves (ex-ministro de Minas e Energia e ex-vice-presidente

---

[*] Quando houve troca de ministros no governo Collor, deu a seguinte declaração sobre os novos ocupantes das pastas: "Hoje, o presidente tem homens de notório saber e de compostura reconhecida lá fora, como o Adib Jatene, o Marcílio, o Eliezer Batista e o José Goldemberg" ("Brasil vive a pior crise da história", *O Estado de S. Paulo*, 28 jun. 1992).

[**] O relacionamento com o ex-senador Albano Franco, que foi presidente da Confederação Nacional da Indústria (CNI) de 1980 a 1995, veio da amizade com seu pai, Augusto Franco, por quem Antônio nutria grande respeito. Coube a ele discursar na solenidade de despedida de Albano da presidência da CNI, dizendo: "Albano é hoje um dos maiores defensores das boas causas. Refiro-me ao valioso trabalho de sustentação e desenvolvimento que ele realizou à frente da Confederação Nacional da Indústria, do Sesi e do Senai. Ele defendeu essas entidades como se fossem seus próprios filhos. Com convicção. Com amor. Com competência". Discurso proferido no Rio de Janeiro, 19 dez. 1994.

da República), Camilo Penna (ex-ministro da Indústria e do Comércio), Delfim Netto (ex-ministro de várias pastas), Fernando Henrique Cardoso (ex-presidente da República), Geraldo Alckmin (Governador de São Paulo), Mário Covas e José Serra (ex-governadores de São Paulo), Jarbas Passarinho (ex-ministro de várias pastas), José Goldemberg (ex-ministro em vários cargos e ex-reitor da USP), Marcílio Marques Moreira (ex-ministro da Economia), Pedro Malan (ex-ministro da Fazenda), Pedro Parente (ex-ministro da Casa Civil), Reinhold Stephanes (ex-ministro da Previdência Social) e Saulo Ramos (ex-ministro da Justiça).

Antônio nutriu profunda admiração por Ayrton Senna, não apenas pelo desportista, mas, sobretudo, por uma pessoa que foi sensível às causas sociais. Admirava seu gesto de enaltecimento ao Brasil sempre que vencia uma corrida ou ganhava um prêmio. No dia de sua morte, Antônio escreveu na *Folha de S.Paulo*:

> Cada um sofreu de um jeito. Cada um se lembrará dele a seu modo. Para mim, não sai da cabeça a imagem do Ayrton segurando a nossa bandeira depois de cada vitória. Era sempre com a mesma garra. Com o mesmo amor [...] Com orgulho de ser brasileiro [...] É assim que vejo o Ayrton no pódio de Deus [...] O Brasil não perdeu apenas um campeão. Perdeu um líder [...] Este país sofre uma grave carência de líderes. De gente que segura a bandeira como o Ayrton segurava. Que beijava do modo que ele beijava. Que amava da forma que ele amava.[18]

Antônio foi também fã fervoroso do Guga (Gustavo Kuerten), tenista que brilhou nas quadras do mundo. Ele dizia que Guga "dá um grande exemplo à juventude brasileira: disciplinado, simples e fora das drogas".[19]

Outra amizade verdadeiramente venerada por Antônio é o cantor Roberto Carlos. A afeição é recíproca. Roberto Carlos sempre dispensou uma atenção imensa a Antônio. Na campanha a governador em 1986, foi um verdadeiro cabo eleitoral – o que ele nunca fizera antes em toda sua carreira. Antes de Antônio ficar doente, os dois conversavam muito por telefone e também pessoalmente. Antônio não faltava a um show de Roberto Carlos e, muitas vezes, contou com ele para abrilhantar espetáculos filantrópicos, sempre com renda revertida para o Hospital da Beneficência Portuguesa.

Certa vez, um dos músicos da banda de Roberto Carlos passou mal durante um show. Roberto não teve dúvida. Telefonou para Antônio, que, imediatamente, providenciou a internação do jovem. Após os exames, foi operado do coração e em três semanas estava de volta ao grupo. Roberto ficou grato. Estreitaram ainda mais a amizade. Num show no Teatro Municipal em 2001, ao ver Antônio na plateia, Roberto perguntou:

– Antônio, por que você não se candidata a presidente da República?

Ao que o amigo, do meio do público, respondeu:

– Só se você for meu vice.[20]

A roda de amigos de Antônio nunca foi muito grande. Como toda figura pública, ele foi alvo de muitas críticas. Entre os empresários, alguns se queixam do exagerado poder de pressão de suas empresas quando são obrigados a comprar destas. Entre os políticos, muitos dizem que ele critica por não conhecer as dificuldades da vida partidária. Entre os profissionais das obras sociais que ajuda, há os que consideram sua administração muito rígida. Apesar disso, ele mantém sua imagem de pessoa íntegra e comprometida com importantes entidades. Mesmo depois de adoentado e afastado da rotina diária, Antônio é lembrado como um líder.

Relacionamento com a imprensa

Antônio Ermírio sempre foi cauteloso em relação à imprensa, evitando aproximar-se excessivamente dos jornalistas. Talvez, por isso, seja tido como personagem difícil e disputado. Os jornalistas sabem de sua coragem para defender, dia e noite, a liberdade de imprensa. Há um respeito por parte dos profissionais da área. Entre os preferidos estão Boris Casoy, Milton da Rocha Filho, Marluce Dias, Roberto D'Ávila, Sonia Racy e Fátima Tucci.

Boris mudou de canal de TV várias vezes e Antônio sempre fez questão de ser um dos primeiros a comparecer a seu programa. Acha-o corajoso e livre. Casoy também gosta de Antônio. Sabe que ele tem "língua solta", o que permite explorar questões apimentadas.

Para Milton da Rocha Filho, a linha telefônica de Antônio esteve sempre aberta. Muitas vezes, fazia "vazar" suas opiniões – políticas ou empresariais – por meio do Milton. Considera-o pessoa de boa formação intelectual, apreciando o jeito com que ele aborda os temas. Nunca se sentiu compelido a desmentir matéria publicada por ele.

Antônio Ermírio e Marluce Dias, da TV Globo, são grandes amigos, e entre eles há uma química especial. Dotados de inteligência excepcional, seus encontros sempre foram marcados por raciocínios velozes, focados nos problemas do país, em especial no da educação. Na criação da TV Futura, Antônio foi um dos primeiros a contribuir. Acredita que a televisão pode ajudar a melhorar a educação. Quando ia ao Rio, visitava Marluce sempre que possível, e ela fazia a mesma coisa quando vinha a São Paulo. Gostava de caminhar com ele pela cidade. Numa de suas andanças, comentou:

– Ele foi andando comigo, a pé, sem seguranças, pelo viaduto do Chá (São Paulo). Um passeio que magnetizou o público. Cada cidadão o reconhecia, sorria, o parabenizava, agradecia. Fiquei muito impressionada com o brilho nos olhos de cada pessoa. Foi um passeio de patriotismo, de ética, de paixão pela liberdade e pela democracia responsável, quando discutimos projetos como a celebração dos 500 anos do descobrimento do Brasil. Um passeio de responsabilidade social, de pragmática consciência e capacidade de realização e de imensa generosidade (ainda mais generosa porque discreta) quando conversamos sobre educação e saúde no Brasil. Por isso, nos emocionamos ao assistir a peças como *Acorda Brasil!* e ver a multiplicação dos efeitos do projeto Heliópolis. Tudo é relativo na vida. Mas Antônio Ermírio de Moraes parece ser absoluto.[21]

Antônio admira o jornalista Roberto D'Ávila. Concedeu a ele inúmeras entrevistas em diferentes locais, recebendo Roberto com frequência para longos papos. Acha-o bem-educado, fino no trato, respeitoso, bem informado, inteligente e trabalhador.

Em 1992, coisa rara, Antônio aceitou fazer um autorretrato para a *Revista da Folha*, cujo resumo é o seguinte:

Religião: Católico apostólico romano.

Idiomas: Inglês, alguma coisa de espanhol. Entendo francês bem, mas tenho queixo duro na hora de fazer biquinho. Aprendi também alguma coisa de alemão e me viro bem em italiano.

Mania: Talvez excesso de trabalho.

Hobby: Gosto de ler na biblioteca.

Perfume: Uso loção de barba e gosto de água de colônia.

Onde corta o cabelo: Tenho um barbeiro na Votorantim.

O melhor trabalho que já fez: A Cruz Vermelha – um hospital que só atendia indigentes e que eu ajudei como presidente durante quatro anos de minha vida. Foram anos de grande alegria.

O pior trabalho: Despedir pessoas depois do Plano Collor. Foram quase 10 mil num total de 60 mil.

Maior gafe: Certa vez, num casamento, estava muito cansado e, em vez de desejar felicidades aos noivos, disse "boa noite para vocês".

Melhor livro que leu: *Os sertões*, de Euclides da Cunha.

Melhor restaurante: Não tenho preferência. Almoço de vez em quando no Ca'd'Oro, próximo do escritório.

Melhor presente que recebeu: O carinho dos filhos e de minha mulher.

Cantores preferidos: Curto muito música brasileira. Gosto de Roberto Carlos, Milton Nascimento, Fafá de Belém e gostava da Elis Regina.

Atriz e ator preferidos: Eu ia muito ao teatro nos tempos do TBC (Teatro Brasileiro de Comédia). Gostava muito do Paulo Autran, da Cacilda Becker e do velho Ziembinsky.

Símbolo sexual: Tem tantos, né?

Mulher bonita: Luiza Brunet.

Melhor político: Tivemos o doutor Tancredo Neves e acho que hoje o Ulysses Guimarães representa um grande político.
Pior político: Tem tantos... O Congresso Nacional está cheio.
Receita de sucesso: Trabalho sério e assíduo.[22]

Outra entrevista de coração aberto foi dada ao jornalista Amaury Junior, na qual expôs de maneira clara seus medos e valores:

Amaury: O que mais lhe causa medo?
AEM: A recente estatística da ONU (2000) mostrando que 500 bilhões de dólares circulam no tráfico de drogas.
Amaury: Qual é sua receita para insônia?
AEM: Trabalhar muito.
Amaury: Qual é seu sonho de consumo?
AEM: (*sorrindo*) Manter os americanos gastando muito.
Amaury: Qual é seu símbolo sexual?
AEM: A inteligência e a cultura fazem da mulher um símbolo de beleza.
Amaury: Qual é seu slogan para vender a própria imagem?
AEM: A linha da humildade tem de ser maior do que a linha do sucesso.
Amaury: Qual seria seu maior motivo de orgulho?
AEM: Gostaria de ver o povo brasileiro ser respeitado.
Amaury: Qual é seu maior arrependimento?
AEM: Há 37 anos me dedico à área hospitalar... e me arrependo de não ter feito mais!
Amaury: Qual sua praia preferida?
AEM: Aquela na qual posso ficar sozinho, refletindo, sem ter nenhum inoportuno por perto.
Amaury: Qual é seu prato predileto?
AEM: Poderia passar a vida comendo milho e alcachofra.[23]

Numa outra entrevista a Alcides Amaral, ele exibiu a mesma franqueza:

Alcides Amaral: Qual é sua ideia de felicidade?

AEM: Um país democrático.

AA: Com qual figura histórica o senhor se identifica?

AEM: Franklin Delano Roosevelt.

AA: Quais as pessoas que o senhor mais admira?

AEM: A classe médica do início do século XX. Vários deles poderiam ganhar o Prêmio Nobel.

AA: Qual é sua característica mais marcante?

AEM: Tentar ser correto e trabalhar em prol da Nação.

AA: Qual a característica que mais deplora nos outros?

AEM: A embalagem.

AA: Qual foi sua viagem perfeita?

AEM: Espero ainda fazer, se Deus quiser, com a minha mulher.

AA: Qual o maior amor da sua vida?

AEM: Minha mulher.

AA: Qual sua maior realização?

AEM: Honrar o nome de meu pai.

AA: Qual sua ocupação preferida?

AEM: Engenharia.

AA: O que o senhor está lendo?

AEM: Minha mulher implica porque leio coisas difíceis e com calculadora na mão.

AA: Qual a qualidade que o senhor mais admira num homem?

AEM: A honestidade.

AA: Qual a qualidade que o senhor mais admira numa mulher?

AEM: A postura.

AA: O que mais valoriza nos amigos?

AEM: Lealdade.

AA: Qual seu escritor favorito?

AEM: Machado de Assis.

AA: Como gostaria de morrer?

AEM: Trabalhando.[24]

Ao repórter Guilherme Barros, que cobria a área econômica na *Folha de S.Paulo,* Antônio concedeu uma entrevista pingue-pongue que teve a mesma franqueza:

Guilherme Barros: O senhor guarda dinheiro?
AEM: Tenho vários defeitos. Um deles é não ligar para dinheiro. Quem se preocupa muito com ele morre logo.
GB: O que é o casamento?
AEM: Tem uma fase inicial de amor. Depois, tem a parte do respeito mútuo. Sem ele não existe casamento.
GB: Como será a sucessão pessoal?
AEM: Procuro induzir na nova geração que a riqueza externa não interessa. O que importa é a função social. Meu irmão José ficou dez anos no [comando do] Hospital do Câncer. Eu estou há 31 na Beneficência Portuguesa. Sempre procuro ajudar a classe menos favorecida.
GB: Um elogio.
AEM: Não gosto de elogios. Nem de receber, nem de fazer.[25]

A despeito de sua fama de carrancudo, Antônio tinha um fino senso de humor e, sempre que possível, procurava exibir isso aos jornalistas. Nessas oportunidades mesclava seus valores com tiradas engraçadas.

Na sua espartana sala de trabalho, na praça Ramos de Azevedo, havia três bomboneiras com balas, biscoitos e chocolate – sua paixão. Certa vez, ao receber os repórteres, perguntou à Valéria, sua secretária, e na frente dos jornalistas:

– Por que as três bomboneiras estão cheias? Estamos ficando perdulários? Ah! (virando-se para os repórteres) agora me lembro. A dona Valéria me disse que vocês viriam aqui hoje...[26]

Certa vez, ele foi indagado pelo repórter Roberto D'Ávila:

– Doutor Antônio, de onde o senhor puxou esse lado de humor?

– Ora, o que é isso... Os anos estão me fazendo ranzinza. Mas sou de opinião que o humor é que faz a gente viver. Se não tiver humor, morre-se cedo.[27]

Os jornalistas se deliciavam com suas respostas inesperadas e até o provocavam. Muitas de suas frases se celebrizaram.

Em entrevista concedida a Antonio Abujamra, ele travou um pingue-pongue de alta velocidade. Entre as frases que mais marcaram os telespectadores destaco a seguinte:

– Caro Antônio Ermírio, você acredita em alguma coisa que nunca viu?

– O diabo...[28]

Em outra ocasião, ao ser indagado sobre o que pensava do presidente Fernando Collor de Mello, respondeu:

– Eu não sou psiquiatra para fazer uma análise dessas.[29]

Sobre Jânio Quadros disse:

– Pelo amor de Deus, não quero nenhuma semelhança com ele. Para começar, eu não tenho caspa.[30]

E ainda há frases antológicas, como:

A única coisa que pedi a FHC até hoje foi para mudar o Hino Nacional onde diz "deitado eternamente em berço esplêndido."[31]

O último que ficar não vai apagar a luz. Vai roubar a lâmpada. [referindo-se a alguns políticos][32]

Aos 75 anos já está na hora de pensar em começar a trabalhar um pouco menos. [o que ele nunca fez][33]

Mas sinto um aperto no peito só de pensar em não fazer nada. Dá uma sensação de inutilidade. [referindo-se às férias][34]

Diante de tantos problemas, a queda dos juros ontem foi um colírio. Em vez de duas aspirinas por dia, vou tomar uma só. [insinuando que o corte deveria ter sido maior][35]

A França, antigamente, se dividia em clero, nobres e povo. No Brasil, a divisão é entre banqueiros e o resto. [referindo-se à especulação financeira][36]

É isso mesmo, o Brasil só tem dois partidos: os banqueiros e o resto.[37]

Se eu tivesse de despachar com 35 executivos na Votorantim, estaria perdido. [criticando o número excessivo de ministérios no Governo Lula][38]

Um comunicador cuidadoso e intuitivo

Antônio sempre investiu muito tempo na preparação de suas palestras, seja como conferencista, debatedor ou paraninfo. Ele estudava os assuntos por todos os ângulos, reunindo uma quantidade de fontes que iam muito além do que podia expor no tempo a ele atribuído. Como exemplo da magnitude e profundidade de suas pesquisas, reproduzo, no Apêndice 1, um discurso proferido por ele no Instituto de Engenharia, em 10 de outubro de 1977.

Durante muitos anos, ele usou o quadro-negro. Gostava de desenvolver argumentos com base em ilustrações gráficas. Compareceu inúmeras vezes ao programa *Crítica e Autocrítica*, da TV Bandeirantes, onde se esbaldava ao fazer equações e desenhos em um quadro improvisado, muitas vezes branco. Uma de suas ilustrações preferidas era a analogia entre o sistema circulatório – a partir do coração – e a dinâmica da economia brasileira. Mostrava a função dos vários órgãos para concluir que, assim como o entupimento das artérias comprometia a saúde do indivíduo, a burocracia e o excesso de impostos atrapalhavam o crescimento do Brasil.

Em 1987, ao dar um depoimento para o livro *História empresarial vivida*, Antônio explicou a origem de seu gosto pelo uso do quadro-negro:

– Em 1952, fiz uma palestra no Rotary Clube de Volta Redonda, onde falei muito sobre o aço. Como eu tinha toda a teoria da siderurgia na cabeça (havia me formado em 1949), caprichei na palestra, escrevi tudo de ponta a ponta e apresentei uma grande quantidade de dados e fórmulas. No fim, um dos assistentes me perguntou quem havia escrito a palestra para mim. Quando eu disse que fui eu mesmo, ele arrematou: pois não parece, porque você leu mal e parece que não entendeu nada. Daí em diante resolvi nunca mais escrever coisa alguma e seja o que Deus quiser. Sempre que posso, uso o quadro-negro.[39]

O suporte não seria necessário por muito tempo. Antônio especializou-se tanto na arte de falar em público que passou a fazê-lo sem qualquer apoio, nem mesmo o bom e velho quadro-negro. Seu carisma pessoal seduzia o público, transmitindo um reconhecido sentimento de autoconfiança. Ele sabia cativar as plateias. Impressionava também pelo conhecimento de áreas que estavam fora de sua especialidade de engenheiro. Certa vez, para um público que assistia à abertura dos trabalhos de uma nova ala do Hospital Beneficência Portuguesa, na frente do presidente Fernando Henrique Cardoso, do governador Mario Covas, do prefeito Paulo Maluf, do ministro Adib Jatene e de várias outras autoridades, sem nenhuma anotação em mãos, ele deu uma verdadeira aula sobre o papel do Infante D. Henrique como estudioso e mentor dos avanços da navegação portuguesa e como iniciador das grandes obras sociais no campo da saúde em todo o mundo, como é o caso das Santas Casas de Misericórdia. Para completar o show de erudição, e olhando fixamente para Fernando Henrique (que ouvia tudo boquiaberto), fez uma extensa análise da obra do sociólogo Max Weber, a fim de mostrar a força do empreendedorismo nos projetos da saúde que eram sustentados pela iniciativa privada.[40]

Antônio sempre me impressionou pela grande intuição. Ele conseguia antecipar os fatos. É claro que sua experiência no mundo dos negócios ajudou-o a desenvolver sua antevisão. A isso se deve adicionar seu intenso ritmo de leitura, sua memória prodigiosa e sua habilidade de aplicar os conhecimentos em campos diferentes.

Assisti anos a fio à sua crítica ao sistema financeiro que tornava as pessoas e as nações cada vez mais dependentes de artifícios (papéis sem lastro), colocando em risco a economia real. Ao escrever estas memórias, lembro-me da previsão que ele fez da crise financeira que se abateu sobre o mundo em 2008. Selecionei para o leitor alguns trechos de artigos publicados por ele na *Folha de S.Paulo* entre os anos de 1991 a 2001, bem antes do colapso do Banco Lehman Brothers (2008) e de todos os desdobramentos que marcaram a crise dos *subprimes*.

> Embora engenheiro, sempre gostei de história [...] Um dos erros que [meu professor do colégio] mais comentava era o do presidente Herbert Hoover, praticado em setembro de 1929. Falando ao povo, com pompa de imperador, ele saiu com a seguinte pérola: "A economia dos Estados Unidos vai bem. Não tenho a menor dúvida sobre o brilhante futuro deste país". Um mês depois, a Bolsa de Nova York explodiu, o sistema financeiro ruiu e aquele país entrou na mais prolongada recessão de sua história.[41]

> Eu sempre me intriguei com essa ideia de se ganhar dinheiro com dinheiro indefinidamente. Qual seria a base disso? O que pode justificar o lucro decorrente de negócios realizados única e exclusivamente na base de papéis, sem nada concreto, sem inovações, sem ideias, enfim, sem trabalho? O mais grave é que, ultimamente, até mesmo os papéis foram eliminados do mundo financeiro, que, hoje, é dominado por transferências eletrônicas de alta velocidade [...] Nunca vi ninguém gerar lucros em menos de quatro, cinco anos e até mais – enquanto, no mundo financeiro, fala-se em lucrar em apenas dez segundos.[42]

> Com o avanço das telecomunicações e com a queda das proteções nacionais, o dinheiro passou a circular com uma facilidade enorme [...] Uma diferença de dez segundos permitiu um ganho de 600 milhões de dólares em uma aplicação de um dia nos chamados "mercados emergentes". Tudo isso seria bonito se não fosse artificial. A informática está transformando o mundo em um ilusório cassino. Os riscos de um grande desastre crescem de hora em hora [...] Um jogo desse tipo é falso, insustentável e explosivo. É apenas questão de tempo. Algum dia a casa cai.[43]

A notícia da morte de Abraham Lincoln chegou à Europa depois de 13 dias, enquanto o estouro da Bolsa de Hong Kong repercutiu no Brasil em apenas 13 segundos. Essa extraordinária integração entre os mercados financeiros traz esperanças e apreensões. Não há dúvida de que as telecomunicações e a informática facilitaram os contatos e vêm alavancando muitos novos negócios em tempo recorde. [Mas] elas transmitem, com igual vigor, os impactos da especulação, promovendo a destruição instantânea de grandes volumes de capital, que poderiam ser direcionados à produção e geração de empregos.[44]

É claro que a aproximação das economias mundiais por meio das tecnologias de informática e telecomunicações [...] abriu enormes oportunidades para novos negócios e mais empregos [...] Mas as facilidades da informática e telecomunicações [...] vêm sendo usadas pelos especuladores para causar rebuliços intempestivos nas finanças mundiais. E isso, evidentemente, acaba afetando o lado produtivo da economia [...] O mundo terá de encontrar maneira de dissociar a gula dos especuladores dos objetivos dos produtores e trabalhadores que perdem suas empresas e seus empregos por causa de turbulências geradas pela voracidade e insensatez de quem só vê o ganho imediato [...] Oxalá o mundo encontre mecanismos de equilíbrio antes que a especulação acabe com a produção em nome da globalização.[45]

Depois de muita euforia e desenfreada especulação, foi feito um balanço frio do comportamento da Nasdaq [...] Em um ano, os investidores perderam os lucros acumulados em meia década [...] Foi um enorme fiasco. São mais de 4 mil empresas que levaram espertos e ingênuos a investir o que tinham e o que não tinham (tomando empréstimos), para tentar ganhar num cassino que se apresentava como o mais promissor do século [...] O colapso da Nasdaq deve servir de lição por ter mostrado ser inviável ganhar dinheiro só com imaginação. O mundo ainda exige transpiração.[46]

É impressionante observar como suas previsões se materializaram na crise mundial de 2008-09. Assisti a vários lances de intuição de Antônio em outras oportunidades. Por exemplo, toda vez que os empresários se abatiam com uma recessão, ele recomendava investir pesadamente na modernização tecnológica de suas empresas, dizendo:

– Só vende quem tem eficiência. A hora é de melhorar a produtividade, porque essa recessão vai passar. Na saída teremos vantagem se formos competitivos.

Essa "receita" ele usou várias vezes em suas empresas. Com frequência era criticado por gastar com novas tecnologias na hora em que devia economizar. Mas não dava ouvidos a tais argumentos. Tem uma fé imensa no Brasil. Foi permanentemente tocado à confiança. Nunca esmoreceu. E sempre deu certo.

Antônio viveu como quis – trabalhando o tempo todo – e não como seus familiares queriam – mais dedicado à família. O apego ao trabalho faz parte de sua personalidade. Como resultado, avalio que ele deu uma grande contribuição ao progresso do Brasil. Da mesma forma, colaborou de maneira extraordinária com as obras sociais que apoiou. Mas, sem dúvida, sacrificou sua família.

Durante 17 anos seguidos, a coluna dominical da *Folha de S.Paulo* foi o principal nicho de observação e crítica de Antônio. Ali também ele pregava seus valores.

O primeiro artigo data de 31 mar. 1991. Estávamos em pleno governo Collor, sob o regime de confisco de seu plano. Intitulado "Presunção: a marca da incompetência", o texto fazia menção à arrogância dos que praticaram o que chamava de "pilhagem legal" – sobretudo os ministros de plantão, sem citá-los diretamente. No mesmo artigo, traçava sua linha de conduta para ocupar aquele espaço em tão importante jornal.

> Jamais usarei esta coluna para defender os interesses pessoais ou de minhas empresas. Esta coluna pretende contribuir para o debate dos problemas nacionais de modo construtivo. Não me considero

o dono da verdade – longe disso. A presunção é a marca dos incompetentes. É evidente que tenho limitações e defeitos. Por isso, estarei aberto às sugestões dos leitores.

Nos últimos artigos, com a saúde comprometida, Antônio agradeceu aos leitores e colaboradores da *Folha*, dizendo-se satisfeito por ter podido debater os grandes temas nacionais, por ter respeitado sua promessa de jamais defender interesses pessoais ou empresariais.

Houve, na verdade, duas despedidas, ambas motivadas pelo adoecimento. A primeira, em 2008,* que, na verdade, não se concretizou. Por um apelo da *Folha*, Antônio transformou sua colaboração semanal em mensal. A segunda ocorreu em 4 de janeiro de 2009, quando, reunindo o que tinha de forças, disse que dali para a frente escreveria ocasionalmente.** Com o agravamento de seu estado de saúde, nunca mais escreveu. Dali em diante, o guerreiro Antônio Ermírio de Moraes passou a lutar tenazmente contra os males de sua doença.

---

* Seu artigo de despedida dizia, parcialmente: "Deus me deu a graça de completar 80 anos no dia 4 de junho passado. São oito décadas de vida e seis de trabalho. Nessa caminhada, esforcei-me para colaborar, ainda que modestamente, para a construção de um Brasil melhor. Dediquei quase 20 anos a esta coluna, comparecendo todos os domingos com artigos que despretensiosamente visaram suscitar debates para aperfeiçoar nossas instituições. Foram quase 900 artigos. Pretendo continuar colaborando com este jornal, mas de uma maneira pontual (talvez mensalmente). É uma forma de reduzir a carga, ou, como queiram, é um presente que dou a mim mesmo pelos 80 anos de idade". (Antônio Ermírio de Moraes, "Aos meus leitores", *Folha de S.Paulo*, 22 jun. 2008)
** Entre outras coisas, disse, em seu artigo final: "Sempre achei um enorme privilégio poder escrever em um jornal influente e independente e que presta tantos serviços à democracia brasileira como a *Folha de S.Paulo*. Ademais, gosto da palavra escrita. Meu professor de português do Ginásio Rio Branco, o velho Castelões, via nesse gosto uma possível carreira de escritor. Previsão errada, aliás, como fazem muitos economistas nos dias de hoje... Formei-me engenheiro e, como tal, passei a escrever mais números do que letras, até que o saudoso Octavio Frias de Oliveira abriu-me a página 2 da *Folha*. Era uma oferta de ouro para quem desejava debater com centenas de milhares de leitores os grandes temas nacionais. Aceitei na hora. [...] De maneira muito modesta, no jornal e no teatro, nas empresas e nas obras sociais, esforço-me para exercer a cidadania, fazendo propostas, criando empregos e ajudando os necessitados. Para os artigos, meus leitores me alimentam com excelentes sugestões. Sou muito grato a todos. Octavio Frias Filho, ao suceder seu pai no jornal, acolheu-me com a mesma amabilidade, fazendo-me sentir parte da família Frias. Gente generosa. Competente. Patriótica. Sou grato a todos, inclusive aos funcionários da *Folha*, de quem espero igual apoio na inauguração de uma nova fase, na qual pretendo escrever, ocasionalmente, mas com mesmo propósito: ajudar a construir um Brasil melhor". (Antônio Ermírio de Moraes, "Um agradável convívio", *Folha de S.Paulo*, 4 jan. 2009)

Notas

1 Depoimento no programa *Conexão Nacional*, 2003.

2 Trecho de entrevista publicada no programa da peça *Brasil S.A.*, abr. 1996.

3 João de Scantimburgo, "Introdução", *As ideias econômicas de José Ermírio de Moraes*. Brasília: Senado Federal, s.d.

4 "A receita é simplificar", *Carta Capital*, 24 dez. 2003.

5 Depoimento no programa *Personalidade de Sucesso*, 1991.

6 Ibidem.

7 Gabriel Chalita e José Pastore (Orgs.), *80 olhares nos 80 anos de Antônio Ermírio de Moraes*. São Paulo: Ediouro, 2008.

8 Depoimento no programa *Personalidade de Sucesso*, 1991.

9 Depoimento no programa *Marília Gabriela Entrevista*, 1999.

10 Gabriel Chalita e José Pastore (Orgs.), op. cit., 2008.

11 Antônio Ermírio de Moraes, "Ao meu irmão José", *Folha de S.Paulo*, 21 mar. 1993.

12 Gabriel Chalita e José Pastore (Orgs.), op. cit., 2008.

13 Ibidem.

14 "Ermírio de Moraes diz que não vai ser candidato à Presidência da República", *Gazeta do Povo*, Curitiba, 22 maio 1988.

15 Depoimento no programa de televisão de Juca Kfouri, 10 ago. 1998.

16 Gabriel Chalita e José Pastore (Orgs.), op. cit., 2008.

17 Ibidem.

18 Antônio Ermírio de Moraes, "Uma comovente lição", *Folha de S.Paulo*, 8 maio 1994.

19 Depoimento no programa *Conexão Nacional*, 2001.

20 Reportagem do *Diário de São Paulo*, 17 nov. 2001.

21 Gabriel Chalita e José Pastore (Orgs.)., op. cit., 2008.

22 "Antônio Ermírio tira férias", *Revista da Folha*, 24 maio 1992.

23 "Espelho de Antônio Ermírio de Mores", entrevista concedida a Amaury Junior, *Diário Popular*, 20 set. 2000.

24 "Ermírio acha Malan bom candidato", entrevista a Alcides Amaral, *Jornal do Brasil*, 12 ago. 2001.

25 "Perfil de Antônio Ermírio de Moraes", por Guilherme Barros, *Folha de S.Paulo*, 28 abr. 2002.

26 Fato narrado a jornalista do *Valor Econômico*. "Para empresário, conglomerado cresce mais do que a China", *Valor Econômico*, 26 ago. 2003.

27 Depoimento no programa *Conexão Nacional*, 2003.

28 Depoimento no programa *Provocações*, 2002.

29 Frase publicada em "Ermírio se diz cansado da autossuficiência do governo", *O Globo*, 15 nov. 1991.

30 "Nada de pendurar as chuteiras", *Exame*, 1º abr. 1992.

31 Publicado em *Zero Hora*, 17 dez. 1998.

32 Publicado por Mônica Bergamo, caderno "Ilustrada", *Folha de S.Paulo*, 12 maio 2001.

33 *Folha de S.Paulo*, 11 set. 2003.

34 "Síndrome do lazer", *Folha de S.Paulo*, 16 nov. 2001.

35 Declarado à revista *Veja*, 30 jul. 2003.

36 "Ermírio rebate acusação de que não paga impostos", *O Estado de S. Paulo*, 14 maio 2003.

37 Depoimento no programa *Conexão Nacional*, 2003.

38 "Investimos como nunca no Brasil", *Folha de S.Paulo*, 29 set. 2003.

39 Cleber Aquino, *História empresarial vivida*. São Paulo: Gazeta Mercantil, 1988.

40 Palestra proferida na abertura de novos serviços no Hospital Beneficência Portuguesa, 19 mar. 1995.

41 "É preciso sair do varejo", *Folha de S.Paulo*, 8 dez. 1991.

42 "A ilusão dos papéis", *Folha de S.Paulo*, 28 fev. 1993. Na sua peça *Brasil S/A*, que estreou em 1996, Antônio colocou a seguinte frase no texto da personagem que expressava a crença nessa falsa teoria: "E viva o capital sem trabalho" (*Brasil S/A*, fala de Monique).

43 "A globalização da ciranda financeira", *Folha de S.Paulo*, 22 out. 1995.

44 "Entre o oportunista e o empreendedor", *Folha de S.Paulo*, 9 nov. 1997.

45 "Acertos e desacertos da globalização", *Folha de S.Paulo*, 23 nov. 1997.

46 "Um bonde errado", *Folha de S.Paulo*, 19 ago. 2001.

CAPÍTULO 2

Um jeito de ser
inconfundível

"Se tiver de comprar um carro blindado,
irei embora deste país, porque
nem eu nem o Brasil merecemos isso."
Antônio Ermírio de Moraes

Dizer que uma pessoa tem personalidade marcante é um truísmo. Cada um de nós tem seu jeito de ser. Mas, ao longo de sua vida, Antônio Ermírio de Moraes foi identificado por traços muito peculiares. Um deles é a simplicidade. Outro, a humildade. Seu modo desengonçado de se vestir foi conhecido de todos. Em 2007, uma repórter da revista *Veja* entrevistava Antônio no Teatro do Shopping Frei Caneca, onde estava sendo exibida a sua peça *Acorda Brasil!*. Ela observou que, como de costume, Antônio estava com o colarinho da camisa desabotoado, a gravata torta e o terno amarrotado. Aproveitando a cena da entrevista (um shopping cheio de lojas), perguntou:

– Doutor Antônio, o senhor vem sempre a este shopping?

– Não.

– Qual é o shopping que o senhor frequenta?

– Nenhum.

– Mas o senhor não compra nada? – admirou-se ela.

– Compro, sim. Compro fábricas [*risos*].

A moça insistiu.

– É verdade que o senhor não faz um terno há vários anos?

– É sim. Qual é o problema? Afinal, os que tenho ainda estão muito bons.

E abrindo o paletó, exibiu a data na etiqueta:

– Este é de 1981.

– Doutor Antônio! São 26 anos!

– Mas está perfeito, não está? – perguntou.

Embora tivesse um excelente alfaiate, Leonardo Colameo (falecido em 1993), Antônio nunca se preocupou com roupas. Certa vez, durante a campanha para governador de 1986, caminhava no bairro de Pinheiros acompanhado de um grupo de assessores e repórteres quando, por acaso, encontrou Leonardo, que foi abraçá-lo, afetuosamente:

– Doutor Antônio, que saudades! Faz anos que não o vejo na minha alfaiataria. Há quanto tempo o senhor não faz um terno novo?

– Fique quieto e não reclame, Leonardo, porque posso contar para os repórteres aqui presentes que é você o meu alfaiate – retrucou o cliente famoso em tom de brincadeira.

Para ele, a aparência sempre teve pouca importância, contanto que a roupa estivesse limpa, confortável e fosse de tecido de boa qualidade. Dizia com frequência:

– Quando escolho um livro, não ligo para a encadernação. Preocupo-me com seu conteúdo.

Maria Regina estava sempre atenta, procurando cuidar de tudo. Nem sempre conseguia. Quando ela lhe dava uma camisa nova, ele indagava sistematicamente:

– As camisas que eu tinha estragaram? Para que esta nova? Prefiro as velhas. São mais gostosas.

Nos dias de trabalho, Antônio só vestia camisas de algodão de mangas curtas, de preferência bem largas e com um bolso grande onde armazenava, no mínimo, três canetas. Embora tivesse dezenas de canetas "de grife" que ganhava em aniversários e natais (durante muito tempo usou uma Parker 51 com tampa dourada), ele gostava mesmo das esferográficas ou hidrográficas, pelas quais ficou fascinado quando foram lançadas, pois permitiam escrever com mais rapidez – "a tinta sai fácil", em suas palavras.

A despreocupação com o vestuário ia do nó da gravata aos sapatos. Como tem pés grandes, costumava brincar:

– Isso é bom, pois sei onde piso.

Os sapatos do dia a dia eram sempre folgados e ele não dava a mínima para o modelo. Mais de uma vez foi trabalhar calçando pés de pares diferentes. Ao notar o engano do marido (por aviso da secretária), Maria Regina telefonava correndo e tentava persuadi-lo a voltar para casa.

– Não tem importância – respondia ele. – Daqui a pouco eu troco... Se for almoçar em casa, faço isso...

E continuava cumprindo seus compromissos – fossem eles visitas a fábricas ou reuniões com autoridades. Se alguém notava o engano, não ousava comentar.

Afora esses "acidentes", o fato é que Antônio Ermírio acabou definindo um estilo todo seu de se vestir, muitas vezes explorado por fotógrafos e jornalistas. Não que ele não tivesse uma noção apropriada de *dress code*. Simplesmente, não ligava para isso. Julgava que tinha mais com o que se preocupar.

Certa vez, foi chamado em caráter de urgência por uma alta autoridade para ir à Brasília. Como estava trabalhando na fábrica de Niquelândia (Goiás), recusou o convite, alegando que não estava vestido de forma apropriada. Insistiram e ele não teve como negar. Chegando à residência do anfitrião, recusou-se a entrar na sala. Fez questão de conversar no terraço, desculpando-se por suas roupas e pelos sapatos surrados que usava para andar pelas obras da empresa.

Costuma-se dizer que somos o que vestimos. No caso de meu amigo Antônio, a frase cai como uma luva – obviamente, não uma luva de pelica muito chique. Seu modo de se vestir sempre refletiu fielmente seu jeito de ser: despojado, simples, modesto, sem afetação. Ouvi de muita gente que ele apenas "faz o tipo" do simples. Quem o conhece de perto sabe que isso é falso. Antônio sempre foi exatamente como se vestia. Ou vice-versa, se preferirem: vestia-se do jeito que é.

O jeitão simples de Antônio Ermírio sempre saltou aos olhos de todos: funcionários, colegas empresários, banqueiros, jornalistas, governantes, artistas, escritores. O falecido teatrólogo Mauro Rasi observou certa vez:

– O que me chamou a atenção foi sua serenidade: comprou o ingresso pessoalmente assim que a bilheteria abriu [para assistir à peça *A dama do cerrado*]. Fiquei pasmo. Um homem da sua importância agindo assim, como mero espectador, um cidadão comum. Qualquer merdinha, chefete de repartição pública, mandaria um office boy. Pois ele foi sozinho com a mulher e aparentemente sem segurança. Nenhum tratamento especial [...].[1]

O pianista João Carlos Martins conta que certa vez convidou o casal para jantar em sua residência. Dois dias depois, num domingo de manhã, foi surpreendido por uma ligação da portaria do prédio. Ele conta:

– Ligaram dizendo que havia um homem lá embaixo que viera entregar algumas flores. Imediatamente pedi que subisse, mas o porteiro me disse que ele não queria incomodar e deixara as flores com um cartão. Desci para buscá-las e ainda pude ver o próprio Antônio Ermírio saindo com seu carro.

Antônio Ermírio é simples em tudo. Durante muitos anos dirigiu uma perua Variant da década de 1970, com a qual teve muitos momentos de alegria e alguns de emoção. Certa vez o carro parou dentro do túnel da avenida 9 de Julho porque caiu um pino que ligava os dois carburadores (assim ele me contou). Ele estava com o diretor da CBA, Nelson Teixeira, e ambos tiveram de empurrar o carro para fora do túnel.

Depois da Variant, ele adquiriu vários carros, sempre simples, sem ar-condicionado e de pouca potência. Por muito tempo manteve uma Caravan. Em 1995, vejam o absurdo, trocou a Caravan por um Santana usado, modelo 1991. Ironicamente, na mesma época, ganhou um Volvo dos filhos, que ele decidiu manter na garagem, dizendo:

– Meu carro [o Santana] é muito bom e estou contente com ele. Nunca me deixou na mão. Por que vou trocar?

Foi o suficiente para os jovens filhos apelidarem o carro jocosamente de "de-volvo".

Antônio sempre gostou de peruas tipo *station wagon*, com muito espaço para malas. Em 2002 deu um grande salto: comprou um Passat alemão, mas também tipo perua. Perguntei o que o havia levado a comprar um carro importado, e ele respondeu:

– Gostei do modelo, é fácil de dirigir, tem um motor potente, bancos confortáveis, um bom porta-malas e é muito econômico.

Ele deixava para o fim a qualidade que julgava mais importante: a economicidade do veículo. Sobre isso, repetia com entusiasmo:

– É incrível! Gasta pouco. Faz 11 quilômetros com um litro...

Ele nunca afirmou diretamente, mas sempre desconfiei que sua preferência por peruas relacionava-se ao fato de considerá-las mais seguras em caso de assalto ou sequestro. Na eventualidade de o colocarem no porta-malas, ele ficaria visível. Tirei essa conclusão de alguns de seus comentários sobre carros. Por exemplo:

– Não gosto de carro muito fechado. Sinto-me abafado. Nem gosto desses vidros fumês. Acho que são um convite ao assalto e ao sequestro, ao contrário do que muita gente pensa. É melhor ter um carro amplo, bem ventilado e com vidros transparentes nos quais se vê tudo o que se passa dentro do veículo.

Até meados de 2006, ele mesmo dirigia seus carros. Nunca teve veículo blindado. Dizia que Deus era mais forte do que a melhor blindagem. No programa de Jô Soares, quando provocado, disse:

– Se tiver de comprar um carro blindado, irei embora deste país, porque nem eu nem o Brasil merecemos isso.[2]

Em sua simplicidade, Antônio nunca se habituou às novas instalações da Votorantim, na rua Amaury, onde fica a atual *holding* do Grupo.

– São desnecessariamente suntuosas – comentava comigo. – Aqui na praça Ramos tudo é simples, mas as salas são amplas e bem ventiladas. Gosto da paisagem dos jardins. Ademais, o prédio foi comprado por meu pai, com grande carinho. Sinto-me bem dentro dele. Ele ensinou meus irmãos e eu a sermos despojados e simples. É o que temos aqui. Não tenho motivos para mudar.

A simplicidade é sua marca permanente. Quando eu trabalhava em Brasília, na Confederação Nacional da Indústria (CNI), e Antônio ia à capital, depois ou antes de suas audiências com autoridades costumava me telefonar e vinha bater papo comigo numa salinha apertada, sem nenhuma privacidade.

Quando chegava, ia logo dizendo:

– Esta sala prova que para produzir coisa boa não é preciso luxo.

Eu ficava lisonjeado, é claro. Mas, no momento em que os diretores da entidade ficavam sabendo da presença de Antônio no prédio, armava-se uma verdadeira revolução. Pediam para levá-lo ao amplo gabinete da presidência, ofereciam-lhe o apoio de secretárias, telefones etc. Com toda a educação, agradecia, e não aceitava nada, ao mesmo tempo que era rodeado por empresários. Todos queriam saber sua opinião sobre os rumos da economia, seu assunto predileto. Ele falava tudo abertamente: elogiava e criticava com a mesma veemência. Mas detestava elogios e "paparicação". Costumava dizer com frequência:

– Não gosto de bajuladores. Tenho taquicardia ao encontrar um deles.[3]

Quando tinha de pernoitar em Brasília (raramente o fazia, pois não gostava de dormir fora de casa), ficava no mesmo hotel em que me hospedei durante anos a fio – Hotel Carlton, limpo, simples e confortável. Costumávamos nos recolher muito cedo, porque ambos nos levantávamos às 5h30 – eu, para caminhar no Parque da Cidade, ele, para trabalhar nas pastas de documentos que levava consigo, a maioria da Beneficência Portuguesa. Depois disso, tomávamos café juntos e, quando dava, voltávamos para almoçar no próprio hotel. Ele gostava da austeridade do ambiente.

A solidão e a humildade

Apesar de ter uma família grande (nove filhos) e um verdadeiro exército de funcionários em suas empresas, Antônio sempre foi uma pessoa solitária. Eram raras as oportunidades para ele bater um papo sem compromisso. E ele sentia falta disso. Revelo uma curiosidade. Houve um tempo em que o número do telefone direto de Antônio, na Votorantim, conhecido por poucos, era muito parecido com o de uma concessionária de automóveis. Volta e meia ele atendia ligações de gente indagando preços ou pedindo informações sobre modelos de veículos. Sua vontade de "jogar conversa fora" era tanta que ele dava uma longa corda ao pretendente.

A primeira vez que testemunhei uma dessas ligações, fiquei boquiaberto. Contrariando seus hábitos, ele ficou um tempão conversando com uma senhora curiosa. Não apenas respondeu perguntas – e com uma paciência inusitada – como esticou o papo. Só faltou sugerir o modelo do carro... No fim, arrematou:

– Olhe, a senhora ligou errado... Muita gente telefona para cá para falar com o pessoal da concessionária, mas o número é outro... Não, infelizmente, não sei. Aconselho que olhe na lista telefônica ou fale com a telefonista... Não, não se preocupe. Estou acostumado com esses enganos...

Mais tarde, o número passou a ser confundido com o de um escritório de engenharia. Nesse caso, o papo ia ainda mais longe:

– Não, aqui não é escritório de engenharia. Mas que ramo de engenharia eles praticam nesse escritório? Não, eu não os conheço... Pergunto só porque sou curioso. Gosto um pouco de engenharia... Infelizmente não tenho o número deles. Por favor, procure na lista ou fale com a telefonista.

Custei a entender por que ele agia dessa forma no meio do seu alucinante dia a dia. E, mesmo hoje, não estou muito certo. Mas penso que ele usava esses papos como oportunidades para descontrair e, com isso, preencher os vazios que eu podia ver em sua alma. Muitas vezes notei sua tristeza de se ver só. Ele ficou abalado quando seus filhos se mudaram do antigo prédio na praça Ramos de Azevedo para a rua Amaury. Comigo, não conseguiu ocultar, e externou com franqueza sua contrariedade. O que não significava que ficasse muito tempo conversando com os filhos quando eles estavam ao lado de sua sala. Apesar disso, sentiu o baque quando se foram.

Na minha visão, esse sempre foi o drama íntimo de Antônio Ermírio: a solidão decorrente de uma dificuldade em se abrir e dizer o que sentia.

Certa vez, Irene Ravache, que atuava como apresentadora de um programa de TV, indagou, com sua conhecida perspicácia:

– Doutor Antônio, quando o senhor foi ver minha peça *Uma relação tão delicada* com sua família, eu notei, do palco, que o senhor estava muito atento à reação de sua esposa, que se emocionou muito, extravasou e caiu em prantos. Mas o senhor ficou quieto. O senhor é tímido ou tem vergonha de mostrar sua emoção?

– Me considero um tímido, sim. Sua peça emocionou a todos. Minha mulher, como mãe, sentiu fundo a beleza da mensagem que vocês nos deram e se abriu e chorou. Eu não consegui demonstrar. Paciência. Mas, creia, considero felizes os homens que choram sozinhos, porque suas lágrimas são sinceras.[4]

É neste contexto que entendi sua entrada na dramaturgia. No texto das peças, ele passou a pôr na fala dos personagens os sentimentos que não era capaz de verbalizar.

Antônio detestava "aparecer" e fugia dos colunistas sociais como o diabo foge da cruz. Não apenas por cultivada discrição, mas porque meu amigo é, realmente, um tímido. Quando ia a uma missa de sétimo dia, por exemplo, fazia questão de se sentar nos últimos bancos da igreja e depois, calmamente, enfrentar a marcha dos cumprimentos. Odiava furar filas. Assim procedia em casamentos, homenagens, palestras e eventos políticos.

Nas solenidades oficiais, sempre o convidavam para adiantar-se ou tomar lugar na mesa das autoridades. A contragosto, aceitava para não parecer mal-educado. Recordo um evento na Reitoria da USP em que, embora fosse ele próprio um dos homenageados, queria ficar sentado no auditório, em vez de subir ao palco. Insisti para ele ir mais à frente, mas, de modo firme, e com um tom de repreensão, retrucou em voz baixa:

– Estou muito bem aqui. Você, que é professor desta casa, vá lá na frente e sente onde achar melhor.

Certa vez, minha esposa e eu fomos ao Teatro Municipal com Maria Regina, Antônio e sua filha Vera, para ver a apresentação de uma célebre orquestra sinfônica internacional. A Votorantim era a principal patrocinadora do evento – como fez anos a fio. Assim que entramos na plateia, provocamos (sem querer) uma grande confusão. Ao se dar conta de que os lugares reservados para nós eram bem na frente – área nobre –, Antônio não quis usá-los. Achou visíveis demais. Ao resistir, ficamos parados no meio do corredor principal, obstruindo a entrada do público e sem solucionar a questão. Antônio queria sentar-se na última fila, mas, como os ingressos eram numerados, não havia como fazê-lo. A contragosto, teve de seguir adiante, até porque ficar ali parado era muito mais visível, além de constrangedor. Envergonhado de ter de se sentar nas primeiras fileiras como se fosse "o dono do teatro", meu amigo percorreu carrancudo e cabisbaixo todo o corredor até tomarmos nossos lugares. Quem visse, diria que estava ali contrariado, odiando a perspectiva de passar um par de horas deleitando-se ao som de uma das melhores orquestras do mundo. Logo ele, que adora música... Ele é assim mesmo – tímido e bravo.

Os que conhecem Antônio superficialmente impressionam-se com sua braveza. Marcos Villaça, presidente da ABL, dirigindo-se a seu filho Carlos Ermírio, disse:

– Teu pai transporta sonhos, mas jamais direi que é manso ou que sabe se vestir.[5]

Ele sempre foi enérgico e exigente, em especial na vida familiar. Repetindo o gesto de seu pai, costumava passar os fins de semana em Bertioga. Mas, em lugar de se entregar à diversão, aproveitava a oportunidade para repassar com os filhos os assuntos que viam todos os dias na escola. Ai de quem não ficasse para suas explicações.

A pregação da humildade foi uma constante em toda a sua vida. Por várias vezes, fui convidado para o almoço de fim de ano do Grupo Votorantim quando eram apresentados os meganúmeros das realizações e dos planos futuros das várias empresas – uma pujança impressionante. Por fim, pedia-se a Antônio para usar a palavra. Em vez de falar sobre as realizações, invariavelmente enfatizava a necessidade de ser humilde e patriota. O recado era dado principalmente para os mais jovens – filhos, sobrinhos e diretores.

Na administração das obras sociais e das empresas, seu senso de responsabilidade era o ponto alto. Ele exigia eficiência e empenho absoluto no trabalho. A imagem de bravo era alimentada por muitas de suas atitudes. Por exemplo, não admitia que entrassem em sua sala sem que ele chamasse e não tolerava exposições orais muito demoradas. Mas sua braveza era temperada com generosidade e arrependimento.

Em casa não era diferente. Não que deixasse de partilhar momentos de alegria e descontração em família. Quando os filhos eram pequenos, havia passeios ao zoológico, almoços barulhentos em restaurantes e brincadeiras nos fins de semana. Tudo isso, porém, comandado por "um homem de olhos penetrantes, cujo simples olhar já dizia tudo e todos se calavam". Em uma carta dirigida ao pai, a filha caçula, Regininha, assim se expressou:

> Hoje não acho tão absurdo (como achava) o senhor vetando minhas saídas à noite e dizendo: "Fique em casa, minha filha. Aproveite para dormir cedo. Uma hora antes da meia-noite vale por duas". Por incrível que pareça, hoje prezo minhas horas de sono e dou valor a cada um de seus ensinamentos. Levo comigo cada momento, cada brincadeira, cada minuto de lazer a seu lado e ao lado de mamãe. Lembranças de muito carinho, amor e união familiar que quero passar a meus filhos e mostrar que, por trás do vovô bravão, existe o vovô Antônio derretido e sensível. Um beijo no seu coração, Regininha.[6]

Derretido e sensível ele é mesmo, tanto que no casamento da Regininha, em 20 de setembro de 2002, coube à própria filha enxugar as lágrimas do pai, que ficou extremamente comovido ao ver a caçula sair de casa.

De minha parte, tive muitos contatos com seu lado ameno. Um bom exemplo eram nossas viagens a Brasília. Por motivos diversos, íamos muito à capital federal. Tentávamos coordenar nossos horários para voarmos juntos em seu avião. A sós, aproveitávamos o tempo para conversar e rir bastante. Eram momentos em que ele expressava um extraordinário bom humor. Quando de sua entrada no campo da dramaturgia, o humor foi potencializado. Relatarei essa metamorfose no capítulo 6.

Os bons papos de nossos almoços

Antônio nunca gostou de falar de negócios durante as refeições. Aceitava convites para almoçar fora de casa, mas raramente de fornecedores ou clientes. Mesmo quando reunia os filhos para um almoço semanal, não admitia o trato de problemas das empresas. Raramente, no finzinho do almoço, um ou outro filho se "atrevia" a tocar em um assunto de negócio – mas sempre de modo rápido, obtendo, como sempre, uma decisão instantânea e, se impossível, um pedido do pai para continuar a conversa no escritório.

Quando marcava um almoço em restaurante, esperava que os convivas tivessem o bom senso de chegar na hora combinada. Não tolerava atrasos. Se o convidado atrasasse, não se fazia de rogado: sentava-se à mesa e pedia o prato. No Restaurante Ca'd'Oro, que frequentamos por décadas a fio, gostava da mesa 8 e, conhecendo seus hábitos, o *maître* Ivo nem piscava. Assim que Antônio entrava, entregava-lhe o cardápio. Tudo tinha de ser rápido. Fui várias vezes (por ele) induzido a pedir o mesmo prato para "andar mais depressa". Certa vez brinquei:

– Antônio, estamos atingindo a perfeição: o almoço está saindo em tempo recorde. Qualquer dia vamos ter almoçado antes de chegar ao restaurante...

Ele riu muito. Mas agiu igualzinho na semana seguinte. Até aperfeiçoou o método. Passou a telefonar para outro *maître*, o Josuel, para que fosse preparando o linguado grelhado com rodelas de tomate para duas pessoas. Chegávamos ao restaurante ao mesmo tempo que o prato ficava pronto, comíamos em 25 minutos e voltávamos para o escritório.

Como era muito conhecido, alguém sempre parava em sua mesa. Quando o assunto era política e o comentário era rápido, ele gostava. Política era seu prato predileto em qualquer restaurante... Mas, quando a pessoa ousava sentar-se à nossa mesa para tratar de negócios, ele ficava irritadíssimo e comentava comigo, desolado:

– Fulano não tem a menor educação. Eu nunca parei ou sentei à mesa de ninguém na hora do almoço. Ele não foi convidado e nem pediu licença para nós. Que atrevimento!

Quando frequentava restaurantes, Antônio tinha um interessante recato. Ele não gostava de comer em sistema de bufê. Quando isso ocorria, se servia de pouca comida. Penso que ele não queria ser observado sobre o que comia ou deixava de comer. Por isso, preferia comer sentado à mesa, sem ficar exposto.

Seus hábitos alimentares sempre foram muito frugais. Gosta de milho e alcachofra. Aprecia peixes. Respondendo a um repórter se ele era amante da gastronomia, disse:

– Sou um péssimo gourmet. Passei quatro anos nos Estados Unidos comendo sanduíche. Tirou meu desejo de comer [para o resto da vida] e o conhecimento de comidas sofisticadas.[7]

Durante nossos almoços, ele gostava de ouvir as notícias que eu trazia de Brasília e as novidades sobre as pesquisas na USP. Mas o que o fazia feliz era uma boa piada. Gostava de ouvir e de contar. Ele costumava dizer que eu era muito sisudo e precisava rir mais, pois rir faz bem à saúde. De minha parte, me perguntava se ele estava falando de mim ou de si próprio.

Apesar de não ser meu forte, eu sempre trazia uma anedota de Brasília. Antônio, por sua vez, tinha seu próprio repertório, na maioria piadas muito simples, quase ingênuas. Contava sempre a do português que, para espanto do amigo, mesmo após décadas de casamento, só chamava a mulher de "querida", porque... não lembrava o nome dela. E com isso ria muito. Mas nosso "esporte" predileto era analisar os demais comensais. Inventávamos teorias sobre eles. No fim, de tanto usá-las, acabávamos acreditando em nossa análise. Eram momentos descontraídos em que ele se divertia feito criança. Certa vez formulamos uma teoria segundo a qual a acompanhante do homem no restaurante podia ser distinguida por sua conduta no fim da refeição. Quando perguntava o valor da conta, era esposa. Quando não perguntava, era amante. Tudo inventado! Bobagem pura. Mas ríamos à beça ao fazer a análise dos jeitos e trejeitos das mulheres. Esse é o Antônio descontraído com quem convivi anos a fio.

Vale dizer que nem só de teorias eram feitos nossos almoços. Com frequência, trocávamos figurinhas sobre a vida real de conhecidos e amigos. Quando almoçávamos com José, seu irmão, os comentários eram ampliados. Ele conhecia uma imensidão de pessoas e sabia muitas histórias interessantes sobre as chamadas celebridades. O papo na mesa era agradabilíssimo, com muitas curiosidades, cheio de humor e sempre gostoso. Quando ele se juntava a nós, esticávamos o padrão de tempo.

Ao sair do restaurante, Antônio gostava de caminhar pela cidade, dando continuidade aos "papos furados". Por comentários entreouvidos dos que passavam, eu sabia que a maioria das pessoas que nos observava pensava que eu era o guarda-costas dele. Durante alguns anos, Geraldo Cretela – diretor da Votorantim, um homem arguto, bem informado e também engraçado – participou de nossos almoços e das caminhadas, com o mesmo espírito brincalhão. Certa vez, na volta a pé para o escritório, o motorista de Antônio, Davi de Oliveira Portes, que caminhava um pouco mais atrás, ouviu um transeunte observar, referindo-se ao Cretela:

– Não entendo como um homem rico como o Antônio Ermírio de Moraes pode ter um guarda-costas desses, velho e balofo...

O Cretela era mesmo gordinho. Mas Antônio e eu o amávamos. Era uma pessoa extraordinária. Inteligentíssimo. Ao saber do comentário, demos muita risada... O próprio Cretela se divertiu muito. Afinal, Antônio também era pesado – 110 quilos, porque não resistia a sorvetes, pudins, balas e chocolates. As balas podiam ser de qualquer marca – comia com a mesma volúpia dedicada a uma barra de chocolate Lindt. Duas coisas não podiam faltar em seu carro e avião: pastilhas Valda e Mentex.

A rotina de um workaholic

Antônio sempre chegou cedo ao escritório (muitas vezes antes das 7h) e saiu tarde (após as 19h). Depois disso, dava uma passada pela Beneficência Portuguesa. Ultimamente, já abatido pela doença, sentia-se cansado e ia embora mais cedo – às 18h. Mas ficava constrangido de chegar em casa antes do que considerava "horário de um bom trabalhador" (às 21h). Para as empregadas isso representaria um mau exemplo.

De fato, quando chegava mais cedo, as empregadas se preocupavam.

– Será que ele está doente?

Homem rico e poderoso, nunca tirou tempo para si mesmo. Não sabia ficar parado ou envolver-se em atividades não ligadas a trabalho (exceto teatro, do que ele gosta muito). Era como se suas imensas responsabilidades tivessem tomado conta dele para sempre. Não conseguia se desligar. Eu sempre tive certeza de que, no fundo, ele gostaria de ser diferente. Angustiava-se por não ser como seu irmão José, que trabalhava muito, mas sabia fazer suas paradas. Certo dia, me disse:

– Vou dar uma parada. Estou me sentindo cansado. Preciso dar um tempo para a cabeça. Vou viajar e descansar.

Era raro dizer isso. Ele via no cansaço um sinal de fraqueza. Por isso, imaginei que ele iria descansar e passear "pra valer", viajando para a Europa ou para os Estados Unidos, longe dos telefonemas, dos problemas das fábricas e das obras sociais.

– Para onde você vai? – perguntei.

Com grande valentia, disparou:

– Vou passar o próximo fim de semana em Serra Negra!

Anos mais tarde, veio com a mesma conversa mole... Dessa vez, não demorei a descobrir que o destino era Bertioga. Tempos depois, Lindoia. Fiquei vacinado e não me espantava mais com suas "longas" paradas de um ou dois dias. Após 35 anos de casado, reconhecendo não ter proporcionado à esposa uma verdadeira lua de mel, pretendeu se "redimir": em 17 de maio de 1992, ele e Maria Regina foram para a Suíça. No dia seguinte, dirigiu-se à Clinique Bon Port, em Montreaux, "para se livrar do estresse". Passados três dias, começou a ficar irritado, sendo tomado por uma enervante "sensação de inutilidade". Esse é o problema dele: nunca soube o que fazer com o tempo livre. Conclusão: encurtou as férias e, depois de uma semana, estava de volta ao Brasil. Trabalhando no escritório, é claro.

Ele tem consciência dessa dificuldade e brincou com ela na peça *Brasil S/A*, na qual a empregada Dalva fazia um comentário indignado sobre a conduta do patrão, o Lucas, alter ego de Antônio Ermírio:

– Que ele não tire férias, tudo bem. Mas invocar com as minhas, não!

Durante nosso convívio, sempre fiquei impressionado com a fantástica capacidade de leitura de Antônio. Habituei-me a presenteá-lo com livros adquiridos no Brasil e no exterior. Com o passar do tempo, já sabia quais os temas que ele mais apreciava. O primeiro da lista era educação. Logo depois, desenvolvimento econômico, seguido de saúde, meio ambiente e energia. Leitor exigente, não admitia estatísticas que não fossem recentes. Dados de mais de dois anos não o seduziam, salvo os dos livros de história, que ele ama.

O mais surpreendente para mim era sua capacidade de ir diretamente para as páginas do livro que mais de perto diziam a seu interesse. Pode parecer exagero, mas é verdade. Ele sempre abria na página mais crítica.

Em 1994, respondeu assim às perguntas de um jornalista que o entrevistava:

– O que o senhor está lendo?

– Estou lendo *Preparando para o século 21*, de Paul Kennedy, que fala como será o próximo século. É um livro interessante. Já tirei minhas conclusões.

– Então já terminou de ler o livro?

– Não. Acontece que sempre leio as conclusões – aduziu jocosamente. – Se concordar com elas, volto e continuo lendo. Caso contrário, paro de ler para não perder tempo.[8]

Não raro, me ligava para comentar os livros que havia lido logo após receber de presente. Para mim, era como fazer um curso intensivo no qual aprendi muito sobre assuntos distantes de minha profissão, como energia, infraestrutura e meio ambiente, entre outros.

Sem lenço nem documento

Na época em que trabalhava no escritório da praça Ramos de Azevedo, Antônio adorava andar a pé pelo centro da cidade – sem nenhuma proteção –, quando era cumprimentado por todos. Com frequência, chegava ao escritório com o bolso cheio de bilhetes com pedidos de empregos. Ao ler as mensagens, observava:

– O que o povo quer é trabalhar. Infelizmente eu não posso empregar todos. Mas faço o que posso. E, se Deus quiser, vou fazer mais.

Em 1985, Antônio chegou a empregar mais de 60 mil funcionários diretos, gerando cerca de 200 mil postos de trabalho indiretos. A quantidade de pedidos de emprego que chegava à sua mesa de trabalho era colossal. Não vinham só da rua. Não faltavam os "tios" que diziam ter um "sobrinho brilhante" para o qual pediam um cargo na Votorantim. Antônio tinha uma política própria para tratar esses casos: fazia um pré-vestibular com os candidatos. Como a maioria dos brilhantes sobrinhos tirava nota baixa no exame, incontinenti, Antônio enviava o resultado para o tio, com uma mensagem:

– Olha, seu sobrinho foi infeliz, tirou zero neste exame. Temos de esperar ele melhorar.[9]

Nas andanças por São Paulo, muita gente se aproximava simplesmente para cumprimentá-lo. Ele era simpático e paciente com todos. Parecia outra pessoa, bem diferente do Antônio rigoroso e minutado de suas empresas. Passados tantos anos desde que foi candidato a governador, em 1986, tinha sempre alguém que perguntava:

– Como é, Tonhão [seu apelido na campanha eleitoral]? Não vai se candidatar este ano?

Parecia que fazia isso em todas as eleições. Ele continuava andando e dizendo:

– Chega de política. É melhor eu fazer o que sei: investir e criar empregos.

Certa vez, caminhando comigo na rua 24 de Maio, no centro de São Paulo, foi abordado por um fotógrafo lambe-lambe decidido a tirar uma foto que julgaria poder pôr na vitrine de suas melhores produções.

– Você não é o Antônio Ermírio de Moraes?

A resposta veio como um raio:

– Eu?! Antônio Ermírio de Moraes? Você acha que o Antônio Ermírio estaria andando nesta rua perigosa e sem segurança?

O fotógrafo ficou na dúvida, olhou-o de cima a baixo e achou melhor concluir a conversa:

– Então vai andando, vai. Some daqui porque tenho mais o que fazer...

Continuamos a caminhar sem poder conter as gargalhadas. Chegando na Votorantim, contamos ao Geraldo Cretela, que também morreu de rir. Essa história ficou famosa porque passei para muita gente. Seus filhos se divertem até hoje.

Outra vez, na mesma rua, Antônio parou numa loja para indagar o preço de um relógio que o encantou – ele gostava de relógios importados.

– Boa tarde. Você pode me dizer quanto custa esse relógio?

Por estar sempre com roupa simples, mal arrumado e gravata fora do lugar, o vendedor não levou a sério a pergunta do potencial comprador, respondendo à queima-roupa:

– Esse não é para seu bico... Vá andando...

Antônio não retrucou. Resignado, aceitou o comentário e prosseguiu na caminhada até chegar a seu escritório no portentoso edifício do Grupo Votorantim.

Outra curiosidade envolve a pessoa do ex-presidente da República. Em setembro de 2003, Fernando Henrique Cardoso resolveu trocar os móveis de seu apartamento. Ao chegarem os sofás, o entregador confundiu o presidente com Antônio Ermírio e exclamou:

– Ah! Antônio Ermírio de Moraes! Gente de bem, hein?

Ao que FHC respondeu:

– Eu até queria ser ele, mas sou só o Fernando Henrique.

O entregador, admirado, arrematou:

– Eu sabia que era alguém das altas...[10]

Quando lhe perguntavam por que andava sem segurança, Antônio respondia:

– O povo sabe que não estamos trabalhando só para nós. Ajudo aqueles que nem sabem que eu estou ajudando. E gosto disso. Acho que Deus também gosta. Isso me dá paz de consciência.[11]

Apesar de seu "santo forte" (como ele gostava de dizer), Antônio passou por vários episódios de insegurança. Em 1985, o prédio da Votorantim na praça Ramos de Azevedo foi alvo de três assaltos. O mais grave ocorreu na noite do dia 2 de maio. Ladrões armados invadiram a sala de Antônio e levaram 500 mil cruzeiros e, o pior, mataram um antigo funcionário, Antônio Bonnoni, que ali estava como segurança do prédio. Antônio ficou arrasado. Prestou várias homenagens ao funcionário falecido e deu todo o apoio a seus familiares. Mas jamais esqueceu o trágico acontecimento.

Antônio insistia em dirigir seu próprio carro e sempre sozinho. O máximo de cuidado que tomava era o de mudar de caminho com suspeita de sequestro. Mesmo assim, entrou em situações de risco. Algumas, sem muita gravidade e até engraçadas; outras, extremamente perigosas.

Por três vezes, seu relógio foi arrancado de seu pulso no trajeto do escritório para casa. A primeira foi na avenida Francisco Morato, em 7 de janeiro de 1991. Antônio não era chegado a ar-condicionado e dirigia seu carro com o vidro aberto, com o pulso esquerdo à mostra. Os assaltantes, de revólver em punho, se aproximaram, apontaram a arma e levaram seu relógio.

– Nem marca tinha – costumava dizer, o que não era verdade.

Apesar disso, não se emendou. Continuou dirigindo sozinho, camisa de manga curta e com os vidros abertos. Foi assim que, na rua da Consolação, mais um relógio se foi. Ele não quis me confirmar, mas tenho quase certeza de que, nesse caso, foi um Rolex que eu conhecia bem e que nunca mais vi em seu pulso.

Na terceira vez, o roubo foi diferente e ocorreu na avenida 9 de Julho em maio de 1996.[12] Quem dirigia era seu motorista, Davi. Foi no fim da tarde de uma sexta-feira. Antônio decidira ir para casa mais cedo. Como estava resfriado, segundo ele, abriu o vidro para não ter de ligar o ar-condicionado. Na verdade, era a velha história: ele não gostava de ar-condicionado. Nesse momento, aproximaram-se dois rapazes. Um deles colocou a arma em seu peito e pediu dinheiro, o que ele nunca portava. Mostrou a carteira e os bolsos vazios. Nesse caso, o ladrão quis o relógio. Davi ofereceu o seu, mas os ladrões recusaram. Queriam o de Antônio. Ele não discutiu. Pediu calma ao bandido e até o ajudou a retirar o relógio de seu próprio pulso. Dessa vez, não deu para esconder de mim. Davi foi testemunha. Era um relógio da marca Senna que ele usava desde a morte de Ayrton, em 1994, e pelo qual tinha estima especial. O episódio o levou a dar à imprensa uma declaração pouco usual para quem sempre amou tanto São Paulo:

– Tenho vergonha de ser paulistano.

Mas houve casos mais graves. Em meados de julho de 1989, Antônio recebeu um aviso de agentes policiais de que seria sequestrado. Contou-me isso com pavorosos detalhes, mas sem a menor apreensão. O sequestro seria realizado pelos ex-presidiários "Tatu", "Mula" e "Burrão" e liderado pelo operário funileiro Antônio Minchilo. Este último trabalhava numa fábrica de arames na Zona Leste de São Paulo, por coincidência, de propriedade de um conhecido de Antônio.

Mais tarde, com o consentimento de Antônio, liguei para seu amigo e delegado Romeu Tuma, repetindo o que ouvira. Tuma achou que a ameaça era séria e parecia ter fundamento. Imediatamente, fui para o escritório de Antônio. Minha intenção era relatar a conversa e repassar a ele os cuidados sugeridos pelo experiente delegado. Fui surpreendido ao ver que ninguém sabia de seu paradeiro. Saíra dirigindo seu próprio carro sem dizer para onde ia. Fiquei apreensivo. Percebi que seus auxiliares diretos não estavam a par da ameaça. Eu precisava falar com alguém sobre o risco que ele corria. Resolvi me abrir com Geraldo Cretela. Juntos, telefonamos para Tuma, sem sucesso.

Três horas angustiantes se passaram. Saí do escritório e fui atrás de Tuma na delegacia. Em vão. Da delegacia liguei para a Votorantim e fiquei sabendo que Antônio estava de volta. Pedi para falar com ele e saber por onde andara. Disse-lhe que estava à procura do Tuma. Ele me pediu para desistir, convidando-me para ir a seu escritório, onde me contou o seguinte:

– Não se preocupe. Deixe o Tuma em paz. Não há necessidade. Resolvi conversar diretamente com o chefe da gangue. Fui até a empresa onde ele trabalha e pedi ao dono para chamar o tal Antonio Minchilo. Queria ter um papo só com ele. Assim que o malandro chegou, disse:

– Fiz questão de vir aqui olhar de perto a tua cara.

Segundo o relato de Antônio, Minchilo negou ter participado de qualquer plano de sequestro, mas deu a entender que estava envolvido com um grupo de assaltantes. Acabou confessando que tinham lhe pedido para preparar um carro, o qual já estava pronto. Mas que não sabia de nada sobre o sequestro. Antônio não engoliu e disse ao malandro:

– Quero que você e seus amigos saibam de uma coisa. Se eu for sequestrado ou morto, vou deixar uma lista de nomes. E, creia, vocês e seus familiares vão sofrer o triplo do que me fizerem – e pelo resto da vida.

Fiquei pasmo com a narrativa, sem poder acreditar no que ouvia. Antônio havia enfrentado seu provável sequestrador cara a cara. E pior: parecia eufórico. Disse que nunca aplicara um blefe tão bem aplicado como aquele. E que o rapaz ficou realmente amedrontado.

Achei que ele havia corrido e continuava a correr um risco enorme, porque ninguém podia imaginar a reação dos outros membros da gangue. Tentei lhe mostrar a razão de minha apreensão. Mas ele não deu a menor atenção.

– Página virada – concluiu.

Mas eu não virei. Sabendo que continuaria guiando seu carro, dirigindo sozinho por todos os lados, procurei o Tuma novamente para contar o ocorrido e pedir orientação. A reação dele me surpreendeu mais ainda.

– Sabe de uma coisa? – disse o delegado. – Acho que o Antônio Ermírio fez bem. Ao enfrentar o bandido e blefar com aquela cara de bravo que ele tem, deve ter encerrado o caso ali mesmo. Os bandidos não terão coragem de agir. Também acho que é página virada. Mesmo assim vou dar um telefonema para ele e orientá-lo para que tome algumas precauções.

Só pude concordar com o delegado, me despedir e pedir a Deus que nada acontecesse. Os policiais não conseguiram encontrar nenhuma prova contra Minchilo. Mas Antônio se convenceu de haver desmanchado um crime ainda em gestação – com a concordância de um policial experiente.

Algum tempo depois, a polícia descobriu que o sequestro estava marcado para o dia 22 de julho daquele ano, um sábado, num determinado ponto do trajeto da estrada que Antônio usava para ir à CBA. A quadrilha já havia adquirido dois carros e pintado ambos com as cores da Polícia Rodoviária. O fato tornou-se público. O próprio Antônio chamou a revista *Veja* para relatar o acontecido e dar um recado.

– Irrito-me com essas pesquisas que me põem entre os homens mais ricos do Brasil. A riqueza do Grupo Votorantim está nas suas fábricas e na capacidade de gerar empregos e impostos. Mas, do jeito que publicam, parece que o valor das fábricas está todo na minha conta bancária, o que faz os malandros ficarem de olho em mim.[13]

Outra vez, ele foi vítima de um sequestro que, na verdade, não ocorreu. Foi em 2004, um acontecimento intrigante. Eram seis horas da manhã de um sábado. Antônio estava em seu quarto, de pijama, preparando-se para fazer a barba e ir trabalhar. Maria Regina estava em Bertioga. A empregada, Dinha (Anunciação Ferreira Lima de Carvalho), bateu na porta do quarto, dizendo que precisava falar com ele. Antônio estranhou, pois nunca fizera isso antes. Ao abrir a porta, o quarto foi invadido por três bandidos mascarados e armados. Pediram dinheiro e joias.

Antônio levou um susto monumental. Havia passado recentemente por uma cirurgia de intestino e estava fraco. Mesmo assim, manteve a cabeça fria. Argumentou que não tinha dinheiro – nem reais, nem dólares –, mas que, na gaveta da penteadeira, havia alguns relógios, seus e de Maria Regina. Os bandidos pegaram tudo e mandaram-no ir com eles até seu próprio carro (o possante Volvo). Antônio foi jogado no banco de trás. Antes de darem a partida, ele aconselhou os sequestradores:

– Tirem esses capuzes porque, ao passar pela portaria da minha casa, o porteiro [que não era segurança] vai estranhar e, certamente, chamará a polícia.

Os três bandidos concordaram. Tiraram o disfarce, Antônio viu o rosto deles, jovens, e todos saíram numa velocidade assustadora. Os bandidos pegaram a estrada de Itapecerica da Serra a 150 quilômetros por hora. Lá pelas tantas, estacionaram o carro e mandaram Antônio descer. Ele ficou parado no acostamento, de pijama, sem saber o que fazer. Depois de algum tempo, viu um caminhão de leite parar perto dele.

– O que houve, doutor Antônio? Precisa de ajuda? – perguntou o motorista.

Incrível coincidência! Era o leiteiro que servira sua casa durante muitos anos. Antônio relatou-lhe o ocorrido e o homem lhe deu uma carona. Chegou em casa de caminhão.

Fiquei sabendo do ocorrido lá pelas 11h da manhã, por meio de um telefonema de seu filho Carlos. A polícia conseguiu recuperar o carro e identificar os gatunos – que haviam "sequestrado" Antônio sem saber de quem se tratava. Foi um sequestro que houve, sem ter sido sequestro.

Antônio ficou assustado. Seus filhos decidiram colocar alguns guardas particulares para fazer a segurança da casa. Pouco adiantou. Sempre que decidisse, saía dirigindo, durante o dia ou à noite.

Modernidade tecnológica, mas nem tanto

Apesar de exigir o uso da mais moderna tecnologia em suas empresas e na Beneficência Portuguesa, Antônio sempre se manteve arredio às modernas tecnologias para uso próprio. Sugeri várias vezes que aprendesse a mexer no computador, argumentando que duplicaria seu já veloz ritmo de trabalho. Ele sempre relutou. Para escrever, não abria mão das benditas canetas hidrográficas. Para calcular, usava uma velha régua de cálculo e, mais tarde, uma calculadora HP.

A verdade é que não precisava de muito mais. Antes da doença, era um expert em fazer contas de cabeça. Lidava com números grandes ou pequenos com uma precisão assombrosa. Tinha verdadeira paixão por fazer cálculos rápidos e costumava usar números para embasar seu raciocínio, mesmo de forma indireta. Em 1996, no programa *Roda Viva*, da TV Cultura, por exemplo, respondeu com números ao ser questionado sobre sua trajetória de dramaturgo. Quando Matinas Suzuki perguntou: "Você é um dramaturgo?", ele disse:

– Eu sou um engenheiro. Você sabe que a luz caminha a 300 mil quilômetros por segundo e uma hora são 3.600 segundos e um ano tem 8.670 horas? Se você multiplicar isso tudo, você tem um ano-luz, que são 9 trilhões de quilômetros. Há pelo menos uns seis anos-luz, uns 54 trilhões quilômetros de distância, entre a dramaturgia e o Antônio Ermírio. Não tenho a menor pretensão nesse campo.

No caso do computador, tanto insisti que ele concordou em aprender, pelo menos, a usar o programa Word. Indiquei-lhe o Luiz Silva, técnico que cuidava dos meus computadores na USP. Antônio agendou uma hora com ele para sábado de manhã. O aprendizado não foi longe: a primeira aula já resultou num fracasso estrondoso. No meio das explicações, Antônio parou várias vezes para atender o telefone. Sua cabeça funcionava a mil por hora, enquanto a do Luiz prosseguia a passos regulares, serenamente, como convém a um professor que dá as primeiras lições sobre qualquer matéria. Antônio exasperava-se e mais tarde comentou comigo:

– O tempo que vou gastar com esse negócio vai dar para construir uma fábrica de alumínio... Mas estou envergonhado de dizer isso ao Luiz. Ele tem sido educado, gentil e paciente. Por isso, veja se você encontra uma maneira de transmitir o que sinto sem magoá-lo.

Fiz isso sem dificuldades. Luiz já esperava uma "evasão escolar" precoce. O caso é que, além da impaciência, ele nutria uma desconfiança profunda com relação a computadores. Julgava-os poderosos e rápidos demais. Ao repórter de uma revista, disse, certa vez:

– Uma das coisas que mais me apavoram é listagem de computador. Eu tenho uma memória razoável. Fico indignado quando chegam listagens que ninguém leu. A régua de cálculo tem uma vantagem sobre o computador: obriga a pensar.[14]

Para ele, o fim das aulas com Luiz foi um grande alívio. Continuou escrevendo à mão, com a caligrafia cada vez pior. A ponto de sua antiga professora, dona Soledade Santos, chamá-lo certo dia à sua casa, juntamente com seu colega de classe, o poeta Paulo Bomfim, para, com base nos cartões festivos que lhe enviavam, dizer-lhes que estavam com a letra muito feia.

– Essa não foi a caligrafia que ensinei a vocês – lamentou a velha mestre.

Num depoimento prestado ao professor Cleber Aquino, Antônio assim resumiu sua birra em relação ao computador:

– Hoje todo mundo tem mania de usar o computador. O computador é frio e gelado. Nós tivemos um diretor técnico dinamarquês na Votorantim que contava a seguinte piada: havia um homem que tinha dois relógios, um que nunca funcionou e outro que estava sempre atrasado. Ele não sabia o que fazer, e consultou um computador sobre o que fazer com os relógios. O computador respondeu: 'Venda o que está atrasado porque o outro, que nunca funcionou, pelo menos duas vezes por dia dá a hora certa.[15]

Sua relação com os demais equipamentos eletrônicos não era diferente. Nunca teve telefone celular. Quando precisava fazer uma ligação urgentíssima, pedia um emprestado, em geral, o meu. A implicância com o aparelho crescia quando ouvia o falatório nos restaurantes. Para ele, restaurante era lugar de comer tranquilamente e não de falar ao celular.

Outra coisa que jamais engoliu foi o fax – esse nosso quase falecido companheiro de escritório. Quando o aparelho surgiu, o volume de papel em sua mesa tornou-se colossal. Aborrecido, ele dizia que ninguém tinha o direito de invadir seu espaço de trabalho. Mas sua fiel secretária, Valéria, não queria privá-lo de informações importantes e, a cada novo fax colocado sobre a mesa do chefe, fingia que não ouvia o resmungo indignado:

– É um pessoal muito atrevido mesmo!

Um trabalhador incansável

A rotina de Antônio foi sempre a mesma. Assim que punha o pé no escritório, às 7h30 da manhã, começava a telefonar e a conversar telegraficamente com pessoas-chave nas fábricas. Numa velocidade incrível e em linguagem cifrada, verificava todos os detalhes, sobretudo os relativos à produção e às obras de expansão. Eram telefonemas de cinco a dez minutos, por meio dos quais tomava dezenas de providências. As conversas mais demoradas eram sempre com o pessoal da CBA, sua menina dos olhos no universo das 96 empresas do Grupo Votorantim.

Os telefonemas terminavam por volta das 9h. Àquela altura, ele já havia medido o pulso de cada fábrica e conferido a situação das áreas estratégicas, como energia, abastecimento de insumos, produção e estoque – sempre preocupado muito mais com a qualidade dos produtos do que com a receita das vendas.

Antônio sempre foi exageradamente rápido no falar. Era difícil acompanhar o que dizia. Valéria recorda a velocidade com que o chefe lhe passava suas mensagens, e dizia:

– Eu anotava o que podia. Depois passava horas montando o quebra-cabeça para produzir um relato que fizesse sentido.

Depois dos telefonemas, Antônio verificava os relatórios das fábricas produzidos na noite anterior e fazia a mesma coisa com as pastas de documentos encaminhadas pela administração da Beneficência Portuguesa. Eram centenas de papéis – notas fiscais, cheques, contas a pagar e outros. Sabia tintim por tintim o que havia no hospital, quantos clientes estavam internados, quantas cirurgias tinham sido feitas e os detalhes de tudo o que acontecera em cada área ou andar. Assim agiu também quando dirigiu os hospitais da Cruz Vermelha, da Cruz Verde e várias obras educacionais.

Antônio nunca gostou de receber ideias oralmente, nem de ouvir exposições verbais demoradas. Invariavelmente, exigia que o proponente pusesse um resumo no papel para ele aprovar ou desaprovar no ato.

– Boas ideias vendem-se com facilidade. Quando fica difícil explicar ou escrever, a ideia não é boa – pontificava.

Ele também nunca gostou de conversas longas. Comigo, havia dois padrões. Quando tinha de tratar de algum assunto referente às peças de teatro que ajudei a escrever ou a artigos de jornal para os quais eu fornecia dados de pesquisa, o ritmo da conversa era o mesmo, rápido e preciso. Mas, no caso de conversas íntimas, estas eram prolongadas e deixadas para fora do escritório, na minha casa, na dele ou num restaurante. Nesses casos, tínhamos horas de papo. Confesso que sempre nutri certo sentimento de culpa por vê-lo afastado de seu convívio familiar.

As decisões de Antônio sempre foram rapidíssimas. Nenhum papel ficava rolando em sua mesa à espera de veredicto. Fazia tudo de maneira relâmpago, tanto nas empresas como nas obras sociais. Detestava burocracias. Queria estudos rápidos e bem-feitos. Seu estilo de gestão foi sempre direto. Ele já estava com mais de 70 anos quando, de madrugada, recebeu um telefonema dando conta de que havia caído uma torre de transmissão de alta-tensão da CBA devido a um forte temporal. Não teve dúvida. Levantou-se, pegou o carro e foi guiando sozinho até o município de Alumínio, lugar descampado, onde encontrou um grupo de funcionários que com ele se embrenharam mata adentro para verificar o ocorrido. Outra vez, o telefonema veio para informar que havia caído o teto da Siderúrgica Barra Mansa. A reação foi a mesma. Pegou o carro, dirigiu seis horas e chegou lá para avaliar os estragos e ordenar a imediata reparação. Ele nunca entendeu como certos empresários se afastavam das empresas e delegavam tudo a profissionais. Sempre acompanhou pessoalmente tudo o que ocorria nas fábricas da Votorantim e nas obras sociais que apoiava. Quando íamos a restaurantes – ele gostava de chegar ao meio-dia – e víamos que os demais comensais (na maioria, empresários) chegavam na hora em que estávamos saindo, invariavelmente dizia:

– Observe que os empresários estão chegando com o cabelo molhado e bem penteados. Tomaram banho agora porque se levantaram às 11h... Isso não pode dar certo. Quando eles começam a trabalhar, já dei um expediente de oito horas... São da turma em que a pessoa jurídica vai mal enquanto a pessoa física nada em dinheiro.

Ele gostava de mostrar que cultivava o sentido de ordem. Nas áreas de produção e na própria administração, não havia luxo. Mas tudo estava sempre limpo e bem arrumado. Ele se realizava quando esses traços eram apreciados pelos visitantes e se frustrava quando não eram notados.

A rapidez de decisão era conhecida de todos. Uma vez, um diretor da CBA lhe disse que a empresa não iria longe com aqueles laminadores de 60 centímetros de largura para cortar alumínio. Eram antiquados e a empresa estava perdendo mercado. Tocado e desafiado pela observação, Antônio disse-lhe secamente que não pedira palpites, mas, sem pestanejar, foi à Alemanha, para, na volta, chamar o diretor e dizer:

– Comprei três laminadores grandes, dos mais modernos que existem.

O diretor assustou-se:

– Doutor Antônio, eu pedi apenas um. O que vamos fazer com três?

A resposta foi imediata:

– Vamos pôr para funcionar, produzir e vender a produção.

O tempo mostrou que Antônio estava certo ao comprar os três. Logo depois de sua implantação, a demanda cresceu, e a produção adicional foi inteiramente vendida.

Aversão à preguiça

Antônio Ermírio tem um lema sobre a preguiça:

– Admito um funcionário que produza menos do que espero. Estou sempre pronto a ensiná-lo. Mas não tolero quem não trabalha por preguiça.

A grande preocupação de Antônio com relação aos jovens e, sobretudo, aos próprios filhos sempre foi o "perigo" da preguiça. Ouvi meu amigo dizer inúmeras vezes:

– As piores doenças que existem são a preguiça e a indolência. Elas ocorrem com frequência quando os pais têm algum recurso, pessoas abastadas.

Antônio admitia errar. Nunca puniu quem errou de boa-fé. Mas ficava enfurecido com quem não se mostrava disposto a consertar o erro ou tinha preguiça de retrabalhar o que era necessário. Quando ocorria algum problema coletivo em suas fábricas, reunia todos e anunciava, sem meias palavras:

– O erro é nosso, vamos corrigir.

Sua implicância abrangia também o excesso de feriados em nosso país. Quando havia um feriado municipal em São Paulo, ele ia trabalhar na fábrica da CBA em Alumínio, onde era dia útil. Quando o feriado era estadual, ia para Minas Gerais ou outro estado onde a Votorantim estava presente. Quando não podia viajar, trabalhava no escritório em São Paulo "para tirar o atraso" ou ia tomar providências na Beneficência Portuguesa.

Era fato sabido que detestava conceder "pontes" a seus funcionários. Feriado na quinta não dava direito a folgar na sexta, assim como feriado na terça não justificava faltar na segunda-feira. Nesses dias, para dar o exemplo, era o primeiro a chegar à Votorantim. A cada ano, costumava estimar os dias que seriam "perdidos" com feriados e pontes no Brasil. Observou, por exemplo, que 2007 foi pródigo em "desperdícios". Pelas suas contas, foram 21 dias sem trabalho. Somando-se os 52 sábados, 52 domingos e 30 dias de férias, deu um total 155 dias sem trabalhar – quase meio ano. Gostava de registrar essas observações em artigos da *Folha de S.Paulo*. Em um deles, ironizou:

> Esta estranha República da Preguiça já quis celebrar todos os feriados na segunda-feira. Santa ingenuidade! Foi até lei – daquelas que não pegam. [Não pegou] porque a maioria passou a folgar na segunda-feira sem renunciar à folga do dia do feriado.[16]

Os profissionais da imprensa sabiam dessa mania, que era motivo de muitas caçoadas. Mas ele não ligava. Seguia em frente com suas críticas. Em 2008, abordou a questão com uma "tirada filosófica":

– Os americanos usam e abusam da expressão "time is money". Mas há certa razão para isso. O tempo é um bem precioso. Quem mata o tempo mata a história...

Em suas empresas, havia uma crítica velada pelo fato de ele não conceder "pontes". Ele sabia disso e dava uma resposta elaborada:

– Muitos me criticam pelo fato de eu ser contra emendar feriados. Tenho dúvidas de que a opção pela vida fácil possa ser alimentada por muito tempo. "Perdulância". Essa palavra não existe no *Aurélio*. Mas devia existir. Ela descreve bem essa síndrome que põe um país em derrocada. O comodismo é seu sintoma mais visível. A preguiça também é frequente, mas tende a ser escamoteada pelo "descanso merecido", ou o "ninguém é de ferro". Para a perdulância não há vacina. Nem transplantes e nem implantes. Quando ela se dissemina pelo corpo social – ah!, é letal. Muitas nações caíram de grandes alturas – *causa mortis*: perdulância.[17]

Feriados religiosos e Carnaval não escapavam a seu tiroteio:

– Já houve tempo em que o Brasil começava a trabalhar só depois do Carnaval. Mais tarde, passou para depois da Semana Santa. É um absurdo.[18]

Desperdício era uma palavra desconhecida para ele. Consta que, durante uma conversa, o interlocutor – por nervosismo ou distração – pegou um punhado de clipes da mesa e começou a desmontá-los enquanto falava. Lívido de raiva, Antônio "secou-o" com os olhos. Como o sujeito não se tocou, Antônio arranjou algo para dizer. E, pacientemente, remontou todos os clipes, um a um, diante do olhar estatelado do visitante. Só quando colocou tudo de volta no recipiente, satisfeito e sorridente, despediu-se dizendo:

– Quem não faz economia com as coisas pequenas também não faz com as grandes.

Ele foi um crítico mordaz do desperdício na sociedade norte--americana. Numa época em que ainda não se falava em uso racional de energia, Antônio não se conformava que milhares de prédios de escritórios vazios em Nova York, Chicago e San Francisco ficassem acesos a noite toda. No Brasil, igualmente, criticava o desperdício de água, eletricidade e alimentos – sobretudo o praticado pelas classes mais altas. Revoltava-se quando via um lixo cheio de comida. Seu apreço para a economia e a austeridade o acompanhou a vida toda.

Uma vez, caminhando com ele pela avenida São Luís, no centro de São Paulo, vimos o zelador de um prédio lavando a calçada com uma mangueira. Antônio parou e ficou olhando, sem dizer nada. O zelador o reconheceu e o cumprimentou. Ele respondeu secamente e continuou observando o desperdício de água. O zelador ficou encabulado.

Fechou a torneira e perguntou:

– Doutor Antônio, o senhor está procurando alguém aqui no prédio?

– Sim – disse ele. – Estou procurando quem contratou você para trabalhar aqui.

– Por quê? – perguntou o zelador.

– Porque ele devia ter lhe dito que a água do mundo está acabando e que isso está chegando ao Brasil, apesar de nosso país ter 20% da água do planeta.

Prosseguiu discorrendo sobre o assunto, com uma profusão de dados que deixou o pobre homem atônito e sem saber o que dizer. Terminada a aula, fomos embora, ficando para trás o pobre zelador com a mangueira na mão – fechada.

Memória prodigiosa

A memória de Antônio sempre foi invejável. Ao apresentar um depoimento que serviria de base para a organização de um livro de um professor da USP, depois de lamentar a falta de tempo para prepará-lo melhor, ele discorreu sobre todas as fábricas do Grupo Votorantim. Ao falar sobre o consumo energético na produção de aço, assim explicou ao grupo que, pasmo, o assistia:

– O consumo energético do mundo é da ordem de 320 quatrilhões de BTUs (eu sou obrigado a usar a sigla que talvez os senhores nunca tenham escutado falar, que é do sistema inglês: BTUs), que, se os senhores quiserem, apenas multipliquem por 0,252, e obterão quilocalorias... Um quatrilhão de BTUs é equivalente à produção de 500 mil barris por dia de produção de petróleo, durante um ano...

Em seguida, deu detalhes, de cor e salteado, sobre nosso potencial hidrelétrico, apresentando inúmeros outros dados, durante duas horas, e sem recorrer a nenhuma anotação. No mesmo ritmo descreveu a produção de metais, papel e celulose, cimento, suco de laranja etc. de todo o Grupo Votorantim, que, àquela época, era formado por 95 empresas, 59 fábricas, 243 distribuidoras, 18 hidrelétricas e 56,2 mil empregados.

No fim, tornou a pedir desculpas por não ter preparado o depoimento por escrito. Quando a plateia finalmente parou de aplaudir, alguém perguntou como ele conseguia guardar tantos números na cabeça, e teve a seguinte resposta:

– É só estudar um pouquinho.

Essa era sua mensagem ao terminar qualquer palestra, em especial para estudantes. Podia mudar as palavras, mas o conselho era sempre o mesmo:

– Jamais deixem de estudar. Jamais! Nos dias atuais, é imperativo continuar estudando, porque esse estudo é que vai dar estímulo para vocês crescerem; sem estudo, francamente, eu não vejo como prosperar. O bom executivo é aquele que estuda a vida inteira... Digo isso a meus filhos.[19]

Em uma entrevista concedida ao jornalista Roberto D'Ávila, ele disse o que viria a repetir pelo resto da vida:

– Ninguém pode se contentar com o que sabe. Você tem de ser um escravo dos melhores conhecimentos.[20]

Antes das palestras, fazia parte de seu charme dizer que não tivera tempo para se aprofundar sobre o que ia falar. Mas estava tudo memorizado em decorrência de longas horas de estudo. Jamais deixou de se preparar antes de falar. Em 1991, para fazer a abertura do Simpósio Multidisciplinar sobre Transplante Cardíaco, em São Paulo, solicitou a seu médico pessoal uma vasta bibliografia sobre o assunto e, bem a seu modo, adicionou dados referentes a custos e a questões éticas. Para falar sobre "Os desafios do Brasil" durante uma aula magna ministrada na Escola de Administração de Empresas da Fundação Getúlio Vargas, em 16 de agosto de 1989, preencheu um bloco inteiro de papel quadriculado (seu preferido) com dados e mais dados sobre a situação brasileira nos campos da economia, da indústria, da agricultura, da energia e da educação. Examinei esse material recentemente. Daria para ministrar um curso de seis meses!

Antônio sempre foi muito cuidadoso com as anotações. Escrevia desordenadamente, mas guardava tudo muito bem. Ele gostava de escrever seus planos e ter tudo detalhado antes de tomar qualquer decisão. Usava cadernos espirais antigos, até as capas. Como estas se desgastavam, Valéria as substituía por outras, guardando as velhas que, segundo ele, continham dados importantes. Para cada empresa e também para a Beneficência Portuguesa tinha um caderno específico.

Para a CBA, preencheu quase dez cadernos, tantas foram as decisões tomadas desde sua criação. Nesses cadernos estão registradas as necessidades de cada projeto, a divisão do trabalho, as responsabilidades de cada um, o andamento do cronograma previsto e até desenhos de equipamentos que foram montados nas diferentes fábricas. As anotações para suas palestras e os referidos cadernos estão reunidos no projeto Memória Votorantim e, no conjunto, feitos os necessários descontos históricos, constitui um manual sobre como construir um império de fábricas de grande porte e complexa tecnologia.

Petista por acaso

Apesar de sua memória prodigiosa, Antônio também tinha seus momentos de distração. Gerard Loeb, já mencionado nesta narrativa, seu amigo desde os bancos escolares, deu-me a explicação de um fato pitoresco que sempre me intrigou.

Certo dia, Antônio foi sozinho assistir a um concerto no Teatro Cultura Artística. Lá chegando, percebeu que se equivocara: o concerto era na Sala São Paulo. Mas não teve tempo nem jeito de voltar atrás. Assim que entrou no saguão do teatro, foi muito bem recebido por uma comitiva do Partido dos Trabalhadores, que ali fazia uma espécie de convenção. Consumado o erro, Antônio achou melhor ficar e assistir aos debates. Provocado, deu opiniões.

No dia seguinte, a imprensa paulista, estupefata, noticiou que Antônio Ermírio de Moraes participara de uma reunião do PT para estabelecer um novo programa de governo para o Brasil.

Estranhando o acontecido, liguei para ele logo cedo:

– Antônio, o que o levou a participar da reunião do PT?

Ele, com toda a seriedade e escondendo a verdadeira razão, aduziu:

– Nos dias de hoje, precisamos estar abertos a tudo e a todos.

Eu, que sabia de suas reservas em relação a Lula e ao PT, emendei:

– Mas logo o PT? Esse pessoal nunca demonstrou o menor apreço por suas ideias...

– Isso faz parte do teatro deles. Eles têm de atacar os empresários o tempo todo. Por isso não deixam de me "bater"... Mas tivemos uma boa troca de ideias ontem à noite.

– Antônio, não estou acreditando nisso. Quero que me explique melhor amanhã.

Ele não deu o braço a torcer. Em nenhum momento me disse que fora um encontro casual e não planejado. Acho que ficou envergonhado com o erro cometido. Só vim a saber disso pelo Gerard, que, na época, era um dos diretores do Teatro Cultura Artística. À imprensa, ele repetiu espertamente que, em tempos de abertura, era preciso estar aberto para todos... Por outro lado, os petistas criticaram a direção do partido por ter promovido a inesperada aproximação logo com quem? Antônio Ermírio de Moraes.

Vida social e religiosidade

Antônio nunca foi de sair à noite. Quando jovem, e mesmo mais velho, não gostava de ir a jantares, festas ou eventos sociais. Só ia quando não dava para se ausentar. Assim ocorria com as poucas festas de aniversário de familiares às quais comparecia por curtos momentos. Seu cotidiano sempre foi marcado por hábitos despojados. Nunca frequentou casas noturnas. Não gostava de bebida alcoólica. Bebericava apenas uma taça de vinho do Porto, mas muito raramente. Fausto Silva foi dos poucos que conseguiram tirar Antônio de casa à noite. Sobretudo depois que foi morar perto de sua residência. Faustão costumava fazer pizzas num determinado dia da semana e convidava os amigos para saborear. Antônio aceitou alguns convites. Ficava pouco tempo, comia um ou dois pedaços e se despedia para descansar para o dia seguinte. Nesses contatos, porém, ele desenvolveu grande simpatia por Fausto Silva. E isso foi recíproco. Por ocasião do octogésimo aniversário de Antônio, Faustão escreveu:

[O dr. Antônio] tem uma incrível sensibilidade e interesse pelas relações humanas. Ele nunca tem vergonha de perguntar sobre um assunto que não domina. E, quando pergunta, o faz com interesse e pertinência. Tudo isso é um pouco do homem que é pai de nove filhos, que construiu uma obra gigantesca, que mostrou com a Beneficência Portuguesa que um hospital bem administrado pode dar certo, que consegue escrever peças de teatro e que virou até tema de escola de samba. O dr. Antônio jamais permitiu que a vaidade – que geralmente contamina quem faz sucesso, não importando o nível intelectual – atrapalhasse sua inteligência e seu trabalho. Portanto, Deus não foi bom com ele. Foi justo.[21]

A religiosidade é um traço marcante da personalidade de Antônio Ermírio. Além de ser católico, ele sempre acompanhou de perto os movimentos da Igreja, aplaudindo quando estava de acordo e criticando quando julgava necessário. Manteve vários santinhos em seu escritório. Fazia orações diariamente, em especial para São José, e afirmava não dormir "sem uma boa meditação de agradecimento a Deus pelo dia vivido". Quando frequentava igrejas, preferia ir no momento em que estavam vazias, pois conseguia se concentrar melhor, como muitas vezes me confessou com simplicidade.

– Quando a igreja está cheia, sou distraído pela observação dos outros. Fico um pouco encabulado. Não posso deixar de ser atencioso. Isso perturba minha concentração. Preciso de silêncio e paz para meditar mais fundo.

Na mesma conversa, disse que sua religiosidade "entrava pela via da ajuda ao próximo" e abominava "a ideia de ser um rico inútil". Achava que a ajuda real de um homem rico devia ser por empréstimo de sua competência em benefício dos menos favorecidos. Ele repetia constantemente:

– Para quem tem dinheiro, assinar um cheque é fácil. Resolver diariamente os problemas de uma obra social ou de um grande hospital (como a Beneficência Portuguesa) é bem mais difícil. Faço isso com prazer e por saber que é estratégico para a sobrevivência daquela entidade.

Ele nunca deixou de arregaçar as mangas para ajudar as causas em que acreditou. Seu desprendimento era espantoso e foi bem registrado por Gabriel Chalita:

Eu conheço dezenas de pessoas que receberam de Antônio Ermírio a ajuda humanitária prescrita por São Francisco de Assis. Não vou contar aqui. Respeito seu silêncio. Quem recebeu ajuda sabe, agradece e certamente ora por ele. Antônio Ermírio faz o bem porque acredita no bem. Nada ganha com isso, a não ser o sentimento de ter cumprido sua obrigação. Apenas faz, austero e recolhido, e segue sua vida, a passos medidos por pés que não se cansam de caminhar, carregando sua corpulência escandalosamente meiga.[22]

Antônio foi grande entusiasta do papa João Paulo II[23] e conheceu de perto o papa Bento XVI[24] por ocasião da visita dele ao Brasil. Consta que, ao saber do apoio que Antônio dava aos doentes necessitados da Beneficência Portuguesa, Bento XVI mencionou que Deus estava atento a isso, ao que Antônio teria respondido:

— Não faço isso esperando a complacência de Deus. Faço porque é minha obrigação ajudar os menos favorecidos.

Antônio é também um corintiano de conduta "religiosa", e houve tempo em que "fervia" pelo Timão. Chegou a ser conselheiro do clube, junto com o irmão José Ermírio, que foi também presidente da Federação Paulista de Futebol e muito envolvido com esportes. Ironicamente, vários de seus filhos aderiram ao Santos Futebol Clube.

— Nasceram na era Pelé — justificava o pai.

Seu estádio predileto é o pequeno Pacaembu, no qual gostava de assistir a jogos em companhia de seus netos. Mas, nas partidas decisivas, evitava o estádio, por se sentir nervoso demais. Nem o rádio ligava. Preferia saber só o resultado. Em 1995, todavia, cedeu ao apelo de Regininha, a filha mais nova, e foi até Ribeirão Preto ver a partida final do Campeonato Paulista de Futebol em que o Corinthians venceu o Palmeiras, sagrando-se campeão do ano.

Apesar de mostrar certo desprendimento, Antônio sofria quando o Corinthians perdia. Quando moço, era realmente sua segunda religião. Ele nunca teve contatos pessoais com jogadores, com exceção de Gilmar dos Santos Neves, com quem manteve uma bela amizade.

No livro publicado em homenagem ao ex-goleiro do Corinthians e da seleção brasileira, Antônio escreveu no Prefácio:

> [Este] livro documenta um caráter íntegro, um profissional que honrou sua profissão, e, mesmo depois de afastado dela, ainda a ama e a respeita. Um profissional que durante vinte anos em constante embate físico com adversários teve apenas duas punições graves, sendo uma delas totalmente questionável. Uma vida que se fez no campo do esporte e fora dele, na vida social e na familiar. É que caráter e hombridade cabem em qualquer lugar e são decisivos para marcar com traços indeléveis a figura do vencedor.[25]

Horror ao jogo e às drogas

Antônio pesquisou muito sobre jogos de azar durante a vida toda. Com base no que leu, atacou os argumentos de que a legalização dos cassinos incentivaria o turismo, atrairia jogadores de alta renda, ajudaria a balança comercial e geraria empregos. Para ele, só havia um vencedor real nesse tipo de empreendimento: o dono do cassino. Os poucos benefícios gerados tornavam-se negativos, se comparados aos gastos para combater os efeitos secundários da "jogatina": narcotráfico, prostituição e criminalidade.

– Os governos gastam mais para combater o ilícito do que arrecadam com o lícito – dizia.

Ele escreveu inúmeros artigos na *Folha de S.Paulo* atacando todos os projetos de lei que buscavam legalizar os jogos de azar no Brasil.

– Não tem cabimento querer implantar cassinos para facilitar ainda mais a vida dos contraventores e dos poderosos cartéis de drogas de Calli e Medellín. Nada justifica legalizar o tripé da vergonha: o jogo, a droga e a prostituição.[26]

Em palestras que proferiu, Antônio sempre deixou uma mensagem forte para os jovens, atacando o jogo e as drogas:

– Com jogo, prostituição e drogas, o Brasil irá para o 6º mundo. Não podemos permitir que isso aconteça. É esse o tipo de empregos que queremos? Se for, é melhor não tê-los.[27]

E condenava o que já estava legalizado:

– Morando atrás do Jockey Clube, no Morumbi, fico perplexo ao ver as corridas cinco dias por semana, jogo do bicho diário e loteria federal. Isso significa que o governo é o banqueiro do jogo.[28]

Quanto às drogas, ficou apavorado ao saber que, em 2000, o comércio mundial de tóxico atingira a cifra de 500 bilhões de dólares (!), ou seja, 8% das exportações mundiais. Dizia que com as drogas vinha o aumento da criminalidade, das despesas com saúde, as fraudes financeiras, a lavagem de dinheiro e todos os seus desdobramentos. Segundo ele, a droga é o grande flagelo da humanidade.[29]

Ele costumava dizer com veemência:

– Eu não me importo muito em chegar ao PIB do Primeiro Mundo. Quero ver um Brasil humilde, responsável, trabalhador e que seja respeitado pelo caráter de seus homens. Para mim isso é chegar ao Primeiro Mundo.

Nessa cruzada, ele insistia na importância de um trabalho feito com as crianças, para estimulá-las a ficar longe dos entorpecentes. Enfatizava também a necessidade de medidas coercitivas, terapêuticas e educativas para desestimular viciados e traficantes.

No caso do alcoolismo, preocupava-o, sobretudo, a íntima relação entre o uso excessivo de bebidas e a criminalidade. Em 1999, Antônio foi o primeiro a propor o fechamento dos bares à noite, com o objetivo de reduzir o crime e a violência em São Paulo. A medida acabou sendo aprovada pela Câmara Municipal, mas ele não ficou satisfeito, porque a nova lei exigia o fechamento a partir da uma hora da manhã – muito tarde, em sua opinião. Insistiu no tema e sensibilizou os vereadores de São Paulo, que, mais tarde, fixaram o fechamento para a meia-noite. Após essa providência, os dados mostraram queda na criminalidade.

Antônio apoiou, em 2008, a aprovação da lei 11.705/08, que punia a embriaguez ao volante, exultando:

– A nova lei barrou a liberdade, aliás inexistente, de um cidadão tirar a vida de outro devido ao descontrole causado pelo excesso de bebida.[30]

No rol das drogas, Antônio inclui o tabagismo. Estudou muito o assunto. Preocupava-se com os prejuízos do fumo tanto para os indivíduos quanto para a economia do país. Estava sempre com os números afiados para mostrar que os recursos despendidos com doenças provocadas pelo tabagismo (câncer, hipertensão, enfarte e aneurisma) eram colossais e faziam falta no tratamento de moléstias mais banais.

– Nenhuma causa de morte é tão evitável como a do cigarro, observava.[31]

Chegou a declarar sua satisfação ao verificar que, em decorrência das campanhas de combate ao tabagismo, a proporção dos fumantes no Brasil caíra para menos da metade no período 1989-2004.[32]

Certa vez, quando escreveu um artigo na *Folha de S.Paulo* atacando o vício "nefando", perguntei se não se preocupava com uma eventual retaliação das fábricas de cigarro, que compravam papel de alumínio da CBA para os maços de cigarros. Ele respondeu sem pestanejar:

– A saúde dos brasileiros é mais importante do que os lucros da CBA. Não me preocupo com uma eventual retaliação. Queremos vender para quem não prejudica a saúde dos outros.

Ao tocar na questão da limpeza, Antônio sempre criticou a sujeira de São Paulo, as pichações, os banhos dos moradores de rua em praça pública, os varais de roupas etc. Ele não se conformava com isso. Tinha birra especial com quem pichava a Biblioteca Mário de Andrade. Não aceitava tamanho desrespeito com prédio de tanta importância para a cidade.

Certo dia, ao caminhar pela cidade, vimos um cavalo pastando no mato sob o viaduto do Chá – na verdade, num "jardim" que ficava entre o viaduto e o antigo prédio da Light. Antônio não teve dúvida. Pediu para o motorista, Davi, comprar uma câmera e fotografar o cavalo pastando. Em poucos minutos, as fotos foram reveladas. Antônio colocou-as num envelope e enviou-as para a então prefeita, Marta Suplicy. Nunca recebeu resposta, nem agradecimento pelo alerta. Isso o deixou ainda mais irritado. Não se conformando com o abandono da praça Ramos de Azevedo, contratou um jardineiro e mandou fazer uma reforma geral que se repetiu de tempos em tempos. O local ficou bonito e Antônio colocou seguranças dia e noite para evitar a depredação. A implicância com a sujeira da cidade tinha fundamento. Ele era maníaco por limpeza. Sempre manteve muito limpas suas empresas e as obras sociais que apoiou.

Os personagens de Antônio: Joaninha e Mathias

Como disse, Antônio escreveu crônicas dominicais na *Folha de S.Paulo* durante 17 anos a fio, sem perder um domingo. O início foi difícil e sofrido. Ele despendia muitas horas para definir e pesquisar um bom assunto.

Acompanhei de perto esse sofrimento por ter ajudado a levantar os dados que ele queria para fundamentar seus argumentos nos mais variados campos – mineração, metalurgia, energia, meio ambiente e outros. Aprendi muito.

Com o passar do tempo, ele foi adquirindo confiança e também alegria ao saber do pessoal da *Folha* que sua crônica era uma das mais lidas do jornal de domingo. Ao ganhar segurança, começou a inventar alguns personagens, na boca dos quais colocava as críticas mais ácidas – eram seus heterônimos. Os mais usados foram a "Joaninha" e o "Mathias". Eles eram utilizados como escudos para fazer ataques pesados. Era também uma oportunidade para ele externar seu senso de humor. Nesse processo, os personagens foram ganhando vida e, para Antônio, passaram a ser indivíduos reais, tamanha era a intimidade com que os tratava. Por isso, apresento a seguir algumas descrições dos dois personagens para que o leitor perceba o convívio de Antônio com a sua "trupe".

Joaninha era apresentada como uma antiga colega de ginásio de Antônio. Pura invenção. Era mais velha do que ele, mas fazia questão de esconder a idade e de inverter a cronologia dos nascimentos. Antônio aceitava a estranha aritmética e se divertia com a insistência da "amiga". Em seus textos, Joaninha ganhou vida e personalidade próprias.

Ao sair do ginásio, Joaninha formou-se professora na Escola Normal Caetano de Campos, que ficava na praça da República, no centro de São Paulo. Em seguida, foi para o interior de São Paulo, onde, antes de se aposentar, lecionou no curso primário por cerca de 40 anos e ali consolidou muitos valores que eram compartilhados por Antônio: retidão de conduta, ética no trabalho, amor à educação, respeito às autoridades, cuidado com a limpeza das cidades, e vários outros. Tudo inventado, é claro.

O mesmo ocorreu com Mathias, que, após completar o ginásio, foi também para o interior, onde se tornou um produtor rural eficiente, trabalhador de sol a sol e cumpridor de suas obrigações, em especial, com o Fisco. Igualmente fruto da imaginação de Antônio.

As "broncas" de Joaninha e de Mathias costumavam vir por telefone. Muitas vezes, Antônio me telefonava e começava o diálogo assim: "Ela me ligou. Está 'p' da vida com...". Eu já sabia que era Joaninha. Outras vezes, a primeira frase já denunciava que era Mathias.

Certas datas eram sagradas. Sistematicamente, eles "ligavam" para Antônio antes ou depois de eleições, no dia de seu aniversário, no fim do ano e quando ocorriam grandes escândalos na política brasileira. Havia ocasiões em que Joaninha visitava Antônio em seu escritório ou se reunia com ele para um almoço, muitas vezes com a participação de Mathias – um trio do barulho... E muitas das histórias que eles "viviam" juntos eram então narradas em suas colunas dominicais.

O palavreado era pesado. Os dois personagens não tinham papas na língua. Por ocasião do escândalo do rombo na Câmara Federal causado pelos deputados apelidados de "anões do orçamento", Joaninha fez graves críticas aos parlamentares, que justificaram sua enorme fortuna com repetidos sorteios da loteria. Eles diziam ter ligação direta com Deus e com os anjos mais graduados do Paraíso.

Com seu conhecido traço de ironia, Joaninha telefonou para Antônio para se referir a um estudo genético sobre anões. Ele assim narrou:

> Recebi na última quinta-feira um gostoso telefonema da minha amiga Joaninha, cumprimentando-me pelos meus 70 anos. [...] [Ela] se disse interessada numa notícia [...] segundo a qual um grupo de pesquisadores da Universidade de Vanderbilt (EUA) e da Universidade de São Paulo está montando um grande projeto para estudar uma família de 13 anões que mora perto de Barbacena, em Minas Gerais. [...] Pediu-me para usar minha condição de articulista de jornal – vejam só – para [...] convencer os pesquisadores a estudar uma outra linhagem de anões: os anões do Orçamento.[33]

Sobre o mesmo tema, Antônio apoiou-se em Joaninha para dizer:

> Ela me ligou na terça. Estava indignada com a intimidade que certos parlamentares demonstram ter com Deus: esses que ganham na loto dezenas de vezes. Ela, que é muito beata e comunga todos os dias, jamais desfrutou de tamanha privacidade com o Todo Poderoso. No meio da conversa, ela quis saber como é essa história de lavagem de dinheiro [realizada pelos deputados], dizendo conhecer lavanderia de roupa; de cortinas; de tapetes; e até mesmo um lava-rápido de automóveis. Mas nunca tinha ouvido falar em lavanderia de dinheiro. Ela achava que a graça divina estava mal distribuída, porque nunca ganhara nada sem trabalhar.[34]

Joaninha não deixava passar uma só manobra dos políticos para encher seus próprios bolsos. E, no Brasil, fatos não faltavam. Eles eram estilizados e narrados por Antônio com verve, ironia e sarcasmo. Certa vez, ele imaginou um almoço com Joaninha e Mathias – dois críticos contumazes dos desvios do governo:

> Foi um almoço agradável, mas cheio de ironias. A Joaninha, apesar de seus 70 e tantos anos (ela vai ficar furiosa com este artigo, pois

insiste ter 64...), ainda guarda seu belo senso de humor, cultivado desde os tempos de escola. O Mathias é do tipo "serião". Carrega na face as marcas do agricultor sofredor, que trabalha de sol a sol. Mas, no fundo, é irônico. Ele esconde a ironia por trás de uma fleuma pretensamente britânica. Logo quem... Sir Mathias...[35]

Durante esse encontro, Joaninha lembrou que o Superior Tribunal de Justiça – esse mesmo que, em 48 horas, acolheu a liminar do Supremo Tribunal Federal que concede 3 mil reais para seus pares a título de auxílio moradia – aprovara uma ajuda de 2.059 reais mensais para garantir o decoro no vestir de seus mil funcionários – o chamado "auxílio paletó". Estava inconformada com o novo escândalo com dinheiro público.

Em outra crônica, Antônio revelou o desagrado de Mathias com o fato de altos poderes da República terem fixado, para os que mais ganham na administração pública, um teto que não era teto porque, à importância de 11.500 reais, eles poderiam adicionar vários benefícios. Na prática, esses privilegiados acabaram ficando com 23 mil reais – um teto "duplex".

Certa vez, os três se encontraram no velório de um amigo. Achando que os dois reverenciavam o falecido, Antônio aproximou-se e ficou surpreso ao saber que ali estavam para conversar descaradamente sobre política. O alvo da crítica era Lula. Sem papas na língua, Joaninha estava chocada com um partido cuja filosofia se dizia baseada na moralidade e que atuava no sentido oposto. Joaninha, que jamais gostara de dirigente sindical, dizia nunca ter se enganado sobre as pessoas que vivem sem trabalhar. Ela não se conformava com os desmandos que via, depois de ter passado 40 anos transmitindo aos alunos a frase de Thomas Jefferson segundo a qual "a arte de governar é a arte de ser honesto". Mathias, decepcionado, emendou: "Eu sou do tempo do 'rouba mas faz', e achei que isso tinha acabado". Virando-se para Antônio, os dois perguntaram em uníssono: "E você só ouve? Perdeu a língua?". Ele terminou o artigo dizendo: "Nunca tive tanta vontade de ficar calado".[36]

Numa outra vez, os três foram visitar Honório, um "amigo" fictício em comum que se restabelecia de uma grave cirurgia. Como o caso pedia, a conversa correu sobre amenidades, mas de repente Joaninha saiu com esta: "Sabe que um mineiro foi preso em Montes Claros porque tentou passar uma nota de três reais?". Todos riram, mas Honório, que tinha uma memória de elefante, apesar de doente, aproveitou a deixa e desancou com a falta de seriedade com que o Brasil tratava sua moeda, dizendo:

Sabem de uma coisa? Não foi nem burrice nem esperteza. Foi confusão. Vejam bem, nos últimos 60 anos, o Brasil teve oito padrões monetários, quando as moedas foram perdendo zeros e mais zeros ao longo do caminho. Antes de 1942, falava-se em contos de réis; naquele ano, entrou o cruzeiro, com sete cédulas diferentes; em 1967, apareceu o cruzeiro novo, também com sete notas; em 1970, voltou o cruzeiro, com 14 cédulas; em 1986, nasceu o cruzado, com sete notas; em 1989, surgiu o cruzado novo, com sete cédulas; em 1990, voltou o cruzeiro, com 11 notas; em 1993, nasceu o cruzeiro real, com seis cédulas; em 1994, apareceu o real, com sete notas e, mais tarde, com oito, graças à estreia da simpática cédula de 2 reais. Ora, em um país que usa 74 cédulas em 60 anos, por que condenar um pobre coitado que, desavisado e precipitado, resolveu partir logo para a nota de 3 reais?[37]

E, com isso, Antônio dava uma aula sobre a evolução de nossa moeda.

Joaninha também já invocou com os cemitérios, e com toda razão, dizia Antônio em sua crônica. No seu telefonema, Joaninha relatou a Antônio, indignada, um novo tipo de assalto, que atinge os mortos.

Trata-se de uma quadrilha [de políticos] que se infiltrou no Serviço Funerário do Município de São Paulo durante os oito anos da gestão Maluf-Pitta e ali achacou, sem a menor cerimônia, as floriculturas que forneciam as coroas para os enterros, e que, evidentemente, repassaram o custo das propinas aos familiares dos mortos. [...] Eta, Brasil! A corrupção não respeita nem sequer os mortos. [...] Por fim, Joaninha lamentou: "No passado, meu pai perguntava: 'Para que fazer muros nos cemitérios se quem está dentro não pode sair e quem está fora não quer entrar?'. Hoje tudo mudou. Os mortos vão precisar de seguranças para se defender de quem, sem ser chamado, adentra nos seus túmulos. Já não se pode morrer em paz..."[38]

Para mostrar a boa veia de humor de Antônio, relato mais uma passagem. Antônio e Joaninha encontraram-se na saída da igreja, onde ela fora pedir ajuda divina para resolver um dilema que, então, apresentou a Antônio. Disse que não sabia o que fazer, se rezava para o sucesso do Plano Real ou para a vitória da Copa do Mundo, e que seu anjo da guarda havia lhe pedido que escolhesse apenas um desses desejos. "Os dois eram demais para a cabeça do anjo." Antônio foi logo dizendo a ela o seguinte:

[Joaninha] deveria procurar um anjo melhor. Um daqueles que não tem essa de exigir isto ou aquilo. Sai fora desse anjo, recomendei à minha amiga. A velha Joaninha me lembrou, porém, que anjo da guarda a gente não escolhe. É Deus quem escala. Ponderou estar acostumada com aquela cruz. Convive com esse anjo há muitos anos. Ele é assim mesmo e não vai mudar. É rigoroso. Superexigente. Por isso insistiu no pedido. Copa ou real? Inspirado na própria Joaninha, também pedi um tempo. E me pus a pensar. Telefonei ontem a ela sugerindo que, como no Brasil tudo é na base do curto prazo, o mais urgente é rezar pela Copa. E, logo depois do dia 17 de julho, prometi juntar-me às suas preces, em regime de plantão permanente, para pedir pelo real. Ela acatou a sugestão. É o jeitinho brasileiro.[39]

Antônio acompanhava desmandos em toda parte, e não apenas no Brasil. Ao telefonar para Antônio certa vez, Joaninha descobriu que ele estava com Mathias. Não teve dúvidas. Foi logo disparando:

> Estou lendo no jornal que a Reunião Mundial da Fome, realizada em Roma na semana passada, começou com um almoço de arromba, com 170 garçons que serviram aos 3.000 delegados salmão, *foie gras* com kiwi, lagosta ao vinagrete, risoto com laranja, carne de ganso recheada com azeitonas e crepes de cogumelos. Como sobremesa, compotas de frutas de variadas origens. O que vocês acham desse cardápio para começar uma discussão séria sobre a fome no mundo?[40]

Mathias e Antônio, que já sabiam do assunto, ficaram deprimidos na hora. "Afinal, com um desatino desse calibre, a conferência só poderia fracassar, como, de fato, fracassou", concluiu Antônio.

Foram inúmeras as crônicas ilustradas com os personagens criados por Antônio. Ele sempre iniciava o texto de forma jocosa e para prender a atenção do leitor. Muitos leitores queriam saber mais sobre esses personagens. Volta e meia ele respondia:

> Muitos me perguntam por que escrevo tanto sobre a Joaninha, minha antiga companheira de ginásio. Em primeiro lugar, porque ela é uma criatura adorável, imersa em profunda bondade, e, ao mesmo tempo, astuta como um azougue. Em segundo lugar, porque ela gosta de esconder a idade e eu adoro brincar com isso, o que proporciona diálogos deliciosos nos quais eu "acredito" no que ela diz e ela está certa de estar mentindo. No ginásio, ela era mais velha do que eu. Como pode agora, depois de 60 anos, querer ser mais nova?[41]

Antônio se divertia ao revelar publicamente alguns dos muitos segredos que Joaninha guardava, para, com isso, passar mensagens sérias e que, no seu entender, mereciam reflexão. Aqui vai um trecho de humor e seriedade.

Uma vez, ao saber que o governo americano iniciara a troca das notas de dólar, tarde da noite ela lhe telefonou:

> Você tem muitas notas de 100 dólares? [...] Já no nosso tempo de escola ela colecionava dólares. Naquela época eram notas de 1 e 2 dólares – esta, raríssima. Com o passar dos anos ela foi evoluindo para notas maiores. [No telefonema,] não me disse quanto tem, mas, pela preocupação demonstrada, suspeito que seja uma boa bolada. Tentei especular, mas, astuta como sempre, Joaninha desconversou. Fiquei sabendo, apenas, que ela guarda a sua fortuna num cofre da família, no apartamento da sua irmã mais nova, por julgar ser mais seguro... Santa ingenuidade! [...] Tranquilizei-a com o que li na imprensa, pois o governo americano declarou não ter intenção de retirar de circulação, imediatamente, as velhas notas. [...] O dólar fascina a Joaninha. Ela gosta de moedas que não perdem zeros. E quem não gosta?[42]

Nada revoltava mais Joaninha do que o descalabro que ela via na educação. Toda vez que o IBGE publicava algum número sobre esse assunto, Antônio recebia um telefonema dela. Uma vez, ela ficou inconformada ao saber que o Brasil tinha – em pleno século XXI – 24 milhões de pessoas não alfabetizadas, e relatou isso a Antônio, que, então, refletiu:

> Ponderei que a situação melhorou, pois a mesma publicação dá conta de que quase 100% das nossas crianças estão na escola. Foi um avanço. O próprio analfabetismo baixou muito em termos relativos. Nos tempos em que a Joaninha lecionava, a taxa era superior a 25% da população escolarizável. Hoje é a metade disso. Mas a Joaninha não liga para percentuais. Vai sempre pelos números absolutos. E não aceita o fato de termos mais analfabetos hoje do que no seu tempo de professora: 24 milhões![43]

Assim como Antônio, Joaninha era visceralmente contra o sistema de aprovação automática. Para atacar o assunto, Antônio escreveu:

Quando chega o Natal, gosto de conversar com os velhos amigos, em especial com os do tempo de escola, ainda que seja por telefone. No caso da Joaninha [...], é ela que geralmente se antecipa. Ligou no dia em que eu preparava este artigo. Estava horrorizada com os alunos que, apesar de analfabetos (!), passaram no vestibular de várias faculdades do Brasil. [...] Ela não se conforma ainda com o modismo da "aprovação automática". Seu argumento parece válido: diz que, ao aprovar o aluno automaticamente, a escola vai ver quais são as suas deficiências só no fim de um ciclo. E muitos deles carregam essa deficiência pelo resto da vida, apesar de passarem em vestibulares cujas provas se resumem a testes de múltipla escolha.[44]

As passagens citadas dão uma ideia da engenhosidade de Antônio em aprofundar as críticas com a ajuda de seus personagens, revelando ao mesmo tempo que, no fundo, ele era um homem bem-humorado e muito perspicaz.

Problemas de saúde

Depois de relatar tanta alegria e amostras do bom humor de Antônio, sou obrigado a narrar a fase triste da vida de meu amigo – a fragilização de sua saúde e a chegada da doença.

Como disse, ele sempre foi muito regrado e sempre tomou muita água pelo fato de ter apenas um rim.

– Sou "monomotor" – costumava brincar.

Ao longo da maior parte de sua existência, sempre foi forte. Mesmo quando ficava debilitado por uma gripe ou resfriado, nunca deixava de ir ao escritório e trabalhar com o mesmo afinco para que todos ficassem sabendo que ele estava trabalhando adoentado. Nunca dava o braço a torcer. Quando lhe perguntavam como estava se sentindo, mesmo que ardendo em febre, tinha um chavão sempre pronto para essa pergunta:

– Estou ótimo. E o trabalho me deixa melhor ainda.

"Arrear" era sinal de fraqueza e péssimo exemplo. Ele tinha realmente uma obsessão pelo trabalho.

Apesar da força que demonstrava ter diante de qualquer doença ou mal-estar, Antônio sempre foi muito chegado a um remédio. Costumava ter à mão uma coleção de frascos com comprimidos, gotas, xaropes etc. Fazia uso tanto de homeopatia quanto de alopatia. Sendo remédio, tinha espaço certo na sua mesa. Para nervos, tomava passiflorina. Para o fígado, xarope de alcachofra. Para dores de cabeça, uma miscelânea de comprimidos, de Aspirina a Dorflex. Para gripe, um coquetel "infalível", preparado por um velho amigo farmacêutico, o Garcia, em quem confiava cegamente. Quando eu estava com gripe, era certo: Antônio insistia para eu entrar na referida mistura. Uma vez, de tanto falar, acabei cedendo. Fomos juntos à tal farmácia e tomei o coquetel... E não é que funcionou?

Entretanto, em 1998, ele passou a sentir um cansaço estranho e mostrava muita palidez. Tinha bradicardia. Mas, teimoso, não aceitava conselhos. Meus argumentos não o sensibilizavam:

– Antônio, você anda muito pálido. E essa canseira não é normal. Nunca o vi assim. Você deve consultar seu médico logo.

– Isso passa. Amanhã estarei melhor. Aliás, agora mesmo já estou me sentindo melhor.

– Antônio, sua palidez é preocupante. Não sou médico, mas acho que está faltando irrigação em suas veias.

Depois de muito resistir, acabou consultando um cardiologista da Beneficência Portuguesa, que diagnosticou uma fraqueza em seu coração e lhe implantou um marca-passo. Estive com ele no hospital. O sucesso foi imediato. Terminado o procedimento, anunciou:

– Estou me sentindo como um garoto, vou já para o escritório.

E foi mesmo, tendo recuperado seu pique normal, em ritmo acelerado, e acreditando mais do que nunca no sucesso do Brasil. Ficou, porém, frustrado ao saber que o marca-passo o impediria de visitar as salas-fornos da fábrica de alumínio devido à presença de alta voltagem e muita magnetização. Não gostou dessa restrição, pois fazia parte de sua rotina fazer verificações pessoais de todos os equipamentos da CBA.

Em outra ocasião, fiquei preocupado quando ele foi submetido a uma cirurgia no ombro para restaurar os tendões rompidos por um tombo sofrido em seu próprio quarto. A operação foi muito mais longa do que o programado. Mas ele se recuperou rapidamente da anestesia, a ponto de acompanhar com o médico e comigo a exibição do filme da própria cirurgia gravado no laptop do cirurgião – uma singular oportunidade para ele "cravar" o médico de perguntas e, ao mesmo tempo, mostrar seu vasto conhecimento sobre anatomia e fisiologia. Era o Antônio que eu sempre conheci. Um engenheiro metido a médico. Ficou bom logo. Como da vez anterior, não quis permanecer no hospital. Recomeçou a vida normal no dia seguinte.

Um fato bem mais sério, porém, ocorreu em 2004, quando Antônio, em estado muito debilitado devido a uma pneumonia, foi operado de um tumor maligno no intestino. O virtuosismo dos médicos Angelita Habr Gama e Joaquim Gama Rodrigues e as orações dedicadas a seu querido São José garantiram a cura definitiva daquele mal. Mas, em minha opinião (não sou médico), houve graves sequelas que decorreram de um pós-operatório complicado e marcado por inúmeros episódios de hipertensão. Vi que os médicos estavam aflitos. Não conseguiam baixar a pressão. Temiam um derrame cerebral a qualquer momento. A preocupação tinha fundamento. Sim, porque, depois daquele episódio, Antônio mudou. Passei a ver nele nítidos sinais de cansaço, e ele até mesmo passou a se deitar durante o expediente de trabalho – coisa inédita. Já não conseguia esconder seu estado de prostração. O quadro foi se agravando. Junto com isso, acentuaram-se os lapsos de memória que eu já vinha observando havia muito tempo. Preocupei-me com o novo quadro, porque o esquecimento foi se acentuando dia a dia.

Os médicos levantaram a hipótese da combinação de uma hidrocefalia (excesso de líquido na caixa craniana) com o mal de Alzheimer. Feitos os exames, as duas doenças se confirmaram. Em 2006 ele foi a Cleveland, nos Estados Unidos, onde lhe foi implantada uma válvula no crânio para drenar o excesso de líquido – técnica corriqueira e que dá bons resultados, tanto em adultos como em crianças.

Mas, no seu caso, a melhora foi só nas primeiras semanas. Depois, tudo voltou ao estado anterior. Apesar de vários ajustes na válvula, os resultados continuaram decepcionantes. Foi tudo muito triste. Antônio foi perdendo os movimentos das pernas. O problema se agravou com espantosa rapidez. A hidrocefalia lhe tirou a capacidade de caminhar, levando-o à cama, e o Alzheimer tirou-lhe a capacidade de acompanhar o cotidiano.

Foi um destino cruel. Duas doenças se irmanaram para aniquilar o dinamismo e a criatividade de um homem inteligente, permanentemente animado e que sempre pediu a Deus para que o mantivesse trabalhando até os últimos dias de sua vida. Deus quis diferente.

Passei a visitá-lo todas as semanas, ao longo de vários anos. Faço isso até hoje. No início, aproveitávamos sua boa memória retrospectiva para conversar sobre os tempos de nossa juventude, sobre as escolas em que estudamos, os professores queridos, a vida tranquila na cidade de São Paulo, a qualidade da educação, o respeito ao próximo e tudo o mais que lhe dava satisfação e alegria. Os papos me comoviam muito, pois, apesar do abatimento por causa das doenças, Antônio continuava a enaltecer e cultivar os valores que sempre cultivou: a humildade, a correção de conduta, o respeito ao próximo e sua inabalável fé no Brasil. Mas confesso que eu saía de sua casa sempre deprimido. Sentia a cada dia que nossos papos iam rareando. Hoje, ele pouco reage. Mas meu amor e admiração por esse grande brasileiro cresceram. Pensando bem, tenho de me dar por feliz por ter tido o privilégio de conviver de forma tão íntima com uma alma exemplar que riu e sofreu comigo, que me ensinou tantas coisas e com quem compartilhei momentos de enorme satisfação. É meu melhor amigo.

Notas

1 Mauro Rasi, "O cidadão Antônio Ermírio", *O Globo*, 26 maio 1997.

2 Depoimento no *Programa do Jô*, 2001.

3 Depoimento no programa *Personalidade de Sucesso*, 1991.

4 Depoimento no programa *Expressão Nacional*, 17 dez. 1990.

5   "Toque de humor", *Tribuna do Norte*, Natal, 11 nov. 2004.

6   "Carta ao pai", *Folha de S.Paulo*, 12 ago. 2001.

7   Depoimento no programa *Expressão Nacional*, de Jean Manzon, 17 dez. 1990.

8   "Ser rico é duro", *Veja*, 2 mar. 1994.

9   Um relato detalhado dessa "metodologia" pode ser encontrado em Cleber Aquino, op. cit., 1988.

10 "Quem é você mesmo?", *Veja*, 5 maio 2004.

11 Depoimento ao programa *Expressão Nacional*, de Jean Manzon, 17 dez. 1990.

12 "Assaltante ataca empresário na 9 de Julho", *O Estado de S. Paulo*, 7 maio 1996.

13 "De olho no Tonhão", *Veja*, 2 ago. 1989.

14 "Tempos de cólera", *IstoÉ Senhor*, 13 nov. 1991.

15 Cleber Aquino, op. cit., 1988.

16 Antônio Ermírio de Moraes, "A República da Preguiça", *Folha de S.Paulo*, 2 jun. 1991.

17 Antônio Ermírio de Moraes, "Ostentação e declínio", *Folha de S.Paulo*, 19 jan. 1992.

18 Idem, "Êta Brasil", *Folha de S.Paulo*, 21 jun. 1992.

19 Cleber Aquino, op. cit., 1988.

20 Depoimento no programa *Conexão Nacional*, 1996.

21 Gabriel Chalita e José Pastore (Orgs.), op. cit., 2008.

22 Idem.

23 Por ocasião da visita do papa João Paulo II ao Brasil, escreveu na *Folha de S.Paulo* uma insinuante crônica, "O papa e a humanização dos recursos" (5 out. 1997). Por ocasião da morte do papa, escreveu também na *Folha* um artigo comovente, "Um magnífico exemplo para a humanidade", 14 abr 2005.

24 Após a visita do papa Bento XVI, escreveu na *Folha de S.Paulo* outro interessante artigo, "A comovente visita" (13 maio 2007).

25 Marcelo Melo, *Tributo a Gilmar*, São Paulo: Ideia-Ação, 2005.

26 Antônio Ermírio de Moraes, "O tripé da vergonha", *Folha de S.Paulo*, 15 ago. 1993.

27 Palestra proferida em comemoração aos 30 anos da Beneficência Portuguesa de São José do Rio Preto, 1998.

28 "Empresário confia no futuro", *O Estado de S. Paulo*, 12 maio1985; "Brasil, um novo cassino", *Folha de S.Paulo*, 26 abr. 1992.

29 Antônio Ermírio de Moraes, "Drogas: o grande flagelo da humanidade", *Folha de S.Paulo*, 4 jun. 2000.

30 Antônio Ermírio de Moraes, "Lei salva-vidas", *Folha de S.Paulo*, 17 ago. 2008.

31 Idem, "Os malefícios do tabagismo", *Folha de S.Paulo*, 14 fev. 1999.

32 Idem, "Tabagismo: um alerta aos jovens", *Folha de S.Paulo*, 6 jun. 2004.

33 Antônio Ermírio de Moraes, "Os anões de Barbacena... e os outros?", *Folha de S.Paulo*, 7 jun. 1998.

34 Idem, "Que intimidade...", *Folha de S.Paulo*, 31 out. 1993.

35 Idem, "Entre o paletó e a moradia", *Folha de S.Paulo*, 5 mar. 2000.

36 Antônio Ermírio de Moraes, "A lição de Thomas Jefferson", *Folha de S.Paulo*, 2 dez. 1994.

37 Idem, "Imaginação sem limites...", *Folha de S.Paulo*, 2 maio 2004.

38 Antônio Ermírio de Moraes, "Descanse em paz", *Folha de S.Paulo*, 8 set. 2002.

39 Idem, "Entre a Copa e o Plano Real", *Folha de S.Paulo*, 26 jun. 1994.

40 Antônio Ermírio de Moraes, "O banquete da fome", *Folha de S.Paulo*, 16 jun. 2002.

41 Idem, "Curiosidades da Joaninha", *Folha de S.Paulo*, 13 out. 2002.

42 Idem, "Que susto!", *Folha de S.Paulo*, 7 abr. 1996.

43 Antônio Ermírio de Moraes, "Um projeto exemplar para o Brasil", *Folha de S.Paulo*, 7 dez. 2003.

44 Antônio Ermírio de Moraes, "Matemática e português para uma boa educação", *Folha de S.Paulo*, 30 dez. 2001.

CAPÍTULO 3

A presença na vida econômica

No Brasil, tudo é tido como prioritário, desde o jogo do bicho até a bomba atômica. Não pode dar certo.
Antônio Ermírio de Moraes

ANTÔNIO ERMÍRIO TEVE UMA PRESENÇA CONSTANTE NO DEBATE SOBRE OS problemas econômicos do Brasil. Por força dos interesses de suas empresas, e motivado ainda pelo alto grau de comprometimento com o desenvolvimento do país, ele sempre se manteve bem informado. Por isso, jornalistas, empresários e formadores de opinião constantemente o consultavam sobre uma série de assuntos.

Os assuntos de suas empresas entravam em nossas conversas quando tinham a ver com os problemas nacionais. Muitas delas aguçaram minha curiosidade, o que me levou a pesquisar os posicionamentos de Antônio na área empresarial e no cenário econômico do país. Mas, como meu envolvimento com os negócios de suas empresas sempre foi limitado, apresento apenas um breve resumo de sua intensa atuação no Grupo Votorantim, mesmo porque esse tema foi largamente explorado em outras obras.[1]

Em sua trajetória no Grupo Votorantim, Antônio acompanhou todas as áreas, mas dedicou-se com mais afinco à dos metais. Iniciou suas atividades na Siderúrgica Barra Mansa. Logo em seguida, mergulhou no campo do alumínio, assumindo o processo produtivo por completo, abraçando inclusive os projetos de construção das várias usinas hidrelétricas que compõem a CBA.

A ideia de produzir alumínio rondou a cabeça de seu pai desde o fim dos anos 1930. Muitos projetos foram lançados e descontinuados. A CBA só começou a operar efetivamente em 1955, mas a produção apresentou graves problemas técnicos. A Light negou o fornecimento da energia necessária para uma produção de boa qualidade. O desafio foi enorme. Antônio passou a trabalhar 14 horas por dia, resolvendo os problemas nas usinas elétricas, na chegada da matéria-prima, na produção – em tudo, enfim. Ele viveu a maior parte do tempo dentro da fábrica, a ponto de sofrer um acidente, em 1956, com graves queimaduras de soda cáustica nos pés e nas pernas, o que o obrigou a permanecer de cama por um mês. Mesmo assim, despachava por telefone e com funcionários que o visitavam. Ao sair da cama, trabalhou sobre muletas por mais dois meses. Quando me contou esse caso, me disse com orgulho que não perdeu um só dia de serviço. Era sua marca de *workaholic*.

Ao lado dos desafios colossais na área de alumínio, Antônio entrou também no setor de níquel eletrolítico, fazendo uma verdadeira revolução tecnológica ao empregar carvão vegetal no processo produtivo em vez de eletricidade ou petróleo. A mudança foi necessária por causa de uma promessa não cumprida do governo federal de fornecer energia elétrica (proveniente da usina de Itumbiara, de Furnas) para a Companhia Níquel Tocantins, instalada em Niquelândia, no interior de Goiás. O uso do carvão deu bons resultados, mas exigiu a implantação de grandes projetos de reflorestamento. Devido a essa adversidade, a empresa só começou a operar em 1972, mesmo assim em bases precárias.

Além disso, Antônio tocou todas as demais áreas de metais do Grupo – ferro, aço e zinco, onde as dificuldades não foram pequenas.

Na implantação da fábrica de zinco, por exemplo, teve outra grande decepção com o governo. Por uma ironia que só os iniciados em política entendem, o governo negou um financiamento para um pedido de Antônio porque queria que ele fizesse um projeto maior – para o qual oferecia recursos quase ilimitados. Não querendo assumir risco além do tolerável, Antônio não aceitou a proposta, e o empréstimo foi rejeitado. Com recursos próprios, implantou a fábrica em Três Marias (Minas Gerais), dando origem à Companhia Mineira de Metais (1969), na dimensão por ele projetada.

À medida que a área de metais crescia, aumentavam também suas dores de cabeça. Narro aqui um fato de grande arrojo ocorrido em 1968. Ao constatar que a CBA estava produzindo alumínio de baixa qualidade devido a sérios problemas nos equipamentos, Antônio não teve dúvida: decidiu desmontar toda a fábrica. Foram para o chão 15 mil metros cúbicos de concreto, 128 fornos e toda a infraestrutura da empresa. Sem tempo para lamentações, adquiriu novas máquinas e deu início à reconstrução.

Perguntei-lhe várias vezes se a decisão doera muito, e ele sempre respondeu com firmeza, sem choramingos: – Não tínhamos escolha. Era mudar ou fechar. Foi uma decisão acertada. Se não tivéssemos feito isso, teríamos hoje um grande museu do alumínio naquele local.

Ele estava certo. Em 1970, a Alcoa instalou-se no Brasil, trazendo tecnologias avançadas e uma nova fonte de concorrência, além da já existente Alcan. A reconstrução da CBA envolveu a instalação demorada dos mais modernos equipamentos. Só em 1982 Antônio se considerou em condições de enfrentar os concorrentes nos mercados nacional e internacional. Naquele ano, a CBA passou a exportar para os países mais exigentes. O projeto vingou. Dali para a frente, a empresa se tornaria o maior empreendimento integrado de fabricação de alumínio em todo o mundo* e se transformaria na menina dos olhos de Antônio.**

---

* A integração envolve desde a produção de insumos básicos e geração de energia até a produção de finas folhas de alumínio comercializadas nos mercados nacional e internacional. Nesse caso, a empresa passou a dispor de um terminal próprio no porto de Santos para cuidar das exportações, articulando todas as formas de transporte.
** Outro de seus orgulhos é a Metalúrgica Atlas, fundada em 1944, uma verdadeira fábrica de fábricas, que se tornou a principal produtora dos equipamentos utilizados nas empresas do Grupo Votorantim.

O pulso firme de Antônio na administração de projetos arrojados já havia se consolidado. O mesmo governo que negava empréstimos ao Grupo Votorantim pedia sua ajuda para assumir empreendimentos falidos que precisavam de boa gestão. Esse foi o caso da Siderúrgica Santo Amaro, na Bahia, que o pai de Antônio comprou a pedido do governador Juracy Magalhães no fim dos anos 1960. Após um rápido diagnóstico, Antônio assumiu a empresa e encomendou novos equipamentos à Alemanha. Grande foi sua decepção quando, pouco depois, o governo baiano comprou uma forte concorrente no campo siderúrgico – a Usiba.

Em 1980, na direção daquela empresa, Antônio teve um entrevero com um assessor de Delfim Netto, então ministro do Planejamento. Pressionado pela elevação dos custos de produção e pela baixa produtividade da Siderúrgica Santo Amaro, Antônio foi levado a pedir ao Conselho Interministerial de Preços (CIP) autorização para aumentar o preço de seus produtos. Apesar de a inflação ter atingido 70%, o CIP limitou o reajuste do aço em 33%. Inconformado, Antônio protestou e disse não ter condições de continuar operando com preços artificiais. Em vão. Carlos Viacava, assessor do ministro, que controlava o CIP, autuou a empresa por praticar preço acima da tabela. Antônio, que nunca havia sido multado, ficou irritado e, em seu estilo explosivo, anunciou o fechamento da fábrica e a dispensa de 220 empregados:

– Não posso me sujeitar a lições de moral de Delfim e muito menos de um moleque (sic) como o Viacava. Fui atingido no que tenho de mais caro: meu caráter e meu nome, jogados na lama pelo governo, numa atitude precipitada e errada. Desde que a comprei, a empresa nunca deu lucro... Se estivesse interessado em lucro (como pretendeu insinuar o governo ao me punir), não desativaria a empresa, mas venderia para evitar prejuízo maior. Não, desativei-a e paguei todas as indenizações integralmente. E com recursos próprios. Quanto aos empregados, sugeri que se dirijam à Secretaria do Planejamento comandada por Delfim e Viacava.[2]

A explosão de Antônio teve repercussão em todo o país num tempo em que ninguém ousava afrontar as autoridades do regime militar.

O assunto rendeu muitas matérias de jornais e terminou com a intervenção direta de Delfim Netto junto ao CIP, que reconsiderou o pedido de Antônio e autorizou o aumento solicitado. No mesmo dia, ele anunciou a reabertura da fábrica, com a readmissão dos empregados.

Problemas desse tipo se repetiram em vários empreendimentos do Grupo Votorantim, o que pode ser bem observado em outras obras.[3] Neste capítulo, concentrarei a atenção na participação de Antônio na política econômica do Brasil.

Críticas à política econômica do governo militar

As críticas de Antônio no caso da Bahia não foram um fato isolado. Seu inconformismo com a intromissão do governo na vida das empresas privadas foi uma constante. Ele nunca gostou do planejamento centralizado do regime militar. Repetia aos quatro ventos que nunca havia lido nem o primeiro nem o segundo Plano Nacional de Desenvolvimento (PND)* por considerá-los meros exercícios de especulação:

– Os planejadores nunca produziram um só parafuso e não têm nem ideia dos problemas enfrentados pelas empresas brasileiras – alfinetava.

Antônio sempre foi favorável à entrada de capital estrangeiro no Brasil, desde que fosse para investir na produção, criar empregos e competir em pé de igualdade com o capital nacional. Era contra a concessão de favores que discriminavam os brasileiros. Da mesma forma, sempre combateu a política protecionista das nações que importavam do Brasil discriminando nossos produtos. Nesse caso, criticava o Ministério das Relações Exteriores (Itamaraty), que, em sua opinião, deveria negociar condições similares para importar e para exportar. Costumava comentar que os "diplomatas de punhos de renda" tinham bom conhecimento da cultura dos países, mas não

---

* Os principais artífices dos Planos Nacionais de Desenvolvimento (PNDs) foram João Paulo dos Reis Velloso, Mário Henrique Simonsen e Severo Gomes, durante os governos de Emílio G. Médici e Ernesto Geisel.

de suas práticas comerciais.* Ele sempre defendeu a ideia de que o presidente da República só deveria viajar para determinado país depois da concretização de bons negócios para o Brasil, e isso deveria ser costurado por diplomatas experientes e por empresários dos vários ramos de atividade.

Foi também um crítico contumaz dos expedientes usados pelos governos estrangeiros para conceder "subsídios disfarçados" aos investidores. Segundo ele, os governos fazem isso "reduzindo o preço dos transportes, da energia elétrica e diminuindo os juros de empréstimos concedidos aos estrangeiros na hora de construírem novas fábricas ou ampliarem as atuais. No Brasil, não há nada disso".[4]

Antônio argumentava que os países desenvolvidos, ao contrário do nosso, não tinham vergonha de aprovar leis que protegiam suas indústrias. Ele costumava citar o fato de a Biblioteca do Congresso dos Estados Unidos ter sido punida por contratar serviços de informática no exterior.[5] Tampouco se conformava com o "caradurismo" dos americanos, que impunham pesadas restrições aos produtos brasileiros – carne, algodão e suco de laranja – que, aliás, continuam até hoje.

Para muitos analistas, porém, a crítica que Antônio fazia ao protecionismo tinha por trás um pleito velado para o governo conceder privilégios aos produtores brasileiros, inclusive para ele. Antônio sempre esteve pronto para rebater esse tipo de comentário, insistindo na tese de que o governo deveria estabelecer condições de trocas equilibradas para se contraporem ao protecionismo estrangeiro. Em sua opinião, o Brasil só deveria apoiar as importações estrangeiras se os estrangeiros, por sua vez, também facilitassem as exportações brasileiras. Nossas conversas nesse campo se repetiam toda vez que José Sarney, Fernando Henrique ou Lula viajavam ao exterior. Ele me alertava para ficar de olho na volta. Tínhamos repetidos diálogos nesse campo.

---

* Destacava raras exceções, entre elas o embaixador Paulo Tarso Flecha de Lima, que foi chefe do Departamento de Promoção Comercial do Ministério das Relações Exteriores.

– Quer fazer uma aposta, mestre Pastore?

– Qual é a aposta?

– Que o presidente vai voltar de mãos abanando de mais esse turismo presidencial. Isso é vergonhoso para o Brasil. Os estrangeiros nos impõem cotas e sobretaxas e nós ficamos quietos, sem nada reivindicar em troca.

De fato, foram raros os casos em que bons negócios se concretizaram nas viagens dos presidentes da República.

Assim como Antônio combatia o protecionismo externo, atacava o protecionismo interno. Isso o levou a condenar o projeto da Valesul Alumínio, que, em sua opinião, tinha excesso de incentivos, tecnologias inadequadas e localização errada – Rio de Janeiro, que era carente de energia. Argumentava que o futuro do Brasil em matéria de alumínio estava na Região Norte, onde havia matéria-prima abundante e onde seriam construídas grandes usinas elétricas. Em seu inconformismo, costumava alfinetar:

– O que justifica fazer essa empresa no Rio de Janeiro, onde inexiste matéria-prima? Só se for para atender meia dúzia de tecnocratas que querem morar em Ipanema. Concordo que morar em Ipanema é muito mais agradável do que em qualquer ponto do Pará.[6] Mas é lá que estão a energia e o óxido de alumínio.[7]

Antônio foi um ferrenho opositor de projetos faraônicos do governo militar, como a Transamazônica e as usinas nucleares. Sem temer represálias, criticava abertamente o que considerava prejudicial ao Brasil. Nos campos da metalurgia e da energia, seu principal contendor foi o então poderoso Shigeaki Ueki, ministro de Minas e Energia do governo Geisel. Mas havia revides. Por mais de uma vez o ministro se irritou com as observações de Antônio. Foi assim em 1978, na criação da Albrás e da Alunorte, associadas à Companhia Vale do Rio Doce e à japonesa Nalco. Na solenidade de assinatura do contrato de formação do consórcio, Ueki foi contundente contra as críticas de Antônio:

– O governo ingressou no setor do alumínio porque a Companhia Brasileira de Alumínio (CBA), a Alcan e a Alcoa – as produtoras internas – não atendem às necessidades do mercado, obrigando o país a despender enorme quantidade de divisas com a importação do metal.[8]

No caso da Albrás, Antônio denunciou à nação que os sócios estrangeiros (japoneses) entrariam apenas com os equipamentos, ao passo que os brasileiros entrariam com uma custosa hidrelétrica (Tucuruí), além da dispendiosa rede de estradas e do caríssimo porto. Os subsídios dados à energia elétrica somavam a fabulosa cifra de 400 milhões de dólares anuais.[*] A transação era boa demais para os japoneses, e péssima para os brasileiros, dizia. Com ironia, cumprimentou os japoneses pelo belíssimo "negócio da China" que fizeram no Brasil.

Pelo forte tom nacionalista, declarações desse tipo ganhavam projeção e apoio da imprensa, como foi o caso de um editorial do *Jornal do Brasil*:

> Poucos grupos empresariais brasileiros podem transmitir a respeitabilidade que cerca o Grupo Votorantim [...] porque, tipicamente nacional e com invejável liquidez, soube expandir-se sem precisar recorrer maciçamente aos empréstimos do governo. É com essas credenciais que Antônio Ermírio de Moraes acaba de lançar uma severa advertência à administração pública, valendo-se do exemplo do projeto da Albrás – uma tendência megalomaníaca dos técnicos oficiais brasileiros. O episódio demarca com muita nitidez as diferenças entre o empresário público e o empresário privado. O compromisso do público é com a coerência dos planos. O privado tem compromisso vital com a sobrevivência do empreendimento e, portanto, com o lucro. É por isso que o capitalismo foi feito pelos empresários privados. E não por burocratas.[9]

A revista *Veja* fez eco com aquele editorial ao destacar os questionamentos levantados por Antônio em relação aos projetos apoiados

---

[*] Sempre com números precisos na cabeça, Antônio denunciava que o preço da energia usada pela Albrás no Brasil seria de 12 milésimos de dólar o quilowatt/hora, contra o preço de 53 milésimos de dólar do mercado internacional.

pelo governo. Entre eles: (1) a má concepção do projeto da Açominas, que já havia causado prejuízos de 30 bilhões de cruzeiros ao país; (2) a semiabandonada Ferrovia do Aço, cuja estimativa inicial de custo, de 9,5 bilhões de cruzeiros, saltara para 40 bilhões; (3) as obras da Siderúrgica de Tubarão, então sem prazo para serem concluídas. Entre os projetos problemáticos, apontados por Antônio (Açominas, Carajás, Albrás, Alunorte, Tucuruí, Tubarão e Valesul), a matéria acrescentava o porto de Itaqui e a paralisação das obras da Ferrovia Curitiba-Paranaguá, a suspensão do projeto do satélite doméstico e a desaceleração do programa de telecomunicações.[10.]

Pesquisando as críticas de Antônio em relação à Albrás, penso que o caso merece uma digressão. No complexo integrado pelas empresas Mineração Rio do Norte, Alunorte e Albrás, a Alunorte não prosperou. No entanto, sua missão era estratégica: deveria entregar o minério processado para que a Albrás produzisse alumínio. Pelo fato de ser estatal (54% pertenciam à Vale do Rio Doce, que era do governo, e 46% aos japoneses), a Alunorte não conseguia recursos do BNDE (atual BNDES) para resolver seus problemas e decolar. Pelo que me contaram os diretores da Votorantim, por um ato de puro patriotismo, Antônio entrou de sócio no consórcio, ficando com 6% do capital que pertencia à Vale. Isso transformou o complexo industrial em um empreendimento privado e, como tal, permitiu-lhe obter empréstimos. Numa palavra, o projeto se viabilizou.

Antônio criticava os tecnocratas do regime militar que queriam ser "homens de visão"[11] à custa dos cofres públicos – o que era muito mais fácil do que correr riscos com capital próprio. Costumava dizer que nossos governantes trocavam a matemática pelos adjetivos. Sempre encarou com ceticismo os slogans do governo, em especial o propalado "milagre econômico brasileiro".

Não há dúvida de que, em muitos casos, os favorecimentos por ele criticados feriam diretamente os interesses da Votorantim, que tinha de concorrer em situação de desigualdade com as empresas estatais e seus sócios estrangeiros protegidos. Por isso, insistia no tratamento igualitário para brasileiros e estrangeiros, para empresas estatais e privadas. Em 1979, antes de assumir o Ministério da Indústria e do Comércio, João Camilo Penna levantou a questão:

– As empresas brasileiras precisam de reserva de mercado ou de preferência por serem nacionais?

Antônio foi o primeiro a entrar no debate, afirmando:

– Nem uma, nem outra. O que precisamos é de reserva de competência.[12]

Em sua opinião, os favores governamentais conspiravam contra a eficiência e o atingimento dos padrões internacionais de competitividade. Ele sempre foi contra reservas de mercado, abrindo exceção, porém, para a indústria de informática.

– Todos os países desenvolvidos agiram como o Brasil, protegendo indústrias nascentes como a da informática. Sou contra a perenidade da reserva de mercado, mas é preciso, por um tempo, apoiar a indústria nacional para que ela se desenvolva e possa enfrentar a concorrência internacional.[13]

Ele não imaginava que o prolongamento daquela proteção acabaria retardando por longos anos o processo de inovação no Brasil. Ao constatar o atraso, passou a criticar a reserva que ele mesmo apoiou.

No campo econômico, sempre defendeu a ideia de se ter no Brasil uma clara política industrial que viesse a especificar quais os terrenos de atuação das empresas estatais, das empresas privadas nacionais e das empresas multinacionais, argumentando:

– É terrível quando se entra num setor e, depois de 20 anos, vem uma estatal ou uma multinacional e leva o que era da empresa privada.[14]

Oposição ao programa de energia nuclear

Um dos projetos que mais desgostaram Antônio foi o da energia nuclear, desenvolvido pelo governo Ernesto Geisel. Ele fez dezenas de palestras e deu inúmeras entrevistas para alertar a nação – o que ninguém se atrevia a fazer no regime militar. Seu argumento principal era de que as usinas nucleares desprezavam nosso grande potencial hídrico e exigiam um insumo, o urânio, que era escasso no Brasil. Criticava o programa também por desconfiar que o governo militar tinha planos para fabricar armamentos nucleares. Pesquisas e publicações recentes mostram que ele não estava muito longe da verdade, e indicam que a vontade de chegar aos armamentos nucleares perdurou em vários governos.*

A luta de Antônio contra o programa nuclear brasileiro teve início em seu nascedouro. A ideia começou a ser concebida pelos militares no fim de 1973, antes da posse de Ernesto Geisel, quando o preço do petróleo quadruplicou no mercado internacional devido às ações da Opep. Foi um duro golpe para o Brasil.** Mas Antônio considerava o programa nuclear um golpe ainda mais duro por ser irrealista e promotor de mais endividamento.***

---

* Em junho de 1975, em reunião com o Alto-Comando das Forças Armadas, Geisel relatou: "Estamos com negociações já muito adiantadas com a Alemanha [...], inclusive para desenvolver projetos usando nossa experiência de enriquecimento de urânio [...] Eu não estou dizendo que o propósito do governo seja o de fazer arma nuclear, mas nós temos que nos preparar, tecnologicamente". O presidente disse ainda que, quando o Brasil atingisse um patamar mais elevado nesse setor, seria então a hora de ver "se a gente consegue desenvolver uma tecnologia para produzir arma nuclear como os outros têm". Os arquivos do general Golbery do Couto e Silva, da mesma época, registraram, também, o comentário do general Antônio Jorge Corrêa, do Estado-Maior das Forças Armadas (EMFA): "Acho que só pelo fato de o país estar em condições de produzir [o referido armamento] ele já tem outro prestígio". Geisel interrompeu-o para dizer: "Ah, claro, tem outro *status*. Inclusive, vejam o seguinte: internacionalmente eles nos atribuem uma possibilidade que nós estamos longe de ter. [...] Se nós desenvolvermos bastante nossa tecnologia nuclear, vamos facilmente chegar a isso". Lula nunca falou explicitamente em armamento nuclear, mas perseguiu seguidamente a meta de se construir um submarino nuclear, argumentando que, com isso, o Brasil seria mais respeitado. (Elio Gaspari, *A ditadura encurralada*, Companhia das Letras, 2004; Fernanda das Graças Corrêa em "Sob as percepções dos governos Geisel e Lula: um submarino nuclear e a Grande Estratégia Nacional", II Encontro Nacional da Associação Brasileira de Estudos de Defesa, Niterói, 2008).
** A balança comercial, que registrara superávit de 7 milhões de dólares em 1973, fechou 1974 com um déficit de 4,6 bilhões de dólares. O Brasil decidiu, então, tomar dinheiro emprestado para crescer, e o governo montou um ambicioso plano de investimentos, visando reduzir a dependência industrial por bens importados. Em 1973, o país chegou a crescer 14%. Isso esgotou a capacidade da infraestrutura, que exigia investimentos em várias áreas, dentre as quais a de energia.
*** O II PND dividia em três partes a origem dos investimentos para o programa nuclear: um terço do setor público, um terço do setor privado nacional e um terço de capital estrangeiro. Isso levou o governo e o setor privado a recorrerem a empréstimos externos a juros flutuantes. Com a escalada dos juros no fim da segunda metade da década de 1970, o Brasil chegou em 1979 com uma dívida externa de 49,9 bilhões de dólares, muito mais alta que os 12,6 bilhões de dólares de 1973.

Se, de um lado, ele criticava o programa nuclear como solução energética, de outro, aplaudia o Proálcool, lançado em 1975. Sua adesão tinha raízes em uma antiga simpatia: acreditava no desenvolvimento da tecnologia nacional relativa ao plantio e ao processamento da cana-de-açúcar, no fortalecimento dos recursos renováveis de nossa matriz energética e no potencial de geração de milhares de postos de trabalho no campo. Além do mais, a adição de 22% de etanol à gasolina permitiria uma redução significativa da emissão de poluentes. Antônio costumava dizer que apoiar o Proálcool era uma ação patriótica, porque economizava divisas e gerava empregos.

Entretanto, mesmo com as críticas públicas de Antônio, o governo manteve sua disposição em implantar o programa nuclear. Durante um simpósio de geologia no Nordeste, ele assim se expressou:

– Nossas reservas de urânio são extremamente pequenas.* Não posso compreender como o Brasil poderá marchar com seu programa nuclear sem saber o que tem em seu subsolo. Por isso, pergunto: (1) é justo nos esquecermos do setor hídrico, onde praticamente todo o equipamento pode ser fabricado no Brasil?; (2) sabendo-se que a energia nuclear custa três vezes mais do que a hídrica, não é hora de o Brasil optar por tais reatores. É preciso lembrar que os equipamentos nucleares são caríssimos e sua obsolescência se dá em curto prazo.[15]

Outra crítica se referia à escolha do processo de operação da usina nuclear. Ele discordava do acordo Brasil-Alemanha, que previa o uso de um método que não proporcionava ao Brasil a capacidade de enriquecer o urânio – o Brasil teria de comprar no exterior.** No

---

* Fala-se em 10 mil toneladas de óxido de urânio entre Poços de Caldas (Minas Gerais) e Figueira (Paraná). Há 20 anos já se falava em 5 mil toneladas. No campo da reserva, nosso progresso foi muito pequeno, e exige, em caráter prioritário, pesquisas sérias em todo o território nacional.
** No início da década de 1970, a Westinghouse (norte-americana) ofereceu ao Brasil um pacote no qual, além da construção das usinas nucleares, haveria a transferência de tecnologia de enriquecimento do urânio. O Brasil se interessou pela proposta. Em junho de 1974, o governo brasileiro chegou a depositar 800 mil dólares como uma espécie de sinal pelo fornecimento futuro do combustível e da tecnologia de enriquecimento para as novas usinas. Entretanto, devido à crise do petróleo, os Estados Unidos decidiram proteger seus estoques de urânio enriquecido e voltaram atrás no compromisso. O depósito foi devolvido e, ato contínuo, o Brasil aproximou-se da Alemanha, que vinha com outro processo e sem o compromisso de transferência de tecnologia de enriquecimento.

Itamaraty e na Embaixada da Alemanha Ocidental, os porta-vozes preferiram não comentar as críticas de Antônio a esse acordo.[16] Mas estas chegaram diretamente aos ouvidos dos alemães por meio de uma entrevista concedida à revista *Der Spiegel* e reproduzida amplamente no Brasil,[17] na qual Antônio Ermírio afirmou, com todas as letras, que o acordo nuclear Brasil-Alemanha tinha sido um "erro calamitoso que só a história poderia definir". Previa que dentro de cinco anos os reatores comprados na Alemanha estariam obsoletos, tendo em vista as últimas descobertas norte-americanas sobre a reação termonuclear por fusão.* E, na mesma entrevista, profetizava: "Com escassez de matéria-prima, o Brasil vai ser vítima das Opeps do urânio, que poderão, a qualquer momento, aumentar o preço do produto e tornar altíssimo o custo do quilowatt produzido, inviabilizando as usinas nucleares brasileiras".

Seus ataques focalizaram também a localização das usinas nucleares. Antônio nunca se conformou com o fato de as autoridades brasileiras terem optado por instalar a primeira usina em Angra dos Reis, região de imensas potencialidades turísticas – um erro que seria repetido com Angra 2 e 3. Não satisfeito em fazer críticas pontuais, Antônio concedeu também uma longa entrevista ao *Jornal da Tarde*,** que foi considerada ofensiva pelas autoridades do programa nuclear. Alguns trechos impressionam pela atualidade das questões levantadas – turismo ecológico e exploração de petróleo na plataforma submarina brasileira, entre outras –, as quais, nos idos de 1978, estavam longe de se tornar realidade.

O Programa Nuclear Brasileiro foi concebido com base num pressuposto falso, o de que até 1990 o país terá esgotado as possibilidades de aproveitamento hidrelétrico. Esse é um erro gravíssimo. [Por muito tempo] o Brasil poderá ser atendido pela hidroeletri-

---

* Antônio lamentou que alguns cientistas brasileiros tivessem embarcado na onda ufanista e deixado de dar uma opinião técnica patriótica no momento da assinatura do acordo com a Alemanha.
** Ver a íntegra da entrevista no Apêndice 2, no fim do livro.

cidade. Se temos tudo isso, por que gastar 30 bilhões de dólares com energia nuclear? As nossas reservas de urânio são escassas. E o projeto está mal localizado. A costa Rio-São Paulo é uma das mais bonitas do mundo. Tem 300 dias de sol por ano. Estamos estragando o que há de melhor no Brasil em matéria de turismo. Outro grande prejuízo é o da poluição e dos riscos de contaminação. O lixo atômico exige muito cuidado para que não se tenha acidente. Além do mais, penso que no Brasil não vai faltar petróleo. Ainda há muita esperança na nossa plataforma submarina. Não podemos aceitar que um programa nuclear de 30 bilhões de dólares seja aprovado num fim de semana. Quem decidiu isso? Com quem isso foi discutido? E essa decisão foi tomada por quem nem era especialista na matéria!

A entrevista explodiu como uma bomba. Antônio foi convocado a responder por ofensas às autoridades em uma Comissão Parlamentar de Inquérito (CPI) que apurava as irregularidades do programa nuclear no Senado Federal. Suas declarações foram contundentes, e continuaram assim para a imprensa em geral. Certa vez disparou:

– Como somos pobres, temos de saber o que é prioritário. Entre nós, porém, tudo é tido como prioritário, desde o jogo do bicho até a bomba atômica. Não pode dar certo...[18]

Isso irritava cada vez mais o governo militar. Mas, para ser fiel a seu pensamento, é preciso dizer que ele não era contra a ideia da energia nuclear. Argumentava que o Brasil, com o grande potencial hidrelétrico de que dispunha – além do petróleo submarino –, teria energia elétrica suficiente pelos próximos cinquenta anos.

Antônio via com grande ceticismo a lentidão do governo na exploração da hidroeletricidade. A provável falta de energia para as empresas brasileiras lhe causava apreensão. Lembro quando, no início de 1989, comentou que o país enfrentaria escassez de eletricidade no início da década seguinte, dada a timidez dos investimentos energéticos. Não deu outra: quem não se lembra do apagão de 2001?

Apesar de Antônio ser um ferrenho defensor da iniciativa privada, reconhecia a importância do Estado em áreas estratégicas como a produção e a distribuição de energia, petróleo inclusive. Reconhecia também que a iniciativa privada não tinha cacife para implementar os grandes projetos de infraestrutura do país. Ao mesmo tempo, manteve uma permanente desconfiança em relação à eficiência da administração pública. Costumava dizer:

– A empresa privada precisa do lucro e, se não for bem, quebra. A administração pública vive de recursos assegurados por decisões políticas. Nunca quebra.

A interface de Antônio com o governo foi muito intensa, mesmo porque a produção de matérias-primas, que sempre foi o foco do Grupo Votorantim, dependia muito de concessões públicas, especialmente nas áreas de energia e mineração. A opção de produzir matérias-primas sempre fizera parte da filosofia empresarial de seu pai. Foi uma decisão bem pensada e cautelosa. Ao completar 70 anos de idade, José Ermírio assim aconselhou os filhos:

Sempre baseei nossos ramos industriais nas matérias-primas nacionais, não somente por serem necessárias ao desenvolvimento do país, como também para o funcionamento das indústrias. Tendo em vista os principais setores da produção nacional, procurei colocar nosso Grupo dentro do que havia de melhor para a organização, ficando assim traçado nosso destino. Por isso, temos condições, sem medo da concorrência, nos seguintes ramos: (1) alumínio, zinco e níquel; (2) cimento; (3) papel e celulose. [...] Mas desejo chamar a atenção de vocês, neste momento solene dos meus 70 anos de vida, que nenhum negócio deve abranger mais de 50% dos nossos recursos. Quem não diversificar a produção mais cedo ou mais tarde terá anos difíceis e de sacrifícios inúteis.*

_____

* Com relação aos outros ramos, assim pensava: "Na siderurgia, refratários, produtos químicos, tecidos, açúcar, [temos] empresas que devem ser conservadas, pois as iniciamos com grandes sacrifícios; e ainda que não proporcionem grandes lucros precisamos manter aquilo que começamos. Perdemos um campo de ação dos mais importantes, que é a petroquímica, por não termos tido recursos financeiros para iniciar na hora certa. É bem provável que no futuro algum ramo especializado desse setor possa ser iniciado, porquanto são os que dão melhores lucros. Mesmo assim, isso dependerá de contrato de fornecimento com a Petrobras". *Carta aos filhos*, 24 set. 1960.

Não foi à toa que José Ermírio fez todos os seus filhos estudar e se especializar em questões de minérios, metais e energia. Foi isso que permitiu a Antônio Ermírio e seus irmãos administrar com grande competência técnica a implantação e o crescimento dos maiores projetos do Brasil nas áreas de cimento, ferro, aço, níquel, zinco, produtos químicos e outras matérias-primas.

Ao mesmo tempo que o Grupo Votorantim se fortalecia nessas áreas, seus dirigentes fizeram crescer seus investimentos na área social.

Ao pesquisar o assunto, encontrei um documento histórico que bem reflete a aguçada atenção que seus antepassados deram a essa dimensão. Em 1919, seu avô, Antonio Pereira Ignacio, tomou uma decisão bastante avançada para a época em relação à jornada de trabalho, ao descanso remunerado e às condições de trabalho das mulheres e dos menores de idade:

A Sociedade Anônima Fábrica Votorantim concorda com o seu operariado nas seguintes condições de trabalho, a vigorar a partir do dia 26 de maio: (1) o dia de trabalho é de 8 horas efetivas; (2) o repouso semanal será de 36 horas ininterruptas; (3) aumento de 30% sobre os atuais salários-hora e salários-produção; (4) adicional de 20% para as horas extras no dia normal de trabalho e nos domingos; (5) exclusão da matrícula dos menores de 14 anos de hoje em diante, deixando plena liberdade aos pais para retirarem os que atualmente trabalham; (6) equiparação dos salários das mulheres aos dos homens na mesma espécie e qualidade de serviço e, quanto à exclusão das mulheres no trabalho da noite, ficará dependendo da Lei do Congresso. Fica revogada qualquer outra disposição em contrário e em vigor até o dia 25 do corrente mês.[19]

Ao discursar sobre o papel do empresário, durante exposição realizada para o Projeto História Empresarial Vivida, Antônio enfatizou:[20]

– Nossa missão de empresário é, em primeiro lugar, desenvolver o país. Mas a meta social do Grupo Votorantim está sempre presente. O lucro é usado para criar novas tecnologias e novos empregos.

Seu tino de objetividade, aliado a muita intuição no campo dos negócios, foi um guia de grande utilidade. Para ele, cada empresa deveria trilhar o caminho de sua vantagem comparativa.

– Ninguém é capaz de produzir tudo com a mesma eficiência.

Quando fazia comparações entre a Votorantim e a Matarazzo, empresa concorrente, salientava:

– O que diferenciou os dois grupos foi a escolha que fizemos ao longo do tempo. A Votorantim optou pela produção de matérias-primas. No passado chegamos a produzir sabão, mas desistimos, vendemos tudo. Essa não era nossa vocação. Ficamos com o que sabemos fazer e o que fazemos melhor.[21]

Combate ao endividamento e à ciranda financeira

Antônio sabia que o sucesso das empresas não dependia apenas do esforço interno de seus proprietários e funcionários. Eram muitos os fatores externos que afetavam a competitividade delas. Em sua visão, a inflação era a principal causa de muitos desastres – por causa dela, os juros subiam, os investimentos caíam, os empregos encolhiam e os especuladores se esbaldavam. Suas críticas foram enfáticas nos governos Figueiredo, Sarney e Collor. Só amainaram com o Plano Real do governo de Fernando Henrique Cardoso, mas mesmo assim ele condenou a volta da ciranda financeira no momento em que os juros subiram.

Antônio sempre esteve disposto a entrar com sua própria cota de sacrifício para combater a inflação. Durante o governo Figueiredo, hipotecou seu apoio e disposição de aceitar uma espécie de congelamento temporário de preços (no máximo durante 90 dias). Não só adotou essa política como a defendeu entre os demais empresários.*

---

* Estavam ali plantadas as sementes da ideia de pacto social, que seria mais tarde (1985) anunciado por Tancredo Neves.

Outra preocupação constante foi com o excesso de endividamento do Brasil. Durante o governo Figueiredo, atacou frontalmente a política do todo-poderoso ministro Delfim Netto. Ele concordava com o argumento de que o país precisava buscar recursos externos para crescer, mas ficava irritado com os que ignoravam que a dívida deveria ser paga. Sempre foi contra dívidas. Em suas empresas só contraía empréstimos com muita segurança – filosofia que não era seguida pelo governo. O resultado é conhecido. No fim dos anos 1970, a dívida externa se tornou um problema desesperador, porque, por força da quantidade de recursos emprestados e dos juros flutuantes, o Brasil passou a dever cifras astronômicas. No início de 1980, o quadro se agravou ainda mais: os juros internacionais dispararam. Nesse caso, Delfim Netto deu uma volta de 180 graus e começou a dizer que era chegada a hora de o Brasil fazer uma política de austeridade para pagar a dívida. Para estimular a poupança interna, o governo deu um forte impulso às taxas de juros. A consequência imediata foi a brutal recessão econômica de 1981.

Antônio sempre combateu a inflação e nunca aceitou a recessão. Contrapondo-se à política de Delfim Netto, saiu com outra solução. Levantou uma bandeira que manteria desfraldada por muito tempo ao propor que o Brasil deveria trocar as ações das boas empresas estatais pela dívida externa, transformando nossos credores em sócios daquelas empresas. Em sua opinião, a troca atrairia os banqueiros internacionais, que raciocinariam da seguinte maneira:

– O Brasil não consegue pagar o principal da dívida externa. Para nós, credores, seria um bom negócio ficar com as ações das boas empresas estatais, para, mais tarde, vendê-las por um bom preço.

Ao fazer essa troca, segundo sua teoria, o governo brasileiro seria menos pressionado, emitiria menos moeda e poderia, com isso, controlar a inflação, baixar os juros e estimular os investimentos produtivos e geradores de empregos. Ou seja, os grandes beneficiados seriam as empresas e os trabalhadores do país. Essa ideia foi repetida à exaustão.[22] Apresentou-a a todos os presidentes da República do regime militar e, em 1985, ao recém-eleito presidente Tancredo Neves, que aceitou bem a proposta, qualificando-a de "simples e aplicável"[23] e, mais tarde, a José Sarney e a Fernando Collor.

Como a ideia soava antinacionalista, Antônio recomendava ao governo que, antes de adotar um plano desse tipo, agisse pedagogicamente junto às esquerdas brasileiras, as quais certamente diriam que o Brasil estaria, assim, entregando as boas empresas nacionais aos estrangeiros.

Antônio sempre temeu uma eventual desindustrialização do país, tendo sido um defensor incansável da necessidade de fortalecer as empresas nacionais. Como até então nunca havia se associado a estrangeiros, seguia seu próprio exemplo para alertar seus colegas brasileiros:

– Resistam às multinacionais. Quando estas os procurarem é porque suas empresas estão bem lançadas. Se é para termos empresas estrangeiras no Brasil, que comecem desde o primeiro tijolo e sofram conosco os percalços das firmas nacionais.[24]

Mas, nesse campo, ele fazia uma nítida distinção entre os investidores da produção e os do mundo financeiro. Estes, em sua opinião, tinham poucos compromissos com o país e com o povo. Ao criticá-los, deixava escapar o pouco apreço que tinha pelas atividades bancárias:

– Os banqueiros são uma classe sem riscos. O setor financeiro é o setor menos capitalista da economia.[25]

Em 1980, durante uma reunião com cerca de 300 empresários, em Fortaleza, ele avançou o sinal e disse:

– Os banqueiros são agiotas que emprestam a juros altos, exigem garantias sólidas e nada criam.

A frase bombástica provocou uma reação firme do banqueiro Teófilo de Azeredo Santos, representante do setor financeiro:

– É surpreendente ouvir de um grande empresário a acusação de que os bancos nada criam. E as centenas de milhares de funcionários que atendem aos clientes, nada produzem? As dezenas de milhões de contas dos trabalhadores no FGTS, nada significam? E os pagamentos a aposentados e doentes do INPS? E os recebimentos de contas de luz, água e telefone? E os recolhimentos de impostos e taxas federais, estaduais e municipais? Os bancos brasileiros são hoje legítimos prestadores de serviços públicos. E mais ainda: eles emprestam à agricultura 15% dos depósitos à vista e cobram juros na faixa de um terço da inflação. E aplicam 12% nas pequenas e médias empresas também a juros semelhantes. Lamentamos que esses equívocos venham acompanhados de agressões.[26]

Antônio reconheceu ter exagerado e silenciou. Mas nunca se aquietou em relação à inflação e à ciranda financeira. A seguir, algumas de suas frases sobre o tema:

O que causa a inflação do país é o lucro sem trabalho.[27]

A inflação brasileira não é causada nem por salário, nem por preço, mas sim pela alta rentabilidade dos papéis financeiros. É preciso acabar com a maldita correção monetária.[28]

Deixar de tomar dinheiro emprestado lá fora é burrice. Aqui é suicídio.[29]

Juro é uma espécie de foguete que dispara a inflação. Caindo o juro, cai a inflação.[30]

Se nós nos acomodarmos como parasitas nas aplicações financeiras, levaremos o país ao fracasso. Cabe aos empresários encabeçar as demonstrações de confiança. O que resolve é produção a baixo custo, exportação sem incentivos fiscais e muito trabalho. Mas o país não pode exigir sacrifícios demasiados dos trabalhadores. Precisamos pagar melhor para ter mais produtividade.[31]

Crise econômica, abertura política e o Banco Votorantim

O general João Figueiredo, último presidente militar, assumiu o governo em 1979, prometendo fazer do Brasil uma democracia. Ele cumpriria a promessa em 1985, ao transferir o poder a José Sarney, mas antes disso seu governo foi marcado por vários choques externos, em especial a disparada dos preços do petróleo e dos juros. Em 1979, o barril saltou abruptamente de 12 para 34 dólares. Os efeitos sobre a economia mundial foram devastadores. A inflação internacional disparou, provocando a explosão da taxa de juros. Na economia do país, os impactos foram enormes. A inflação cresceu 14.525%, e a escalada da dívida foi meteórica. Foi um suceder de dívidas não honradas,[*] e o FMI passou a cobrar um ajuste mais severo, impondo uma recessão ao Brasil.

Em 1982, os altos juros externos fizeram a primeira vítima. A Polônia entrou em colapso, dando um péssimo sinal à banca internacional. Em setembro foi a vez do México. O Brasil chegou perto do *default*. O assunto manteve-se encoberto para não perturbar as eleições dos governadores no fim de 1982. Mas, logo em seguida, a opinião pública ficou sabendo que o país havia quebrado. A economia entrou em profunda recessão. O sonho do "Brasil potência" esvaziou-se.

Para enfrentar a crise cambial, o ministro Delfim Netto fez uma maxidesvalorização da moeda brasileira em fevereiro de 1983.[**] Isso restringiu as importações e teve o efeito benéfico de estimular a produção nacional e as exportações, o que ajudou a Votorantim. Ainda assim, Antônio criticou a maxidesvalorização, por considerá-la uma imposição inaceitável por parte do FMI. Aprofundava sua crítica aos excessivos gastos públicos − sobretudo os das estatais, que consumiam 60% do PIB e alertava também para o déficit da Previdência Social, que classificava como uma verdadeira bomba-relógio. Além disso, irritado com a ciranda financeira, passou a alfinetar os banqueiros de modo agressivo:

− Se eu não acreditasse no Brasil, seria banqueiro.

Suas reservas ao sistema financeiro e, em especial, aos que ganhavam muito em pouco tempo com a especulação tinham uma justi-

---

[*] Só de juros, o país pagou 9,2 bilhões de dólares naquele ano. O déficit em transações correntes chegou a 11,7 bilhões de dólares.
[**] Já havia feito uma maxidesvalorização no fim de 1979.

ficativa. Enquanto trabalhou, Antônio foi, antes de tudo, um homem da produção e um agente de geração de empregos. Embora as empresas de seu Grupo estivessem aproveitando e crescendo naquele clima de exportações, ele insistia que o crescimento do país dependia fundamentalmente de uma ativação do mercado interno, sendo urgente elevar o poder de compra da população.

Antônio liderou vários movimentos de empresários. As reclamações que eram inicialmente centradas na área econômica foram se alastrando para o campo da política. Clamando por um regime mais aberto, as manifestações ganharam força. Em 1978, assinou o primeiro Documento dos Oito, que reivindicava uma democracia econômica e política para o Brasil. Esse pleito foi repetido em anos seguintes, conforme veremos no capítulo 5, que trata da participação de Antônio na política nacional. Nesse campo, suas ações públicas culminaram em 1984, na campanha das "Diretas Já", na qual Antônio foi um dos principais protagonistas. Ele dizia que a crise econômica inibia a abertura política. Isso foi ganhando corpo. Passando por cima dos problemas particulares de suas empresas, ele clamava por macrossoluções que pudessem equacionar de uma vez por todas os problemas do país. Seu principal temor era que o caos econômico viesse a comprometer os primeiros passos do governo civil de Tancredo Neves, que estava prestes a se eleger.

Antônio se manteve permanentemente antenado ao processo de desenvolvimento econômico, sempre clamando por mais produção e atacando o excesso de especulação. Exerceu grande influência na formação da opinião pública. Mas, nessa trajetória, a história reservou uma surpresa ao torná-lo membro da classe que ele mais combateu: a dos banqueiros. Isso se deu com a criação do Banco Votorantim.

Lembro-me do constrangimento que ele sentiu ao revelar-me o plano. Disse que a ideia não era sua, mas dos demais acionistas do Grupo, e que, como tal, deveria respeitá-la. Para a imprensa, ele dizia:

– O Banco Votorantim foi criado para coibir o lucro que dávamos para os outros bancos, mas isso não significa de jeito algum o abandono do setor produtivo.[32]

Ocorre que, com o passar dos anos, o Banco Votorantim se tornou um eloquente *case* de sucesso. Seu ritmo de crescimento foi muito mais veloz que o das empresas industriais. Enquanto estas enfrentavam dificuldades, o banco "nadava em dinheiro" e a imprensa enaltecia o êxito.[33] O que era sucesso para o Grupo era motivo de embaraço para Antônio. Ele via com muita reserva o fato de a organização ter se tornado, em poucos anos, um dos maiores bancos privados do país, respondendo por 20% do lucro do Grupo Votorantim.[34]

Quanto mais subiam os lucros, mais Antônio se "envergonhava". Ele não se conformava com o fato de que o banco, ocupando apenas um andar e com poucos funcionários, desse mais lucro que a CBA, que tinha uma planta de extrema complexidade técnica e mais de 5 mil empregados. Por isso, repetia aos quatro ventos:

– Eu não tenho o lado banqueiro. Não me dá nenhum prazer trabalhar em banco. Gosto de trabalhar em coisas que produzem. Se eu fizesse na CBA o que se faz no banco, a fábrica teria falido. Não aguentaria a concorrência. Fico triste ao ver que uma coisa tão fácil é mais lucrativa do que algo que me tomou a vida inteira.[35]

Conversamos muitas vezes sobre esse assunto. Eu notava que ele se sentia encabulado, pois estava ganhando muito dinheiro em uma atividade que sempre combateu. As conversas eram sempre as mesmas:

– Não me conformo de um banco render mais do que uma grande indústria.

– Mas, caro Antônio, sem o Banco Votorantim você estaria dando lucro aos outros bancos onde sua empresa deposita o dinheiro que ganha.

– É verdade. Esse foi o argumento que me levou a aceitar a ideia do Banco Votorantim. Mas ponderei aos meus irmãos que nós não somos do ramo. Podemos dar com os burros n'água.

– Mas o Banco está dando um belo lucro.

– Sim, mas nós não somos do ramo...

– Imagine se fossem...

– Você não me convence. Pode dar lucro, mas nós não somos do ramo... Temo o que possa acontecer na primeira dificuldade.

E assim a conversa prosseguia. A cada duas palavras ele repetia "nós não somos do ramo" para dizer que a vocação do Grupo Votorantim sempre foi a industrial.

Realmente, a paixão de Antônio estava em suas fábricas – todas voltadas para a produção e geradoras de milhares de empregos. Ficou orgulhoso quando, em 2005, o Grupo Votorantim foi considerado "a melhor empresa familiar do mundo".[36] Ele fez questão de fazer um anúncio de página inteira em vários jornais do país, não para se exibir, e sim para oferecer o importante prêmio a seus 29 mil funcionários.[37]

Sobre o assunto, um repórter perguntou:

– Doutor Antônio, o que faz uma empresa familiar sobreviver?

– Moral.

– Como assim?

– É não passar a perna em ninguém.[38]

A privatização da Vale do Rio Doce

Nem tudo foram rosas na vida desse grande produtor. Antônio teve vários episódios de frustração. Um deles decorreu da perda do leilão em que foi privatizada a Companhia Vale do Rio Doce (CVRD), empresa que sempre admirou. Em conversas reservadas, ele me revelara muitas vezes seu sonho de adquirir a CVRD, sobre a qual se manteve permanentemente bem informado. Em visitas pessoais, constatava com surpresa a racionalidade da governança da empresa. Era interessante ouvi-lo dizendo:

– É uma empresa tão bem administrada que nem parece estatal.

Por conhecer profundamente o ramo de minérios, ele vislumbrava a possibilidade de a empresa assumir um papel protagonista no mercado mundial, como de fato ocorreu. Ele antevia ali um negócio que comporia bem o perfil do Grupo Votorantim – dedicado às matérias-primas e usuário de muitos minérios na produção de metais.

Mas o processo de privatização não lhe foi fácil, tampouco exitoso. Abordo a seguir o desenrolar da privatização porque esse foi um dos mais importantes episódios de sua vida e que contou com a participação pessoal e intensa de seu filho Carlos Ermírio de Moraes.

A privatização da Companhia Vale do Rio Doce* foi marcada por grandes manifestações de protesto antes, durante e depois do processo. O leilão foi suspenso várias vezes por decisões judiciais e pela ação de políticos, como José Sarney, Itamar Franco e de nove governadores dos estados onde a CVRD tinha plantas industriais.[39] Os protestos incluíram até mesmo manifestações de rua – uma delas no dia do leilão, em frente ao prédio da Bolsa de Valores do Rio de Janeiro, durante a qual seis pessoas ficaram feridas.[40] A venda ocorreu em clima de alta tensão e sob muitos clamores.[41]

Enquanto as forças de esquerda gritavam que a privatização da CVRD era um verdadeiro esbulho à nação,[42] travava-se nos bastidores um cabo de guerra: numa das pontas estava o BNDES, que queria agilizar a privatização; na outra, os políticos e executivos da CVRD, que procuravam retardá-la.** O processo se arrastou por dois anos. O caso se complicou ainda mais com a descoberta de grandes reservas de minério de ferro, cobre e ouro em Carajás que não haviam sido in-

---

* A Companhia Vale do Rio Doce (CVRD) já era uma empresa gigantesca em 1997. Atuava em vários estados do Brasil, tinha 15,5 mil empregados, faturava mais de 5 bilhões de reais por ano (cerca de 4,8 bilhões de dólares), tinha uma dívida de 4,4 bilhões de reais (4,1 bilhões de dólares) e um lucro líquido (em 1996) de 632 milhões de reais (600 milhões de dólares). Tinha grandes reservas de minério de ferro (41 bilhões de toneladas), cobre (994 milhões), bauxita (669 milhões), potássio (70 milhões), manganês (70 milhões) e ouro (108 mil). A Vale do Rio Doce era sócia da CSN e da Votorantim em vários negócios. Detinha quase 10% da CSN e 40% de uma mineradora do Pará, de cujo capital a Votorantim tinha 10%.

** Elena Laudau, diretora de desestatização do BNDES, acusava a diretoria da CVRD de se comportar como uma ONG independente que seguia por caminhos político-ideológicos, e não pelos critérios objetivos estabelecidos no programa de desestatização do presidente Fernando Henrique Cardoso. Com a entrada de Luis Carlos Mendonça de Barros na presidência do BNDES, a diretoria da CVRD se ajustou àqueles critérios e se sujeitou a colocar todos os dados importantes para os investidores na *data room* do banco. Para derrotar a resistência ideológica do quadro de pessoal da CVRD, a diretoria e o presidente do BNDES, com aval de Fernando Henrique, acertaram que os empregados teriam direito a comprar ações da empresa (depois do leilão) com deságio de 50%. Persistiu, porém, uma discórdia sobre o modelo de venda: Eliezer Batista, "inventor e guru da Vale", defendia a venda fatiada, e Mendonça de Barros no fim do processo defendeu a venda em bloco – que acabou prosperando ("O pai da Vale", *Veja*, 30 abr.1997).

cluídas no preço mínimo da empresa. O fato vinha sendo mantido em segredo por um pequeno comitê, do qual faziam parte o presidente da República, o presidente do BNDES, o ministro de Minas e Energia e poucos executivos da CVRD. Em 14 de janeiro de 1997, porém, o sigilo foi quebrado por uma matéria do jornal *O Estado de S. Paulo*. A descoberta exigia a fixação de um novo preço mínimo.

Para participar do leilão, Antônio organizou um consórcio constituído inicialmente por Votorantim, Bradesco, Companhia Siderúrgica Nacional (CSN) e a mineradora sul-africana Anglo American, a maior produtora de ouro do mundo. Carlos Ermírio comandou a montagem da complexa engenharia financeira, para a qual trouxe os japoneses da Nippon Steel.[43] A Previ (Fundo de Pensão do Banco do Brasil e acionista da CVRD) também faria parte do grupo, assim como o Banco Safra, a convite do próprio Antônio. Dessa forma surgiu o "Consórcio Valecon".

Por quatro meses, Carlos Ermírio e sua equipe ficaram trancados na sala de dados da empresa, no Rio de Janeiro, estudando a situação e as perspectivas da CVRD. Enquanto isso, Antônio mantinha reuniões com o Bradesco e a Previ, certo de que seriam seus futuros parceiros, tendo explicitado a todos que a associação com os japoneses não implicaria levar a empresa para o exterior, muito menos que eles seriam os principais votantes.[44] O Consórcio da Valecon estimou o valor total da CVRD em no máximo 7,5 bilhões de dólares.[45] Como a parte que estava à venda representava cerca de 40% das ações com direito a voto, estabeleceu-se um lance máximo de 3 bilhões de dólares.

Ocorreu, porém, o que se tornou de conhecimento público: ao longo do processo, tanto o Bradesco quanto a Previ acabaram se associando à CSN, formando um outro consórcio, o chamado "Consórcio Brasil".* Antônio ficou profundamente aborrecido com essa

---

* O consórcio ficou assim constituído: CSN, Previ, Petros (Fundo de Pensão da Petrobras), Funcef (Caixa Econômica Federal), Funcesp (Fundo de Pensão dos Funcionários da CESP), Banco Opportunity e NationsBank (este representando indiretamente o Bradesco, incapacitado de concorrer por ter participado da avaliação da Vale).

mudança. Além da surpresa e do desapontamento, havia diversos aspectos com os quais não concordava. Mais tarde, em reunião com Fernando Henrique Cardoso, reclamou francamente da exagerada concentração de fundos públicos no Consórcio Brasil e do suposto tráfico de influência ocorrido durante o processo de venda, publicado pela revista *Veja*.[46]

Antes do leilão, instalou-se uma verdadeira batalha entre os dois consórcios. Antônio afirmava que, se o rival vencesse, "a Vale seria fatiada e vendida em partes, porque CSN, Bradesco e Previ não eram do ramo.[47] Mas se o Grupo Votorantim vencesse, tudo seria diferente:

– Nós temos uma vida de perfuração de jazidas de minério.*

Benjamin Steinbruch, líder do Consórcio Brasil, dizia ter a melhor proposta, porque saberia conduzir a empresa na base de uma administração compartilhada e eficiente:

– Somos mais modernos e democráticos [do que a Votorantim]. O doutor Antônio é um empresário de sucesso, [mas é] da geração de meu pai. Respeito o doutor Antônio, mas o Brasil mudou.[48]

Antônio não gostou dessas declarações, até porque seus empreendimentos na Votorantim iam de vento em popa. Ele viu naqueles comentários uma crítica ácida à sua pessoa, uma tentativa de taxá-lo de ultrapassado e retrógrado – o que não admitia, vindo de "um garoto que até ontem brincou com os filhos", dizia.

O leilão foi realizado em 6 de maio de 1997, permeado de fortes emoções. A corretora Bozano Simonsen representou o Consórcio Valecon e foi a primeira a dar um lance, às 12h01. Nesse momento, teve início uma guerra de liminares: várias foram apresentadas e outras, cassadas; as primeiras tentando impedir o leilão, as seguintes autorizando o processo. O leilão foi suspenso e só recomeçou às 17h41. Em apenas cinco minutos, o Consórcio Brasil arrematou a Vale. O total das ações colocadas no leilão (41,7%) foi adquirido por 3,338 bilhões de reais. O ágio foi de 20%. O valor total da CVRD subiu de 10,361

---

* Andrea Calabi, diretor do BNDES na época e meu colega de trabalho na Faculdade de Economia e Administração da USP, confidenciou que ele e vários colegas do banco torciam pela vitória do consórcio da Votorantim devido à sua grande experiência em mineração.

bilhões para 12,431 bilhões de reais. Antônio perdeu. No decorrer do leilão, os japoneses refrearam o ímpeto de dar um lance mais ousado. Mesmo assim teria sido difícil.* Steinbruch declarou mais tarde que estava disposto a pagar bem mais do que pagou.**

A derrota doeu. Doeram mais, porém, os fatos que se sucederam. No dia seguinte, o Consórcio Brasil publicou um anúncio nos jornais de grande circulação, cujas letras garrafais comemoravam a vitória de quem não era do ramo:

– A Vale é do Brasil – Consórcio Brasil: CSN, Previ, Petros, Funcef, Funcesp, NationsBank, Opportunity.

Se Antônio se absteve de criticar seus parceiros de consórcio, não se conformou com a vitória de um grupo que não tinha familiaridade com mineração: Benjamin Steinbruch era ligado à empresa Vicunha (tecidos) e os outros eram do mundo financeiro.

Antônio e Benjamin continuaram trocando farpas. Delfim Netto saiu com uma definição interessante sobre os dois:

– São perfis diferentes. O Antônio Ermírio, [apesar de ser] herdeiro, pôs a mão na massa do negócio familiar, fez o bolo crescer e, se preciso for, assume a direção de uma fábrica de cimento sabendo dar ordens. Já o Steinbruch é hábil para fazer política dentro dos conselhos de administração, sabe vender seu peixe no exterior e tomar empréstimos lá fora, [o que lhe permite] crescer além de suas possibilidades. Se der pepino, talvez não tenha tecnologia para resolvê-lo.[49]

Antônio dizia que o preço pago foi alto demais. Mas, nas conversas particulares, lamentava a perda do negócio e condenava os fatos que vinham sendo explorados pela imprensa e que denotavam

---

* O preço mínimo por ação fora fixado em R$ 26,67. Nos lances finais, os japoneses, com total respaldo dos sul-africanos, vetaram lances mais altos. A Nippon Steel e a Anglo American chegariam a até 14,5% de ágio, ou seja, R$ 30,53 por ação, enquanto a Votorantim estava disposta a oferecer 17,3% de ágio, isto é, R$ 31,33 por ação. Benjamin Steinbruch levou cada ação por R$ 32,20. O ágio pago pelo Consórcio Brasil foi de 20%. Tendo em vista que a CVRD devia cerca de R$ 4 bilhões, Antônio Kandir, ministro do Planejamento, estimara que a empresa valia, na verdade, cerca de R$ 16 bilhões.
** A CSN, capitaneada por Benjamin Steinbruch, acabou ficando com 16,3% das ações da Vale.

a pouca lisura da referida operação.* Apesar disso, não desistiu de participar de leilões de privatização de empresas estatais.**

A ida para o exterior

Antônio nunca cogitou investir no exterior. Não que fosse contrário à ideia, mas achava que o Brasil tinha uma potencialidade imensa para crescer e atender melhor seu povo. No fim da década de 1980, ele foi procurado por Viktor Isakov, embaixador da então União Soviética no Brasil, que o convidou para instalar uma subsidiária da Votorantim naquele país, começando com cimento e algum metal. Antônio assim se pronunciou:

– Tive uma ótima impressão do embaixador. Vou analisar seu convite com respeito e atenção, mas adiantei a ele que ainda temos muita coisa a fazer para ajudar o Brasil.[50]

Esse "ainda" era como uma fresta pela qual deixava aberta a possibilidade de um dia expandir as fronteiras do Grupo Votorantim para o exterior, o que veio a acontecer. No fim dos anos 1990, a presença da Votorantim no comércio internacional já era crescente e exigia avanços mais decisivos. Afinal, o Brasil fazia parte de um mundo globalizado. Foi assim que, ao longo do tempo, o Grupo comprou a Cimenteira St. Mary's, no Canadá, e outra na Flórida, Estados Unidos, e, depois, várias outras empresas estrangeiras. Antônio sempre procurou ligar a ação externa com o resultado interno. Costumava dizer:

---

* Após o leilão, a imprensa passou a especular sobre uma eventual propina de 15 milhões de dólares dada a Ricardo Sergio [ex-caixa de campanhas eleitorais de José Serra] por Benjamin Steinbruch com vistas a vencer o leilão. O assunto pegou fogo. Jornais e revistas encheram páginas sobre o tema, sem nenhuma prova concreta.

** A Votorantim continuou associada ao Bradesco para investimentos em infraestrutura, formando a Votorantim, Bradesco e Camargo Corrêa (VBC). Em setembro de 1997, a VBC ganhou o leilão de uma grande usina que estava em construção desde 1984: Serra da Mesa (Goiás). Em outubro de 1997, arrematou uma distribuidora de energia elétrica pertencente à Companhia Estadual de Energia Elétrica do Rio Grande do Sul: a Norte-Nordeste. Pagou 1,635 bilhão de reais (1,513 bilhão de dólares), com 90% de ágio. Em 5 de novembro do mesmo ano, associou-se à Previ e adquiriu a Companhia Paulista de Força e Luz (CPFL) em leilão por 3,015 bilhões de reais (2,790 bilhões de dólares), com 70% de ágio. Carlos Ermírio de Moraes foi eleito para a presidência do Conselho de Administração da empresa. Em 2009, a Votorantim vendeu por 2,7 bilhões de reais sua parte da CPFL para a Camargo Corrêa, que se tornou sócia majoritária da CPFL.

– Nossa meta é exportar mais para criar mais empregos no Brasil.[51]

Mas, na época, deu o recado que queria dar a tempo para os burocratas do governo:

– Fazer cimento nos Estados Unidos é menos complicado do que no Brasil.[52]

Em 2004, o Grupo comprou uma fábrica de zinco no Peru e duas cimenteiras (Cemex) nos Grandes Lagos, Estados Unidos, continuando, assim, sua expansão além-fronteiras. A essa altura, um tanto encabulado, Antônio dizia que o caminho da internacionalização era um mal necessário para o Grupo poder crescer.[53] Dali para a frente, uma sucessão de compras externas tornaria a Votorantim uma das mais fortes multinacionais brasileiras.

Reconhecimento, autocrítica e fé no Brasil

Em sua trajetória como empresário, o dinamismo de Antônio foi amplamente reconhecido. A imprensa o reconhecia como "o principal porta-voz dos empresários".[54] Por dez vezes foi eleito "empresário do ano" em pleito promovido pelo jornal *Gazeta Mercantil*. Em 1977, foi escolhido como o "homem de visão" pela revista *Visão*. Em 1984, recebeu o prêmio "Senhor", da revista homônima, concedido ao empresário de maior destaque. Em 1979, foi eleito pelo Instituto de Engenharia de São Paulo "eminente engenheiro do ano". Em 1996, foi selecionado pela revista *Veja* como uma das pessoas mais influentes do Brasil.*

A lista de prêmios e homenagens é infindável. Recebeu várias outorgas de cidadania. Foi agraciado "engenheiro do ano" inúmeras vezes. Mas a homenagem que guarda com mais carinho foi a que recebeu em 1974: uma medalha da Escola de Minas do Colorado – honraria que se repetiria em 2008, quando completou 50 anos de formado.

---

* A escolha foi baseada em duas pesquisas: uma com os membros da elite e outra com o povo em geral. Na primeira, ele foi classificado como o brasileiro mais influente, seguido por Fernando Henrique Cardoso, Antônio Carlos Magalhães, José Sarney e Roberto Marinho. Na segunda, foi classificado em quarto lugar, depois de Fernando Henrique Cardoso, Roberto Marinho e Fernando Collor.

Um importante desdobramento de sua atividade empresarial foi sua participação em órgãos de pesquisa como o Instituto de Pesquisas Tecnológicas (IPT), pelo qual sempre teve respeito e fascínio. Além de integrar seu Conselho, esteve sempre próximo da entidade, mantendo contato constante não só como usuário – para testes de materiais e processos de suas empresas –, mas também como incentivador de novos estudos e pesquisas.

Na mesma linha, Antônio participou das diretorias de associações setoriais de produtores, em especial na área de metais (aço, alumínio e outros), mas nunca exerceu cargos executivos nas entidades sindicais de empregadores, como é o caso da Fiesp ou da CNI, por exemplo. Apesar disso, sempre que convocado, comparecia às reuniões mais estratégicas e dava apoio às suas campanhas. Isso não o eximia de criticar abertamente as entidades quando achasse apropriado. Várias foram as vezes em que ele atacou os empresários que vendiam seus bens aos estrangeiros para se dedicar à especulação financeira. Não deixava passar em branco tampouco as entidades que se acovardavam diante de arbítrios do governo ou da pressão de multinacionais. Esse foi o caso da forte crítica à Fiesp em 1980:

– Lamentavelmente, a Fiesp é hoje uma entidade minada pelo capital estrangeiro. As multinacionais, ao invés de sofrer conosco, vêm ao Brasil para adquirir empresas nacionais, muitas vezes pagando um preço superior a seu valor real. Isso torna o vendedor rico e resolve seus problemas imediatos porque aplica seu dinheiro em papéis garantidos pelo governo e que dão uma renda de 48% a 50% ao ano. Isso é um parasitismo nefasto ao Brasil.[55]

Antônio se irritava também com os empresários que "sofriam em silêncio", poupando o governo para poder pedir favores mais adiante. Em entrevista recheada de dados e análises técnicas de grande profundidade, concedida ao jornalista José Neumanne Pinto, afirmou:

– Os brasileiros precisam aprender a viver para o Brasil, e não do Brasil. Essas pressões de empresários que vão ao governo dizer "olha, se vocês fizerem isso, vamos demitir muita gente e haverá uma explosão social" são balelas. Quem perde o emprego hoje encontra amanhã.[56]

Essa entrevista caiu com uma bomba e teve enorme repercussão política. Antônio foi criticado pelo governo e, ao mesmo tempo, elogiado pelos políticos da oposição que lutavam pela redemocratização.

Ele também não poupava críticas aos empresários que se encastelavam em entidades de classe para simplesmente dizer amém ao governo:

– É preciso acabar com as entidades de classe que elogiam o governo em tudo o que ele faz, sem mesmo estudar as medidas que estão sendo elogiadas.[57]

Em contrapartida, defendia com unhas e dentes os empresários que se dedicavam à produção e à geração de empregos e repudiava as generalizações dos governantes que misturavam especuladores com produtores:

– O empresariado brasileiro não é aquilo que o governo pensa. [Nós, os produtores] pagamos um alto imposto. Que não venha o governo jogar em nossas costas a responsabilidade que é dele. O governo tem a mania de imputar ao empresariado a responsabilidade pelo caos social. Eu não aceito esse tipo de acusação.[58]

Foi dessa forma que Antônio Ermírio de Moraes se manteve sempre presente no debate nacional. Defendia os produtores brasileiros, atacava os especuladores e exigia tratamento isonômico em relação aos estrangeiros. Sua rotina diária envolvia um trabalho estafante durante o qual acompanhava com atenção tudo o que acontecia no mundo da economia e da política, no Brasil e no exterior. Apesar de ser um entre quatro acionistas do Grupo Votorantim, ele era o mais visível aos olhos da imprensa, mesmo porque se manifestava de forma direta e polêmica em relação a todos os assuntos, desde a economia até a política, passando pela saúde, pela educação e por outros temas sociais.

A preparação dos sucessores

Antônio sabia que um dia teria de passar o comando da empresa aos mais jovens. Em 2005, pela primeira vez, e devido ao abalo em sua saúde, verbalizou a necessidade de preparar o caminho para os sucessores, dizendo:

– Já não sou mais o mesmo. Chego ao fim do dia com menos energia. Mas luto contra isso, porque, após meu expediente na empresa, tenho de ir à Beneficência Portuguesa, onde os problemas dos doentes não podem esperar uma solução para amanhã. Tem de ser hoje. Confesso, porém, que estou me cansando mais do que antigamente.

Em seguida, emendava:

– A preparação das novas gerações está sendo um processo lento. Vem exigindo muito estudo e muito trabalho. Mesmo assim, só ficarão no Grupo os jovens que passarem pelos testes das escolas e do mercado. Todos terão de trabalhar fora do Grupo para mostrar o que sabem fazer e quanto são capazes de liderar um empreendimento complexo como o nosso. Só depois eles serão incorporados ao Grupo, e de modo seletivo.

De fato, assim foi. O processo de preparação teve início em 2000. Foram cursos e mais cursos no Brasil e no exterior e muitas experiências práticas, dentro e fora das empresas do Grupo. Os filhos e sobrinhos que ficaram no Grupo Votorantim foram selecionados pelo referido sistema. Outros passaram a trabalhar em empreendimentos fora do Grupo.

Antônio tinha clareza do que fazia nesse campo. Sabia que a Votorantim não tinha condições de acomodar os 54 membros da quarta geração da família Moraes. E dizia:

– Acho bom que todos trabalhem uns dois ou três anos em outras empresas, para ali observarmos seu desempenho. Depois disso traremos os aprovados para nosso grupo.[59]

E assim foi feito.

Apesar do revelado cansaço e da avançada preparação da nova geração, Antônio continuava a agir como líder do Grupo. Nada o fazia desanimar. Em meados de 2006, suas empresas passaram a viver uma contradição. De um lado, os minérios e os metais alcançavam uma cotação recorde. De outro, o real sobrevalorizado reduzia o lucro da Votorantim. Mesmo assim, continuou investindo. Naquele ano, a CBA inaugurou uma nova área de laminação de 150 milhões de dólares. A Companhia Mineira de Metais investiu 200 milhões de reais em expansão, e os jornais anunciavam que o Grupo havia obtido 3,3 bilhões de dólares em empréstimo do exterior [em 2005] para começar a investir em 2006.[60] Além disso, ele encontrava forças para animar outros empresários, dizendo:

– O Brasil acordou, mas ainda está sonolento. É como aquele sujeito que acabou de levantar. Está com preguiça. Mas sou um otimista. Temos condições para crescer 5% ao ano, com um olho na estabilidade e o outro no desenvolvimento. Os juros já baixaram, o país é respeitado, e o governo está empenhado em fazer o melhor. Deixe a indústria trabalhar que o Brasil cresce.[61]

Ele era assim mesmo: não perdia uma só oportunidade para convocar os produtores a investir no Brasil:

– Meu conselho é para que invistam mesmo. Não deixem para amanhã! Não tenho dúvidas ao dar esta receita. Nós [da Votorantim] estamos investindo muito e procurando novas oportunidades. Precisamos de ousadia, exportar mais e desenvolver o mercado interno. O Brasil tem de crescer 4% ou 5% ao ano.[62]

No ano de 2007, o abalo de sua saúde se fazia mais presente. Já não se tratava de mero cansaço. Pela primeira vez, vi arrefecerem o entusiasmo e a disposição de Antônio Ermírio de Moraes. Mesmo assim, ele compareceu ao 20º Congresso Brasileiro de Siderurgia para dar uma injeção de ânimo nos congressistas:

– Hoje estamos em uma situação peculiar: a taxa de crescimento do Brasil é maior do que a taxa de inflação. Vivemos um tempo de bonança também no setor siderúrgico. Acredito que dentro de três anos [em 2010] a produção do Brasil chegará a 50 milhões de toneladas.[63]

Os problemas de saúde avançavam, sem mostrar solução. Ao dar sua derradeira entrevista a Milton da Rocha Filho, disse que o Brasil poderia crescer até 7%, o que de fato veio a acontecer em 2010.

Para o repórter, fez questão de dizer que aquela seria uma entrevista bastante diferente, porque, em lugar de reclamar – o que sempre fez –, iria registrar sucessos,[64] aduzindo:

– A economia brasileira deverá crescer 5% ou 6% em 2008. O crescimento será maior no comércio exterior. E [para estimular o mercado interno] o governo tem de pensar na reforma tributária.[65]

Em 2008, ao completar 80 anos e com sérios abalos em sua saúde, mais uma vez encontrou ânimo para anunciar um investimento de 1,5 bilhão de reais no Grupo Votorantim. Foi seu último anúncio público. Depois disso, a doença o tirou de cena. Esse é um resumo da participação do empresário Antônio Ermírio de Moraes na vida econômica do Brasil que pude acompanhar durante vários anos. Vi nele um produtor que defendeu seus interesses, mas agiu sempre como promotor de nosso país. Mesmo doente, em conversas particulares, ele mantém até hoje sua enorme fé no Brasil e nos brasileiros.

Notas

1 Dentre os autores consultados, foram de grande importância: Jorge Caldeira, *Votorantim 90 anos: uma história de trabalho e superação*. São Paulo: Grupo Votorantim, 2008; *Votorantim: 85 anos: Uma história de vida e trabalho*, São Paulo, 2003; *Grupo Votorantim: 80 anos*. São Paulo, 1998.

2 Cf. "Delfim não me dá lição de moral", *O Estado de S. Paulo*, 2 fev. 1980.

3 Jorge Caldeira, op. cit., 2008.

4 "Ermírio de Moraes diz que todos os países dão ajuda disfarçada às exportações", *Jornal do Brasil*, 24 set. 1978.

5 Antônio Ermírio de Moraes, "The Buy American Act de 1933", *Folha de S.Paulo*, 18 jan. 1998. O processo baseou-se numa lei norte-americana que obriga os órgãos governamentais do país a procurar produtos nacionais antes de lançar mão da importação de estrangeiros.

6 "Implantação da Alunorte depende de recursos", *Diário de Pernambuco*, 4 nov. 1978.

7 "A crítica de Ermírio de Moraes", *Jornal do Brasil*, 9 abr. 1978.

8 "Em tom irritado, Ueki responde às críticas de Ermírio de Moraes", *Gazeta Mercantil*, 21 jun. 1978.

9 "Demarcação nítida", *Jornal do Brasil*, 13 out. 1977.

10 "As grandes ambições – tropeços e obstáculos tornam extensa a lista de projetos problemáticos", *Veja*, 19 out. 1977.

11 Alusão ao prêmio "Homem de Visão" que era concedido anualmente pela *Visão*.

12 "A proteção da nossa indústria já existe. Mas por que não funciona?", *Jornal da Tarde*, 5 fev. 1979.

13 "Antônio Ermírio não admite abrir a reserva de mercado", *Jornal DCI*, 26 fev. 1986.

14 Depoimento no programa *Jogo da Verdade*, 1981.

15 Antônio Ermírio de Moraes, "Desenvolvimento industrial e o futuro do Brasil", discurso proferido no VIII Simpósio de Geologia do Nordeste, Campina Grande, 1º nov. 1977, reproduzido em *A União* (João Pessoa), 2 nov. 1977.

16 "Ermírio: críticas severas aos 14 anos de política econômica da Revolução", *Jornal da Tarde*, 5 jul. 1978.

17 "Seremos vítimas da Opep do urânio, afirma Ermírio", *Folha de S.Paulo*, 28 set. 1978.

18 Depoimento no programa *Jogo da Verdade*, 1981.

19 Acordo assinado com representantes dos empregados, Antonio Pereira Ignacio e diretores, 21 maio 1919.

20 Silvia Simas, "O papel do empresário, segundo Antônio Ermírio", *O Estado de S. Paulo*, 28 nov. 1985.

21 "As receitas de Antônio Ermírio", *Gazeta Mercantil*, 28 nov. 1985.

22 Fez inúmeras palestras e escreveu vários artigos a esse respeito. Ver, por exemplo, Antônio Ermírio de Moraes, "Retorno à credibilidade", *Folha de S.Paulo*, 28 abr. 1991; idem, "Dívida externa – negócio da China, não", *Folha de S.Paulo*, 28 jul. 1991.

23 "Ermírio propõe a desdolarização da economia nacional", *Jornal DCI*, 28 fev. 1985.

24 "Resistam às multis", *Folha de S.Paulo*, 11 out. 1977.

25 "As críticas de Ermírio", *Gazeta Mercantil*, 3 nov. 1977.

26 "Banqueiros rebatem acusações feitas por Ermírio de Moraes", *Jornal DCI*, 10 set. 1980.

27 "Ermírio pede combate à especulação financeira", *Jornal DCI*, 9 ago. 1985.

28 "Antônio Ermírio atribui alta ao mercado financeiro", *O Globo*, 21 ago. 1985.

29 Depoimento no programa *Conexão Nacional*, 1996.

30 "Panorama econômico", *O Globo*, 30 ago. 1985.

31 "Ermírio condena o parasitismo", *Jornal DCI*, 25 set. 1987.

32 "O mercado financeiro rende mais", *Carta Capital*, 11 ago. 2004.

33 "O lucrativo banco do dr. Antônio", *Exame*, 15 mar. 2006.

34 "Garoto notável", *Exame*, 3 mar. 2004.

35 "Lucrar com banco é fácil", *Folha de S.Paulo*, 17 abr. 2005.

36 Prêmio concedido pelo Instituto IMD Business School (Suíça), na sua 10ª edição.

37 Jornal *Valor Econômico*, 26 set. 2005.

38 Depoimento no programa *Conexão Nacional*, 2003.

39 "PMDB convoca o país às ruas para barrar o assalto ao subsolo", *Diário Hora do Povo*, 23 abr. 1997.

40 "Conflito termina com seis feridos", *O Estado de S. Paulo*, 7 maio 1997.

41 "Leilão criminoso pendurado na Justiça", *Diário Hora do Povo*, 7 maio 1997.

42 "Crime sórdido contra o Brasil", *Diário Hora do Povo*, 26 abr. 1997.

43 "Votorantim chama Nippon Steel para disputar a Vale", *O Globo*, 11 mar. 1997.

44 "Estrangeiro não vai levar a Vale embora", *O Globo*, 28 abr. 1997.

45 "Ermírio diz que ágio foi alto", *Jornal da Tarde*, 7 maio 1997; "Ágio ficou alto demais", *O Estado de S. Paulo*, 7 maio 1997.

46 Segundo a revista, Ricardo Sergio de Oliveira, ex-diretor do Banco do Brasil, teria cobrado de Benjamin Steinbruch 15 milhões de reais para montar o consórcio vencedor. "Quinze milhões na Vale", *Veja*, 8 maio 2002.

47 "Ermírio promete manter a Vale inteira", *O Estado de S. Paulo*, 26 abr. 1997; "O outro grupo quer fatiar a Vale", *Jornal do Brasil*, 25 abr. 1997; "Companhia crescerá mais sem o Estado, diz Ermírio", *O Estado de S. Paulo*, 27 abr. 1997.

48 "O dr. Antônio é do tempo do meu pai", *Jornal do Brasil*, 25 abr. 1997.

49 "Muda perfil do grande empresariado do país", *Diário do Nordeste*, Fortaleza, 27 dez. 1997.

50 "Votorantim pode estudar convite para atuação na União Soviética", *Diário do Commercio*, 26 set. 1987.

51 *Correio Braziliense*, 28 dez. 2002.

52 Depoimento no programa *Provocações*, 2002.

53 "Exterior é a saída para Votorantim crescer", *Valor Econômico*, 7 jun. 2005.

54 "Quem manda no Brasil", *Veja*, 26 jun. 1996.

55 "A Fiesp está minada pelas multinacionais", *Folha de S.Paulo*, 21 jun. 1978.

56 "Ações preferenciais de estatais, pelos créditos da dívida", *O Estado de S. Paulo*, 24 maio 1987.

57 Depoimento no programa *Jogo da Verdade*, 1981.

58 "Antônio Ermírio culpa o governo pela crise", *Jornal da Tarde*, 2 jul. 1990.

59 "Grupo Votorantim prepara-se para a quarta geração", *Jornal do Commercio*, 3 out. 2005.

60 "Grupo Votorantim obtém US$ 3,3 bilhões", *Valor Econômico*, 7 mar. 2006.

61 "A resistência de Ermírio", *IstoÉ Dinheiro*, 29 nov. 2006.

62 "Não deixe o investimento para amanhã", *O Estado de S. Paulo*, 6 ago. 2006.

63 "Ermírio de Moraes vê economia na rota sustentável", *Valor Econômico*, 30 maio 2007.

64 "Brasil pode crescer até 7%", *O Estado de S. Paulo*, 2 out. 2007.

65 "Você tem dúvida que haverá repasse para os cidadãos?", *Jornal do Commercio* (reprodução de *O Estado de S. Paulo*, 4 jan. 2008).

A entrada na vida partidária

"Compete ao bom político servir o Brasil e não se servir do Brasil."
Antônio Ermírio de Moraes

Apesar de não ser um político no estrito senso, Antônio sempre esteve presente nos grandes debates sobre os destinos do país, e sempre gostou de fazer parte disso. Em suas falas e condutas, Antônio foi um amante da liberdade e um vigoroso combatente da corrupção. Sua linguagem, sempre sem rodeios, era marcada pela franqueza. A imprensa gostava desse estilo e, com frequência, o provocava para dar declarações bombásticas, inclusive as que afrontavam o governo militar, como foi o caso de sua campanha contra o programa nuclear relatada no capítulo 3.

Durante anos seguidos, ele criticou o abafamento das lideranças jovens que vinha sendo feito pelos governos militares. Em abril de 1983, soltou uma verdadeira "bomba" (para a época) ao dizer que a Revolução de 1964 tornara o país inviável.[1]

Os militares reagiram. Em 5 de maio daquele ano, o general Rubens Resstel, do Estado-Maior do Exército, enviou uma carta incisiva a Antônio, da qual destaco o seguinte trecho:

> Li, com certa perplexidade, sua afirmação de que a Revolução de 1964 tornou o país inviável. Devo manifestar a minha discordância a tal conclusão. Fosse outra pessoa, sem as suas credenciais ou a quem dispensasse menor apreço e respeito, por certo não daria à afirmativa maior atenção. A Revolução de 1964 foi feita justamente para evitar que este país se tornasse inviável. Peço receber esta carta não como uma contestação, mas apenas como uma simples e honesta discordância.

Embora tivesse restrições às condutas dos militares, Antônio gostava do general Resstel, em especial de sua austeridade. Resstel costumava dirigir um velho fusquinha que se encaixava bem com o estilo de vida espartano de Antônio Ermírio. Ele ficava admirado ao ver uma alta patente do Exército nacional com hábitos tão contidos. Como atenção à carta, Antônio convidou Resstel para um papo em seu escritório, quando então entregou uma resposta escrita à manifestação do general.

Abro aqui um parêntese para dizer que, anos mais tarde, depois do fim da ditadura, conheci o interessante personagem. Foi em 1986, quando participei de um almoço com os dois. Como Antônio, também fiquei impressionado com a simplicidade do general e com sua vasta cultura e seu sólido conhecimento sobre as instituições brasileiras. Acompanhei a emocionante conversa com enorme interesse. Resstel tinha o nacionalismo correndo nas veias. Era até exagerado. Ele não admitia que brasileiros, e muito menos estrangeiros, desprezassem o país. Antônio também era assim. Quando viajava ao exterior, defendia o Brasil com intransigência. Quando recebia estrangeiros no Brasil, agia da mesma forma. Lembro-me da visita de John Reed (presidente do Citibank), a quem Antônio recomendou:

– Não vou lhe explicar a pujança deste país. Quero que você veja com seus próprios olhos. Pegue um helicóptero e sobrevoe o interior de São Paulo para constatar que em nada difere dos Estados Unidos.[2]

Voltando ao general Resstel, depois do almoço, fomos a pé do restaurante ao escritório de Antônio, onde a conversa continuou somente entre os dois, sem minha presença. Quando o general foi embora, indaguei a Antônio como foi o papo e, sobretudo, o que ele tinha a dizer a respeito da carta do general a ele enviada três anos antes e que ficou na minha memória. Foi quando ele revelou não ter perdido tempo naquela época; logo depois de ter recebido a carta, no dia seguinte, respondeu ao general, dizendo:

> Meu caro General: finalmente uma voz discordante. Alegro-me por se tratar de uma pessoa a quem tenho um profundo respeito. Ninguém é capaz de negar que a Revolução de 1964 nos livrou da anarquia. Todavia, uma série enorme de desmandos fez com que a nossa querida Pátria passasse a enfrentar problemas dificílimos. (1) Devemos cerca de 85 bilhões de dólares, o que significa quatro anos de exportação; (2) a continuarmos nesta irresponsabilidade, não teremos como pagar o serviço da dívida; (3) as estatais crescem as-sustadoramente – 60% do PIB e 60% das dívidas pertencem a elas; (4) os projetos que estão consumindo nossas divisas são, na grande maioria, desnecessários; (5) os juros não param de subir, apesar de todos "jurarem" que vão baixar; (6) os bancos pedem abertamente taxas de até 12% ao mês para um simples desconto de duplicatas, ou seja, 296% ao ano (composto); (7) as estatais não pagam nin-guém e, simplesmente, não dão satisfação do não pagamento; (8) mas as fundações das estatais garantem aos seus privilegiados fun-cionários aposentadorias espetaculares, tudo isto às nossas custas; (9) a corrupção subiu de nível: antigamente era mais restrita ao meio sindical, mas hoje atingiu a classe dirigente; (10) politicamen-te, o quadro é temeroso: os homens que aí se apresentam em nome da nação pouco representam em matéria de amor à Pátria.

Ao encerrar a carta, Antônio "cutucou" Resstel:

> Confesso que tenho trabalhado com todo o meu esforço para des-
> mentir o general De Gaulle, mas tudo faz crer que esta missão é
> a mais difícil de todas [referência à célebre frase de De Gaulle,
> segundo a qual o Brasil não era um país sério].

O destemor de Antônio era impressionante. Certa vez indaguei:

– Antônio, de onde vem essa ojeriza aos militares e seu espírito
de contestação? Você não teme uma represália?

– Os militares não têm se manifestado. Mas, volta e meia, alguns
ministros me telefonam, querendo que eu desminta o que disse. Eu
sempre dou a mesma resposta: "Não vou desmentir nada. Se você me
provar que estou errado, não sou teimoso, admitirei o erro e pedirei
desculpas. Mas prove que estou errado. Ou então venha aqui e me
prenda, porque você conhece meu endereço".

As críticas econômicas de Antônio trilharam o terreno da política o tempo todo, daí sua presença constante na mídia. Grande
foi a repercussão do chamado "Documento dos Oito", assinado por
grandes empresários,* que, em 1983, pedia a abertura econômica e
política do país.** Entre as frases de maior impacto destacam-se:

> O desenvolvimento econômico e social somente será possível com
> uma ampla participação de todos em regime democrático.

> Defendemos a democracia por ser o sistema mais apropriado para
> o desenvolvimento das potencialidades humanas.

> Governo só deve pedir austeridade quando é austero. O governo
> tem de começar a fazer uma limpeza com muita água para varrer
> os que ganham sem trabalhar nas empresas estatais.[3]

---

* Antônio Ermírio de Moraes, Cláudio Bardella, Jorge Gerdau, José Mindlin, Laerte Setúbal
Filho, Paulo Vellinho, Paulo Villares e Severo Fagundes Neto.
** Na verdade, esse documento tem sua história ligada ao ano de 1978, quando foi redigido pela
primeira vez e assinado por oito empresários que pediam ao presidente Ernesto Geisel a promoção da abertura política. Em 1981, repetiram a dose. Em 1983, o novo "Documento dos Oito"
pedia o fim do regime militar e a volta da democracia.

O documento foi encaminhado a Aureliano Chaves, que substituía o presidente João Figueiredo, já que este estava em Cleveland para tratamento médico. A imprensa deu ampla repercussão ao corajoso libelo. As manchetes foram bombásticas.[4]

Aureliano Chaves incumbiu o ministro do Planejamento, Delfim Netto, de responder aos signatários, os quais ficaram frustrados quando Delfim veio a público:

– É um documento político e, por isso, a resposta será política – disse o ministro, secamente, acrescentando na sequência uma ponta de ironia: – Os empresários pediram para renegociar a dívida. Pediram para transferir ao Estado os prejuízos cambiais. E o Estado cobra de quem?

Antônio foi o primeiro a reagir com firmeza:

– Acredito que o ministro, homem muito ocupado, não teve tempo para meditar a respeito do documento, mesmo porque ele precisa ser lido com calma. Não é uma declaração de guerra.[5]

Inconformado, Antônio pediu uma reunião com o próprio Aureliano Chaves, agendada para 24 de agosto de 1983. Antônio ali compareceu ao lado de 12 empresários. Disse ao presidente em exercício que queria discutir o documento "com seriedade". No lugar de Delfim, participaram Flávio Pécora, ministro interino, e o ministro da Fazenda Ernane Galvêas. Aureliano disse ter gostado do documento, o que animou os empresários a ponto de, na saída, declararem à imprensa que aquele libelo marcava o começo da abertura econômica e política do Brasil.

Antônio foi um dos primeiros empresários a levantar a bandeira das Diretas Já. A campanha foi lançada nacionalmente em um comício em Curitiba, no dia 12 de janeiro de 1984, ao qual compareceram Franco Montoro, Ulysses Guimarães, Tancredo Neves e José Richa, então governador do Paraná. Tomando a frente do empresariado, Antônio declarou-se a favor das eleições diretas e mergulhou de cabeça na campanha, percorrendo todo o Brasil.

Nessa época, meus contatos com ele eram esporádicos e decorrentes da posição de assessor que eu ocupava junto ao ministro

Murillo Macedo, do Trabalho. Era uma fase de muitas desconfianças. No próprio governo, havia simpatizantes às eleições diretas. Murillo era um deles. Eu, então, era apaixonado pela ideia. Mas nem Murillo nem eu podíamos pôr a "crista de fora" por estarmos a serviço de um governo que acabara com as eleições diretas em 1964. Víamos com admiração e com uma ponta de inveja a desenvoltura de Antônio ao falar aos quatro ventos sobre a necessidade da volta da democracia e do fim do regime militar. Tempos depois, ao ser por mim indagado, Antônio revelou a origem da sua combatividade.

– Puxei isso de meu pai. Ele nos ensinou o valor da liberdade. Trouxe isso dos Estados Unidos, onde estudou. Aprendi com ele que liberdade sem ordem é anarquia e que ordem sem liberdade é ditadura. Por isso, critiquei os militares por achar que estavam prejudicando o desenvolvimento do Brasil.

Naquele ano de 1983, começavam as especulações para a eleição indireta à Presidência da República. Os nomes mais cogitados eram Paulo Maluf e Tancredo Neves. Apesar de saber da amizade de seu irmão José com Maluf, Antônio não poupou críticas a ele. Ao participar de um programa de televisão coordenado pelo jornalista Mino Carta, disse:

– O Paulo Maluf é um jovem voluntarioso e impetuoso que se apresenta nesta campanha como um oferecido. Não foi convocado. Ele não serve.

Ao que Mino perguntou:

– Em que o senhor se baseia para dizer que ele não serve?

– É um homem que trata mal seus subalternos e tem inveja de seus superiores. Quando foi governador, cometeu um erro lamentável – querer encontrar petróleo [alusão à Paulipetro] à custa do dinheiro público em uma área na cidade de São Paulo em que a ciência sabia não haver nem vestígios. Ele não desfruta de nenhuma credibilidade junto ao povo.[6]

Em 1984, Antônio entrou de peito aberto na campanha de Tancredo Neves e, no fim, vibrou com sua eleição, ainda que indireta. Via ali o primeiro passo da redemocratização do Brasil. Ele considerava Tancredo um homem inteligente, dono de perfil talhado para a política e um grande conciliador, capaz de unir o Brasil em torno de princípios democráticos. Declarou essa preferência contra a posição de seu irmão José, que optara por Paulo Maluf, candidato derrotado naquela eleição.

Convites para a vida pública

Como frequente partícipe dos debates sobre a política do país, Antônio Ermírio foi constantemente instigado a entrar na vida pública. Em 1979, o então governador Paulo Maluf convidou-o para ser prefeito de São Paulo. Antônio declinou, dizendo não gostar do método de nomeação do prefeito (sem eleição). Três anos mais tarde, em 1982, recusou a sugestão de Jânio Quadros para se candidatar a governador de São Paulo.

Recebeu outros convites, mas sempre foi gentil ao recusá-los. Era frequente lançar mão de limitações de saúde, em especial, o fato de ter um rim só e de ter um problema congênito em uma das válvulas do coração. Puras desculpas – até porque nenhum desses problemas era empecilho para ele trabalhar feito louco nas suas empresas e nas obras sociais.

Antônio sempre viveu uma contradição íntima. Embora alimentasse de modo oculto a vontade de governar, era muito cético em relação à eficiência dos governos. Para ele, a forma como os governantes brasileiros administravam fazia parte de um outro mundo. Em suas empresas, ele ocupava o centro das decisões e cobrava a implementação dos projetos, conversando diariamente com os responsáveis pelas tarefas. Ele sabia que nada disso era possível na administração pública. Muitas vezes me disse sentir que os funcionários públicos, com raras exceções, tinham medo de tomar decisões.

Publicamente dizia:

– O governo é obrigado a criar normas por força da impessoalidade. Mas cria tantas normas que engessam a administração. Se eu fosse administrador de uma empresa estatal, eu seria tão ineficiente quanto os executivos que estão lá.[7]

Mas certos convites foram mais incisivos. Um deles veio de um telefonema do governador Franco Montoro, acenando para Antônio ocupar o lugar de vice-presidente na chapa encabeçada por Tancredo Neves. Ele recusou na mesma hora, argumentando que, por não ser político, não traria votos para Tancredo. Mas sua situação ficou delicada. Afinal, ele apoiara Tancredo desde a primeira hora e vinha atuando junto aos empresários para pedir total colaboração ao candidato. Seria constrangedor dizer "não" a seu candidato. Mas acabou recusando o convite ao próprio Montoro, que, aliás, nunca confirmou tê-lo feito.

Outro convite tentador, também intermediado por Franco Montoro, foi para assumir a presidência da Petrobras. A situação foi igualmente delicada, pois todos sabiam ser ele um profundo conhecedor dos assuntos de energia, em especial de gás e de petróleo. Era a pessoa certa para o lugar certo. Além disso, ele tinha uma enorme admiração pela Petrobras. A recusa foi uma verdadeira novela.

Não acompanhei de perto os bastidores dos acontecimentos, pois, àquela altura, não privava da intimidade de Antônio. Mais tarde, porém, ele mesmo me contou os detalhes do processo. Tudo começou em 23 de janeiro de 1985, com o referido convite do governador Franco Montoro, que dizia falar em nome de Tancredo Neves, recém-eleito. Antônio sentiu-se atraído, mas resistiu e, dessa vez, usou outra desculpa:

– Não é justo aceitar o convite para presidir a Petrobras sem antes conhecer o nome do ministro de Minas e Energia. Se eu fosse ministro e chegasse para tomar posse sabendo que os cargos do segundo escalão estavam preenchidos, não me sentiria bem. Acho que devemos esperar a nomeação do ministro e saber se ele aceita meu nome.[8]

Evidentemente, foi uma resposta dúbia, o que levou a imprensa a desfiar um rosário de especulações. Consultando os jornais da época, vi manchetes comprometedoras como: "Ermírio dirigirá estatal" (*Última Hora*, 24 jan. 1985); "Ermírio vai dirigir uma empresa estatal" (*Jornal de Brasília*, 24 jan. 1985). Em meados de fevereiro, as especulações tornaram-se mais assertivas: "É certa a indicação do presidente do Grupo Votorantim para a presidência da Petrobras".[9]

A nomeação seria feita diretamente por Tancredo Neves, que, segundo as notícias, teria se reservado o direito de indicar o presidente das principais estatais vinculadas ao Ministério de Minas e Energia, que acabou sendo ocupado por Aureliano Chaves.[10] Àquela altura, a imprensa considerava o convite cada vez mais aceito: "Antônio Ermírio aceita presidir a Petrobras" (*Folha de S.Paulo*, 21 fev. 1985); "Petrobras nas mãos de Antônio Ermírio" (*Folha da Tarde*, 21 fev. 1985); "Antônio nega tudo, mas vai mesmo para a Petrobras" (*Folha da Tarde*, 22 fev. 1985).

Apesar dos desmentidos, Antônio continuava ativo na mídia, dando entrevistas e fazendo sugestões ao novo governo, o que lhe dava muita visibilidade e alimentava especulações. Suas principais recomendações eram para o campo econômico, em especial o combate à inflação, que fora elevada a quase 1.500% nos seis anos de mandato do presidente João Figueiredo.*

Em 25 de fevereiro de 1985, Antônio participou de um almoço com Tancredo Neves em Brasília, e os dois conversaram longamente. À imprensa, declararam que o principal assunto tratado havia sido o pacto social – ideia que Tancredo adiantara durante a campanha eleitoral.

Os jornais especularam, porém, que a conversa teria incluído a formalização do convite para a presidência da Petrobras. Ao que tudo indica, a decisão foi bem ao contrário dessa. Antônio saiu do almoço deixando claro estar fora daquele projeto, justificando:

– Eu não venho pedir cargos, venho pedir encargos. Prefiro ficar na iniciativa privada, onde posso prestar minha colaboração sincera através da informação e da crítica honesta.[11]

---

* Tancredo Neves tencionava enfrentar esse problema por meio de um grande entendimento nacional, o pacto social: os empresários se comprometeriam a não aumentar os preços por algum tempo, os trabalhadores moderariam os pleitos salariais e o governo prometeria manter estáveis os preços dos bens produzidos pelas estatais, bem como os impostos.

O que teria havido? Ele me explicou o seguinte. Antes de ir a Brasília, conversara com vários profissionais da área energética, quando ficara sabendo haver sérias resistências a seu nome por parte do ex-presidente Ernesto Geisel, então presidente da Norquisa, subsidiária da Petrobras. O motivo era óbvio: Antônio criticara a atuação de Geisel como presidente da República em várias oportunidades, em especial no caso do programa nuclear. E, em relação à Norquisa, não poupara Geisel:

– Não tem cabimento dar subsídio à nafta no momento em que se retira o subsídio do pão.[12]

As críticas haviam ultrapassado o terreno energético e se referiam a várias outras obras iniciadas por Geisel. No início de 1985, de maneira ferina, Antônio dissera:

– Tancredo Neves terá de deixar de lado os monumentos megalomaníacos erguidos no governo Geisel e que foram responsáveis pelo endividamento do Brasil no exterior.[13]

Os ataques teriam irritado o ex-presidente Geisel, que reagiu fortemente contra a eventual ida de Antônio para a Petrobras. Confirmadas as resistências, Antônio deu o episódio por encerrado. A novela terminou com Tancredo declarando mineiramente:

– Não o convidei, porque esse assunto é de responsabilidade do ministro de Minas e Energia – Aureliano Chaves. Mas ele é um grande homem para qualquer tarefa.[14]

Toda vez que contava essa história, Antônio dava sinais de desconforto com seu desfecho. Tinha sentimentos ambíguos. Dizia-se aliviado por não ter precisado dizer não a Tancredo. Mas não gostou de ter sido preterido por razões políticas e continuou revelando seu profundo apreço pela Petrobras. Em suas entrevistas, costumava aconselhar:

– Todo brasileiro deveria ir à bacia de Campos, no Rio de Janeiro, para sentir orgulho da tecnologia nacional da Petrobras.

Durante a fase das grandes privatizações do governo Fernando Henrique, perguntei a ele:

– Você gostaria de entrar na eventual privatização das Petrobras?

Ao que ele respondeu:

– Adoraria poder tocar essa empresa. Mas isso está fora de cogitação por duas razões. Primeiro, porque considero o petróleo um recurso estratégico que tem de ficar nas mãos do Estado. Segundo, porque não tenho caixa para tamanha aventura.

Assembleia Nacional Constituinte

Apesar de seu afastamento das negociações com o governo central, então presidido por José Sarney, Antônio continuou atuante no campo político. Por sugestão de Tancredo, ele foi nomeado pelo presidente Sarney, em 18 de julho de 1985, membro da Comissão de Notáveis (49 pessoas), encarregada de elaborar um anteprojeto que servisse como subsídio aos trabalhos da Assembleia Nacional Constituinte, a ser eleita em 1986.

Acompanhei seus passos nessa missão por meio da imprensa e, vez ou outra, por meio de conversas com ele. Antônio começou o trabalho com muito entusiasmo. Defendia que os parlamentares constituintes tivessem um mandato específico para agir com total independência em relação aos interesses de seus partidos, colocando como objetivo único a defesa dos interesses nacionais. Seu desejo era uma Constituição realista, objetiva, voltada para as liberdades individuais e apoiada na livre iniciativa. Citava como exemplo a simplicidade da Constituição americana de 1787.

Mas o trabalho na Comissão de Notáveis não fazia seu estilo, pois Antônio não era homem de ficar sentado horas a fio para discutir filigranas. Queria partir imediatamente para projetos concretos. Seu lema era "menos papo e mais ação". Apesar disso, entre julho de 1985 e março de 1986 foi um participante assíduo. Trazia lições para casa e dedicou longas horas de trabalho à Comissão, tendo concentrado sua atenção nas áreas da saúde, da educação e da previdência social. Algumas de suas propostas foram aceitas. Em uma delas, defendia que parte dos impostos deveria ser administrada pelas próprias empresas privadas, mais especificamente por empregados eleitos em assembleias de seus pares. Com isso, o Brasil teria uma autofiscalização em matéria de impostos. Toda vez que uma mercadoria fosse vendida sem nota, os empregados seriam os primeiros a protestar, por serem os maiores sacrificados pela sonegação. Outra ideia que despertou simpatia foi a de isentar os aposentados dos impostos – inspirada no exemplo do Japão, que havia adotado a providência com sucesso. Dizia:

– Os aposentados têm experiências acumuladas. Por isso, em contrapartida da isenção de impostos, eles podem ensinar sua profissão aos mais jovens.

Em março de 1986, porém, Antônio afastou-se da Comissão de Notáveis para se concentrar na campanha para governador do Estado de São Paulo. Dali em diante, acompanhou os trabalhos a distância.

O ingresso na política partidária

Apesar de ter criticado muito os políticos brasileiros e de ter recusado uma série de convites para assumir cargos públicos, Antônio sempre nutriu a vontade de governar. Era uma aspiração conflituosa em que digladiavam, de um lado, a admiração pela atuação política do pai,* e, de outro, a recordação viva do conselho paterno, ouvido repetidas vezes:

– Meu filho, nunca entre na política. Estou decepcionado com a falta de eficiência e de patriotismo da maioria dos políticos brasileiros.

Conversei várias vezes com ele sobre essa questão, procurando entender os motivos do desencanto do pai. Embora as palavras pudessem mudar, a explicação era sempre a mesma:

– Meu pai tinha uma saúde de ferro. Sempre que seu médico, doutor Jairo Ramos, examinava seu fundo de olho, dizia que ele vi-

---

* José Ermírio de Moraes (1900-1973) foi eleito senador pelo Estado de Pernambuco em 1962. Participavam de sua chapa, no PTB, Miguel Arraes (eleito governador), Paulo Guerra (eleito vice-governador) e Barbosa Lima Sobrinho (que não conquistou a outra vaga ao Senado). No ano seguinte, José Ermírio tornou-se ministro da Agricultura do governo João Goulart, mas exerceu o cargo apenas por seis meses e voltou ao Senado, onde atuou até 1970. Foi um dos fundadores do jornal *Última Hora Nordeste*, único periódico pernambucano a se posicionar contra o golpe militar de 1964.

veria cem anos. O que o matou foi o Congresso Nacional, onde foi senador por Pernambuco. Mais especificamente, a Transamazônica. Todo mundo achava que era um milagre nacional, mas meu pai dizia aos quatros ventos tratar-se de "um projeto furado". Seu discurso no Senado foi tão violento que não conseguiu terminá-lo. Passou mal e teve ali mesmo seu primeiro microderrame cerebral.

Outra razão para o desencanto do senador foram as retaliações empresariais que sofreu por assumir posições que desagradavam este ou aquele político. Uma delas ocorreu no mandato do presidente Castelo Branco, quando o então ministro das Minas e Energia, Mário Thibau, mandou um recado para José Ermírio por intermédio de Antônio, então com 37 anos:

– Ou vocês saem da política ou vamos começar a botar chumbo na cruz de vocês.

Demonstrando a rapidez de pensamento pela qual se tornaria conhecido mais tarde, Antônio não titubeou. Deu a resposta no ato:

– Se eu fosse você, começaria a botar chumbo logo, porque não vou dar recado nenhum a meu pai. Ele é independente e paga seus impostos.[15]

Apesar das restrições que fazia à conduta dos políticos, Antônio tinha consciência da importância da ação pública para o desenvolvimento da nação. Foi essa vontade de administrar e a esperança de redirecionar a política brasileira que o levaram a se candidatar a governador de São Paulo em 1986. Estava com 58 anos de idade. Achava ter chegado a hora de dar sua contribuição ao povo em lugar de apenas criticar os políticos.

A primeira verbalização desse desejo ocorreu em 16 de março de 1986, quando, em sua cabeça, a decisão já estava tomada. Era domingo à noite, e os Moraes estavam em casa, reunidos em torno da costumeira pizza. De repente, Antônio disparou:

– Acho melhor partir de vez para essa luta. Sempre recebi apoio de vocês e tenho certeza de que receberei uma vez mais.

Os familiares ficaram atônitos. Mas ele não deu muito tempo para que se opusessem. No dia seguinte, reuniu todos os filhos no escritório da Votorantim e justificou:

– Seria muito mais cômodo eu ficar na empresa. Mas teria de ficar calado, pois há vários anos critico o governo sem me oferecer para governar.[*] Vocês têm acompanhado. Agora, ou aceito esse desafio ou fico quieto no meu canto.[16] É preciso mudar este país e mudar a forma de fazer política. Acho que posso ajudar. Por isso, vamos para a campanha.[17]

Os filhos deram total apoio, embora tenham se assustado de, repentinamente, terem de substituir o pai nos negócios da Votorantim.

Antônio entrou na luta sabendo que poderia perder. Afinal, nunca havia concorrido a cargo público. Por isso, dizia:

– Vou para esta campanha com coragem. Não deixarei nada sem resposta. Posso perder; isso é o povo que vai dizer nas urnas. Se o povo me escolher, posso garantir que não será enganado.[18]

Para tomar a decisão que contrariaria o pedido paterno (de nunca entrar na política), Antônio cumpriu mais um ritual. Foi ao túmulo do pai no Cemitério da Consolação para se justificar e pedir desculpa pela desobediência.[19]

O que Antônio almejava de fato era moralizar o meio político com o exemplo de uma administração austera e rigorosa. Não que se julgasse dono da moral, mas acreditava sinceramente na possibilidade de administrar o Estado com responsabilidade e humildade.[**]

Tudo acertado com os vivos e os mortos da família, a primeira providência foi procurar quem poderia articular sua candidatura. Até aquele momento, seu relacionamento com o presidente José Sarney

---

[*] As justificativas dadas para a imprensa foram semelhantes.

[**] Em comício de improviso em Piraju, deixou claro como entendia as palavras que usava: "Meus amigos, eu posso garantir a vocês que, se governador for eleito, eu prometo governar com um binômio que chamo de humildade e responsabilidade. Não pensem vocês e não confundam humildade com covardia. Longe disso, a humildade é apenas o reconhecimento da nossa tremenda pequenez diante da grandeza de Deus. E ser humilde e ser responsável é exatamente olhar para o homem menos favorecido procurando ajudá-lo, procurando levantá-lo, fazendo com que ele tenha uma vida mais digna pela frente. Ser humilde e ser responsável é conhecer o mal e optar pelo bem. Ser humilde e ser responsável é romper definitivamente com a barreira do egoísmo. Ser humilde e ser responsável é saber dar de si antes de pensar em si. Ser humilde e ser responsável é aceitar encargos sem visar cargos. E ser humilde e ser responsável é amar perdoando e perdoar esquecendo. Muito obrigado a todos vocês". A fala, muito espontânea, foi depois reproduzida em programas de rádio, televisão e, mais tarde, em anúncios da coligação que o apoiaria ("Ser humilde e ser responsável", *Folha da Tarde*, 19 set. 1986).

era de "bom tom" – nem ótimo, nem péssimo. Em meados de 1985, Antônio havia encetado um grande movimento, incentivando as lideranças empresariais a colaborar com o novo presidente da República no combate à inflação, na retomada do crescimento e na redução das barreiras protecionistas dos países mais ricos.[20] Sarney, de seu lado, prometera iniciar um amplo programa de privatização de empresas estatais – pois a maioria dava prejuízo –, o que vinha ao encontro das aspirações de Antônio. Mas ele era cauteloso nesse campo. Costumava dizer:

– Mais importante do que privatizar é estancar a proliferação de empresas estatais.

No segundo semestre de 1985, Roberto Gusmão, então ministro da Indústria e Comércio, chegara a anunciar a privatização de 47 empresas estatais,[21] e essa decisão recebeu total apoio de Antônio, que, de sua parte, continuava com a ideia de trocar a dívida das grandes estatais por ações aos credores. Para as boas estatais, ele propugnava uma rápida capitalização, isto é, o pagamento da dívida externa com a venda de ações,[22] ideia que contara com o apoio do então ministro do Planejamento, João Sayad.[23] Em sua opinião, as estatais com problemas deveriam ser extintas. Para o setor privado, ele recomendava uma modernização profunda.[24] No setor bancário, exigia o fim da ciranda financeira[25] e um pronto tabelamento dos juros.[26]

Em encontros reservados com o presidente da República, percebeu que ele também considerava negativo o impacto dos juros altos na economia brasileira. Foi um período de gratificantes coincidências entre as formas de pensar de Antônio Ermírio e José Sarney. Este aparentemente ficara grato pelo apoio do empresário a seus difíceis primeiros passos após a inesperada morte de Tancredo. O relacionamento de ambos seguiu em bons termos ao longo de 1985 e assim continuou nas primeiras semanas de 1986. A admiração era tanta que Sarney convidou Antônio para substituir Olavo Setúbal no Ministério das Relações Exteriores, pois este pretendia sair do governo central para disputar o governo de São Paulo.

Mas nem tudo correu como Antônio esperava. Em 14 de março de 1986, ele solicitou uma audiência a Sarney, alegando que desejava agradecer-lhe pessoalmente pelo convite para o Ministério das Relações Exteriores. O motivo real, porém, era anunciar que ele mesmo tinha intenção de se candidatar ao governo de São Paulo.

Ninguém sabe ao certo o que foi dito naquela hora e meia em que os dois conversaram. Foi um encontro privado, sem testemunhas, sobre o qual cada um teria mais tarde sua própria versão. Segundo Antônio, Sarney incentivou sua candidatura. Segundo Sarney, não houve estímulo nenhum.

A verdade é que Antônio nutria esperanças de conquistar o apoio do PMDB para uma eventual candidatura. E, é claro, queria o apoio do presidente Sarney, que comandava a Aliança Democrática,* formada por dois poderosos partidos: PMDB e PFL. Durante a conversa, Antônio teria manifestado seu desejo de unir, em São Paulo, os descontentes do PMDB que não gostavam de Orestes Quércia e os frustrados do PFL que não gostavam de Maluf e encontravam resistências para lançar a candidatura de Olavo Setúbal.

Teria Sarney apoiado a candidatura de Antônio? Antônio dizia que sim. O presidente dizia que não. Houve, porém, um detalhe na visita que passou despercebido dos jornalistas. Antônio foi recebido pela porta dos fundos do Palácio da Alvorada e saiu pelo mesmo lugar. Era tarde da noite e a imprensa não foi avisada. Ou seja, foi um encontro mais do que privado, foi secreto. Temeria Sarney, por intuição ou por qualquer outro motivo, que seu encontro com Antônio Ermírio fosse divulgado, contrariando os próceres do PMDB?

Colocando-se como representante do consenso, Antônio teria inferido como natural o apoio do presidente. Afinal, Sarney demonstrava um grande apreço por ele. O mesmo ocorria com o governador Franco Montoro. Teoricamente, tudo levava a crer que os dois apoiariam Antônio Ermírio. Acontece que, em política, nada é teórico.

---

* A Aliança Democrática foi um pacto estabelecido entre o PFL e o PMDB durante a campanha presidencial de 1985, que elegeu indiretamente Tancredo Neves e José Sarney como presidente e vice-presidente da República, respectivamente.

Tudo é concreto, negociado palmo a palmo, milímetro a milímetro, com base nos mais diversos interesses.

A decisão de Antônio de se candidatar foi uma trama de desencontros, que pode ser assim resumida: Olavo Setúbal queria se candidatar a governador pelo PFL. Dílson Funaro, em nome de Sarney, teve então a ideia de convidar Antônio para substituir Setúbal no ministério. Antônio não aceitou, alegando, entre outros motivos, que "não tinha terno para ser diplomata" – frase brincalhona, mas que resumia sua falta de entusiasmo pelo cargo. Ele estava de olho em outro cargo – o de governador de São Paulo. Mas Paulo Maluf demonstrou ter mais força no PFL do que Setúbal. Reconhecendo isso, Setúbal decidiu abrir o campo para Antônio. Foi um importante empurrão. E mais. Ao se aproximar de Roberto Gusmão, um dos fundadores do PMDB, Antônio recebeu dele a promessa de que faria as "costuras" necessárias dentro de seu partido e também no PFL. Afinal, Gusmão era próximo de Olavo Setúbal e ministro de Sarney.

Essa arquitetura deve ter sido exposta a Sarney naquele encontro. Antônio voltou a São Paulo com a noção clara de que receberia o apoio do presidente, e disse isso a Setúbal e a Gusmão. No domingo, 16 de março – portanto, dois dias depois da conversa de Antônio com Sarney –, o próprio Olavo Setúbal abriu mão de seu projeto e declarou publicamente que Antônio Ermírio seria o candidato a governador pelo PFL e pelo PMDB.

Quando soube da versão dada por Antônio sobre o eventual apoio de Sarney, este telefonou ao presidente do PMDB, Ulysses Guimarães, para comentar:

– Quando o Antônio Ermírio me falou que queria ser candidato, fui gentil. Disse que seria bom. Que mais podia dizer?

Foi um "deus nos acuda". "O que estava para nascer lentamente, com base em um complexo trabalho de engenharia política a ser construído, transformou-se no desastrado lançamento da candidatura de Antônio Ermírio de Moraes", observou acertadamente a revista *Afinal*.[27]

A essa altura, não havia volta, pelo menos na cabeça de Antônio. Gusmão, com sua vasta experiência política e suposto trânsito fácil no PMDB e com Sarney, tornou-se peça-chave para desmanchar o imbróglio. Seu principal apoio eram os membros do PMDB que queriam lançar o nome de Antônio Ermírio como candidato por estarem descontentes com Quércia. Mas teriam eles a força necessária para fazê-lo?

Antes de o PMDB se manifestar, os potenciais candidatos começaram a lançar torpedos contra Antônio Ermírio. Paulo Maluf afirmava que, se o PMDB apoiasse Antônio, a disputa seria mais fácil, pois via Quércia como candidato mais difícil. Antônio reagiu depressa:

– O Maluf não aprende: caminha para sua última derrota.

No PT, os nomes cogitados eram Eduardo M. Suplicy e Plínio de Arruda Sampaio. Ambos também afirmavam acreditar que teriam grande chance de vencer o PMDB, se Quércia saísse do páreo. Previam que, se Antônio fosse o candidato do partido, a ala mais à esquerda do PMDB votaria em peso no PT. Enquanto isso, Roberto Gusmão garantia que Antônio obteria o apoio do PMDB, a começar pelos descontentes com Quércia, como Fernando Henrique Cardoso e Mário Covas, candidatos ao Senado Federal. Antônio animava-se. Também tinha esperança de obter o apoio de Franco Montoro. A reação inicial do governador fora positiva.

Seja como for, em março de 1986 e sem apoio partidário, estava lançada a candidatura de Antônio Ermírio de Moraes ao governo do Estado de São Paulo. Foi uma bomba. O assunto dominou a capa da revista *Veja*, que na matéria interna dava como manchete: "Trovoada em São Paulo". A revista *Afinal* de 25 de março publicava: "A candidatura-bomba!". Segundo a edição de 31 de março da revista *Fatos*, a candidatura de Antônio Ermírio de Moraes "atropelara o PMDB, mudando os rumos da sucessão paulista".

As primeiras pesquisas de opinião mostravam uma evidente vantagem para Antônio Ermírio. Por dois meses e meio, ele ficou à frente disparado, tanto na capital quanto no interior do Estado. A popularidade manteve-se firme. Em 20 de abril, 41% das intenções de voto iam para Antônio Ermírio; 24%, para Eduardo Suplicy; 18%, para Orestes Quércia e 8%, para Paulo Maluf.

Antônio tinha a seu favor a imagem de empresário trabalhador e sensível às causas sociais, sobretudo nos campos da educação e da saúde. Era relembrada também a sua participação no processo de redemocratização do país e suas críticas constantes ao regime militar e às obras faraônicas, como o programa nuclear brasileiro, a rodovia Transamazônica, a ponte Rio-Niterói e as ferrovias do Aço e de Carajás.

Tudo isso caía bem no gosto do povo. Mas foi interessante observar a metamorfose da opinião dos políticos. Antes de Antônio Ermírio lançar sua candidatura, a maioria dizia que ele tinha a personalidade ideal para o cargo. Depois de ele declarar-se candidato, e com boas intenções de voto, passaram a dar sinais de irritação e desconfiança.

Na população, a repercussão continuava positiva, o que levava muitos populares a abordar Antônio na rua, manifestando apoio. Os eleitores pareciam sequiosos por menos política e mais administração. Tudo ia de vento em popa, até que entrou em cena a eficiência política de Orestes Quércia, que solicitou a Sarney que esclarecesse sua posição. Por meio de seu assessor de imprensa, Fernando César Mesquita, Sarney afirmou que não havia estimulado a candidatura de Antônio Ermírio de Moraes e que não participaria de nenhuma disputa em que "não houvesse uma ligação clara com o PMDB". Franco Montoro fez eco ao presidente e, no mesmo dia, declarou que confiava nas estruturas partidárias para dar a entender que seguiria o PMDB. Sarney imediatamente lhe deu um telefonema elogiando sua posição e esclarecendo que não tinha compromisso com Antônio Ermírio, mas sim com o PMDB. Almino Affonso condenou a "traição" de Roberto Gusmão e foi seguido por Quércia, que fulminou:

– O Gusmão pensa que é um articulador, mas é um coitado. E o industrial do cimento vai quebrar a cara.[28]

Fernando Henrique Cardoso, que havia tornado públicos seus entendimentos com Antônio, foi pressionado a fazer um desmentido.

Mas nem ele nem Mário Covas fizeram coro aos ataques desferidos por Almino Affonso, pois nutriam uma simpatia pessoal por Antônio Ermírio. Tanto é verdade que Fernando Henrique não moveu um dedo para desmontar um comitê, instalado na alameda Jaú, que defendia a formação de uma chapa constituída por ele próprio, como candidato a senador, e Antônio Ermírio, como candidato a governador, chamada na época de Chapa Frankenstein.

Quércia estava em busca de argumentos para destruir a imagem de Antônio. Induziu Montoro a atacá-lo em público, taxando-o de "aventureiro". Forçou Roberto Gusmão a retirar-se do partido. Exigiu a palavra de Ulysses Guimarães de que não apoiaria seu rival.

Político experiente e dedicado, Quércia vinha trabalhando as bases do PMDB havia muito tempo, tendo conquistado o apoio de mais de 70% dos 500 mil filiados do partido. Seu grupo tornara-se majoritário no diretório regional, e era evidente que venceria na convenção do partido. Foi exatamente o que aconteceu. Em abril de 1986, seu nome foi aprovado para candidato a governador, e o de Almino Affonso para vice-governador. Antônio perdeu qualquer chance de ter o apoio do PMDB.

Candidato sem partido

Além de não conseguir o apoio do PMDB, Antônio acabou ficando também sem o amparo de sua segunda opção partidária, o PFL, que marchou com Paulo Maluf. A decisão seria um grande choque, não tanto pela perda da candidatura em si, mas pelos motivos que a causaram. A desilusão ocorreu quando, antes de se decidir por Maluf, os líderes do PFL propuseram a Antônio um acordo que o deixou boquiaberto: exigiam um terço das secretarias de "porteira fechada" em troca do apoio à sua candidatura. Antônio negou de imediato. Afinal, ele estava acostumado a nomear quem bem entendia para postos de comando em suas empresas. Mérito sempre foi um quesito primordial. Em segundo lugar, vinha a confiança pessoal. Por isso mesmo, achou aquela conversa um acinte:

– Como era possível um partido pretender que eu loteasse as secretarias antes mesmo da eleição? – confidenciou-me, irritado, no comitê central da campanha, situado num casarão da rua Major Diogo, no bairro do Bexiga, contando-me que dissera aos pedintes: – Não estou aqui para lotear o governo com gente que nem conheço. E muito menos para distribuir o que não me pertence.

Ele ficou muito desgostoso pelo fato de ter sido abordado em termos tão baixos – próprios do mundo da corrupção que tanto combatia. Ficou surpreso também. Acreditava que ninguém teria coragem de pedir isso a ele. Por isso, reagiu com veemência, o que levou os políticos a dizer que o candidato não tinha "jogo de cintura", ao que ele respondia:

– Com meu dinheiro, faço minhas tentativas e erros. Mas com o dinheiro dos outros, do povo, não tenho o direto de fazer isso.

Ao ser entrevistado por Marília Gabriela, acrescentou:

– Aquele pessoal achava que eu ia sair da Votorantim para dar uma secretaria para eles roubarem pelo resto da vida... Estavam todos enganados![29]

Apesar disso, vários candidatos do PFL ao Congresso Nacional usaram e abusaram do apoio às suas campanhas disponibilizado por Antônio (carros, comitês, material de propaganda etc.). Todos acenaram com promessas individuais de apoio – mas a maioria, claro, não foi honrada.

O fracasso das negociações com o PFL afetou toda a equipe de Antônio. A imprensa especulava sobre uma possível desistência do candidato. Ele ficou ansioso. A pressão foi tanta que, em 17 de junho, às 16h30, Antônio baixou às pressas na Beneficência Portuguesa – dessa vez como paciente. Os médicos suspeitaram de infarto do miocárdio. Feito o cateterismo, tudo se esclareceu: elevado nível de estresse.

Antônio continuava sem partido. Os dois grandes haviam escapado pelos vãos de seus dedos. Mas ele não esmoreceu, e manteve-se firme em sua disposição de concorrer. Para atender às exigências da legislação eleitoral, afastou-se de todos os cargos que ocupava – só no Grupo Votorantim, tinha posições executivas em 95 empresas, além de funções diversas em várias outras entidades.[*]

Estava pronto para lutar, mas em um beco sem saída. Precisava de um partido forte. Depois de muitas marchas e contramarchas, ele aderiu à ideia de ser candidato pelo frágil Partido Trabalhista Brasileiro (PTB), presidido por Luiz Gonzaga de Paiva Muniz, em coligação com o Partido Social Cristão (PSC), o Partido Liberal (PL) e o Partido Democrático Trabalhista (PDT).

O pequeno PL, ainda em formação, foi o primeiro a oferecer sua legenda, por intermédio de Guilherme Afif Domingos. Rogê Ferreira trouxera o apoio do PDT, que tinha pouca expressão em São Paulo. E o PTB era representado por seu presidente regional, o deputado estadual Vicente Bota, e pelo ex-prefeito Reynaldo de Barros.

Antônio gostava da sigla. Tinha sido o partido de seu pai, e acreditava ser o melhor representante dos trabalhadores. Por isso, filiou-se ao PTB e foi para a convenção do partido em 19 de julho de 1986. No discurso de agradecimento à aprovação de seu nome, expressou grande confiança na vitória,[**] cunhando ele próprio o slogan da campanha: "Está nascendo um novo trabalhismo".

---

[*] Na época, Antônio Ermírio renunciou e/ou pediu demissão de cargos nas seguintes entidades: Cruz Vermelha Brasileira, Instituto Brasileiro de Mineração, Associação Cruz Verde, Instituto de Pesquisas Energéticas e Nucleares, Companhia Energética de São Paulo (Cesp), Companhia de Gás de São Paulo (Comgás), Eletricidade de São Paulo (Eletropaulo), Conselho de Não Ferrosos e de Siderurgia (Consider), Associação Brasileira de Metais Não Ferrosos, Associação Brasileira de Cobre, Instituto Brasileiro do Chumbo, Níquel e Zinco, Associação Brasileira de Alumínio, Fundação Legião Brasileira de Assistência (LBA), Comissão Nacional de Energia Nuclear, Companhia de Pesquisas de Recursos Minerais, Conselho da Fundação Cândido Portinari, Conselho Consultivo de O Estado de S. Paulo, Associação das Siderúrgicas Privadas, Conselho da Administração da Itaú Seguradora. Também pediu demissão de todas as empresas do Grupo Votorantim em que ocupava cargo executivo ou de conselheiro.

[**] Cópia do discurso a seguir foi enviada ao presidente José Sarney, ao ministro Aureliano Chaves (Minas e Energia), assim como a Dílson Funaro (Fazenda), Jorge Bornhausen (Educação), Marco Maciel (Casa Civil), João Sayad (Planejamento) e Antônio Carlos Magalhães (Comunicações). Na carta que o encaminhava, Antônio reafirmava seu apoio ao Plano Cruzado e a todas as medidas de combate à inflação: "Sou grato à manifestação de apoio que acabo de receber das lideranças do PTB reunidas nesta Convenção [...] Deixei a empresa para ingressar na política, mas não mudei. Serei o homem que sempre fui, fiel às causas que defendi publicamente. Ajusto-me com humildade aos padrões da nova atividade, na medida em que eles não colidam com minha consciência. [...] Felizmente, a política que fazia da mentira o meio mais fácil para a conquista do poder

No sorteio do Tribunal Regional Eleitoral, o primeiro lugar na cédula havia saído para o número 14, do PTB, que encabeçava a coligação de apoio a Antônio. No comitê central, o festejo foi grande, pois acreditava-se que os indecisos votariam no primeiro candidato da cédula.

Antônio passou a figurar, assim, como candidato pela coligação PTB-PL-PSC-PDT; Orestes Quércia, que apareceria em segundo lugar na cédula, era o candidato do PMDB; Teotônio Simões, que entraria em terceiro, do Partido Humanista (PH); Paulo Maluf, em quarto, saía pela coligação PDS-PDC-PFL-PPB-PMC-PCN; e Eduardo Suplicy, em último, pelo PT. Armando Corrêa, do Partido Municipalista Brasileiro (PMB), desistiu de concorrer, e seu nome não chegou a entrar na cédula. A sorte estava lançada. Agora era buscar os votos dos 15.982.481 eleitores paulistas existentes em 1986.

Antônio percebeu que, para ter força dentro do PTB, era preciso ocupar muitos cargos no diretório nacional, para o qual indicou vários de seus correligionários, entre eles, eu. Pela primeira vez na vida, filiei-me a um partido – do qual me desliguei logo depois da eleição. Tornei-me "vogal", isto é, poderia substituir qualquer ausente no diretório nacional do PTB.*

---

está decadente. Deixamos para trás vários anos de trevas. Primeiro, superamos a era da mordaça, quando o povo se viu privado do seu mais sagrado direito: o direito de voto. Em seguida, ultrapassamos os anos de orgias, dos que não tinham escrúpulos no uso do dinheiro público, esbanjando em obras faraônicas e desnecessárias. E deixamos para trás os tempos daqueles que, por fraqueza de espírito ou frouxidão de conduta, mergulharam São Paulo num permanente estado de desordem, com rebeliões de presídios, fuga de marginais, quebra de autoridade e insegurança generalizada. Chegou a hora da reconstrução moral, material e política do nosso Estado. Vim para trabalhar. Vim para estimular os que querem construir. Vim para fazer. E fazer respeitando o dinheiro do povo. Fui acostumado dessa maneira. Foi assim que aprendi de meu pai. É assim que tenho procurado falar a meus filhos. Sou um homem de fé e de família e não entendo os que se envergonham de crer em Deus. Não haverá uma Nova República sem um Novo São Paulo. Este novo Estado não se constrói apenas pelo acrescentamento de chaminés em nossas cidades; pela semeadura de novas terras; pela maior produção de riquezas; pelo crescimento da arrecadação; pela execução de mais obras públicas. O Novo São Paulo exige que a pessoa humana seja a premissa maior de tudo o que fazemos [...] Vim para servir São Paulo e não para me servir de São Paulo [...] Serei humilde para aceitar os apoios que venham de boa-fé. Mas não me venderei! Nem lotearei o poder que não me pertence [...] Vamos para a luta. Vamos para as urnas. Vamos para o Governo" (Palavras de Antônio Ermírio de Moraes na Convenção do PTB, 19 jul. 1986).
* Os demais membros do diretório indicados por ele foram: José Roberto Faria Lima (candidato a vice-governador em sua chapa), Roberto Herbester Gusmão, Antônio Melchior, Walter Braido

Nos poucos meses de convívio com os petebistas e com outros políticos, aprendi muito. No começo, não compreendia por que se gastava tanto tempo fazendo acertos tão pequenos. Com o passar das semanas, entendi que cada pequeno acerto implicava um grande repasse de recursos para a montagem de comitês, logística, material de campanha e outros itens essenciais aos candidatos.

Como eu era muito próximo a Antônio, sofri uma pressão colossal. A abordagem era pesadíssima. Vi que a conversa com políticos a portas fechadas era muito diferente das exibidas nos debates de TV. Não havia preâmbulos ou trocas de gentilezas: eles já começavam o diálogo propondo trocas de grande porte, lançavam mão de qualquer coisa para obter o que desejavam e não se acanhavam em fazer ameaças. Um dos políticos que mais demandava providências e apoios era Gastone Righi (PTB/SP), cujo estilo me deixava aturdido. Mas não era o único. Para mim, toda aquela experiência foi um choque. E não foi diferente para Antônio.

Nas conversas com os políticos, notávamos que eles tinham um minucioso conhecimento sobre os principais cargos da administração direta e das empresas estatais. Muitas vezes, Antônio comentou comigo:

– Interessante... Todo político que me aborda pede que eu reserve para seus comparsas a diretoria financeira da Cosipa e de outras empresas. Nenhum quer a diretoria industrial. Aliás, não querem nem saber de cargos relacionados a trabalho pesado. Um "cara" influente no PFL me pediu uma secretaria para poder viver sem trabalhar pelo resto da vida. Respondi: "Você está louco? Você acha que vou sair da Votorantim para viabilizar suas mutretas?".

(prefeito de São Caetano do Sul), deputado estadual Fauze Carlos, Aloísio de Azevedo (dirigente sindical), Paulo Roberto Pisauro (funcionário da Votorantim), Antônio Duarte Nogueira (presidente provisório do comitê regional do PTB em São Paulo e candidato a senador na chapa de Antônio Ermírio), deputado estadual José Antônio de Barros Munhoz, Pedro Luiz Ferronato (advogado), Luiz Oliveira Costa (funcionário da Votorantim), Antônio Donato (político de Araraquara), José Carlos Zaninotti (coordenador de comunicação da campanha de Antônio Ermírio), Jair Carvalho Monteiro (secretário da Prefeitura Municipal de São Paulo), deputado estadual Wilson Tony e Vicente Mario Martins Auler (assessor de campanha).

Pedidos como esses deixavam Antônio fora de si. Além de demonstrarem total falta de ética, feriam uma de suas crenças mais importantes: o valor do trabalho.

Passada a festa da convenção do PTB, Antônio percebeu que não contava com uma boa tropa de choque e confidenciava aos amigos mais próximos que, não tendo conseguido o apoio do PMDB e do PFL – que eram fortes –, acabara ficando com o grupo dos fracos. Referia-se, sobretudo, à ineficiência dos cabos eleitorais do PTB. Ele sabia que tampouco podia contar com os partidos coligados, que eram pequenos ou inexpressivos. Entre eles, o político que prestou apoio mais decisivo foi o ex-prefeito de Osasco, Francisco Rossi, do PDT.

Antônio constatou também que sua base partidária era por demais fisiológica e não gostava de todo aquele "excesso de rigidez". Seus correligionários oscilavam entre os diferentes candidatos a governador conforme os ventos sopravam. O patrulhamento no interior era intenso. Corriam boatos de que Quércia estava fazendo uma lista negra para usar mais tarde e, com isso, a maioria dos cabos eleitorais de Antônio ou ficava em cima do muro ou se escondia atrás dele. Com o decorrer da campanha, a sustentação político-partidária de Antônio Ermírio tornar-se-ia cada vez mais incerta.

Jânio Quadros, figura importante no PTB, foi mais um problema do que uma solução. Ele era o prefeito de São Paulo, tendo como vice-prefeito Arthur Alves Pinto, do PFL. Antônio precisava de Jânio, mas sabia que suas opções em eleições anteriores não haviam agradado o prefeito. De fato, na eleição para governador, em 1982, Antônio apoiara Montoro contra Jânio. Na eleição para prefeito, em 1985, apoiara Fernando Henrique contra Jânio. Portanto, não havia argumentos políticos para atrair Jânio Quadros. Ademais, como era de seu estilo, Jânio emitia sinais ambíguos, fazendo vazar a ideia de que sua própria candidatura a governador de São Paulo não estava totalmente descartada.

Por meses a fio, Jânio ficou calado, sem se definir. Como precisava ir à Europa com sua esposa dona Eloá, em tratamento de saúde, solicitou uma licença estratégica da Prefeitura em 10 de abril e, especialista em criar suspense, prometeu voltar em 13 de maio – dois dias antes de terminar o prazo para registro dos candidatos a governador. Conclusão: o mundo político ficou especulando sobre a candidatura janista e adiando decisões importantes de apoio a Antônio Ermírio.

Sempre oscilante, Jânio ora demonstrava simpatia, ora desdenhava a candidatura de Antônio. Em várias oportunidades, deu a entender, por linhas tortas, que votaria em Maluf.* Era um permanente vaivém. Em junho de 1986, declarou seu apoio a Antônio e se disse disposto a retomar a ideia de uma coligação com o PFL.[30] No mês seguinte, afirmou que renunciaria ao cargo de prefeito em 16 de novembro de 1986, caso Antônio vencesse as eleições.[31] Passou a fazer ataques pesados. Num dado momento, declarou a vários jornais que Antônio Ermírio era ingênuo e não tinha condições de trilhar o caminho da política.

Antônio ficou furioso e não engoliu a ofensa. Ao ver Jânio na sacristia da igreja Nossa Senhora do Brasil, onde estava sendo celebrado o casamento da filha do deputado Gastone Righi, não pestanejou. Aproximou-se do rival e interpelou-o diante de todos. Foi contido para não prosseguir na agressão, mas saiu pisando duro e dizendo em voz alta não admitir ser ofendido por alcoólatras desqualificados, espertalhões e demagogos.

Depois de tantas peripécias, Jânio Quadros finalmente comunicou ao presidente Sarney que ficaria neutro, não vendo, porém, a menor chance para a vitória de Antônio Ermírio. Isso, de certa forma, veio a reforçar a posição de Quércia, que, àquela altura, já contava com o apoio de Mário Covas, Fernando Henrique, Franco Montoro e José Sarney – uma base de peso.

---

* A notícia correu sobretudo no interior do Estado. Segundo o *Jornal Interior*, de Penápolis, como político experiente que era, o prefeito da capital queria derrotar Quércia e, para tanto, votaria em qualquer outro candidato. Para confundir mais a história, Jânio disse que, se fosse preciso e para derrotar Quércia, votaria em Maluf, *Jornal Interior*, Penápolis, 12 nov. 1986.

Por uma dessas estranhas coincidências da vida, a filha de Jânio, Dirce Tutu Quadros,* desfrutava de ampla simpatia por parte de Antônio. Ela foi candidata a deputada federal pelo PSC, que estava na coligação de Antônio. A admiração vinha de sua formação acadêmica. Entre outros diplomas, Dirce tinha um Ph.D. em biologia pela Universidade do Texas, com especialização em citologia. Isso ganhou o apreço de Antônio. Ademais, durante a campanha, ela se mostrou leal e trabalhadora. Bem diferente do pai. Por isso, recebeu de Antônio um apoio incondicional.

O programa de governo e a coordenação da campanha

Logo que se lançou como candidato, uma das principais providências de Antônio foi elaborar um detalhado plano de governo, focado em quatro setores prioritários: segurança, educação, saúde e agricultura. Para cada prioridade, definiu ações concretas. Nessa linha, passei a coordenar a elaboração do programa.

A tarefa de recrutamento dos especialistas para essa atividade revelou-se muito mais fácil do que eu imaginava: todos os abordados aceitaram o convite prontamente e com entusiasmo, de modo que, antes da reunião seguinte, telefonei a Antônio para comunicar que já tinha uma rica plêiade de técnicos, solicitando permissão para levá-los a seu escritório, o que foi imediatamente agendado. Ao ver reunidos a seu redor tantos profissionais de renome, Antônio ficou muito contente e, como não pude deixar de notar, meio surpreso. Creio que não se dera conta até aquele momento da amplitude de seu carisma e poder de aglutinação. Objetivo como sempre, começou a fazer um *brainstorming* com os técnicos, dando as primeiras pinceladas em seu programa de governo.

---

* Dirce Tutu Quadros foi eleita deputada federal em 1986 e participou ativamente de comissões de direitos humanos e defesa dos direitos da mulher. Ao sair da política, optou por morar em Los Angeles.

Terminada a reunião, que durou toda a manhã, fiquei encarregado de ampliar a equipe. Com o auxílio do arquiteto Antônio Melchor, velho amigo de Antônio, selecionei novos especialistas.* A partir daí, Antônio passou a demandar soluções práticas e não admitia propostas que viessem desacompanhadas de "como" fazer. Exigia sempre o caminho mais curto, mais barato e mais eficiente para viabilizar as propostas.

Num grande esforço conjunto, conseguimos formular um programa de ação detalhado para cada área – o que geralmente só é feito após a eleição do candidato, na fase de transição de governos.** As informações e análises chegavam na forma de relatórios curtos. Melchor e eu organizávamos o material e encaminhávamos a Antônio, que lia tudo rapidamente, onde quer que estivesse, fazendo anotações nas margens dos próprios documentos. Certa vez estávamos almoçando num restaurante com alguns políticos do interior do Estado, quando Antônio recebeu um documento da Associação de Assistência à Criança Deficiente (AACD) sobre a situação dos portadores de deficiência. Ao abrir o polpudo envelope, ficou tão interessado no conteúdo que pediu licença aos convidados para se retirar por 15 minutos. Foi ao banheiro, onde leu tudo. Voltou exatamente 15 minutos depois, com um resumo anotado no verso do próprio envelope. Era sempre assim. Lia tudo numa velocidade incrível. Antes de fazer qualquer viagem ao interior, ele solicitava relatórios sobre os municípios a serem visitados. Iniciava o estudo no começo da viagem e chegava ao destino com quase tudo memorizado. Também

---

* Para a área da segurança, Manoel Pimentel, Newton Vianna e major Araújo; na educação, Paulo Renato Sousa e Roseli Fischman; na saúde, Fauze Carlos e Nelson Proença; no transporte, Paulo Sergio (IPT), Jayme Weisman e Prister Pimenta; para a agricultura, Flávio Menezes, Geraldo Junqueira, Fernando Homem de Mello e Roberto Rodrigues; na área da justiça, Ranulfo Melo Freire; na área do menor, Luís Antônio R. Machado e Enide Buratini; em funcionalismo, Carlos Estevão Martins e Fernando Milliet; em saneamento, Nelson Mansur Nabhan, Max Arthur Veit e Fábio Feldman; para finanças do Estado, Marcos Fonseca, José Tulei Barbosa e Carlos Estevão; em energia, José Goldemberg; em arte e cultura, Décio Pignatari e Júlio Medaglia; em questões da Constituinte, Mauro Salles, Tércio Ferraz e Manoel Gonçalves Ferreira.
** Na época, o jornal *O Estado de S. Paulo* abriu aos candidatos uma coluna chamada "Plataforma", na qual declaravam o que pretendiam fazer. Nessa coluna, Antônio não só definiu suas metas como também explicitou como seriam concretizadas.

preparava alguns pensamentos, que escrevia e reescrevia no mesmo caderno para dizer em público. Uma de suas frases preferidas era: "Só quem planta bondade encontra dentro de si a força para viver com Deus. Use sem restrições a bondade do seu coração" (frase do padre Carlos Torres Pastorino).

A coordenação política da campanha ficou a cargo de Rafael Baldacci Filho (ligado ao PFL) e Roberto Gusmão (ligado ao PMDB). O primeiro acumulara uma longa trajetória política. Entre outros cargos, tinha sido secretário do Interior no governo Paulo Egydio Martins. O ex-vereador Roberto Gusmão também tinha larga experiência. Ocupara diversos cargos no governo paulista de Franco Montoro e fora ministro da Indústria e Comércio até o início de 1986.[*] Os dois conheciam bem o interior do Estado e passaram a trabalhar de forma articulada na campanha.

A coordenação publicitária ficou a cargo de Mauro Salles, sócio-proprietário da tradicional Salles Inter-Americana de Publicidade. De início, seu nome provocou resistência. Diziam alguns que ele era "pé-frio" por ter perdido várias campanhas. Ganhara a de Tancredo Neves, é verdade, mas este morreu antes da posse. Com o passar do tempo, porém, o nome de Mauro Salles foi se impondo, assim como o profissionalismo e a competência de sua equipe. A cada dia, éramos brindados com análises detalhadas das pesquisas eleitorais e propostas de estratégias publicitárias. O slogan criado por Salles, "Agora São Paulo tem em quem votar", foi um grande sucesso.

---

[*] Rafael Baldacci Filho, cirurgião-dentista, foi deputado federal pela antiga Arena e depois pelo PDS; em 1978, foi coordenador político de Laudo Natel, quando ele concorreu (e perdeu) a eleição no Colégio Eleitoral para o governo do Estado de São Paulo. Mais tarde, foi secretário do Interior no governo Paulo Egydio Martins. Roberto Gusmão, bacharel em direito, foi fundador e professor da Escola de Administração de Empresas da FGV (1959-1963). Ingressou na política pela UDN e filiou-se ao PTB em 1954. Eleito vereador por São Paulo em 1965, teve os direitos políticos cassados logo em seguida. Voltou à iniciativa privada e assumiu a presidência da Cervejaria Antarctica. Em 1979, ingressou no Partido Popular (PP), depois incorporado ao PMDB. No governo de Franco Montoro (1983-1985), foi presidente do Banco de Desenvolvimento do Estado de São Paulo e chefe da Casa Civil. Ajudou a articular a campanha que levou Tancredo Neves à vitória, tendo depois assumido o Ministério da Indústria e Comércio (15 fev. 85 a 14 fev. 86) no governo José Sarney.

Antônio levou seu estilo de homem prático à campanha política. Ao anunciar um objetivo, sempre explicitava o modo de alcançá-lo. Isso animava a equipe e destoava dos políticos que costumavam prometer muito e fazer pouco. Sobre esse estilo, Antônio, no entanto, exibia um desencanto crescente. Costumava dizer:

– Estou sentindo uma enorme diferença entre o meu mundo e o da política. Na empresa, trabalha-se 90% do tempo e conversa-se 10%. Na política é o inverso.

Devido à exigência de precisão e de detalhes, a elaboração de seu programa de governo acabou consumindo quatro meses de trabalho árduo e intenso. Todos os dias, vários resumos eram encaminhados à sua residência. No dia seguinte, cedinho, a equipe se reunia, e ele demonstrava ter lido tudo de cabo a rabo, além de ter elaborado listas e listas de dúvidas a serem esclarecidas. Em muitas áreas, ele sabia de cor os números apresentados. Uma memória fantástica! Como se não bastasse, pegava nossos erros e dava-nos educados – mas doloridos – puxões de orelhas.

O cenário econômico

A campanha a governador foi marcada pelo Plano Cruzado, de cujo lançamento Antônio participara ativamente. De fato, em 27 de fevereiro de 1986, o ministro da Fazenda, Dílson Funaro, lhe telefonou para contar a novidade:

– Antônio, amanhã será feriado bancário e nós vamos desindexar a economia.

– É uma atitude extremamente corajosa e mais do que necessária –, respondeu, acrescentando em tom de brincadeira: – Há tropas militares para sustentar a reação?

– Preciso que você me ajude – prosseguiu Funaro –, que vá à televisão e comente o pacote. Os boatos estão correndo solto, e a reação de São Paulo pode ser explosiva. Posso contar com sua ajuda?

– Pode contar comigo. A desindexação é vital[32] – respondeu Antônio.

Antônio Ermírio de Moraes com sua turma do Colégio Elvira Brandão (em pé, último à dir.) . Seu irmão José também está presente na fotografia (terceiro da dir. para a esq., em pé). São Paulo, 1933. (Acervo Trajetória da Família)

Da esq. para a dir.: Clóvis Scripilliti, José Ermírio de Moraes Filho, Ermírio Pereira de Moraes, José Ermírio de Moraes e Antônio Ermírio de Moraes no XV Almoço de Confraternização da S.A.I.V (Sociedade Anônima Indústrias Votorantim). São Paulo, 31 dez. 1958. (Acervo Trajetória da Família)

Maria Regina e Antônio Ermírio na comemoração dos 65 anos da Votorantim. São Paulo, 1983. (Acervo Trajetória da Família)

Os irmãos Antônio Ermírio de Moraes, José Ermírio de Moraes Filho e Ermírio Pereira de Moraes em visita à Cia. Níquel Tocantins. São Paulo, 1983. (Acervo Trajetória da Família)

Antônio Ermírio, então candidato ao governo paulista, caminha pelo centro da cidade de São Paulo. 29 jul. 1986. (Paulo Cerciari/Folhapress)

O cantor e compositor Roberto Carlos (à dir.) depois de almoçar com Antônio Ermírio em uma cantina no Bexiga. São Paulo, 18 set. 1986. (Manoel Motta/Folhapress)

Antônio Ermírio nos estúdios da Globotec para a gravação do programa do PTB. São Paulo, 11 set. 1986. (Fabio M. Salles/Folhapress)

Antônio Ermírio em campanha ao governo de São Paulo, discursando durante concentração popular na Associação Atlética Alumínio. Alumínio, SP, 24 out. 1986. (Lia Costa Carvalho/Folhapress)

Comemoração dos 50 anos de formatura de Antônio Ermírio de Moraes na Escola de Minas do Colorado. Antônio aparece na última fileira superior, o segundo da esq. para a dir. Colorado, EUA, 1999. (Acervo Trajetória da Família)

Da esq. para a dir.: Antônio Ermírio de Moraes, Maria Regina Costa de Moraes, Anna Maria de Oliveira Moraes, Ermírio Pereira de Moraes, Neyde Ugolini de Moraes, José Ermírio de Moraes Filho, Maria Helena de Moraes Scripilliti e Clóvis Scripilliti. Itapetininga, SP, 1999. (Acervo Trajetória da Família)

Antônio Ermírio e a equipe de enfermagem na inauguração do Bloco III do Hospital Beneficência Portuguesa. São Paulo, 9 ago. 1988. (Acervo Trajetória da Família)

Antônio Ermírio e o elenco da sua peça *S. O. S. Brasil*, 1999. (Foto de Lenise Pinheiro)

Antônio Ermírio com a Orquestra Jovem Heliópolis, mantida pelo Instituto Baccarelli. Salão Nobre do Hospital Beneficência Portuguesa, São Paulo, 31 maio 2003. (Acervo Trajetória da Família)

O casal Antônio Ermírio e Maria Regina (ao centro) com os filhos na comemoração de suas Bodas de Ouro. São Paulo, 2003. (Foto de Carola Montoro)

José Pastore e Antônio Ermírio de Moraes em 2004. (Acervo pessoal)

Antônio Ermírio de Moraes nos bastidores de sua peça teatral *S. O. S. Brasil*. São Paulo, 1999. (Foto de Lenise Pinheiro)

Às sete horas da manhã seguinte, Antônio começou a conceder entrevistas. Atuou fortemente junto ao empresariado. Conseguiu tranquilizar os colegas mais aflitos, que – assim como ele, em circunstâncias normais – viam com ceticismo o congelamento de preços. Para eles, dizia:

– Nossa tendência será a de cansar ao longo da luta, mas não podemos desistir. Faço um apelo a todos vocês para que ajudem o Brasil neste momento para evitarmos a recessão. Vamos desindexar a economia e acabar com a ciranda financeira. Isto é muito importante para todos nós.

A população, que sempre se sente beneficiada quando há um congelamento de preços, aplaudiu o pacote. A popularidade de Sarney atingiu mais de 80%.[33] Todos os candidatos queriam navegar nas águas populares do Plano Cruzado, singradas à frente pelo presidente Sarney. Não foi diferente com Antônio.

Os resultados da economia no primeiro semestre de 1986 foram animadores. A capacidade ociosa das empresas diminuiu, a oferta de empregos aumentou e a taxa de desemprego reduziu-se. O congelamento de preços estava aquecendo a economia, embora alguns efeitos negativos, como a escassez de alimentos, já começassem a ser sentidos e provocassem divisão de opiniões.* Antônio ficou no grupo dos que continuaram a apoiar o plano e o próprio Dílson Funaro, por quem tinha grande apreço.** Mas ele vivia uma contradição incômoda. Do ponto de vista político, era impossível se posicionar contra o Plano Cruzado. Mas este estava sendo capitalizado pelo PMDB, e não por ele.

---

* A produção industrial do país cresceu 12% em relação ao mesmo período de 1985. Por outro lado, a expansão da indústria foi de apenas 3,3%, já demonstrando que muitos produtos sairiam do mercado, pelo fato de o custo de produção superar o preço de venda. No setor químico, houve retração de -3,4%. Mais séria foi a retração de -3,9% no setor de alimentos. O motivo principal foi a queda na produção de alimentos básicos, como açúcar, leite e carne.
** Assim que Dílson Funaro assumiu o Ministério, em 26 ago. 1985 (ocupou o cargo até 29 abr. 1987), Antônio Ermírio deu uma longa entrevista ao *Jornal do Brasil*, declarando, entre outras afirmações: "Dílson Funaro é um homem competente e corajoso. A equipe que ele montou nas últimas horas tem o mesmo pensamento e isso é fundamental. A harmonia vem desse entendimento. [...] Ele é um excelente economista e conhece praticamente os problemas do país. Na quinta-feira fiquei preocupado com ele porque tossia muito. Disse: Dílson, vá com calma que você tem tempo para fazer muita coisa boa" ("A inflação vai cair", *Jornal do Brasil*, 1º set. 1985).

O incômodo foi crescendo. Já no início do segundo semestre, os sinais de sonegação e ágio dos produtos se acentuaram. O povo, Antônio inclusive, não gostou da criação de um empréstimo compulsório que aumentou o preço dos combustíveis, sabendo que isso teria forte impacto sobre a inflação. Em consequência, o governo começou a fazer expurgos no índice de preços, o que também contrariou Antônio, pois estes introduziam artificialismos e minavam a rentabilidade das empresas. Os consumidores já sentiam o aumento de preços nos supermercados. Em agosto de 1986, a maioria dos produtos era vendida com ágio. Os jornais publicavam manchetes contundentes, como "Sobra dinheiro, mas falta tudo!".[34] Perguntei a Antônio por que ele não atacava o Plano Cruzado. Ele me deu uma resposta sofrida:

– Sei que esse plano vai fazer água, mas temos que tentar salvá--lo e reorientar urgentemente as decisões do governo. Não é porque estou na oposição que vou atacá-lo num momento tão crítico. Seria falta de patriotismo. Temos que lutar para o sucesso do plano, por mais difícil que seja.

Apesar desse apoio, ele era atacado pelos próceres do PMDB. A escassez de carne passou a ser um grande problema. Quércia e o PMDB sabiam que isso poderia se virar contra eles. Surgiu então a operação "boi no pasto", que jogou nas costas do empresariado a responsabilidade pelos problemas vigentes. Foi quando Sarney e Quércia uniram suas forças para "caçar" os bois que estariam sendo mantidos escondidos nas fazendas por grandes pecuaristas, relutantes em vender seus rebanhos ao preço de tabela (280 cruzados a arroba). Entre os que "conspiravam contra a economia popular" foi incluído o nome "Antônio Ermírio de Moraes", que nunca teve negócios com gado. Para ele, foi um enorme desgaste.

A falta de produtos e os ágios generalizaram-se. Mas Antônio foi compelido a manter a defesa do Plano. Para dar certa coerência ao que dizia, propôs ao governo reduzir impostos e criar linhas de crédito para estimular os investimentos na agricultura e na indústria. Mas não havia como esconder. Sua posição estava bastante canhestra. Não bastasse a fragilidade de seu apoio partidário, a população continuava vendo o congelamento como a salvação da nação. Quércia responsabilizava cada vez mais os empresários pelo ágio e pelo desaparecimento de produtos. Sarney e Funaro também culpavam os empresários.* Foi nesse clima que, num sábado, 15 de novembro de 1986, os eleitores dirigiram-se às suas zonas eleitorais para escolher governadores, vice-governadores, senadores, deputados federais e estaduais.

A campanha na TV

Como em toda eleição, a televisão desempenhou um papel decisivo naquela campanha. Por decisão do TRE, o programa de Quércia teria 39 minutos e 30 segundos; o de Maluf, 37 minutos e 30 segundos; o de Antônio, 12 minutos e 54 segundos; e o de Eduardo Suplicy, 7 minutos e 30 segundos. Teotônio Simões não tinha direito a usar o tempo na TV.**

Marcelo Kujawski, que todos chamavam de Kuja, foi convidado para dirigir o programa de TV da campanha. Competente, simpático, afável e modesto, a personalidade do Kuja combinou bem com a do candidato. Foram horas e horas de gravação sobre a vida pessoal de Antônio, durante as quais ele se emocionava muito, sobretudo quando tinha de mencionar seu convívio com os irmãos, a mulher e os filhos.

Os programas iniciais foram muito bons e tiveram excelente repercussão. Carismático, Antônio demonstrava o que faria em cada

---

* Em entrevista para o *Jornal do Commercio* (reproduzida pela revista *Veja*) que circulou uma semana antes das eleições, Sarney afirmou: "Eu não vejo nada de errado em consumir. Acho que quanto mais gente consumir, melhor. Prefiro estimular a produção e não conter o consumo" ("Entrevista com Sarney", *Veja*, 12 nov. 1986). Esta era também a tese permanente de Antônio Ermírio, o que tornava embaraçosa sua posição política em relação ao empresariado, pois, de certa maneira, também ele dava a entender que era preciso aumentar a oferta e que isso cabia aos empresários.

** Por intermédio dos advogados Arnaldo Malheiros e Francisco Octávio de Almeida Prado, Antônio entrou com uma representação no TRE, protestando contra a desigualdade de tratamento dos candidatos e o risco que isso representava para o regime democrático. A representação foi indeferida ("Ermírio representa contra a Lei Eleitoral", *Diário Popular*, Caderno das Eleições, 14 set. 1986).

setor. Reafirmava sua condição de "não político" e de estar ao lado do povo. Usava e abusava de números, demonstrando aos eleitores sua extraordinária competência. "O homem sabe tudo", diziam as pesquisas qualitativas, acompanhadas de perto e publicadas por Mauro Salles em um jornal de grande tiragem, intitulado *Novo São Paulo*, que era distribuído na capital e no interior.[35]

No meio da campanha, porém, as coisas descambaram. Escalado por Quércia para tentar denegrir a imagem de Antônio nos programas de TV, Almino Affonso pôs em ação sua metralhadora giratória. Destemido, agredia sem dó nem piedade. Via-se pelas pesquisas que os eleitores começaram a ficar abalados. Os programas de Antônio tinham de ser redirecionados. Mas não era fácil. Maluf atacava do outro flanco, veiculando um vídeo no qual um funcionário* da Nitro Química do Grupo Votorantim, o Macarrão, afirmava que Antônio era mau patrão e não se importava que seus empregados fossem envenenados. Ao fim do depoimento, um locutor em off perguntava:

– Você vai votar nele?

– Nem morto! – atacava.

O vídeo estourou feito uma bomba e foi repetido *ad infinitum* no programa de Maluf. O estrago à candidatura de Antônio foi enorme. Eduardo Suplicy aderiu à onda de ataques, alegando maus-tratos de Antônio aos funcionários em greves passadas. Crianças deformadas foram exibidas em rede nacional. A causa das deformidades foi atribuída ao "envenenamento" das mães na gravidez em fazendas recifenses do Grupo Votorantim. Veicularam-se, também, cenas de exploração de trabalho infantil em carvoarias do Grupo no interior de São Paulo.

As coisas estavam nesse pé quando o ministro do Trabalho, Almir Pazzianotto Pinto, ligado ao PMDB, resolveu fazer uma blitz na Nitro Química e constatou que, de fato, alguns funcionários tiveram problemas de saúde. Um inquérito foi instaurado. Pazzianotto

---

* Consta que, na época, Macarrão era filiado ao PT e que ganhara um carro (Gol branco) de Maluf para fazer o depoimento.

estendeu o prazo de inquérito até o dia da eleição, caracterizando-o como uma ação eleitoreira. Antônio apresentou laudos médicos para demonstrar a falsidade das alegações, mas sem resultado.* O dano político estava feito.

Na tentativa de neutralizar os ataques, a equipe de Antônio veiculava grandes anúncios com fotos e depoimentos de funcionários e ex-funcionários da Votorantim satisfeitos por terem criado e educado os filhos (muitos dos quais já trabalhavam nas empresas Votorantim) com a ajuda do Grupo. Alguns tiveram uma reação espontânea, como o médico José Luiz Lemos da Silva, que trabalhou na Nitro Química por 32 anos e declarou publicamente jamais ter presenciado um funcionário da fábrica perder a visão ou a audição, como se alardeava.**

Um novo ataque não demorou. Os jornais de São Paulo publicaram uma matéria paga dizendo que Antônio Ermírio de Moraes não era mau patrão apenas em suas próprias empresas, mas também na Beneficência Portuguesa – que teria acumulado 568 ações trabalhistas de grande vulto nos últimos cinco anos. O hospital rebateu – também em matéria paga.

Como Antônio reagiu a todas essas críticas? De forma bastante emocional, como era seu estilo. Revidou. Atacou. Atribuiu publicamente os piores adjetivos tanto a Maluf quanto a Quércia.

Os ataques preocuparam a equipe de Antônio. Contornar suas

---

* De posse de um documento de 30 médicos escalados para o atendimento aos 600 operários tidos como "envenenados", Antônio afirmou que as condições de trabalho em sua fábrica eram "normais". No documento, os médicos deixaram claro que os problemas clínicos apresentados pelos trabalhadores da Nitro Química não diferiam em nada dos que se verificavam em empregados considerados sãos de outras indústrias. A prova maior era o fato de nenhum dos trabalhadores ter entrado em regime de licença médica. Antônio Ermírio queria contrastar esses resultados com os do Inamps (Instituto Nacional de Assistência Médica da Previdência Social). Entretanto, esses laudos não estavam prontos e não havia data para serem apresentados à empresa. Ermírio lançou suspeita sobre aquele órgão. Mas nada aconteceu. Os laudos do Inamps nunca vieram a público.

** "Fui médico da Nitro Química de 1943 a 1975 (32 anos) e justamente meu serviço era de otorrino e oftalmologia. Jamais tivemos acidente sério dos órgãos visuais, a não ser irritações como sói acontecer em indústrias semelhantes. Jamais alguém perdeu a visão ou a teve diminuída, jamais alguém ficou cego – jamais houve reclamação nesse sentido. Jamais houve caso de surdez" ("Jamais alguém perdeu a visão", coluna dos leitores, *O Estado de S. Paulo*, 4 nov. 1986.)

reações passou a ser o maior problema dos coordenadores da campanha. Roberto Gusmão observava que "o candidato estava destruindo sua própria imagem". Isso se espalhou. Muita gente começou a dizer que "embora competente, Antônio Ermírio não tinha controle emocional". O cansaço se apossou dele. Os lapsos de comunicação foram se multiplicando, levando-o a vários escorregões. Ao se defender da acusação de que não havia se desincompatibilizado a tempo do Conselho da CESP (do qual foi presidente), Antônio declarou a um repórter: "Essa deve ser a opinião de algum jurista, desses formados em Taubaté", sem se dar conta que estava discursando naquela cidade. No dia seguinte, a *Gazeta de Taubaté* publicou um editorial furioso que tinha como título: "O Mazzaropi da política".[36] Outro fato negativo decorreu da conduta de Antônio, que, ao rebater os ataques às empresas do Grupo Votorantim, dizia que estava tomando providências para acertar o que estava errado. Os opositores se aproveitaram da franqueza para tratar suas declarações como uma confissão de culpa.

Apesar de tamanho bombardeio, em fins de agosto, a popularidade de Antônio voltou a crescer, em especial na capital, e, no interior, estava na frente em várias cidades importantes, como Sorocaba, Guaratinguetá, Piracicaba, Taubaté, sempre seguido de Paulo Maluf.* Uma prévia eleitoral feita pela Rádio Jovem Pan antevia ótimos resultados para ele.** A sondagem da Rádio Bandeirantes também lhe era favorável em várias regiões do estado.*** Por incrível que pareça,

---

* Em Cafelândia, por exemplo, no fim de agosto, lia-se a seguinte manchete: "Ermírio, cativante e disparado nas pesquisas, recebe em Cafelândia o carinho e a simpatia do povo" (*Jornal de Cafelândia*, 24 ago. 1986). Na mesma época, os jornais do Vale do Paraíba publicavam: "Antônio Ermírio de Moraes cresce no Vale do Paraíba" (*VIP News – Revista do Vale do Paraíba*). No fim de setembro, lia-se na capital: "Ermírio dispara e já está 20 pontos à frente de Maluf" (*Folha Zona Sul*, capital de São Paulo, 25 set. 1986).
** Sorocaba: Antônio Ermírio de Moraes, 37,6%; Maluf, 22,1%; Quércia, 17,9%; Suplicy, 6,2%; Simões, 0,8%; indecisos, 16,3%; Guaratinguetá: Antônio Ermírio de Moraes, 30,4%; Maluf, 25,1%; Quércia, 15,1%; Suplicy, 2,6%; Simões, 1,0%; indecisos, 25,93%; Piracicaba: Antônio Ermírio de Moraes, 36,3%; Maluf, 20,1%; Quércia, 15,0%; Suplicy, 3,8%; Simões, 0,6%; indecisos, 24,2%; Taubaté: Antônio Ermírio de Moraes, 28,2%; Maluf, 25,2%; Quércia, 11,4%; Suplicy, 4,0%; Simões, 0,4%; indecisos, 30,8%.
*** Na capital: Vila Mariana, Pinheiros, Jardim Paulista e Butantã: Antônio Ermírio de Moraes, 35,1%; Maluf, 23,2%; Quércia, 7,5%; Suplicy, 8,5%; Simões, 0,7%; indecisos, 25,2%; na Baixa-

no fim de setembro e início de outubro, Antônio liderava as intenções de voto.*

O quadro mudou por completo na reta final da campanha. Havia grande número de indecisos. Foi deles que Quércia tirou votos, para tentar superar Antônio e Maluf. Àquela altura, ele criticava abertamente as práticas empresariais de Antônio, afirmando que este recebera financiamentos com juros subsidiados do regime militar. Antônio dava o troco: "Quércia quebrou o Banespa", o que, mais tarde, lhe custou uma trabalhosa ação judicial impetrada por Quércia, na qual Antônio acabou sendo absolvido.

Já não havia mais clima para discutir propostas relevantes para o eleitor e para o Estado. O pior é que Antônio tinha predileção por temas impopulares e que deixavam os coordenadores da campanha de cabelo em pé. Ao explicar a ênfase que daria à questão da eficiência do governo, ele usava exemplos embaraçosos aos olhos dos marqueteiros, pois funcionavam como "tira votos":

– Os professores terão que dar mais aulas, parar de faltar e de fazer tantas reuniões. Os médicos e enfermeiros terão que atender bem os doentes nos postos de saúde e nos hospitais. Terão também que começar a cumprir o horário e parar de conversar no serviço, enquanto os pacientes esperam. Os comerciantes terão que emitir notas fiscais em todo o Estado, inclusive na rua 25 de Março, já que

---

da Santista, Antônio contou com o valioso apoio do ex-prefeito de Santos, Antônio Manoel de Carvalho, o Carvalhinho, e sua aceitação foi ampla. Pesquisa indicava que Antônio Ermírio de Moraes tinha 23%; Maluf, 13,3%; Suplicy, 7,7%; Quércia, 7,1%; Simões, 0,9% ("Baixada: pesquisa indica que Ermírio está na frente", *Diário Popular*, Caderno das Eleições, 7 set. 1986).

* TV Globo (28 set. 1986), Antônio Ermírio de Moraes, 33%; Maluf, 29%; Quércia, 18%; Suplicy, 7%; Simões, 1,0%; indecisos e brancos, 9%; Rádio Jovem Pan (30 set. 1986), Antônio Ermírio de Moraes, 36,6%; Maluf, 25,9%; Quércia, 10,1%; Suplicy, 6,3%; Simões, 0,9%; indecisos e brancos, 20,2%; *Diário Popular* (2 out. 1986), Antônio Ermírio de Moraes, 40,8%; Maluf, 22,8%; Quércia, 18,1%; Suplicy, 7,1%; Simões, 1,8%; brancos e nulos, 9,4%; *Folha de S.Paulo* (2 out. 1986), Antônio Ermírio de Moraes, 34%; Maluf, 18%; Quércia, 17%; Suplicy, 5%; Simões, 1,0%; indecisos e brancos, 25%; *Gallup* (3 out. 1986), Antônio Ermírio de Moraes, 31,0%; Quércia, 24,4%; Maluf, 22,7%; Suplicy, 5,0%; Simões, 0,8%; indecisos e nulos, 16,1%; TVS – SBT (5 out. 1986), Antônio Ermírio de Moraes, 34,3%; Maluf, 33,9%; Quércia, 11,5%; Suplicy, 4,4%; Simões, 0,7%; indecisos, 10,9%; brancos e nulos, 4,3%; Rádio Bandeirantes (6 out. 1986), Antônio Ermírio de Moraes, 28,5%; Maluf, 24,5%; Quércia, 11,9%; Suplicy, 5,0%; Simões, 0,5%; indecisos e nulos, 29,4%; *O Estado de S. Paulo* (7 out. 1986), Antônio Ermírio de Moraes, 37,4%; Maluf, 20,9%; Quércia, 20,5%; Suplicy, 5,8%; Simões, 1,0%; indecisos, 10,8%; brancos e nulos, 3,6%.

a maioria vem sonegando a céu aberto. Os policiais não poderão trabalhar como seguranças "por fora" e terão que começar a atender
melhor a população.

Tais propostas, diziam as pesquisas, eram muito bem aceitas pela
população. Era justamente o que os paulistas queriam ouvir de um
novo candidato. Porém, entre as corporações e associações profissionais, eram odiadas. Com o tempo, começaram a surgir boatos de
que o "Tonhão",* como era chamado, não gostava de funcionários
públicos e, se eleito, "acabaria com os serviços prestados ao povo". Os
sindicatos e associações de classe se sentiram ameaçados e reagiram,
tirando seu apoio.

Outro foco de resistência surgiu quando Antônio anunciou que
acabaria com as caixinhas das empreiteiras e descreveu como agia
em relação aos políticos e como economizava recursos ao patrocinar
construções (isto é, em vez de doar os recursos, analisava o projeto
e construía com seus próprios engenheiros e fornecedores). Desnecessário dizer, os empreiteiros viram naquela filosofia uma ameaça
a seus negócios. Ato contínuo, passaram a apoiar os que se diziam
dispostos a garantir seu consagrado "estilo de trabalho". Outro tema
considerado pelos marqueteiros como um grande equívoco eleitoral
foi a declaração de exigência rigorosa do cartão de ponto – dos porteiros aos titulares das secretarias.

Preocupados com a perda de apoio dos servidores, os coordenadores pediram a Antônio que fizesse uma declaração tranquilizadora
sobre o assunto. Ele tentou remediar a situação, mas, sem conseguir
dissimular sua franqueza, "deu uma no cravo e outra na ferradura",
ao declarar:

– Não haverá devassa como o governador Montoro tentou fazer
quando foi eleito. Nem há intenção de fazer uma limpeza no funcio-

---

* O apelido "Tonhão" lhe fora dado no comitê central, na rua Major Diogo. Ouvi esse nome pela
primeira vez entre os motoristas das caravanas que iam para o interior. No início, era referência
ao homem poderoso e rico. Depois, passou a ter um cunho carinhoso de bonachão, desengonça-
dão, camaradão, amigão, "simplião". Antônio nunca antes tivera um apelido. Seu irmão, José,
dizia que vez ou outra ele era chamado de "Tonico" na família ("Meu irmão Antônio Ermírio",
Novo São Paulo, nº 4).

nalismo público. Mas, se eu for eleito, o primeiro ato será demitir uma porção de patifes que estão aí roubando o atual governo. Nós já sabemos quem são. Não preciso nem anunciar porque eles sabem que serão colocados na rua.[37]

A emenda foi pior do que o soneto, pois, ao não declarar os nomes, Antônio gerou uma intranquilidade ainda maior no funcionalismo estadual. Para dar mais angústia aos marqueteiros, sempre que se via pressionado a prometer o que não queria ou a dizer algo que contrariava seus princípios, Antônio encerrava a discussão com a seguinte frase:

– Não me importo de perder, se isso for para o bem do Brasil.*

Para os coordenadores da campanha, era um verdadeiro suicídio!

A Igreja, instituição que sempre demonstrou grande simpatia pelo trabalho social de Antônio Ermírio, também esfriou quando ele declarou:

– A Igreja deveria começar a dividir suas terras para então passar a discursar sobre a reforma agrária.**

Ou seja, sua candidatura enfraqueceu não só em decorrência dos ataques de seus adversários, mas, também, de sua inexperiência política. Antônio insistia, por exemplo, que dividiria os órgãos públicos em técnicos e políticos. Classificava as pastas da Fazenda, Obras, Saúde, Educação, Planejamento, assim como inúmeros órgãos de ação indireta, como técnicos, e para eles nomearia apenas engenheiros, economistas, médicos etc. Os políticos anteviam que não sobraria nada para si. Dizia-se que Antônio tinha nomes técnicos para

---

* Em longa entrevista a Clóvis Rossi, Antônio declarou: "Eu fui pressionado pela sociedade para me oferecer como candidato. Não tive medo de me oferecer às urnas. E, sinceramente, estou tranquilo, porque, se der certo, muito bem, eu vou servir São Paulo e, se não der certo, eu tenho tanta coisa a fazer na minha vida que não vou ficar parado. A minha vida não vai acabar por causa disso. O que será importante para a minha consciência é que eu me ofereci. O eleitorado vai dizer se eu sirvo ou não sirvo" (entrevista com Antônio Ermírio de Moraes, *Folha de S.Paulo*, 21 set. 1986).
** A declaração foi feita em Pindamonhangaba e acrescentada da seguinte frase: "A reforma é imprescindível, mas não pode ser comunizante" (*Vale Paraibano*, Vale do Paraíba, 13 jun. 1986). Em outra oportunidade, Antônio assim se referiu ao tema: "Sou a favor da reforma, desde que venha para construir, e não destruir. Se há necessidade de dividir as terras, que o governo do Estado dê o exemplo, dividindo os seus 300 mil hectares" ("Ermírio defende a formação da UDR e critica a reforma agrária", *Jornal da Comarca*, Araçatuba, 21 ago. 1986).

todas as posições. Com isso, a situação dos candidatos aos cargos legislativos tornava-se dificílima. Sentindo-se isolados e prevendo que ficariam no ostracismo depois das eleições, muitos abandonaram a campanha de Antônio.

Debate entre os candidatos

Para o mês de agosto foi marcado o debate na televisão. Poucos dias antes do evento, o *Diário Popular* publicou uma grande reportagem mostrando que, a despeito de todos os ataques, Antônio estava em primeiro lugar nas pesquisas, atingindo a marca de 34,4% das intenções de voto. Maluf tinha 27,8%; Quércia, 26,8%; Suplicy, 12,5% e Teotônio Simões, 0,6%. Havia 6,2% de votos brancos e 1,8% de nulos. Na capital, Antônio tinha 39,1%, contra 29,1% de Maluf, 13,6% de Suplicy e 11,6% de Quércia.[38]

A notícia tornou o clima bastante tenso nos vários comitês eleitorais. Antônio e eu, porém, não imaginávamos a aflição que viríamos a amargar no dia do debate. O evento estava marcado para as 22h15 e tinha regras rígidas. Os candidatos deveriam chegar à emissora às 21h. Cada um poderia levar dez convidados, que permaneceriam numa sala separada, e um assessor, que poderia entrar no estúdio – posto que coube a mim, no caso de Antônio. A comunicação dos assessores com os candidatos tinha de ser por escrito e só nos intervalos comerciais. O debate teria duas horas de duração, divididas em cinco blocos.

Na preparação para as discussões, nós, da equipe de apoio, havíamos elaborado um dossiê com estatísticas básicas* que Antônio já sabia de cor, assim como tinha na ponta da língua a solução para

---

* Antônio pretendia focar o debate em agricultura, saúde, educação e segurança e já conhecia cerca de 80% dos dados, que cobriam, entre outros: a macroeconomia de São Paulo e sua participação na economia do Brasil, áreas cultivadas e produtividade por cultura, uso de irrigação, situação do saneamento básico, da saúde, da educação, do emprego e do desemprego, do custo de vida, da cesta básica, da legislação trabalhista, das regras de greve, do orçamento fiscal do Estado, da situação das empresas financeiras e não financeiras, do quadro de funcionários, das despesas com pessoal, da produtividade dos servidores.

cada problema apresentado.* Chegada a hora do debate, Olavo Setúbal e eu fomos no carro de Antônio à sede da TV Globo, na praça
Marechal Deodoro, no bairro de Santa Cecília. Quando o veículo
se aproximou do prédio, notamos uma multidão furiosa à espera de
Antônio. Setúbal saiu pela porta de trás do veículo junto comigo e foi
imediatamente atingido por uma cusparada na testa — fato registrado por fotógrafos, que no dia seguinte publicaram as fotos na grande
imprensa. Setúbal comentou comigo:

— É por isso que não entro mais em campanha política. Esse pessoal não quer discutir ideias, mas sim ganhar o poder a qualquer
preço.

Antônio estava no banco da frente, como era seu costume. Irritado, abriu a porta do carro e saiu de peito aberto. Recebeu várias
cusparadas no rosto. Havia muita gente ostentando faixas e bandeiras vermelhas. A situação era de total descontrole. No tumulto,
vislumbrei um manifestante prestes a golpeá-lo com sua bandeira.
Ergui o braço e me coloquei entre Antônio e o mastro quando, pela
dor que senti, percebi tratar-se de um cano de ferro e não de plástico,
como de hábito.

O incidente deixou Antônio nervosíssimo. Finalmente, entramos
no prédio e chegamos ao estúdio. Apesar do tumulto, Antônio iniciou o debate com aparente serenidade. Para cada assunto, soltava
uma cachoeira de dados e soluções. Tudo ia bem até a primeira provocação de Paulo Maluf, que mostrou uma foto de quando era governador em que figuravam Antônio e seu irmão, José, no Palácio dos
Bandeirantes. De acordo com Maluf, os dois haviam ido ao Palácio
pedir-lhe um favor especial: aprovar a construção de duas hidrelétricas de interesse do Grupo Votorantim.

— É para isso que ele quer ser governador – concluiu Maluf.**

---

* O dossiê também continha as frases de impacto que Antônio proferiu na Convenção do PTB,
em atos públicos e comícios. Eram frases que sintetizavam seus valores básicos, variações em
torno dos princípios que carregava consigo desde a juventude.
** Nossa interpretação foi que Maluf adotou a estratégia de atacar Antônio porque este estava
tirando muitos votos de sua base. Os dois eram empresários, mas Antônio tinha muito mais credibilidade entre as classes sociais mais altas, que, no passado, haviam apoiado Maluf.

Antônio entrou em ebulição. Retrucou que o dinheiro investido na Paulipetro (que fazia sondagens de petróleo) tinha ido parar na conta de Maluf num banco suíço. Este rebateu, acusando o pai de Antônio de ter se aproveitado de Pereira Ignacio, seu sogro. Antônio descontrolou-se de uma vez e chamou Maluf para um "cara a cara". Acusou-o de ter comprado um número desnecessário de turbinas para a Usina Três Irmãos (uma das quais está sem uso até hoje, aliás). Maluf reiterou que o interesse de Antônio no governo era fortalecer suas próprias empresas. Dali para a frente, o tempo fechou, porque todos os candidatos voaram em cima de Antônio. Foi um massacre. Acabou o clima para se falar em programa de governo.

No entanto, feitas as pesquisas do Ibope e de outros institutos, para a maioria dos eleitores quem ganhou o debate foi Antônio Ermírio de Moraes. Mas os políticos mais experientes perceberam que, diante do duelo protagonizado por Antônio e Maluf, o grande beneficiado teria sido Orestes Quércia, que saiu ileso.[*]

Além das críticas de seus opositores, Antônio foi atingido por ataques do mundo sindical e da própria imprensa. Na opinião de Claudemir Donizetti Chimato, diretor do Sindicato dos Trabalhadores nas Indústrias Químicas e Farmacêuticas do Estado de São Paulo, Antônio Ermírio "posava de liberal na televisão, mas nas próprias fábricas não tinha o menor respeito pelos trabalhadores". Para Ruy Costa Pimenta, outro diretor do mesmo sindicato, Antônio era "autoritário, típico do empresário nacional, e governava suas empresas de forma patriarcal". O *Sindiluta*, jornal do Sindicato dos Químicos, publicou inúmeras matérias criticando as condições de saúde e de segurança da Nitro Química, a fábrica de nitrocelulose e ácido sulfúrico do Grupo Votorantim.[**]

---

[*] Os jornais da época registraram detalhes do debate e das repercussões nos dias seguintes. O título de uma matéria no *Diário Popular*, assinada por Alex Solnik, resumia com precisão o que aconteceu: "O nível baixou. Na porta e no palco", *Diário Popular*, Caderno das Eleições, 31 ago. 1986.

[**] Claudemir Donizetti Chimato, diretor do Sindicato dos Trabalhadores nas Indústrias Químicas e Farmacêuticas do Estado de São Paulo, dizia: "Na greve de 17 dias ocorrida no fim do ano, entre 1984 e 1985, na fábrica Níquel Tocantins, Antônio Ermírio de Moraes logo de início se negou a negociar e disse que na fábrica dele quem mandava era ele. [...] Ele posa de liberal na televisão,

No mundo da imprensa, Sebastião Nery, deputado federal e jornalista conhecido por suas críticas ácidas, leu um discurso na Câmara dos Deputados intitulado "Antônio Ermírio de Moraes, um candidato votorancínico", de onde se extraem os seguintes trechos:

> Eleger Antônio Ermírio de Moraes é entregar os cofres públicos aos empresários. É entregar o bem público àqueles que se dedicam ao bem privado [...] A candidatura de Antônio Ermírio de Moraes é uma ameaça direta, imediata, ao povo de São Paulo e do Brasil. É uma candidatura *votorancínica*. É uma candidatura de farsa. É uma candidatura para fortalecer o poderio antissocial, para enriquecer ainda mais o tubarão... Começou mentindo. Disse que o presidente Sarney o apoiava. Foi desmentido. Disse que ia fazer uma campanha de alto nível. Mentira. Até agora só distribuiu insultos aos outros candidatos, aos outros partidos e ao povo de São Paulo.[39]

Na reta final da campanha, Antônio continuava sendo atacado por seus adversários nos dois flancos: de um lado, por Paulo Maluf; do outro, por Orestes Quércia. Maluf dispunha de muito tempo na televisão. O mesmo ocorria com Quércia, que atacava os especuladores, entre os quais classificava Antônio como o protagonista principal. Essa postura rendia ótimos resultados eleitorais, sobretudo nas classes C, D e E.

Ficou claro que o eleitorado antimalufista estava dividido entre Quércia e Antônio. A essa altura, ele teve uma certeza: a de que fora usado por Sarney para afastar o perigo de Maluf e facilitar a vida de Quércia. Se o plano era esse, convenhamos, foi uma estratégia de

---

mas, nas fábricas, não tem o menor respeito pelos trabalhadores ("Um furacão chamado Antônio Ermírio", *Afinal*, 29 abr. 1986). Ruy Costa Pimenta, outro diretor do mesmo sindicato, concordava com seu colega: "O doutor Antônio Ermírio é um empresário bastante autoritário, típico do empresário nacional. Governa suas empresas de forma patriarcal, resultando numa exploração extremamente intensa dos trabalhadores. Por trás de uma relação paternalista, o que se nota é um completo desprezo pela segurança e saúde das pessoas que produzem a riqueza de suas empresas" ("Um furacão chamado Antônio Ermírio", *Afinal*, 29 abr. 1986). Inúmeras matérias atacando Antônio Ermírio de Moraes foram publicadas no jornal do Sindicato dos Químicos, o *Sindiluta*, dentre as quais: "O Sindicato vai se reunir com o Ministro do Trabalho para exigir que sejam tomadas as providências necessárias, sem mais demora" (*Sindiluta*, Edição Especial da Nitro, 16 set. 1986); "127 trabalhadores envenenados: quem são os criminosos?" (*Sindiluta*, 22 set. 1986).

mestre. Afinal, só alguém de peso como Antônio Ermírio poderia atrair os votos da classe média e enfraquecer Maluf. A manobra foi percebida também pela imprensa.[40] Mas era tarde demais. Não havia tempo para reverter o quadro. Sarney foi astuto, e Quércia ganhou as eleições.

Apoios valorizados durante a campanha

Apesar das enormes pressões por dinheiro vindas de todos os candidatos da coligação, houve também muitos apoios desinteressados durante a campanha, como o do ex-governador de São Paulo, Laudo Natel, que desfrutava de grande popularidade, especialmente no interior do Estado.[41] A atuação do ex-governador não se limitou a palavras. Ele saiu literalmente a campo e percorreu diversos municípios paulistas, divulgando mensagens inequívocas de apoio a Antônio Ermírio, às quais Antônio retribuiu.[42] Os jornais locais, como *O Estado de S. Paulo*, noticiavam essas declarações com entusiasmo.[43] No início de setembro, Natel publicou sua declaração de voto nos grandes jornais da cidade de São Paulo. Uma delas foi no *Jornal da Zona Leste*:

> Desde 1962, quando me iniciei na vida política, disputando cargo eletivo em pleito direto, venho percorrendo o interior do Estado, semanalmente, sem interrupção, mantendo contatos com autoridades, os meios locais de comunicação e as mais variadas camadas da população. O meu conhecimento do meio político e das coisas de São Paulo levou-me a optar pela candidatura de Antônio Ermírio de Moraes. Trata-se de um homem forjado no trabalho árduo e construtivo, capaz, a par de nossos problemas, com larga experiência gerencial e, acima de tudo, um homem de bem. [...] Concito os meus amigos, por mercê de Deus, numerosos, para o apoio à candidatura desse homem íntegro. O grande vencedor será o nosso Estado. [44]

A atriz Ruth Escobar foi outro apoio importante. Apesar de candidata a deputada estadual pelo PMDB, apoiou publicamente Antônio Ermírio e sofreu por isso severas represálias de seu partido. Ruth foi eleita e cumpriu duas legislaturas dedicadas a projetos sociais.[*] Mas foi expulsa do PMDB.[**]

Outra adesão que deixou Antônio comovido foi a de Jorge Amado, que declarou:[45]

– Como um empresário moderno, progressista e de extrema sensibilidade para os problemas sociais, Antônio Ermírio de Moraes nunca fez política partidária, tendo consagrado sua vida à construção do único grupo industrial 100% nacional de que dispõe o Brasil. Gostaria de ser eleitor em São Paulo, onde a escolha do melhor candidato é fácil de fazer: Antônio Ermírio de Moraes.

Inúmeros intelectuais, escritores, jornalistas, teatrólogos e respeitados representantes da cultura paulista assinaram um manifesto de apoio a Antônio Ermírio de Moraes, entre os quais: Alberto Dines, Alfredo Mesquita, Alice Carta, Antunes Filho, Augusto Boal, Clarice Herzog, Cláudio Melo Souza, Flávio Rangel, Gerald Thomas, Hilda Hilst, Maria Adelaide Amaral, Mauro Chaves, Miguel Falabella, Miriam Rios, Nélida Piñón, Nicete Bruno, Pedro del Pichia, Rodolfo Konder, Ruth Rocha, Sábato Magaldi e Sandro Polônio.

O apoio do advogado Sobral Pinto[46] também foi recebido com emoção por Antônio. De uma longa carta aberta publicada nos jornais de São Paulo, destacam-se os seguintes trechos:

---

[*] De temperamento explosivo, parecido com o de Antônio, declarou no dia da eleição: "Só não serei eleita se o PMDB me roubar. Aliás, já roubaram quando da eleição do diretório regional, em dezembro de 1985. Muitas das urnas onde estavam os votos para os membros do diretório regional foram violadas e fraudadas para que ganhassem os delegados que mais tarde elegeriam Quércia como candidato a governador. Não tenho condições de subir no mesmo palanque com Quércia. Enquanto eu estava presa em 1971, ele recebia o presidente Médici em Campinas" ("A expectativa", *Jornal da Tarde*, 15 nov. 1986).

[**] A decisão da Executiva Regional foi por 45 votos a 6 ("PMDB expulsa Ruth por ter sido infiel", *O Estado de S. Paulo*, 22 set. 1987), o que provocou a publicação de um desabafo da atriz, no qual ela afirmava, entre outras coisas: "Eu acuso o PMDB do Morumbi [alusão a Quércia] de ter transformado nosso partido em instrumento servil, desvertebrado, dócil e sem capacidade crítica. Eu acuso o PMDB de ser conivente com a ineficiência..." ("Eu acuso", *Jornal da Tarde*, 22 set. 1987).

> A atenção de todo o país está voltada, neste momento, sobretudo
> para São Paulo, por motivo da eleição do Governador. [...] O povo
> paulista não pode perder a oportunidade magnífica que ora lhe está
> sendo oferecida de colocar no Governo de seu Estado um homem
> de mente aberta, de coração sensível e mãos fortes, como o dr. An-
> tônio Ermírio de Moraes. O dr. Antônio Ermírio de Moraes se ca-
> racterizou sempre por seu espírito cristão, sua franqueza, inimiga
> do disfarce e da mentira...

Outro apoio que comoveu muito Antônio foi o do poeta Paulo
Bomfim, velho colega do Colégio Rio Branco. Antônio recebeu forte
apoio também da colônia portuguesa, que publicou longas matérias
em favor do candidato em jornais como *O Mundo Português*.[47]

O apoio de nomes consagrados e de boa penetração popular foi
essencial à campanha de Antônio. Uma das colaborações mais importantes foi a do "rei do baião", Luiz Gonzaga, que compôs e gravou
um jingle de grande repercussão, no qual Antônio era qualificado de
"cabra macho". Roberto Carlos também participou desde o primeiro
minuto e foi a estrela do show no comício de encerramento da campanha em São Miguel Paulista. Em contrapartida, Quércia teve a seu
lado Chico Buarque de Hollanda, que afirmou ser a vitória de Quércia "a derrota definitiva do obscurantismo no Brasil".[48] Além disso,
no palanque de Quércia havia uma representação de grande peso
político – Ulysses Guimarães, Franco Montoro, Almir Pazzianotto
Pinto, Mário Covas e Fernando Henrique Cardoso, entre outros.

Todos os membros da família Moraes participaram da campanha,
cada um a seu modo. A esposa Maria Regina entrou com o entusiasmo que sempre teve pelo marido. Os filhos viveram um tempo emocionado, embora impedidos de atuar na campanha no dia a dia porque
foram encarregados pelo pai de administrar o Grupo Votorantim.
Mesmo assim, estiveram presentes nos principais atos de campanha.
Por diversas vezes, a filha Maria Lúcia alegrou as passeatas com sua
beleza e animação. Vera, com a barriga enorme – estava grávida da
filha Juliana –, recebia conselhos dos militantes para ir para casa...

José Ermírio, seu irmão, teve uma atuação fundamental. Montou um escritório político para se comunicar com uma enorme roda de influentes amigos. Contatou muita gente, gerando numerosas adesões de pessoas-chave e multiplicadores de votos. Maria Helena e Clóvis Scripiliti, irmã e cunhado, ficaram na retaguarda, prestigiando bastante o candidato ao lado de seu irmão caçula, Ermírio de Moraes. Ou seja, toda a família foi mobilizada.

A campanha foi financiada com os recursos pessoais do candidato, acrescida de poucas doações de empresas não pertencentes ao Grupo Votorantim. Antônio nunca me revelou quanto gastou. Estimo que tenha gastado 25 milhões de dólares na época – uma fortuna! Por determinação dele mesmo, o Grupo Votorantim não participou financeiramente, embora tenha ajudado de outras formas. Muitos diretores se engajaram de corpo e alma e organizaram eventos, entre os quais uma enorme passeata, chamada de a Marcha da Dignidade, na qual estiveram presentes milhares de funcionários que repercutiam o slogan da campanha: "Agora temos em quem votar". O fecho de ouro foi apoteótico, com um show do Roberto Carlos.* Foi o maior evento da campanha,** teve grande repercussão[49] e deu novo ânimo ao comitê e aos correligionários. Mas a oposição não perdoou: alardeou aos quatro ventos que os funcionários da Votorantim haviam sido pressionados a ali comparecer, sob ameaça de perder o emprego.

---

* "Há mais de dez anos estou decidido a votar em Antônio Ermírio. Só faltava ele se candidatar. Eu ia transferir meu título para o Rio por ocasião do recadastramento. Mas continuei em São Paulo para votar em Antônio Ermírio", afirmou Roberto Carlos na época ("Um amigo de fé", *Novo São Paulo*, nº 3). No ano seguinte, Antônio viajaria ao Rio de Janeiro para assistir ao show "Detalhes", do Rei, que se emocionou com o gesto do amigo. Antônio e Roberto Carlos admiram-se mutuamente e mantêm a amizade até hoje.
** Além dos artistas que assinaram o manifesto de apoio, Antônio recebeu telegramas e notas em jornais de mais de cem personalidades, entre as quais: Alceu Valença, Bruna Lombardi, Cacá Rosset, Carlos Alberto Ricceli, Dina Sfat, Edson Celullari, Eli Correa, Fernanda Montenegro, Fúlvio Stefanini, Glória Menezes, Guilherme Arantes, Irene Ravache, John Herbert, Juca Kfouri, Júlio Medaglia, Lygia Fagundes Telles, Marco Antônio Rocha, Maria Della Costa, Miriam Mehler, Nicete Bruno, Norma Benguel, Paulo Bomfim, Paulo Goulart, Raul Cortez, Regina Duarte, Rita Lee, Rosa Maria Murtinho, Ruth Escobar, Sérgio Brito, Sergio D'Antino, Tarcísio Meira, Tomie Ohtake, Tônia Carrero, Umberto Magnani.

A suspeita da derrota

No dia das eleições, horas antes da divulgação dos resultados, Antônio fez sua última avaliação da campanha:

– O PMDB tem um milhão de associados, contra os outros partidos que têm de 80 a 100 mil. A liberação do trabalho de boca de urna aprovada pelo TRE* favorece os grandes partidos. Além do mais, Quércia poderá sair beneficiado devido ao uso da máquina do governo. O PMDB está distribuindo sacolões de comida em toda a periferia das pequenas e grandes cidades. Não tenho a menor dúvida de que eles estão usando a máquina do governo.[50]

De fato, finda a votação, Antônio ficou intrigado ao constatar que fora derrotado nas regiões mais conservadoras e saíra vitorioso na capital e no ABC. Ao analisar melhor, entendeu com mais clareza o que aconteceu. A ação da máquina governamental fora pesada, em especial no interior do Estado. O governo estadual abrira os cofres do Banespa e da Caixa Econômica para irrigar a participação dos políticos, sobretudo os do interior. Centenas de kombis berravam ameaças pelos alto-falantes dia e noite em cidades do interior, afirmando que, se Antônio Ermírio ganhasse, suspenderia a rede de água que estava sendo instalada naquele bairro, assim como a construção da escola ou do centro de saúde do município. Segundo pesquisas feitas com os moradores, a população do interior ficou assustada. Isso foi decisivo. Nos últimos dias da campanha, verificou-se que a maioria dos eleitores do interior tinha mudado o voto.

Na manhã do dia da eleição, os jornais publicaram uma nota da rádio Jovem Pan que dizia, em resumo: "A eleição em São Paulo está indefinida entre Antônio Ermírio e Orestes Quércia".[51]

No fim da tarde, Antônio me convidou para caminhar com ele pelo centro da cidade, como gostava de fazer. Começamos pela praça da República. Com meus ouvidos atentos a um radinho de pilha para ouvir a Jovem Pan, Antônio me interrompeu:

---

* A boca de urna fora aprovada de última hora, no dia anterior.

– Com o recente avanço no interior, com dinheiro e com denúncias, não tem jeito: o Quércia vai ganhar.

Não deu outra. Em poucos minutos veio o resultado da prévia daquela rádio. Era a vitória de Quércia. Achei que Antônio soltaria cobras e lagartos. Mas, ao contrário, ele fez apenas um breve comentário – "Não falei?" – e mudou imediatamente de assunto, retomando a caminhada.

Estávamos na rua Barão de Itapetininga quando vimos dois garotos sentados em cima de um lixão colocado na calçada. Tinham entre 12 e 14 anos, estavam sujos, maltrapilhos, cheios de sarna e piolhos. Antônio parou e começou a conversar com os dois como se nada tivesse acontecido com ele. Após um bom papo, convidou-os a caminhar conosco. Chegamos juntos à sede da Votorantim. Para espanto dos porteiros, Antônio pediu a um deles que encaminhasse os garotos para tomarem banho. Isso feito, perguntou aos dois se queriam sair da rua e estudar. Ao questioná-los sobre seus pais, ficamos sabendo que eram de Presidente Prudente. Depois de alimentá-los, Antônio chamou um motorista para levá-los à cidade de Alumínio, onde foram recebidos pela assistente social da CBA e matriculados numa escola. Nesse meio-tempo, os pais foram localizados e concederam as devidas autorizações. Por anos a fio, Antônio recebeu relatórios mensais sobre o progresso dos dois meninos. Sei que um deles continuou estudando, formou-se em ferramentaria e passou a trabalhar na própria fábrica. O outro abandonou os estudos e nunca deu notícia.

Mais tarde, Antônio encerraria o dia com o seguinte comentário:

– Temos que fazer o que é bom para o Brasil: gerar empregos. É isso que vou continuar fazendo. Antes, porém, quero escrever uma carta aberta à população paulista para agradecer a confiança dos que votaram em mim e anunciar que estou fora da política, de uma vez por todas. Ajude-me nisso.

Apesar do resultado negativo, Antônio guardou com orgulho os números finais do pleito. Obteve 3.675.176 votos, um número superior ao de Paulo Maluf (2.688.425 votos) e de Eduardo Suplicy

(1.508.589 votos). Quércia teve um total de 5.578.795 votos. Francisco Teotônio Simões Neto obteve 250.657 votos.

Um balanço geral

O maior sofrimento de Antônio não foi perder as eleições, mas sim assistir, de mãos atadas, a destruição de sua imagem de empreendedor, criador de empregos e parceiro de obras sociais. Ele não expressava, mas isso estava doendo. A campanha foi um choque. Sua vida foi devassada. Ele se sentiu arrasado. Dali para a frente, racionalizou o episódio ao formular uma frase compensadora que repetia à exaustão:

– Ninguém pode me condenar como faziam no passado, dizendo que eu só criticava e nunca me oferecia. Tentei ser útil à nação. Ofereci meus serviços. Não deu certo. Paciência. O povo não quis. Perdi por ser franco. Aprendi que política é a arte de falar o que não se pensa.[52]

Ele terminou a campanha extenuado e muito abatido. Abri meu coração e lhe dei um conselho de amigo:

– Antônio, você perdeu a eleição, mas não perdeu a dignidade. Você está muito cansado, o que é natural. Sugiro que se "desligue do mundo" por uns tempos. Fique consigo mesmo e com a Regina. Tire as férias que você ficou devendo a ela.

A resposta estava pronta e veio como um raio:

– Você tem razão. Fiquei com minha dignidade. Posso olhar para meus filhos de frente. Sem ter vergonha. Não menti, não iludi, não enganei. E, quanto às férias, já está decidido.

– Ótimo! Até que enfim. Vá bem longe e em um lugar bonito.

– Já acertei com a Regina. Amanhã vamos a Bertioga. Não posso me ausentar muito porque o Brasil não para...

E assim foi. Ficou quatro dias em sua casa na praia. De lá me telefonou várias vezes para dizer:

– O Plano Cruzado ganhou as eleições e fez água. Estou ouvindo um boato de que vem coisa nova por aí. O que você sabe sobre isso?

– Sei que você deveria desligar e usufruir um merecido descanso. Se eu souber de alguma coisa, aviso.

Ele estava certo. Em 21 de novembro de 1986, cinco dias após as eleições, o governo extinguiu o congelamento de preços, que instantaneamente explodiram. As eleições estavam ganhas, e o PMDB assumia o governo em 22 Estados. Antônio passou a dizer:

– O Plano Cruzado foi um sucesso eleitoral e um fracasso econômico.

Na volta de Bertioga, acrescentou:

– Tirei a seguinte conclusão. O único político que sobrevive no Brasil é o que trabalha 24 horas por dia para sua reeleição; aquele que pensa em si mesmo em regime de tempo integral. Amar o Brasil é coisa muito secundária. O que prevalece é a obediência rigorosa à lei de Gerson: "Eu gosto de levar vantagem em tudo, certo?".

Dizia isso com uma ponta de frustração e lembrando-se do conselho do pai: "Meu filho, fique longe da política". Dali em diante, passou a falar a quem o interrogasse sobre o assunto:

– Por favor, me interne no Instituto Pinel [velho manicômio do Rio de Janeiro] caso eu venha a falar novamente em participar na vida política ou me envolver com algum partido político.

Ele não escondia sua decepção com Sarney e com o próprio Plano Cruzado. Mas, como não gostava de falar à imprensa antes de comunicar às autoridades o que pensava, decidiu escrever uma carta para Dílson Funaro e João Sayad, na qual recordava ter apoiado o Plano Cruzado e criticava a ausência de medidas essenciais para assegurar um desenvolvimento sustentado da economia brasileira. Por isso o Plano fracassara.*

---

* Entre as medidas essenciais, citava: (1) a máquina governamental continuou gorda e rebelde; (2) a reforma administrativa não foi feita; (3) a desestatização não teve prosseguimento; (4) não houve estímulos às empresas privadas; (5) o governo usou e abusou dos casuísmos na economia; (6) a mudança de índices de inflação não deu certo; (7) o confisco de bois fracassou; (8) os custos subiram acima dos índices oficiais, fazendo crescer a inflação reprimida; (9) o congelamento se transformou numa grande ilusão, tendo perdido a seriedade inicial; (10) o ágio estimulou a fraude e a corrupção; (11) o Plano Cruzado II elevou os preços da energia elétrica, correios, telefones e outros serviços públicos. "Chegou a hora da verdade: A crise cambial está diante de nós. A poupança interna está nos níveis mais baixos. A produção industrial está em crise pela falta de peças e componentes em vários setores de ponta. Não há como resolver esses problemas com mais artificialismos" (Antônio Ermírio de Moraes, "Para Dílson Funaro e João Sayad", carta de 8 dez. 1986).

No campo político, seu rival, Orestes Quércia, veio a se redimir ao elogiar a figura de Antônio como empresário e brasileiro:

– É importante para as empresas brasileiras mostrarem que acreditam no Brasil, fazendo investimentos. Nossos empresários precisam investir como faz Antônio Ermírio. O exemplo dele é muito importante para o Brasil. Nós fomos adversários [na campanha de 1986]. Mas sempre o respeitei. Ele é um empresário que não pede concessões a governos. Luta com seu esforço próprio. É um exemplo de empresário. É com gente como Antônio Ermírio que vamos construir o país de nossos sonhos.[53]

Notas

1   Depoimento no painel "As saídas para a crise", organizado pela revista *Exame*, abr. 1983.

2   Depoimento no programa *Conexão Nacional*, 1996.

3   Apresentação do "Documento dos Oito", no programa *Crítica e Autocrítica*, 1983.

4   "Empresários temem derrocada", *Jornal DCI*, 12 ago. 1983. "Empresários pedem mudanças na política econômica, *Diário Popular*, 12 ago. 1983; "Documento condena ajuste com recessão", *Jornal do Commercio*, 12 ago. 1983; "Na política econômica empresários pedem mudanças", *Jornal da Tarde*, 12 ago. 1983; "Empresários condenam o modelo", *O Estado de S. Paulo*, 12 ago. 1983; "País joga desenvolvimento pela janela", *Folha de S.Paulo*, 14 ago. 1983; "Documento dos empresários: SOS à nau dos insensatos", *Zero Hora*, 14 ago. 1983.

5   "Antônio Ermírio pede boa vontade para o diálogo", *O Globo*, 16 ago. 1983.

6   Depoimento no programa *Jogo de Carta*, 1983.

7   Depoimento no programa *Conexão Nacional*, 1997.

8   "Antônio Ermírio esclarece reação à consulta de Montoro", *Gazeta Mercantil*, 25 fev. 1985.

9   Ibidem.

10   "Ermírio na Petrobras", *O Estado do Paraná*, 14 fev. 1985.

11 "Ermírio diz optar pela área privada", *Jornal DCI*, 26 fev. 1985.

12 "Alerta de Ermírio", *Última Hora*, 26 fev. 1985.

13 "Antônio Ermírio admite integrar Conselho Superior", *Jornal do Brasil*, 16 jan. 1985.

14 "Ponta a Ponta – Brasília", *Jornal da Bahia*, 27 fev. 1985.

15 "Os convites da política", *Fatos*, edição especial, jul. 1986.

16 Reproduzido pela *Veja*, 26 mar. 1986.

17 "Antônio Ermírio e a sucessão paulista", *Fatos*, 31 mar. 1986.

18 "Acima de tudo, sou nacionalista", *Fatos*, 31 mar. 1986.

19 Depoimento no programa *Personalidade de Sucesso*, 1991.

20 "Ermírio acredita em Sarney e aponta realidade nacional", *Estado de Minas*, 24 jul. 1985; "Todo apoio a Sarney", *Gazeta Mercantil*, 15 ago. 1985.

21 "Gusmão diz que quer fechar IBC e IAA", *Jornal do Brasil*, 6 ago. 1985.

22 "Ermírio tem plano para capitalizar estatais", *Diário Popular*, 21 jan. 1986.

23 "Converter dívidas em ações", *Jornal DCI*, 21 jan. 1986.

24 "Advertência à indústria: é preciso modernizar-se", *Folha da Tarde*, 15 ago. 1985.

25 "Ermírio condena a jogatina financeira", *Folha de S.Paulo*, 9 ago. 1985.

26 "Ermírio pede combate à especulação financeira", *Jornal DCI*, 9 ago. 1985.

27 "O grande empresário invade a cena política", *Afinal*, 25 mar. 1986.

28 "Choque heterodoxo", *IstoÉ*, 26 mar. 1986.

29 Depoimento no programa *Marília Gabriela Entrevista*, 1999.

30 "Jânio disse finalmente que apoiará Antônio Ermírio", *Vale Paraibano*, Vale do Paraíba, 6 jun. 1986.

31 "Jânio propõe renunciar a 16 de novembro", *Vale Paraibano*, Vale do Paraíba, 2 jul. 1986.

32 Citado por Salomon Schwartzman, "Para mim, milagre é só trabalho", *Manchete*, 5 abr. 1986.

33 "Desempenho de Sarney recebe 82,8% de aprovação", *Correio Braziliense*, 8 nov. 1985.

34 *Diário Popular* – Caderno das Eleições, 14 set. 1986.

35 Algumas manchetes do *Novo São Paulo*: "O Boeing disparou", *Novo São Paulo*, nº 1; "Ermírio na frente, disparado", nº 2; "Um amigo de fé", com foto com Roberto Carlos, nº 3; "Todos com Ermírio", nº 4; "Didi: Ermírio é o homem", nº 5; "Na luta pra valer", nº 6.

36 *Gazeta de Taubaté*, 5-6 abr. 1986. Antônio escreveu em seguida uma carta de desculpas a Djalma Castro, então diretor responsável pelo jornal.

37 "Ermírio: última avaliação – chances excelentes", *Jornal da Tarde*, 15 nov. 1986.

38 *Diário Popular*, Caderno das Eleições, 24 ago. 1986.

39 Reproduzido na *Folha da Região* (Araçatuba), 25 maio 1986.

40 "Maluf só ganha se Quércia não fechar com o PMDB", estampou o *Jornal Internews*, 2ª quinzena de agosto de 1986.

41 "Laudo Natel apoia Ermírio", *Edição Barbarense*, Sta. Bárbara d'Oeste, 14 ago. 1986; "Laudo Natel apoia candidato do PTB ao governo", *O Regional*, Catanduva, 14 ago. 1986.

42 "Candidato Antônio Ermírio de Moraes agradece Laudo Natel", *O Regional*, Catanduva, 14 set. 1986.

43 "Natel percorre o interior", *O Estado de S. Paulo*, 12 set. 1986

44 "Antônio Ermírio de Moraes, meu candidato", *Jornal da Zona Leste*, 8 nov. 1986.

45 "Quem é o melhor candidato: Jorge Amado responde", *Jornal da Tarde*, 10 out. 1986.

46 "Sobral Pinto apoia Antônio Ermírio", *O Estado de S. Paulo*, 9 nov. 1986.

47 "Antônio Ermírio de Moraes, candidato ao governo de São Paulo", *Mundo Português*, 25 jul. 1986.

48 "Chico Buarque abre comício de Quércia e pede voto para Darcy", *Jornal do Brasil*, 13 nov. 1986.

49 "Ermírio anuncia a hora da virada", *O Estado de S. Paulo*, 24 out. 1986.

50 "Ermírio: última avaliação", *Jornal da Tarde*, 15 nov. 1986.

51 "A opinião da Jovem Pan", *Folha de S.Paulo*, 15 nov. 1986.

52 "Ermírio volta a ser apenas empresário", *O Estado de S. Paulo*, 16 dez. 1986.

53 Depoimento à TV Cultura, na inauguração da expansão da CBA, 10 set. 1990.

A continuidade na vida política

SE EU DIRIJO UMA EMPRESA CHEIA DE CORRUPTOS,
A CULPA É MINHA, QUE DEIXO QUE OS CORRUPTOS CONTINUEM NELA.
Antônio Ermírio de Moraes

DEPOIS DA DERROTA NA CAMPANHA PARA GOVERNADOR DE SÃO PAULO, Antônio Ermírio dizia ter esquecido a política. Mas a política não se esqueceu dele. Isso porque ele se manteve permanentemente atento e opinando sobre os problemas nacionais, tornando-se, dessa forma, uma "reserva técnica" para eventuais cargos públicos.

Logo depois da campanha a governador de 1986, com o fracasso do Plano Cruzado, o fim do congelamento foi condenado por ele de forma veemente. Dizia com todas as letras que o congelamento fora usado para enganar o povo e ganhar as eleições. Da mesma forma criticou os planos subsequentes lançados para "salvar a economia do país" e que nada resolveram. Os ataques contra as manobras do governo foram crescendo. Com isso, sua imagem voltava a ocupar lugar de destaque na imprensa do país.

As rusgas com Sarney continuaram. Antônio nunca deixou de atribuir o avanço da corrupção à leniência do Palácio do Planalto, rechaçando a justificativa do presidente de que a legislação era um obstáculo no combate aos ilícitos. E argumentava, com simplicidade:

– Se eu dirijo uma empresa cheia de corruptos, a culpa é minha, que deixo que os corruptos continuem nela.[1]

Frases desse tipo ganhavam um enorme espaço no noticiário e mantinham a imagem de Antônio presente na mídia. Em 1987, quando começaram os "conchavos" para a Prefeitura de São Paulo, na pesquisa feita pelo Datafolha, ele tinha 37% da preferência dos eleitores; Almir Pazzianotto, 11%; Hélio Bicudo, 9%; Dílson Funaro, 9%; Guilherme Afif, 5%, e José Serra, 3%.[2]

O candidato do PSDB foi José Serra, a quem Antônio deu todo o apoio. Além de contribuir financeiramente para sua campanha, circulou com ele pelas ruas de São Paulo e, muitas vezes, era mais assediado do que Serra. O próprio Serra relata:

– Eu era candidato a prefeito e, apesar de deputado federal bem votado, não era muito conhecido pela maioria das pessoas. Por isso, Antônio Ermírio me apresentava mais ou menos assim: "Este é o deputado José Serra, vai disputar a eleição para a Prefeitura, é um homem de bem". E ele me apoiou mesmo, gravando programas para o horário eleitoral, contribuindo financeiramente para a campanha, acompanhando-me em caminhadas nas ruas, no Mercado Municipal da Cantareira e até comparecendo a um comício em São Miguel.[3]

Havia um ponto em que os dois não se entendiam – o cumprimento de horários. Antônio sempre foi pontual. Serra era o oposto. Antônio costumava se levantar às 5h30. Serra, depois das 10h. Antônio ficava desgostoso quando, após percorrer sozinho, desde cedo, as feiras da periferia distribuindo material de campanha do Serra, o candidato chegava às 11h30, muito sorridente e bem dormido, depois de as donas de casa terem saído para fazer o almoço da família. E, sem papas na língua, Antônio declarava à imprensa:

– O Serra não pode marcar um comício para as 8h e chegar às 11h. O povo não está aqui porque vai votar nele, e sim para saber se ele pode atender as suas necessidades. Ademais, ele precisa ser mais simpático com a população e deve parar de andar na rua olhando para baixo.[4]

Declarações desse tipo chamavam a atenção dos jornalistas e projetavam a imagem de Antônio como homem sério, responsável e trabalhador – com tudo para ocupar um cargo público. Isso continuava a atrair os partidos, em especial o PTB. Por meio de uma manobra sutil, o partido colocou Antônio no programa de TV que foi exibido no dia 12 de novembro de 1987. Ele havia concordado em falar como empresário sobre o momento nacional. Mas a mágica dos marqueteiros fez com que parecesse candidato. Ele subiu pelas paredes quando assistiu ao programa,[5] mas, no fundo, deve ter gostado das centenas de especulações que ocorreram no dia seguinte. Ele chegou a comentar comigo, sem muito convencimento:

– Esse pessoal do PTB não tem caráter. Pediram-me para dar um depoimento sobre a economia nacional e, traiçoeiramente, me colocaram em um programa político.

A campanha de Serra para prefeito correu muito bem até os últimos dias, quando trabalhadores em greve invadiram a Companhia Siderúrgica Nacional, com muitos conflitos, vários feridos e um operário morto. Luíza Erundina, do PT, aproveitou-se do fato, jogou a culpa nos patrões que apoiavam Serra, e ele perdeu a eleição. Antônio ficou desapontado. Achou que a invasão foi um ato eleitoral planejado. Lembrou as denúncias de envenenamento feitas contra a Nitro Química durante sua própria campanha a governador, em 1986.

Sempre pronto a analisar os rumos do país, quisesse ou não, ele continuou com uma imagem de político. Isso alimentava as especulações que começavam ser feitas no final de 1987 para as eleições presidenciais de 1989. Àquela altura, Aureliano Chaves já se declarara candidato.[6] Antônio negava qualquer disposição de se candidatar.[7] Mas os que o conheciam melhor sabiam de sua inclinação para a vida pública. O jornalista Clóvis Rossi parece ter descoberto a "vontade" escondida na alma de Antônio ao publicar matéria dizendo que ele poderia ser candidato na eventual desistência de Aureliano Chaves.[8] Mas Aureliano não desistiu e saiu candidato.[9] Outros iam mais longe e "lançavam" o nome de Antônio abertamente como candidato à Presidência, como fez Delfim Netto.[10]

Isso levou Antônio a declarar, jocosamente:

– Há tantos candidatos à Presidência da República que, se o Brasil pudesse vendê-los pelo preço que eles acham que valem, poderíamos tranquilamente saldar a dívida externa.[11]

Antes de se definirem as chapas para a Presidência nas eleições de 1989, muita água correu debaixo da ponte dos políticos. Durante a Assembleia Nacional Constituinte (1987-88), discutia-se a duração do mandado do presidente. Antônio entrou abertamente no debate. Insistia em encurtar o mandato de Sarney para quatro anos (era de seis anos) e convocar eleições diretas em 1988. Àquela altura, não se sabia se o presidente respeitava ou temia Antônio Ermírio. Mas, para não o ter em campo adverso, Sarney o nomeou membro do Conselho da Legião Brasileira de Assistência (LBA), presidida por Marly Sarney, do qual participavam outras personalidades ilustres, como dom Luciano Mendes de Almeida (secretário- geral da CNBB), dom Helder Câmara, Emílio Odebrecht, Amador Aguiar e os juristas Herman Baeta e Alyrio Cavalieri. Se Sarney quis agradá-lo, pouco adiantou. No dia da posse, Antônio disparou:

– A maior crise que estamos enfrentando hoje é a crise moral por essa moratória irresponsável [decretada por Sarney em 1987]. As consequências internas desse gesto serão catastróficas.[12] A posição moral do Brasil agora é de uma republiqueta sul-americana[13] – e completaria, de forma ainda mais grave: – O Presidente Sarney não governa, e não trabalha.[14]

A moratória realmente irritou Antônio. Por filosofia de vida, ele sempre condenou o calote, defendendo que os que devem têm de pagar. Volta e meia dizia: "Para uma pessoa ou um país ter crédito, é preciso honrar as dívidas". Ele admitia qualquer tipo de negociação e de alongamento da dívida, mas jamais o calote. Sentia-se envergonhado.

– A moratória transformou o brasileiro num caloteiro. Tudo o que se construiu durante anos e anos desmoronou. A imagem do Brasil no exterior é a pior possível![15]

No último ano de mandato (1989), o povo não queria mais saber de Sarney. Sua popularidade estava no chão.* Antônio continuou batendo forte no presidente, cutucando-o:

– O Sarney é até bem intencionado, mas é um político mal-acostumado pelo passado. Ele permaneceu no governo durante todos os anos do regime autoritário.[16]

Os ataques punham Antônio em evidência, e muitos passaram a considerar seriamente sua candidatura a presidente – inclusive Delfim Netto, que até declarou que Ermírio era o melhor candidato ao Palácio do Planalto.[17] Mas ele sempre rejeitou essa ideia[18] – embora sua exposição na mídia continuasse alimentando especulações. Ele dizia nada querer na política, mas estava claro que a política ficara em suas veias. Em 1988, por exemplo, apesar das velhas diferenças com Jânio, foi conversar com ele sobre a sucessão de Sarney.** Falou também com Ulysses Guimarães. E passou a articular abertamente uma aliança de centro-direita para impedir o crescimento das esquerdas.[19]

Sarney manteve-se distante de Antônio Ermírio por um bom tempo.*** Mas, em horas de dificuldades, não pestanejava para chamá-lo. Foi isso que aconteceu no início de 1989, no meio de grave crise econômica, quando Antônio foi convidado a ocupar uma posição de

---

* Segundo as pesquisas do Ibope, a popularidade de Sarney caiu de 85% em 1986 para 22% em 1989. Naquele ano, apenas 11% da população achava sua atuação ótima e boa ("Sarney pisa na bola", *Veja*, 2 ago. 1989).

** Sobre essa conversa, um repórter lhe perguntou: "O sr. chamou Jânio Quadros de safado e mau caráter durante a campanha de 1986 e agora [1988] foi conversar com ele. O sr. o perdoou?". Antônio respondeu: "Eu tinha várias razões para fazer aquele tipo de afirmativa. [Agora] fui ao Prefeito porque achei que deveria completar as informações que colhi em Brasília [com os militares]. [Queria saber dele] até que ponto existe a possibilidade de um golpe. Eu não sou político e o sr. Jânio Quadros é um político profissional. [Na conversa] veio a confirmação. Mas, é claro, se ele for perguntado, vai dizer que não. Mas é a verdade absoluta". Declarações publicadas pela *Folha da Tarde* ("Ermírio aceita capital estrangeiro com reservas", *Folha da Tarde*, 26 abr. 1988).

*** Quando recebeu a renúncia de Antônio do conselho da LBA, Sarney escreveu uma carta particular bastante fria, agradecendo sua participação e terminando laconicamente da seguinte maneira: "Renovo ao prezado amigo a expressão da minha alta estima e consideração, com os votos de felicidade pessoal". Assinado, José Sarney, sem nenhuma menção ao cargo que ocupava.

"superministro" na reformulação que o presidente pretendia fazer em seu governo. A função de Antônio seria coordenar áreas distribuídas por várias pastas, incluindo Economia e Administração, com um possível esvaziamento dos ministérios da Fazenda e do Planejamento.

Antônio compareceu ao Palácio da Alvorada na noite de 2 de janeiro daquele ano e lá ficou das 19h30 às 22h para declinar do "honroso" convite. Alegou motivos particulares, entre os quais a necessidade de acompanhar de perto grandes investimentos que estavam sendo feitos pela Votorantim. Com a imprensa, foi mais franco. Declarou que seria apenas uma peça a mais no tabuleiro do governo e não teria poder para tomar medidas drásticas, como cortar significativamente gastos públicos e fechar empresas estatais que davam prejuízo.[20]

A audiência deu muito o que falar. Eu estava em Brasília naquele dia e, tarde da noite, voltei a São Paulo no avião de Antônio. A sós, conversamos muito sobre o encontro. Sua decepção em relação a Sarney era imensa e crescia a cada dia. Confidenciou-me ter observado, durante a conversa, que o desejo real do presidente era encontrar um nome para erguer a credibilidade de seu desgastado governo.

– Ele errou o alvo. Minha confiança nele está abaixo de zero – acrescentou.

Nessa avaliação, ele relembrava a conduta de Sarney no episódio da campanha de 1986, na qual teria sido usado para dividir o eleitorado de Maluf e eleger Quércia. Além disso, havia o outro espinho atravessado em sua garganta – a decretação da moratória. Ele repetia sem parar:

– O dano causado pela moratória foi o prejuízo moral, fora e dentro do Brasil. Sarney terminará seus dias no maior descrédito.[21]

Como a crise continuava, o ministro da Fazenda, Maílson da Nóbrega, decidiu implementar o Plano Verão (Cruzado Novo), anunciando uma reposição das perdas salariais em três parcelas – março, abril e maio. Apesar da descrença em Sarney, Antônio apoiou Maílson e conclamou o empresariado a não repassar os aumentos salariais aos preços. Cobrava, porém, uma redução dos gastos do governo e o enxugamento da máquina estatal.[22] Acrescentava, também, que a prioridade número um deveria ser a renegociação da dívida externa:

– Nossas reservas estão baixas e o país não pode mandar para fora a título de pagamento da dívida 12 bilhões de dólares, que representam 40% de nossas exportações. Isso desestabiliza qualquer democracia.[23]

O Plano Verão durou pouco. Já no fim de maio de 1989, a pressão pelo aumento de preços tornou-se insustentável. Maílson queria levar o congelamento até novembro, concedendo aumentos com parcimônia, administrados pela Secretaria Geral de Abastecimento e Preços do Ministério da Fazenda. Antônio reuniu-se com ele várias vezes para estudar o problema. Em sua opinião, o país estava infectado por uma sonegação generalizada. Indagava:

– Como é possível que o consumo de eletricidade tenha crescido 6% em 1988, se o PIB foi negativo? Só pode ser sonegação, economia invisível, informalidade.

A despeito de sua colaboração a Maílson da Nóbrega, a decepção de Antônio em relação a Sarney continuou. Estava convencido de que o presidente não trabalhava e não tinha a menor condição de governar. À medida que as críticas subiam de tom, sua popularidade crescia. A imprensa cogitava diariamente seu nome para a Presidência. Foi no mês de fevereiro de 1989, não lembro o dia, que, estando em Brasília, voltei a São Paulo com Antônio e conversamos sobre as especulações da imprensa.

Adiantei-lhe minha opinião pessoal:

– Se, eventualmente, surgir a oportunidade de uma candidatura sua à Presidência, o melhor que você pode fazer, realmente, é ficar longe de Sarney.

Achei surpreendente sua reação. Respondeu-me com um leve sorriso e uma frase intrigante que me fez especular sobre seus desejos interiores:

– Com Sarney, não trabalho em condição alguma. Jamais participarei de um governo tão desmoralizado como este. De uma coisa eu não me esqueço: ele me deixou sozinho na campanha de 1986 depois de ter me convidado e estimulado a ser candidato ao governo do Estado de São Paulo.

Durante essa e outras conversas, repetia insistentemente que o Brasil não podia cair nas mãos de Brizola ou de Lula. Sua preocupação tinha fundamento. Pesquisas da Gallup davam Brizola em primeiro lugar e Lula em segundo, numa lista que incluía Jânio Quadros, Ulysses Guimarães, Paulo Maluf, Mário Covas, Antônio Ermírio de Moraes, Orestes Quércia, Fernando Collor e Silvio Santos.[24] Para afastar o acesso das esquerdas, Antônio mostrava-se disposto a estimular candidaturas alternativas.

Com tantas articulações e várias declarações de impacto, ocupando o centro das atenções dos jornalistas e políticos, Antônio era crescentemente assediado para entrar no jogo outra vez. Ele insistia em dizer que não queria mais saber de política. A imprensa insistia que ele queria. Pretendendo pôr um ponto-final nas interpretações de seus desejos, escreveu um artigo publicado em 16 de março nos jornais *O Estado de S. Paulo*, *Folha de S.Paulo*, *Jornal do Brasil*, *O Globo*, *Correio Braziliense* e *Gazeta Mercantil*. Mas, longe de pacificar os ânimos, o tom da carta gerou mais especulação. Seguem alguns trechos:

> Não é justo que perdurem por mais tempo nos setores político--partidários as especulações sobre minha candidatura à Presidência da República. Não é justo também fazer meus amigos e eleitores nutrirem esperança por uma candidatura que não vai acontecer. Movido por uma indomável força interior de querer realizar e resolver problemas, flagro-me frequentemente pensando sobre o que fazer neste Brasil, como enfrentar a crise, como definir as prioridades, como aproveitar nossas vantagens, como melhorar a saúde e a educação e, sobretudo, como fazer ressurgir em nossa gente o gosto pelo trabalho, para que, juntos, possamos fazer o futuro correr a nosso favor. Confesso, assim, que a ideia de administrar esta grande nação frequenta meus sonhos.

[Em 1986] entrei para o mundo da política ao me candidatar a governador do Estado de São Paulo. Senti, de início, uma enorme dificuldade para acomodar meus valores às práticas daquele mundo, com raras e agradáveis exceções. Não desejo ser melhor do que meus semelhantes, tampouco o dono da verdade. Para mim, aquele desencontro de estilos foi insuperável.

No dia 16 de novembro de 1986 dei por encerrada minha carreira política. E está encerrada mesmo. Estou definitivamente decidido a não concorrer à Presidência da República. Peço a meus bons amigos que entendam a sinceridade desta análise e solicito aos representantes partidários que considerem esta nota como um basta em todas as especulações sobre o assunto.[25]

O mundo político interpretou essa carta de maneira contraditória. *O Estado de S. Paulo* saiu-se com um comentário lacônico: "Ermírio não vai disputar a Presidência". Mas *O Globo*, maliciosamente, publicou o seguinte título: "Uma carta de despedida com jeito de plataforma". E tinha razão. O nome dele era cogitado para vários cargos. Gastone Righi e outros membros do PTB e do PFL espalhavam por todos os ventos os boatos sobre sua candidatura à Prefeitura de São Paulo ou à Presidência. Para espanto geral, o próprio Paulo Maluf declarou a Jarbas Passarinho, presidente do PDS, que daria apoio a uma eventual candidatura de Antônio Ermírio.

Não havia como ignorar. A conduta de Antônio levava as pessoas a suspeitarem de uma possível candidatura. Seu dia a dia era muito ativo no campo político. Estava sempre recolhendo notícias. Falava com os jornalistas o tempo todo. Conversava com os governadores (Newton Cardoso e Álvaro Dias) e almoçava com Mário Covas (que já esboçava sua candidatura à Presidência). A imprensa interpretava: se Antônio conversa tanto com os governadores e com outros políticos, ele deve estar articulando alguma coisa.

Para quem perguntasse a razão de tanta conversa, ele tinha uma resposta pronta:

– Converso com eles porque estou convencido de que a crise econômica é consequência da crise política.[26]

Reiterava que sua eventual candidatura seria contraproducente porque tiraria votos de Collor (que já era candidato) e reforçaria os esquerdistas. Seu maior temor continuava sendo a possibilidade de a esquerda chegar ao segundo turno sozinha, com Lula e Brizola – também já lançados. Com isso em mente, formalizou seu apoio a Mário Covas, com quem depois se decepcionou, ao perceber que, num eventual segundo turno, apoiaria Lula – como de fato apoiou.

A preocupação de Antônio com Lula sempre foi grande. Não poupava críticas à sua pessoa e ao PT. Disse certa vez que uma eventual eleição de Lula para presidente seria equivalente à explosão de uma bomba de hidrogênio. Lula irritou-se, porque sabia que Antônio tinha influência sobre a opinião pública brasileira. A irritação foi dobrada porque Antônio fez coro com Mário Amato ao dizer que a eleição de Lula espantaria 800 mil empresários do Brasil.

Na campanha de 1989, enfim, não foi de fato candidato. Mas articulou o que pôde para inviabilizar Lula e Brizola. Essa foi a principal razão de, no primeiro turno, ter apoiado Fernando Collor. Os dois foram derrotados, mas Antônio não perdia uma oportunidade de alfinetar um e outro. Esse foi o caso quando, durante uma palestra em Porto Alegre, Brizola começou a atacar os empresários "gulosos", que queriam o lucro fácil ou montavam cartéis para dominar o mercado – uma indireta a Antônio, ali presente. Antônio não teve dúvidas. Pediu a palavra e desferiu:

– Por que o senhor, que se diz tão patriota, investe todo o seu dinheiro no Uruguai e nada no Brasil?

Foi uma bomba. O auditório explodiu em gargalhadas. Não havia dúvidas. Mesmo sem cargo público, Antônio agia como político.

A ascensão de Collor

Antônio nunca foi grande entusiasta do combativo Fernando Collor de Mello, o "caçador de marajás". Achava-o "verde" e arrogante. Mas ficou surpreso com a ousadia que foi demonstrada pelo jovem candidato durante a campanha. E não acreditou na coragem que teve ao intervir radicalmente na economia do país como fez no início de 1990, confiscando a poupança e as contas bancárias da população, o que atingiu em cheio os recursos do Grupo Votorantim.

Antônio demonstrava graves reservas em relação ao presidente Collor. Isso era de conhecimento da imprensa, que, até então, silenciara. Bem diferente foi a conduta dos jornalistas quando souberam de uma conversa de Antônio com Collor, ocorrida em agosto de 1990. A notícia foi bombástica. Antônio teria chamado o presidente de "guri". Ele desmentiu. Mas, ao fazer isso, entornou o caldo:

– A palavra "guri" não existe em meu dicionário. No máximo poderia chamá-lo de "menino". Esse sujeito me visitou duas vezes. Nunca dei bola para ele. Depois da primeira visita apareceram os panfletos: "Ermírio para presidente e Collor para vice". Nunca mais o vi. Quanto à Zélia [Cardoso de Mello, ministra da Economia], sempre foi terceiro escalão.[27]

Um repórter lhe perguntou:

– Afinal, qual é a nota que o senhor daria à Zélia?

– Cinco. No máximo.

Com tais declarações, o ambiente azedou de vez. Para combater os preços de cimento da Votorantim, a ministra liberou a importação do produto (livre de impostos), aduzindo que isso era "para punir os especuladores". Antônio ironizou:

Foi bom. Quero ver o cimento importado chegar aqui mais barato do que o nacional. O governo sempre tem de pegar alguém como bode expiatório.[28] Eles, lá do governo, se acham donos da verdade. Falta cabelo branco em Brasília.[29]

Collor deu o troco e atacou os empresários – de forma genérica –, dizendo que torciam pela inflação e se beneficiavam dela. Antônio ficou nervosíssimo, passando a dar várias entrevistas que, no fundo, prenunciavam o fracasso de Collor. Entre elas, houve uma para o jornal *O Globo*,[30] na qual soltou uma frase espantosa, que, no dia seguinte, saiu destacada em manchete na primeira página:

– Tem ladrão no governo.[31]

Collor enfureceu-se. Acionou o ministro da Justiça Jarbas Passarinho para tomar providências imediatas. Este enviou um fax a Antônio exigindo o nome dos supostos ladrões. Caso contrário, que se preparasse para um pesado processo judicial. Em uma longa resposta enviada a Jarbas Passarinho, Antônio reconheceu ter generalizado inadequadamente ao afirmar que havia ladrão no governo. Observou, porém, que o governo também não devia ter generalizado nas críticas aos empresários ao dizer que todos eram especuladores. Passarinho considerou o documento insatisfatório e deu início ao processo judicial.[32] Um dia antes, em 7 de novembro, Cláudio Humberto Rosa e Silva, porta-voz da Presidência, reafirmara que os empresários estavam enriquecendo com a inflação. Em seguida, veio uma declaração ainda pior do secretário de Política Econômica, Antônio Kandir:

– Os empresários e os trabalhadores são os responsáveis pelo aumento da inflação.[33]

Antônio não aguentou. Saiu a campo. A imprensa o cercou, e queria ouvir sua opinião. Afinal, todos os brasileiros estavam atônitos e sem dinheiro, querendo saber de uma pessoa experiente o que iria acontecer. Antônio passou a criticar o Plano Collor a cada passo.

Sem se preocupar com a ação judicial anunciada pelo ministro da Justiça, ele continuava no noticiário. Mas a ação era séria. O processo foi preparado pelo procurador-geral da República, Inocêncio Mártires Coelho. Solicitava que o réu nomeasse os ladrões do governo. Caso contrário, seria enquadrado por crime de injúria, art. 140 do Código Penal.

O senador Albano Franco, então presidente da Confederação Nacional da Indústria (CNI), prontificou-se a promover uma aproximação entre Antônio Ermírio e Fernando Collor, pois era amigo dos dois. Entrou em contato com Passarinho e dele recebeu um balde de água fria:

– Albano, não há acordo. Só se o Antônio Ermírio se retratar. Se não se retratar e retirar o que disse, o processo terá curso na Justiça. O presidente da República não pode abrir mão nem da majestade nem da intocabilidade de quem conquistou o Governo com a tese da anticorrupção.[34]

Ao receber um apelo de Albano, Antônio respondeu dizendo não temer a ação. E deu mais um puxão de orelha no governo:

– O governo não deve generalizar ao dizer que [todos] os empresários estão ganhando com a inflação. Isso leva os trabalhadores a pensar que seus patrões são todos bandidos. É um estímulo à luta de classes.[35]

Albano insistiu para ser o mediador do impasse. Passarinho não aceitou e, pelos meios legais, Antônio foi intimado a comparecer à Justiça para confirmar ou desmentir o que dissera.[36] Em pequenas rodas, Passarinho lamentou que seu primeiro ato como ministro fosse o de processar um amigo que tanto prezava. Mas fazer o quê? Era sua obrigação.

Na imprensa, Collor escalou Claudio Humberto para atacar Antônio chamando-o de "cão São Bernardo". Antônio não pestanejou e disse não se importar de ser atacado por um "buldogue". Indagado sobre o porquê dessa escolha, Antônio respondeu:

– Porque o buldogue é o mais burro de todos os cachorros...[37]

No Congresso Nacional, Collor encomendou um ataque a Antônio que ficou a cargo do senador Ney Maranhão (PRN/PE), líder daquele partido. Na verdade, foi a mais virulenta ação política que Antônio recebeu em toda a sua vida:

– O chefe da quadrilha dos oligopólios é o empresário Antônio Ermírio de Moraes. Ele mamou no peito da vaca mococa do governo a vida inteira e agora está chiando. Ermírio e a quadrilha que o cerca recebiam da Siderbrás produtos baratos, feitos com sangue e suor do povo brasileiro, com incentivos fiscais em que sempre mamaram, através de financiamentos do BNDES. Em Pernambuco, até escola de freiras ele fechou, mas prega que existem uns hospitais em São Paulo, dos quais é beneficente. Isso é da boca para fora.[38]

Contrariando seu estilo de "bateu, levou", Antônio decidiu não responder às críticas, mas alfinetou Maranhão pela imprensa, com ironia:

– Quem é esse senhor? Em que clube de futebol ele joga? Eu nem sei se ele é da primeira ou da segunda divisão... A melhor resposta que posso dar a ele é que, hoje, sábado, eu estou trabalhando desde as 7h30. Não tenho mais paciência para responder a ataques feitos por integrantes do governo do presidente Collor de Mello. Outro dia foi o porta-voz Cláudio Humberto Rosa e Silva me chamando de "cachorro". Agora vem esse sujeito dizer que eu sou "chefe de quadrilha". O que eles estão querendo?[39] Essas denúncias são profundamente ridículas. Não merecem ser lidas.[40]

Na verdade, Antônio não precisou se defender, porque alguns parlamentares e a própria imprensa se encarregaram disso. O senador Albano Franco proferiu um veemente discurso no Senado Federal colocando os pingos nos "is":

– O dr. Antônio não gosta de alardear o que faz no campo educacional, social e da saúde. É inaceitável a acusação segundo a qual a benemerência do dr. Antônio é apenas da boca para fora. Nos últimos 20 anos ele dedicou 17 mil horas ao trabalho social. A maior parte dos pacientes da Beneficência Portuguesa são pessoas humildes, de baixo poder aquisitivo. Os que tentam denegrir o cidadão Antônio Ermírio de Moraes o fazem por má informação. Ele é responsável por 60 mil empregos diretos e 150 mil indiretos.[*]

Por meio de apartes, telegramas, telefonemas e outras manifestações diretas, Antônio recebeu a solidariedade de vários parlamen-

---

[*] E o discurso continua: "O Grupo Votorantim, que é composto de 96 empresas e recolhe anualmente 750 milhões de dólares em impostos, mais vende do que compra da Siderbrás. O Grupo tem sua própria siderúrgica (Barra Mansa) para aços não planos e, quanto aos planos, suas aquisições representam menos de 3% do total de compras. Suas vendas, estas sim são bastante expressivas. A CBA fornece à Siderbrás 6 mil toneladas de alumínio por ano. A Companhia Mineira de Metais vende 10 mil toneladas de zinco. Em suma, o dr. Antônio não tira proveito da Siderbrás, nem como comprador, nem como vendedor. Quanto ao eventual benefício creditício [BNDES], convém mencionar que o estilo do Grupo Votorantim foi sempre o de crescer com base em muito capital próprio. Suas necessidades de financiamento têm sido mínimas. Dou aqui o exemplo do níquel. Seu domínio industrial era praticamente desconhecido antes da iniciativa do doutor Antônio de montar a Companhia Níquel-Tocantins, única produtora em grande escala. Na montagem daquela empresa, o BNDES quis emprestar para Antônio uma importância três vezes maior do que a solicitada. Conhecedor dos elevados riscos, ele tomou um terço do oferecido, que, na verdade, foi apenas 10% do capital total" (Albano Franco, "Mais um apelo ao entendimento nacional", Senado Federal, 30 out. 1991). O discurso foi publicado na íntegra em "Albano Franco faz defesa de Antônio", *O Estado de S. Paulo*, 7 nov. 1991.

tares e agradeceu um a um.* *O Estado de S. Paulo* reafirmava em editorial no dia seguinte:

> Oportuno e necessário. Eis como se pode qualificar o discurso proferido no Senado pelo presidente da Confederação Nacional da Indústria (CNI), Albano Franco, em defesa do empresário Antônio Ermírio de Moraes, atingido por comentários, acusações e incompreensões veiculados pela imprensa. A única crítica a fazer ao pronunciamento é a seguinte: o empresário Antônio Ermírio de Moraes não foi atingido. Ele está muito acima desse tipo de agressão.[41]

Em relação à ação judicial, por sorte, o destino deu uma preciosa ajuda a Antônio. Pouco tempo depois, explodiu o escândalo de PC Farias e seus comparsas, e a denúncia contra Antônio acabou sendo arquivada pela própria história. Corria o ano de 1991, e a imprensa abria fogo cerrado contra os numerosos membros do governo metidos em tramas de corrupção, o que levou Antônio a reiterar o que dissera com uma frase ainda mais bombástica:

– Eu não sabia que havia tantos ladrões.[42]

O impacto da nova declaração só não foi maior porque as atenções estavam todas voltadas para a descoberta de corrupção dentro do Palácio do Planalto. Em poucos dias, começou-se a falar sobre a possibilidade de impeachment do presidente. Antônio surpreendeu a todos dizendo não concordar com o ato extremo. Acreditava numa renúncia negociada e baseada nos resultados de uma pesquisa de opinião pública, segundo a qual a maioria do povo brasileiro (62%) queria que Collor saísse, por iniciativa própria, passando o poder a Itamar Franco.[43]

Antônio defendeu esta tese:

– Nos meus 43 anos de trabalho, nunca vi uma crise como esta. E tudo acontecendo dentro do Palácio do Planalto. O governo perdeu

---

*Alexandre Costa, Divaldo Suruagy, Epitácio Cafeteira, Magno Bacelar, José Eduardo Vieira, Cid Carvalho, Eduardo Matarazzo Suplicy, Monsueto de Lavor, Marcio Lacerda, Levy Dias, Mário Covas, Nelson Carneiro, Mauro Benevides, Humberto Lucena e José Richa.

a autoridade moral. De Collor espero que reconheça que errou e que dê oportunidade para os homens sérios de seu governo governarem até 1994. Do Congresso espero uma carta de advertência ao Presidente da República. Da Comissão Parlamentar de Inquérito do caso PC Farias espero a apuração e punição para os agentes corruptos. Dos políticos espero seriedade e serenidade e a aprovação de uma lei eleitoral que evite o caixa 2. Dos empresários espero que contribuam para aliviar os problemas sociais com prioridade para a produção, a exportação e a manutenção do emprego. Da sociedade, amadurecimento e paciência.[44]

A referência a "homens sérios" tinha a ver com uma solução visualizada por Antônio – uma espécie de parlamentarismo informal composto pelos ministros Marcílio Marques Moreira, Adib Jatene e Eliezer Batista.[45] Antônio viu com simpatia a nomeação de Marcílio para o Ministério da Economia, Fazenda e Planejamento. Com Dorothea Werneck, então secretária de Economia, o novo ministro decidiu reatar o diálogo com os empresários, o que recebeu apoio de Antônio, mas por pouco tempo, porque a inflação começou a subir vertiginosamente outra vez.[46] Antônio voltava à imprensa para registrar novamente sua apreensão com uma frase explosiva:

– Se o governo não agir de imediato, haverá um choque de dois mil volts. Vão nos colocar na cadeira elétrica.[47]

A essa altura, já corria o Plano Collor 2, que pretendeu controlar a inflação aumentando o petróleo em 56% e a energia elétrica em 75%. Um absurdo. Indagado por um repórter do programa *Roda Viva*, na TV Cultura, de qual seria a saída para aquela situação tão dramática, respondeu ironicamente:

– O Aeroporto de Viracopos – emendando, porém, que ele próprio jamais deixaria o país.[48]

Os jornalistas gostaram de sua tirada sobre Viracopos e, mais tarde, passaram a provocá-lo:

– Doutor Antônio, não dá para sair por Cumbica [Aeroporto de Guarulhos]?

– Como vamos chegar lá, sem dinheiro? Só se formos de bicicleta...[49]

Àquela altura ele dava seu veredicto sobre o fracasso do Plano Collor 2:

— Para derrubar a inflação é preciso mais produção e não recessão, como o governo está fazendo.

Ele temia ver o empresariado novamente condenado pelo governo pelo fato de os preços aumentarem por força da própria inflação. A situação era paradoxal. Ao mesmo tempo que o preço dos bens estava sendo gradualmente descongelado, o governo impunha tarifaços de serviços públicos que forçavam uma aceleração das remarcações. No fim de 1991, Antônio sentenciou:

— Foi mais um plano que não conseguiu equacionar os problemas. O Brasil patina. A produção de automóveis é igual à de 1980; a de cimento também. A produção de tratores é igual à de 1970. Demos um passo atrás. É terrível.[50] Coitado daquele que precisa de empréstimos. Quem é doido de tomar dinheiro dos bancos a 16% ao mês?[51]

Mas se as críticas a Collor eram uma constante, as que Antônio dirigia aos "maus empresários" eram igualmente contundentes. Ele não poupava seus colegas quando achava necessário. Ficou decepcionado com empresários que, ao saberem da possibilidade de um congelamento, elevaram todos os seus preços para que estes viessem a ser congelados na alta. Por isso, disse:

— Em nosso meio há também os espertos. Muitas foram as empresas que, espertamente, aumentaram os preços antes do congelamento do Plano Collor 2. Os que se comportaram bem, ironicamente, são os que estão sofrendo mais neste momento porque seus preços foram congelados na baixa e não na alta. Os outros se saíram bem.

A decepção com o empresariado o acompanhou constantemente. Mesmo assim, ao comentar o assunto, em um programa *Roda Vida*, em 1992, Antônio manteve sua veia de bom humor ao dizer:

— Vou contar como me sinto. Lembram-se da imagem daquele patinho que, no meio da Guerra do Golfo, ficou lambuzado de óleo até o pescoço? Pois bem. Me vejo naquela situação. Eu não me chamo Samuel, não sou Abdula, estava aqui nadando tranquilamente e, de

repente, deu-se uma explosão em cima da minha cabeça... [referin-
do-se ao congelamento do Plano Collor 2] Assim não dá! [risos]

Para arrematar, disse:

– Não sei por que Collor está zangado comigo se não aumentei
nenhum preço, nem antes nem depois do congelamento.

Sobre a ministra Zélia, continuou decepcionado. Na ocasião, um
repórter perguntou se havia lido o livro dela, ao que ele respondeu:

– Tenho mais o que fazer do que ler fofoca. É ridículo saber que
em reuniões ministeriais estavam passando bilhetes amorosos...[52]

No meio de tanta crise no âmbito federal, Antônio continuava
ativo no âmbito estadual. Na campanha para governador de 1990,
tomou uma posição inesperada. Apoiou Luiz Antonio Fleury Filho,
que era então vice-governador de Orestes Quércia. Fez isso por razões pessoais e por entender que Fleury se afastara de Quércia. Can-
didamente, ele me dizia:

– Ele tem cara de Papai Noel. Isso ajuda. Revela um bom caráter.
É diferente do Quércia. Acho que suas discordâncias em relação ao
estilo quercista são um bom trunfo.

Naquela articulação, teve papel importante Murillo Macêdo, que
era meu amigo e secretário de Quércia. Antônio e eu jantamos na
casa de Murillo e o anfitrião assegurou que Fleury moralizaria o
governo. Antônio animou-se e aderiu à campanha que elegeu Fleury
em 15 de março de 1991. No discurso de posse, em que estava presente a ministra Zélia Cardoso de Mello, Fleury disse que São Paulo
seria um polo de resistência contra a crise. Antônio gostou. Mas
Zélia sentiu-se incomodada, mesmo porque havia sido alvo de vaias
na entrada do Palácio dos Bandeirantes. Terminada a posse, Antônio
encarregou-se de traduzir o que seria o tal polo de resistência:

– Espero um relacionamento de respeito entre o governador e o
empresariado paulista, e isso serve também para o governo federal.
Respeitem para serem respeitados. Se nos respeitarem, nós iremos
respeitar.[53]

No meio de tantos ataques e contra-ataques, Antônio teve de lidar com mais um problema. A Votorantim acabou sendo envolvida

no processo contra PC Farias por ter contribuído financeiramente, e sem a documentação adequada, para a campanha de Collor. Foi grave. Abriu-se um processo na Justiça, obrigando Antônio e seu irmão José a comparecerem em audiências bastante embaraçosas. Em seu feitio de total franqueza, Antônio admitiu:

– Cometemos um erro. Não exigimos fiança bancária de 238 mil dólares que demos para a empresa de PC Farias fazer um estudo em Alagoas para viabilizar uma indústria cloroquímica.* Abrimos mão de certas exigências. Foi um erro.[54]

Depois disso, o caso saiu de cena. Mas a inflação voltou, tendo chegado a 23% ao mês, com juros crescentes – uma oportunidade para Antônio exercer seu ofício predileto: criticar os bancos.

– O sistema financeiro deixou de ter a função de financiar a produção e o consumo. Os balanços mostrarão que o lucro existente nas empresas é o lucro financeiro.[55]

A crise política decorrente da descoberta dos negócios de PC Farias trouxe à tona uma profusão extraordinária de fatos de corrupção. Em decorrência do enorme bombardeio de denúncias, Antônio mudou de posição e passou a defender o impeachment:

– Pelo pouco que conheço dele, não acredito que o presidente renuncie. Mas com o processo de impeachment se abriria campo para seu afastamento e para assim avançar as negociações da classe política, a fim de aprovar medidas importantes como o ajuste fiscal.[56]

A renúncia de Collor só viria após o Senado decretar o impedimento, em 17 de dezembro de 1992, e Antônio, *incontinenti*, manifestou-se no seu estilo direto:

– Depois de uma longa temporada de exibicionismo inútil de Collor, gostei de ver o presidente Itamar Franco se instalar na base da simplicidade. Ele assumiu sem prometer milagres ou bravatas. Deixou claro que tudo vai depender de muito trabalho e de cooperação da classe política. Aplaudo a disposição do governo em prosseguir e aperfeiçoar a privatização.[57]

---

* Alagoas era o único Estado onde a Votorantim não tinha investimentos.

Essa tolerância durou pouco. Antes dos dois primeiros meses de mandato, Antônio passou a clamar por mais firmeza por parte de Itamar:

– A cautela do presidente Itamar Franco foi necessária até a votação do impeachment. Mas há certas medidas que poderiam ter sido tomadas, como a modernização dos portos, que não estão em condições para enfrentar as exportações.[58] Outra medida urgente é o combate à sonegação. Sugeri ao presidente a exigência de nota fiscal controlada e o aumento de 50% de fiscais honestos. Do jeito que está, ninguém investe na produção e ninguém está contratando.[59]

Apesar de suas costumeiras reservas, Antônio guarda boas lembranças de Itamar. Fascinava-lhe seu estilo austero. Gostou de sua ação firme e decidida na implementação do Plano Real formulado por seu ministro da Fazenda, Fernando Henrique Cardoso.

A era Fernando Henrique Cardoso

Em relação a Fernando Henrique Cardoso, Antônio sempre teve muito respeito por ele. É um respeito mútuo. Mas, certa vez, ele se magoou com Fernando Henrique quando este, ao pretender elogiar a decisão de Antônio de não concorrer à Presidência da República, disse:

– Penso que ele agiu bem. Não que ele não pudesse ser candidato e eventualmente ganhar. Mas, para reconstruir o Brasil, acredito que o país reclama um político que tenha as dimensões do estadista e seja suficientemente vivido e humilde, para saber que a autoridade de seu mando só aumentará se ele for capaz de ouvir os verdadeiros líderes da sociedade civil, para governar com eles, e não só com os partidos.[60]

Antônio não aceitava ser descartado por não ter as características de um estadista que ouve a sociedade. Ficou triste, mas sem rancor. Em todas as oportunidades, apoiou Fernando Henrique. Foi entusiasta de primeira hora de sua candidatura a presidente. Achava-o inteligente e convincente. Seu apoio veio desde sua nomeação para o Ministério da Fazenda, em 1993, quando recebi dele a seguinte provocação:

— No seu curso de sociologia, você aprendeu como acabar com a inflação?

— Por quê?

— Porque o presidente Itamar passou essa tarefa a um sociólogo, Fernando Henrique.

— Fui aluno dele e não me lembro de ter tratado de inflação. Mas acho que ele é suficientemente inteligente para buscar a ajuda de bons economistas e, dada sua alta reputação intelectual, penso que terá êxito na formação de uma boa equipe.

— Você tem razão. Sem equipe não se faz nada. Estou com esperança e ao mesmo tempo exausto de tanta inflação. A inflação desnorteia os produtores.

— O pior de tudo é que a inflação pune severamente os mais pobres.

— Não há dúvida. Os que têm dinheiro se defendem na ciranda financeira que, no meu entender, é uma forma de corromper os valores das pessoas. A indexação é um verdadeiro narcótico, uma droga. Dá uma falsa sensação de coisas resolvidas quando, na verdade, está tudo bagunçado. Se o Fernando Henrique conseguir acabar com a indexação, será presidente do Brasil.

— Discordo. Entre controlar a inflação e virar presidente há um longo caminho. O Fernando Henrique tem uma linguagem elitista que não consegue motivar os eleitores mais simples.

Eu estava errado. A previsão de Antônio se concretizou. Durante toda a negociação do Plano Real com o Congresso Nacional e com a nação, Fernando Henrique portou-se bem. Antônio revelava ter um grande apreço pela equipe econômica, em especial por Pedro Malan. Apesar de não ter entendido a lógica da URP, ele foi um dos primeiros a falar em favor do Plano ao mesmo tempo que outros lançavam dúvidas. Lula foi o primeiro a gerar incertezas, especialmente quando defendia ideias radicais como o calote na dívida externa e a estatização do sistema bancário. Delfim, a seu modo, criticava Fernando Henrique, taxando-o de fazer uma espécie de terrorismo econômico ao dizer que o Plano Real era a única solução para os problemas brasileiros.

Nesse ponto, Antônio dava suas próprias explicações e uma alfinetada:

– O Delfim não aceita que um sociólogo possa acabar com a inflação no Brasil. Ele lutou muito no governo, deu o melhor de si, mas não conseguiu domar a fera...

– Acho que você tem razão. Mas ele é vivo. Saberá distinguir o joio do trigo e, se o Plano revelar consistência do ponto de vista técnico, dará seu apoio.

Antônio ficou animado com os primeiros resultados do Plano Real. Em meados de 1994, a inflação caíra para 2% – número nunca visto nos últimos 20 anos. E assim continuou durante a campanha eleitoral daquele ano. Em outubro, Fernando Henrique foi eleito presidente da República no primeiro turno, com 54% dos votos.

No campo político, sou levado a fazer uma digressão para relatar o ativismo de Antônio nesse momento no cenário do Estado de São Paulo, em especial seu apoio na campanha a governador na qual Mário Covas foi eleito, em 1995. Seus atritos com Covas da época da Constituinte (1987-88) e por ocasião do apoio a Lula (1989) haviam sido superados. Antônio gostou das primeiras medidas de Covas para reequilibrar o orçamento do Estado e para promover inúmeras privatizações.*

Mas, voltando ao âmbito federal, já em meados de 1996, os belos resultados iniciais do Plano Real não se repetiam. A renda que subira nos dois anos anteriores começou a cair. O desemprego e a informalidade aumentaram. O quadro econômico não favorecia Fernando Henrique. Antônio passou a duvidar de uma reeleição simples e fácil, deixando escapar numa entrevista uma frase que lhe daria muita dor de cabeça:

---

*Covas aprovou uma solicitação de Antônio para assumir os projetos e terminar a construção de duas usinas hidrelétricas no rio Paranapanema – Canoas I e Canoas II –, nas quais foram investidos 170 milhões de reais e 200 milhões de reais, respectivamente. As obras haviam sido paralisadas no governo anterior, de Luiz Antonio Fleury Filho. Em troca, a CBA passou a ter o direito de consumir 50,3% da energia gerada por aquelas usinas (durante 35 anos de concessão). O restante seria comercializado pelo estado ("Covas e CBA fecham contrato para construção de duas usinas", *O Estado de S. Paulo*, 18 jul. 1996). A Aneel assinou o contrato de concessão em 30 jul. 1998 ("Aneel assina contrato para construir usinas", *Gazeta Mercantil*, 31 jul. 1998).

– Se o presidente acredita que sua reeleição está garantida, ele vai quebrar a cara. A inflação está controlada, é verdade, e o governo deu seriedade à administração. Mas já era tempo de o governo olhar para as áreas abandonadas – a educação e a saúde. Por cima de tudo, não há emprego. Com a CPMF e tudo, a saúde recebe apenas 2,1% do PIB. Na educação, ainda estou esperando um projeto sério para o 1º e 2º graus.[61]

A frase virou manchete da *Folha de S.Paulo* em letras garrafais: "FHC corre risco de perder".[62] Com base nisso, Lula animou-se, dizendo considerar com simpatia a ideia de ter Antônio em sua chapa como vice-presidente.[63] Antônio não deixou o assunto esquentar:

– Não aceito subir em palanque com Lula. Subi em palanques em 1986 quando disputei o governo de São Paulo. Na época, os sindicalistas de Lula me chamavam de "mau patrão". Mesmo assim, ganhei em São Bernardo do Campo, terra do Lula.[64]

Mas Lula não desistiu da ideia de ter um empresário como vice em sua chapa e, com isso, ganhar uma fatia do eleitorado de centro-direita. Este foi o principal motivo para escolher, em 2002, o senador José Alencar Gomes da Silva, presidente da Coteminas – mantido na reeleição de Lula, em 2006.

O prenúncio de problemas para Fernando Henrique não se confirmou. Ele venceu a eleição de 1998 e cumpriu seu segundo mandato. Antônio acompanhou tudo muito de perto. Apoiou o presidente, sobretudo na discussão da Lei de Responsabilidade Fiscal. Achava que, como numa empresa ou numa família, ninguém pode gastar mais do que ganha. Isso deveria valer para os governantes. No entanto, aqui e ali, fazia reparos a seu modo de administrar: muitos discursos e pouca ação. Esse era um velho mote que ele usava há anos:

– É muito fácil fazer um discurso brilhante. Mas para competir com outras nações precisamos de isonomia nos tributos, juros, infraestrutura – e isso depende de ação, e não de discursos.[65]

Na cena estadual, continuou apoiando Mário Covas, que ficou no governo até janeiro de 2001, quando se afastou por motivo de doença, vindo a falecer em 6 de março de 2001. Assumiu Geraldo

Alckmin, que, em 2002, foi reeleito. Antônio sempre teve muita admiração por ele. Considera-o pessoa séria, desprendido e interessado em atender as necessidades do povo de São Paulo. O relacionamento entre os dois tornou-se estreito. Visitavam-se com frequência. As conversas eram longas. O que mais impressionava Antônio era o vasto conhecimento de Alckmin sobre o Estado de São Paulo. Sabia todos os detalhes da administração e as peculiaridades e necessidades de cada região.

Apesar da enorme simpatia que Antônio nutria por Fernando Henrique, não conseguia conter suas discordâncias. Muitas vezes criticou a sobrevalorização do real por prejudicar as exportações em geral, inclusive as da CBA. Outra crítica severa foi endereçada à leniência com que o BNDES tratava os estrangeiros (emprestando a juros baixos) em detrimento dos produtores nacionais, nos processos de privatização das estatais. O fato mais gritante ocorreu no leilão da empresa CESP/Tietê. A beneficiada estrangeira foi a AES (norte-americana), que arrematou a empresa por 938 milhões de reais (ágio de 29%), sendo que 360 milhões de reais vieram do BNDES.* Por se tratar de ramo bem conhecido de Antônio, suas críticas foram contundentes.

– Nós somos pobres, eles são milionários. Por que precisam da gente? Isso é um absurdo![66]

Antônio não gostava da excessiva tolerância com que Fernando Henrique tratava o Movimento dos Sem-Terra (MST). Volta e meia me dizia:

– Quando não se respeita o direito de propriedade, a democracia acaba. O Fernando Henrique está muito leniente com esse grupo. Como presidente da República ele jurou defender a Constituição Federal, e a proteção da propriedade é um dos princípios fundamentais. Ele vai se dar mal com isso.

---

*A Votorantim, em consórcio com o Bradesco e a Camargo Corrêa, concorreu e perdeu, pois para esse grupo não houve aceno de empréstimo subsidiado. Andrea Calabi era o presidente do BNDES e Alcides Tápias era o ministro do Desenvolvimento. Calabi se defendeu dizendo que o crédito foi concedido para evitar o fracasso do leilão. "BNDES evitou o fracasso", *Gazeta Mercantil*, 29 out. 1999.

Àquela altura, ele não imaginava que, em abril de 2002, os ativistas do MST invadiriam uma propriedade do próprio Fernando Henrique em Minas Gerais. Antônio, inconformado, me telefonou logo cedo para dizer:

– Não falei? O que mais se espera desses provocadores? Chegaram ao presidente da República que até agora fez vista grossa para tais infratores.

Outra área em que Antônio mostrava seu descontentamento com Fernando Henrique era a energética. Durante vários anos ele anunciou o apagão de eletricidade que, afinal, se consumou em 2001, causando grande prejuízo ao país e, em particular, à CBA, que foi forçada a apagar vários fornos de cozimento do alumínio:

– Há dias não consigo dormir. Esta noite, às 4h30, decidi tomar banho.[67] Levei uma década para produzir as 30 mil toneladas de alumínio que querem que eu corte agora. Vou perder dez anos de trabalho. Repete-se o problema que sofri com as fábricas de zinco e níquel. Lamentavelmente, o governo dormiu no ponto.[68]

Na administração da crise de energia, porém, Antônio reconheceu que o povo deu uma grande colaboração:

– O povo está aprendendo a economizar energia e vai evitar desperdício. Isso é bom.[69]

Em um programa de televisão, Antônio enalteceu a conduta do ministro Pedro Parente, da Casa Civil, que coordenava o plano de racionamento de energia, assim como o comportamento da população, que respondia bem ao chamamento de economizar. E dava seu próprio exemplo:

– Lá em casa, agora, só estamos a Regina, a Regininha e eu [todos os filhos haviam casado]. Estamos dando o exemplo e cortando todo e qualquer tipo de desperdício de eletricidade.[70]

Mas o ano de 2001 trouxe novas apreensões ao mundo financeiro. Os Estados Unidos entraram em crise por conta das fraudes no balanço dos grandes conglomerados: Enron, Global Crossing, Xerox, WorldCom.[71] Antônio, que nunca gostou dos especuladores, dava seu diagnóstico:

– É o estrago causado pelos "espertos", que sempre buscam ganhar dinheiro em cima da desinformação de investidores inocentes.

O gigantismo das fraudes praticadas abalou as finanças mundiais. O Brasil cresceu apenas 1,5% naquele ano e a especulação continuou a correr solta. As taxas de juros do Brasil não paravam de aumentar. Surgiu outra vez a ideia de um pacto social para conter os desarranjos da economia. Antônio dizia preferir gastar seu tempo investindo e estimulando os outros a investir:

– Quem pensa a médio prazo não tem razão para reduzir os investimentos. Quem pensa a longo prazo tem todas as razões para dobrá-los.[72]

E, para dar força a essa tese, ele fez publicar nas revistas de grande circulação do país um anúncio com o seguinte slogan: "O Brasil nos deu força para crescer. Em troca, investimos nele 47 anos sem parar – CBA".[73]

Outro ponto que Antônio não perdoou foi a relativa negligência de Fernando Henrique na preparação de seu sucessor. Ele sempre repetia que "ninguém faz um candidato à Presidência da República em um fim de semana".

O ano de 2002, especialmente o segundo semestre, correu sob forte apreensão devido à possibilidade da vitória de Lula nas eleições para presidente da República. Gerou-se um clima de muita incerteza no empresariado nacional e internacional. O dólar foi procurado como o principal refúgio e foi cotado a quase 4 reais.

Antônio não se abalou. Continuou com seus planos de investimento. E assim procedeu em 2003, com Lula já empossado como presidente. Ele ficou intrigado, porém, com a retração dos investimentos estrangeiros, perguntando:

– Por que o capital estrangeiro não está mais vindo para o Brasil? O que eles sabem que nós não sabemos?[74]

E, em seguida, convocava o empresariado nacional:

– Não podemos continuar com esse exército de desempregados. É preciso que as elites sacudam a poeira e trabalhem mais para o Brasil e tenham menos interesse em si próprias.[75]

Apesar das incertezas, sua fé no Brasil continuava mais forte do que nunca:

– Eu trabalho há 53 anos e já vi essas crises mais de 200 vezes. Quem não está feliz e disposto a trabalhar que compre uma passagem só de ida, e vá embora.[76] Sugiro aos que ficam que evitem a formação de estoques, fujam dos empréstimos (em reais e em dólares) e exportem tudo o que for possível.[77]

Mas dava uma palavra de cautela:

– Não podemos ficar na dependência apenas do mercado externo. É preciso que o Brasil volte a crescer de maneira forte e que o consumo aumente internamente.[78]

O tempo de Lula

A conduta do empresário Antônio Ermírio de Moraes durante o mandato do presidente Luiz Inácio Lula da Silva esteve intimamente ligada à veia política do próprio Antônio.

Vários entreveros marcaram o relacionamento de Antônio com Lula desde as campanhas eleitorais. Ele via em Lula uma pessoa despreparada para assumir a Presidência. Nunca se conformou com o fato de Lula ter ficado tanto tempo afastado como dirigente sindical* sem se dedicar aos estudos. Tampouco aceitava o programa de governo do PT, que previa uma revisão radical do regime da livre iniciativa no Brasil.

Na eleição de Lula, em 2002, Antônio apoiou José Serra. Seu envolvimento foi grande. Além de conceder várias entrevistas a favor de Serra, participou diretamente em seu programa de TV. Conversamos muito sobre os rumos da campanha, pois, como técnico, eu fazia parte da equipe que formulara o programa de governo de José Serra. Tudo em vão. Lula teve 53 milhões de votos e Serra, 33 milhões. Uma diferença enorme!

Antônio deu a Lula um voto de confiança e uma palavra de cobrança ao dizer:

---

* Lula trabalhou como contramestre na Villares de 21 de janeiro de 1966 a 30 de abril de 1981. Em 1971 ingressou no movimento sindical e ficou afastado da empresa, não voltando nunca mais.

– Uma pessoa que teve 53 milhões de votos tem tudo para fazer as reformas. É agora ou nunca.[79]

Esse crédito durou pouco. Em lugar de ver o anúncio das reformas, Antônio viu o lançamento do Programa Fome Zero. Protestou imediatamente.

– A ideia do Fome Zero é péssima. Pobre não quer esmola. Quer emprego. O governo teria de estar focado em um programa de Desemprego Zero. O emprego torna a pessoa independente do governo. Não sei qual é a intenção do governo em criar legiões de dependentes. Espero que isso não tenha implicação eleitoreira, o que seria um retrocesso desastroso.[80]

Lula respondeu de imediato:

– Não se pode pedir aos que têm fome para esperar os resultados da reconstrução da nossa economia.[81]

Antônio repetia o que vinha dizendo há muito tempo:

– Temos uma produção agrícola *per capita* que é duas vezes a produção agrícola *per capita* do mundo. Alimento há, em abundância. O que atravanca é a burocracia.[82]

Antônio sempre defendeu a ideia de se incentivar a agricultura no Brasil quando, ao se referir à globalização, dizia:

– As novas tecnologias trazidas pela globalização não trarão empregos na indústria. É preciso explorar a agricultura.

Nos primeiros dias de Lula, os juros básicos (Selic) estavam em 25%. Antônio dizia que isso poria fim à lua de mel de Lula com a sociedade, se o quadro não mudasse rapidamente.[83] Em maio, a Selic subiu mais, tendo chegado a 26,5%. Pediu uma audiência a Lula e foi atendido. Externou seu espanto com a jogatina na ciranda financeira:

– Nós, do setor produtivo, somos pequenos em relação ao meio financeiro – ponderou ao presidente.[84]

Lula disse que não havia nada a fazer no curto prazo. Foi uma ducha de água fria. Chegando a São Paulo, Antônio resolveu atender a imprensa de óculos escuros – "em sinal de luto pelo que ouvira do presidente" – e pediu aos repórteres uma aspirina para se acalmar.

No dia seguinte, a Bayer, produtora daquele analgésico, mandou-lhe uma caixa com 300 comprimidos do medicamento.

Antônio não gostou do superministério (35 pastas) montado por Lula e atacou:

– Metade dos ministros é composta de perdedores, gente que está lá para compensar suas derrotas. Eles não têm experiência administrativa. O que eles sabem é nomear rápido. Já preencheram 20 mil cargos.

Depois que Lula completou um ano de exercício no cargo, Antônio passou a criticá-lo, dizendo que, em sua opinião, estava viajando demais:

– Lula praticamente não para no Brasil. Ele deveria ficar mais por aqui e tomar pulso do país. Eu não deixaria isso na mão de terceiros.[85]

A imagem de Lula havia se modificado na cabeça de Antônio com a "Carta aos brasileiros", publicada por Lula em 22 de junho de 2002. Ele não chegou a mudar de opinião sobre seu despreparo, mas ficou impressionado com o compromisso de Lula em respeitar os contratos nacionais e internacionais, apoiar a livre iniciativa, estimular as exportações e fazer uma reforma tributária para desonerar a produção.[86] Guardou bem aquelas promessas na esperança de ver tudo aquilo concretizado.

Os primeiros sinais positivos do governo Lula foram percebidos apenas em 2004. Ao constatar que o presidente estava decidido a apoiar e estimular a iniciativa privada, Antônio viu ali um ato de sinceridade e passou a enxergá-lo com outros olhos. Ainda assim, criticava seu estilo histriônico. Quando Lula anunciou que iria comandar o grande espetáculo do crescimento do Brasil, Antônio reagiu:

– Brasília pensa que é assim: vai começar o espetáculo do crescimento, toca uma buzina e pronto. Que ilusão! Não é assim.[87]

Antônio repetia que, como Fernando Henrique, Lula ia mal preparado para as viagens ao exterior e não conseguia promover efetivamente o Brasil. O presidente alegava que viajava para promover exportações. Antônio dizia não ser necessário viajar tanto para exportar.[88] Lula declarava haver empresários chorões, que reclamavam muito e vendiam pouco. Antônio respondia:

– Ele deve dar nome aos bois. Se não sabe, que pergunte aos ministros: são 35.[89]

Antônio ficou irritado ao ver a distribuição de dinheiro brasileiro a Hugo Chávez, da Venezuela, e o cancelamento da dívida da Bolívia. Essa implicância com a ajuda aos governos de esquerda ele manteve o tempo todo.

Apesar disso, Antônio e Lula tiveram várias conversas amigáveis. Lula fez questão de comparecer à inauguração de uma nova linha de produção da Votorantim Celulose e Papel para presenciar a ampliação da produção para 1,5 milhão de toneladas por ano. Antônio se orgulhou disso. Mas não perdia a oportunidade de criticá-lo quando achava necessário. Sobre a pesada carga tributária, havia uma contradição. Apesar de pedir menos impostos, Antônio não escondia sua simpatia pela Contribuição Provisória de Movimentação Financeira (CPMF). E isso por duas razões. Primeiro, porque a CPMF ajudava a combater os sonegadores, o que lhe dava oportunidade para externar um velho desafeto:

– Esse imposto tem uma coisa boa: a gente pode saber quem são os malandros do país, aqueles que vendem sem nota fiscal.[90]

Segundo, porque a CPMF foi originalmente aprovada para apoiar a área da saúde, sendo tais recursos essenciais para a Beneficência Portuguesa. Essa posição nunca mudou. Antônio se manteve na defesa da CPMF até o fim,[91] e não gostou de sua extinção.

No episódio do mensalão, Antônio tomou um choque com a extensão dos desmandos denunciados, mas, ainda assim, se manteve disposto a continuar investindo no Brasil:

– Trabalho há 58 anos e esta deve ser a 15ª crise política que enfrento. Não se pode basear no que acontece em Brasília para suspender a produção. É na hora da crise que temos de confiar no Brasil.[92]

Antônio telefonou várias vezes ao então ministro da Fazenda, Antônio Palocci, a fim de reafirmar sua disposição de tudo fazer para não deixar a produção nacional ser afetada pela crise política.[93] E assim foi feito. Enquanto o governo ficava paralisado pelo escândalo do mensalão, Antônio conclamava o empresariado a não parar a produção.[94] Fez o mesmo em relação aos políticos:

– Eles deviam colocar os interesses do Brasil acima dos seus[95] – dizia, e, para dar o exemplo, emendava: – Nós, da Votorantim, continuamos otimistas e com o pé no acelerador.[96]

Ainda no primeiro mandato de Lula, Antônio convidou a ministra de Minas e Energia, Dilma Rousseff, para presenciar a inauguração de novos fornos da CBA – um enorme investimento de 300 milhões de reais e que chegaria a quase 1 bilhão de reais em dois anos. A visita foi estratégica. Antônio pretendia contar com o apoio da ministra para desencantar o processo da usina elétrica em Tijuco Alto, planejada havia vários anos, e bloqueada por questões ambientais. Mas, em seu discurso de cumprimentos, Dilma foi dura e preveniu Antônio:

– O uso de recursos naturais só poderá ser feito com compensação ambiental, lembrando que nunca houve compensação por parte da empresa [CBA] depois de 30 anos de uso da Represa de Itupararanga.[97]

Vários encontros se sucederam com Dilma Rousseff e sua equipe. Ela sempre demonstrou simpatia pelos empreendimentos de Antônio, mas nunca foi além disso. Os bloqueios dos grupos ambientalistas em relação a Tijuco Alto acabaram prevalecendo e impediram a realização do projeto.[98] Dilma não quis ou não conseguiu viabilizar a obra. Apesar disso, Antônio sempre viu nela uma pessoa correta e comprometida com o Brasil. Não se cansava de elogiá-la:

– A ministra está mostrando uma atuação coerente.[99] A doutora Dilma é excelente, é séria e tem pulso firme. Ela vai ser muito importante para o presidente a partir de agora.

O fato é que, ao lado das indecisões do governo, o problema energético foi se agravando. Antônio manteve-se firme nos alertas em favor de mais investimentos em energia. Em 2005, declarou que apagões seriam certos a partir de 2008. Não deu outra. O Brasil teve repetidas interrupções de energia no período de 2008-2010.[100]

Mas, dando vazão a seu ímpeto de empreendedor, Antônio continuou investindo e tendo êxito. A imprensa já havia se acostumado com sua estratégia de investir no meio das crises e ganhar dinheiro mais à frente. Uma importante reportagem sobre esse assunto foi publicada na revista *Exame* de 25 de maio de 2005, sob o título "Ele arriscou e acertou". A matéria explicava que Antônio investiu na CBA no meio da crise do alumínio e ganhou muito dinheiro por isso. O lucro líquido da CBA cresceu 89% em 2004, chegando a 716 milhões de reais. A receita bruta cresceu 39% e chegou a 2,72 bilhões de reais.[101] Em 2005, repetiu a mesma marca: 722 milhões de reais.[102] Para o ano de 2006, Antônio prometia iniciar um plano para transformar a CBA na maior fábrica integrada de alumínio do mundo.[103]

O próprio Lula, seguindo os passos de Dilma, fez uma visita à CBA. Foi no dia 13 de abril de 2006.[104] O então presidente enalteceu os investimentos feitos pela Votorantim, que "estava ajudando muito na captação de divisas e na geração de empregos". Antônio, ao agradecer, anunciou que pretendia dobrar os investimentos e chegar em 2010 produzindo 470 mil toneladas de alumínio – o que de fato aconteceu.

Antes disso, no ano de 2005, as especulações sobre a entrada de Antônio em cargos públicos voltaram a ocupar o noticiário. Circulou na imprensa que Lula estaria disposto a convidá-lo para o Ministério da Saúde como parte de um choque de moralização.[105] Antônio dizia que, se viesse a ser convidado, não aceitaria. Àquela altura, já se faziam articulações para a eleição de 2006. Em 2003, Antônio já havia soltado a ideia da candidatura de Geraldo Alckmin para presidente, o que ocorreu na cerimônia de ampliação do Projeto Guri.[106] Mas no PSDB instalou-se uma acirrada disputa entre José Serra e Geraldo Alckmin para obter o apoio do partido. Antecipando-se à decisão partidária, Antônio optou por Alckmin.* A imprensa deu

---

* O anúncio foi feito na presença de Serra, durante a cerimônia de inauguração do restauro do Obelisco na Ladeira da Memória, em 13 de dezembro de 2005. A obra fora financiada por Antônio. A propósito, Antônio sempre apoiou a restauração de obras de arte da cidade de São Paulo. O Monumento da Ladeira da Memória, erguido em 1814, estava em franca deterioração quando ele decidiu restaurá-lo. Dias antes (9 dez. 2005), participara da cerimônia da restauração do prédio da Faculdade de Medicina da Universidade de São Paulo, também financiada por ele. A cerimônia

uma enorme repercussão ao fato.[107] Na campanha, o PSDB ficou com Alckmin, a quem Antônio deu todo o apoio. Mas o prestígio de Lula falou mais alto, fazendo-o ganhar a eleição por larga margem de votos.

Antônio continuava antenado na política nacional. Inconformado com a escalada da corrupção, ele denunciava o regimento das casas do Congresso Nacional, que impunha votação nominal na Comissão de Ética e votação secreta no plenário para os casos de cassação de mandato.

– É impressionante a valentia dos senhores parlamentares no recinto da Comissão de Ética da Câmara dos Deputados. Nessa hora, os deputados encenam um show para dizer a seus eleitores que estão ali para cuidar da moralidade pública. Na Comissão, o voto é aberto e pessoal. Mas, quando o caso vai para o plenário, o voto é secreto. Com isso, inúmeras condenações da Comissão de Ética transformam-se em deslavadas absolvições.[108]

Em 2006, a economia brasileira passou a crescer de vento em popa. Antônio começava a ver Lula com mais animação. Admitia que o Brasil ia bem. Atribuía o fato ao bom desempenho da economia mundial, mas dava crédito ao governo federal, que soube respeitar as mudanças básicas introduzidas por Fernando Henrique: câmbio flutuante, metas de inflação, lei de responsabilidade fiscal e redução da dívida externa.

Mas nada detinha suas advertências ao excesso de viagens de Lula.

– Para sair dessa crise, Lula tem de viajar menos e trabalhar mais.[109] Tem de trabalhar 15 horas por dia e almoçar sanduíche.[110]

Lula insistia que viajava para ajudar as exportações, ao que Antônio respondia:

– Eu estou exportando sem viajar.[111]

O que Antônio nunca aceitou em Lula foi seu desprezo à educação e os sinais trocados que passava à juventude ao dizer que chegara

---

contou com a presença de Geraldo Alckmin, que não poupou elogios a Antônio pelo seu amor a São Paulo. No mesmo ano foi reinaugurada a Capela de São Miguel Arcanjo, construída em 1622, com o apoio total de Antônio.

à Presidência sem ter lido um só livro. Abominava o combate ao mérito e ao nivelamento por baixo que fazia nas nomeações de funcionários para cargos técnicos que exigiam boa preparação, dando preferência sistematicamente aos militantes sindicais.

Mas, no campo econômico, Antônio considerou positivos os dois mandatos de Lula. Ele reconheceu também o esforço empreendido por Lula para reduzir a pobreza.

Devo dizer, porém, que os últimos dois anos de Lula (2008-09) na Presidência foram acompanhados por Antônio com dificuldade, devido a seu precário estado de saúde. Ele não chegou a perceber a gravidade da crise internacional. Reteve a ideia de que o Brasil caminhava bem. Nas visitas semanais que eu lhe fazia, ele repetia com insistência seu contentamento pelo "bom estado da economia brasileira".

– Como estão as coisas, caro Pastore?

– Vão indo bem, amigo.

– Vejo que o Brasil está crescendo bastante. Isso é muito bom. O povo precisa de emprego. Só o trabalho constrói.

Isso foi dito no fim de 2008, quando o país desempregou em um só mês cerca de 650 mil trabalhadores. Mas resolvi não contrariar o amigo:

– De fato, este país é uma usina de empregos. E podemos gerar muito mais. Temos tudo...

Essa era a senha para ele repetir o que sempre disse ao longo de toda a sua vida:

– Deus foi muito generoso com o Brasil. Temos solo fértil, subsolo riquíssimo, água abundante e sol o ano todo. O que mais podemos querer?

Apesar das incertezas que marcavam aqueles meses (fim de 2008 e início de 2009), fiz questão de deixar com ele a imagem do Brasil pujante. E fiquei feliz ao ver no meu amigo um semblante de paz.

Notas

1 "Ermírio exige rigor do governo", *O Estado de S. Paulo*, 19 fev. 1988.

2 "37% dos paulistanos apoiam Ermírio para Prefeitura", *Folha de S.Paulo*, 20 nov. 1987; "Ermírio é o preferido para prefeito de São Paulo", *Jornal da Tarde*, 20 nov. 1987.

3 Gabriel Chalita e José Pastore (Orgs.), op. cit., 2008.

4 "Ermírio critica falta de verbas para a saúde mas promete voto a Serra", *Folha de S.Paulo*, 20 abr. 2002.

5 "Ermírio diz que ignorava a natureza do programa do PTB", *Folha de S.Paulo*, 14 nov. 1987.

6 "Antônio Ermírio deve sair candidato no PFL", *O Fluminense*, Niterói, 20 nov. 1987.

7 "Ermírio insistiu: Não sou candidato", *O Estado de S. Paulo*, 14 nov. 1987; "Ermírio reafirma que não é candidato", *Diário Popular*, 14 nov. 1987; "Ermírio não quer saber de eleições", *Gazeta do Povo*, Curitiba, 14 nov. 1987.

8 "Ermírio aceita disputar a Presidência em 1988", *Folha da Tarde*, 5 nov. 1987.

9 "Aureliano se apresenta como presidenciável", *Monitor Mercantil*, Rio de Janeiro, 20 nov. 1987. Antônio votou em Aureliano Chaves no primeiro turno das eleições de 1989.

10 "Delfim lança Ermírio para a eleição à Presidência em 1988", *Folha de S.Paulo*, 5 nov. 1987.

11 *Jornal de Brasília*, 8 jul. 1988.

12 "Ermírio culpa moratória e diz que crise é moral", *Jornal de Brasília*, 19 maio 1987.

13 "Ermírio: posição é de republiqueta", *O Estado de S. Paulo*, 24 fev. 1987.

14 "Sarney não governa e não trabalha", *Jornal do Brasil*, 19 out. 1987.

15 "Ermírio: a estabilidade para o Brasil", *O Estado de S. Paulo*, 9 dez. 1987.

16 Entrevista: "Um congelamento depois do outro", *Senhor*, 25 ago. 1987.

17 "Para Delfim, Ermírio é o melhor candidato", *O Estado de S. Paulo*, 5 jan. 1988.

18 "Ermírio reafirma que não é candidato", *Diário Popular*, 29 dez. 1987.

19 "Centro-direita articula esquema para impedir o avanço das esquerdas", *Jornal da Manhã*, São Paulo, 1º dez. 1988.

20 "Para Ermírio, crise é de honestidade", *Folha da Tarde*, 9 jan. 1989.

21 "Para Ermírio, crise é de honestidade", *Folha da Tarde*, 9 jan. 1989.

22 "Reposição não terá repasse a preços", *Gazeta do Povo*, Curitiba, 29 jan. 1989.

23 "Ermírio: erro está na dívida externa", *A Crítica*, Manaus, 27 jan. 1989.

24 "Pesquisa Gallup: A corrida presidencial", *IstoÉ Senhor*, 11 jan. 1989.

25 Antônio Ermírio de Moraes, "Aos meus amigos", *Folha de S.Paulo*, 16 mar. 1989.

26 "Antônio Ermírio visita Newton Cardoso e diz que não é candidato", *Gazeta Mercantil*, 4 dez. 1987.

27 "Votorantim vai conceder licença de um mês a 500 funcionários", *O Globo*, 8 abr. 1990.

28 "Antônio Ermírio faz desafio a Zélia", *Folha da Tarde*, 3 maio 1990.

29 "Quem trabalha é inflacionário", *Exame*, 14 nov. 1990.

30 "O Plano Collor está fazendo água", *O Globo*, 8 nov. 1990.

31 *O Globo*, 9 nov. 1990. A frase completa de Antônio na entrevista do dia 8 nov. 1990 foi: "Não posso dizer que no governo só tem ladrões porque é injustiça, embora tenha ladrões no governo, mas não são todos".

32 "Ermírio tem apoio da Fiesp para enfrentar Governo na Justiça", *O Globo*, 13 nov. 1990.

33 "Kandir culpa empresário e trabalhador pela inflação", *Jornal da Tarde*, 1º nov. 1990.

34 "Governo ameaça Ermírio com processo na Justiça", *Diário Popular*, 11 nov. 1990; "Passarinho vai processar Ermírio", *O Globo*, 11 nov. 1990.

35 "Empresário afirma nada temer", *Diário Popular*, 11 nov. 1990.

36 "Passarinho vai processar Antônio Ermírio", *O Globo*, 11 nov. 1990.

37 Depoimento no programa *Momento Econômico*, 1992.

38 "Líder do PRN acusa Ermírio", *O Estado de S. Paulo*, 26 out. 1991.

39 "Ermírio afirma que perdeu a paciência com ataques oficiais", *Folha de S.Paulo*, 27 out. 1991.

40 "Ermírio renova críticas ao governo", *Correio Braziliense*, 2 maio 1991.

41 "Defesa oportuna", *O Estado de S. Paulo*, 31 out. 1991.

42 "Ermírio não sabia que no governo tinha tantos ladrões", *O Diário de Curitiba*, 20 out. 2001.

43 Dados da pesquisa sobre o Mapa das Elites, feita pela Fato, Pesquisa e Jornalismo (FPJ). Resultado publicado na entrevista de Antônio e Lázaro de Mello Brandão ("Ermírio e Brandão avaliam a crise", *Jornal de Brasília*, 29 jun. 1992).

44 "Ermírio, chocado, vê governo sem autoridade moral", *Jornal de Brasília*, 28 jul. 1992.

45 "Ermírio e Brandão avaliam a crise", *Jornal do Brasil*, 29 jun. 1992.

46 A inflação no mês de julho já havia ultrapassado os 13%, contra 8% do mês de junho.

47 "A inflação pode explodir", *Folha de S.Paulo*, 31 jul. 1991.

48 "Plano só dura dois meses, prevê Ermírio", *Folha de S.Paulo*, 6 fev. 1991.

49 Depoimento no programa *Momento Econômico*, 1992.

50 "Tempos de cólera", *IstoÉ Senhor*, 13 nov. 1991.

51 "Teremos problemas sérios de desemprego pela frente", *Gazeta Mercantil*, 2 ago. 1991.

52 Depoimento no programa *Momento Econômico*, 1992.

53 "Zélia ouve críticas de Fleury mas não se dispõe a comentar", *Folha de S.Paulo*, 16 mar. 1991.

54 "Ser rico é duro", *Veja*, 2 mar. 1994.

55 "Ermírio, chocado, vê governo sem autoridade moral", *Jornal de Brasília*, 28 jul. 1992.

56 "Reforma fiscal: Ermírio diz que ajuste só com impeachment", *Jornal DCI*, 28 ago. 1992.

57 "Mais do que nunca, paciência", *O Estado de S. Paulo*, 11 out. 1992.

58 "Ermírio faz previsão catastrófica para o país", *Diário Popular*, 16 nov. 1992.

59 "Ermírio propõe medidas de combate à sonegação", *Jornal DCI*, 17 dez. 1992.

60 "O gesto de Antônio Ermírio", *O Estado de S. Paulo*, 17 mar. 1989.

61 "Alguém tem de gritar", *Veja*, 24 set. 1997.

62 *Folha de S.Paulo*, 17 set. 1997.

63 "Lula quer aliança da esquerda com Antônio Ermírio de Moraes", *Folha da Tarde*, 29 set. 1997; "Lula chama Antônio Ermírio para frente anti-FHC", *A Tarde* (Salvador), 29 set. 1997; "Lula quer aliança da esquerda com Antônio Ermírio de Moraes", *Folha da Tarde*, 29 set. 1997.

64 "Ermírio de Moraes critica o setor da saúde do governo", *Diário do Nordeste* (Fortaleza), 3 out. 1997; "Antônio Ermírio diz que não aceita convite de Lula", *O Popular* (Goiânia), 3 out. 1997.

65 Palestra em comemoração aos 30 anos da Beneficência Portuguesa de São José do Rio Preto, 1998.

66 "Frases", *Folha de S.Paulo*, 4 nov. 1999; "Ermírio critica crédito a estrangeiros", *Folha de S.Paulo*, 3 abr. 1999.

67 "Retrato do desencanto com o Brasil", *IstoÉ Dinheiro*, 29 maio 2001.

68 *Folha de S.Paulo*, 10 maio 2001.

69 "Economia cresce 3%", *Folha de S.Paulo*, 16 fev. 2002.

70 Depoimento no programa *Conexão Nacional*, 2000.

71 "Antônio Ermírio diz que risco maior está no Hemisfério Norte", *O Estado de S. Paulo*, 3 jul. 2002; "Ermírio adverte para risco de repetição da crise de 29", *Monitor Mercantil de São Paulo*, 3 jul. 2002; "Para Ermírio, EUA são o verdadeiro risco", *Zero Hora* (Porto Alegre), 3 jul. 2002.

72 Antônio Ermírio de Moraes, "Prioridade nº 1: investir", *Folha de S.Paulo*, 29 set. 2002.

73 *Carta Capital*, 14 ago. 2002.

74 "O medo dos estrangeiros", *Época*, 8 nov. 2004.

75 "Ermírio defende na TV gestão Serra na saúde", *O Estado de S. Paulo*, 6 set. 2002.

76 "Brasil está longe de quebrar", *O Estado de Minas*, 3 ago. 2002.

77 "Antônio Ermírio receita corrida às exportações", *O Estado de S. Paulo*, 31 jul. 2002.

78 "Antônio Ermírio aposta na reação do mercado interno", *Monitor Mercantil*, 10 ago. 2005.

79 "Votação merece respeito", *Valor Econômico*, 29 out. 2002; "Entrevista", *Diário Catarinense*, 10 dez. 2002.

80 "Como está não pode ficar", páginas amarelas, *Veja*, 5 nov. 2003.

81 "Lula volta a atacar a política protecionista dos países ricos", *Jornal do Commercio*, 28 out. 2003.

82 "Para Ermírio, agricultura pode acabar com a fome", *Gazeta Mercantil*, 18 set. 2003.

83 "Alta de juros é descabida", *Folha de S.Paulo*, 24 jan. 2003.

84 "Ermírio culpa lobby dos bancos", *O Globo*, 25 maio 2003.

85 "Os empresários estão fazendo milagre", *IstoÉ Dinheiro*, 24 dez. 2003.

86 Luiz Inácio Lula da Silva, *Carta aos brasileiros*, Brasília, 22 jun. 2002.

87 "Ermírio defende desemprego zero", *Jornal do Brasil*, 24 out. 2003.

88 "Não é preciso viajar tanto para exportar", *O Estado de S. Paulo*, 29 jan. 2004.

89 "Dê nome aos bois", *Folha de S.Paulo*, 29 jan. 2004; *Diário Catarinense*, 30 jan. 2004.

90 "Ermírio: queda de 1,5 ponto já está muito bom", *Jornal do Commercio*, 19 ago. 2003.

91 "Antônio Ermírio pede novo imposto", *Jornal do Commercio*, 18 dez. 2007.

92 "A crise", *Diário de Pernambuco*, 10 ago. 2005.

93 "Onde está Palocci?", *IstoÉ Dinheiro*, 3 ago. 2005.

94 "Responsabilidade e amor à pátria", *Folha de S.Paulo*, 31 jul. 2005.

95 "Amor à camisa: um exemplo a ser seguido pelos nossos políticos", *Folha de S.Paulo*, 24 jul. 2005.

96 "Governo e empresários se unem contra a crise", *Folha de S.Paulo*, 31 jul. 2005.

97 "Festa marca inauguração da expansão da CBA", *Diário de Sorocaba*, 25 out. 2003.

98 "Manifestantes tentam impedir hidrelétricas no Vale do Ribeira", *O Estado de S. Paulo*, 8 set. 2006.

99 "Ermírio e Dilma", *Diário de S. Paulo*, 19 abr. 2004.

100 "Pode faltar energia em 2008", *Jornal DCI*, 23 dez. 2005.

101 *Jornal DCI*, 19 abr. 2005.

102 *Jornal do Commercio*, 13 abr. 2006.

103 "CBA investe para virar a maior do mundo", *O Estado de S. Paulo*, 16 ago. 2006.

104 "CBA recebe visita do presidente Lula", *Jornal do Alumínio*, 20 abr. 2006.

105 "Presidente cogita Ermírio para a Saúde", *Folha de S.Paulo*, 4 jul. 2005.

106 "Antônio Ermírio lança Alckmin a presidente", *Diário de S. Paulo*, 28 nov. 2003.

107 "Alckmin lança-se candidato e ganha apoio de Antônio Ermírio de Moraes", *Valor Econômico*, 14 dez. 2005; "Ermírio prefere Alckmin a Serra", *O Liberal* (Belém), 14 dez. 2005.

108 Antônio Ermírio de Moraes, "O jogo da enganação", *Folha de S.Paulo*, 19 mar. 2006.

109 "Ermírio fala do cenário político", *Diário Catarinense*, 28 jun. 2005.

110 Declaração à *IstoÉ Dinheiro*, 14 set. 2005.

111 "Não é preciso viajar tanto para exportar", *O Estado de S. Paulo*, 29 jan. 2004.

CAPÍTULO 6

A incursão na dramaturgia

Temos de salvar a juventude,
porque são esses jovens que vão tocar
o Brasil dos próximos 30 ou 40 anos.
Antônio Ermírio de Moraes

Fazia tempo que a ideia de escrever uma peça de teatro rondava os pensamentos de Antônio Ermírio de Moraes. Volta e meia ele se dizia decepcionado com a pouca repercussão das propostas que apresentava em artigos de jornal e entrevistas na grande mídia.

– Acho que minha linguagem não está calando nas pessoas a quem destino as mensagens. Os artigos de jornal morrem com a edição do dia. O mesmo ocorre com as entrevistas.

Foi com esse tipo de preocupação que chegou ao teatro. Ele acreditava que, entremeadas com emoções, suas propostas seriam mais bem absorvidas pelo público. Na juventude, Antônio assistia com frequência às peças encenadas no Teatro Brasileiro de Comédia (TBC), de Ziembinsky e Cacilda Becker. Como também fui frequentador assíduo do TBC, o assunto sempre vinha à baila em nossas conversas. Mas a memória dele era infinitamente melhor do que a minha: recordava tim-tim por tim-tim o elenco, os cenários e até o sucesso (ou fracasso) de cada peça. O que mais chamava minha atenção, porém, era perceber que, em muitos casos, Antônio via os personagens como elementos da realidade. Sentia-os como "pessoas reais" e, com isso, se emocionava muito. Era igual ao pai. José Ermírio trabalhava a semana inteira e tinha pouco tempo para lazer. Mas, aos domingos, não perdia as novelas transmitidas pela Rádio São Paulo. Ouvia ao lado da esposa, Helena, e, volta e meia, num momento mais emocionante, caía em prantos.

– Zeca, por que todo esse choro se você não ouviu nada dessa novela durante a semana, não conhece os personagens e nem sabe direito o que está acontecendo? – perguntava Helena.

José Ermírio não conseguia responder. Chorava em silêncio. Antônio também é assim, muito emotivo. Assistimos juntos diversas vezes às duas primeiras peças de sua autoria – *Brasil S/A* e *S. O. S. Brasil* – e, com menor frequência, a terceira, *Acorda Brasil!*, porque ele se achava adoentado. Sentávamos sempre na última fileira do teatro. Era o lugar mais reservado para ele chorar e rir à vontade. Nesse caso, a situação dele era oposta à do pai. Como autor, ele sabia exatamente o que iria acontecer em cada cena. Ainda assim, se emocionava como se estivesse vendo aquilo tudo pela primeira vez. Chorava até mesmo com a falsidade dos vilões disfarçados de santos. E ria muito quando os atores acrescentavam um "caco" na sua fala – embora ficasse contrariado no dia seguinte por não querer ver os textos desvirtuados.

Mas, como bem observou Irene Ravache em entrevista concedida em 1990 (já narrada), muito antes da incursão de Antônio pelos caminhos da dramaturgia, ele não escondia seus momentos de alegria e, como regra, ria abertamente – o que não acontecia com seus momentos de tristeza, quando procurava chorar reservadamente.

Antônio nunca dispôs de horas vagas para se dedicar à literatura como gostaria. Mas encontrava tempo para ler Machado de Assis e Humberto de Campos, cujas frases citava de cor. Também era fã de Ernest Hemingway e de Tennessee Williams, que lia em inglês.

Sobre Machado de Assis, costumava dizer:

– Ele é malvado e doce ao mesmo tempo. É um autor muito penetrante. Não consigo interromper a leitura.

Muitas vezes, ele abria nossas conversas levantando a questão da honra de Capitu. Entrávamos então em longos debates sobre a obra e o estilo de Machado. Seu foco eram sempre os personagens. Eram eles que realmente o impressionavam, e aos poucos fui entendendo por que Antônio vivia todos eles de maneira tão intensa.

A ideia de escrever uma peça fincou raízes em 1986, quando Antônio concorreu ao governo do Estado de São Paulo. Bastaram poucos meses de campanha para ele concluir que política é o maior de todos os teatros. Dizia:

– Os candidatos vencem mais pela interpretação do que pelas ideias. O eleitor reage mais à emoção do que à razão.

No fim daquela campanha, Antônio me revelou:

– Estou vendo que, numa campanha eleitoral, o essencial para convencer os eleitores é a dramaturgia, usando verdades ou mentiras, fazendo promessas exequíveis ou inexequíveis. O que capta o voto é o envolvimento emocional. Aprendi bem essa lição. Vou tentar compactar numa peça de teatro o que aprendi em política, recheando com emoções o que se passa efetivamente (sem mentiras) na realidade da política brasileira.

Sua ideia era discutir, em forma teatral, os problemas do país, em especial os que considerava mais prementes: a especulação, as precárias condições de saúde, a má qualidade da educação e outros.

– O Brasil tem tantos problemas que bons assuntos para teatro não faltam – costumava dizer. – Dá para fazer várias peças.

Assim que começou a escrever, Antônio ficou eletrizado com a ideia de usar a dramaturgia como meio de comunicação. Ele não tinha a menor ideia da revolução que iria acontecer em sua vida. Nem eu. Para adiantar, devo dizer que o teatro mudou seu modo de ser – uma metamorfose que jamais imaginei possível. De um executivo fechado e carrancudo, transformou-se num sujeito alegre, aberto a brincadeiras e extremamente tolerante. Uma mudança radical.

A gestação de Brasil S/A

Já no início da campanha, Antônio decidira escrever uma peça de teatro sobre os malefícios da ciranda financeira (especulação). Passou a anunciar isso abertamente. "Já tenho um esqueleto do roteiro", costumava dizer. Ao repórter Valdir Sanches, em abril de 1986, afirmou:

– O primeiro ato mostra um homem lutando muito para criar sua própria empresa, subindo aos poucos, consolidando-se lentamente até alcançar seu ideal. Mas o vilão da história, representante de uma multinacional, interessa-se em comprar a empresa e faz ofertas tentadoras. E ele acaba vendendo por um preço alto. No segundo ato esse homem está gastando dinheiro com prazeres... e tem de se preocupar em como empregar seu dinheiro, em que papéis, enfim, especulando... No terceiro ato o personagem vira uma pessoa revoltada. Vê que sua empresa cresceu muito e acha que foi lesado pelos compradores e passa a ser inimigo dos que a compraram[1].

Era uma trama muito ingênua e, confesso, pouco comovente – o contrário do que ele pretendia fazer. Apesar disso, Antônio não parava de pensar na peça. Àquela altura, imaginava intitular a mesma de *O quadro-negro*, como contou à revista *Senhor*,[2] para retratar as agruras dos brasileiros. Numa entrevista à Rádio Jovem Pan,[3] ele assim se pronunciou:

– Se eu não conseguir me eleger governador, juro que vou escrever uma peça de teatro contando as canalhices dos políticos.

Aproveitando a deixa, o repórter perguntou:

– O senhor está no meio da campanha e não perdeu, mas eu quero saber, hoje, se o senhor tivesse que escrever o comecinho da peça, que canalhice contaria agora? Qual é a principal?

Era uma pergunta embaraçosa. Na resposta, Antônio deu uma explicação enviesada, dizendo que gostaria de se concentrar no fato de muitos aproveitadores se locupletarem com o Brasil em lugar de trabalharem em prol da pátria. Em linguagem cifrada deu o recado, mencionando as peças que pretendia escrever:

– Uma das peças vai se chamar *Brasil Sociedade Anônima*. A segunda será *O quadro-negro*. E a terceira peça terá o título de *No mundo das traições*.

Como o tema da primeira peça era a especulação financeira, Antônio acabou batizando-a de *Brasil S/A*, deixando de lado o título *O quadro-negro*.

A peça pretendeu ter uma ampla dimensão social. Mas, sem perceber, Antônio escreveu um texto que entremeava sua vida pessoal com o drama do protagonista. Ambos eram *workaholics* e, como tal, impunham enormes sacrifícios à família.

A redação foi um dos projetos mais difíceis de sua vida, e levou um longo tempo. Eu vi de perto quanto ele sofreu para escrever *Brasil S/A*. O maior problema é que lhe vinham à mente muitas ideias ao mesmo tempo. Os diálogos se multiplicavam, o que dificultava a transposição para o papel. Tudo era muito doloroso e lento, agravado pelo fato de Antônio não ter nenhuma prática com aquele tipo de narrativa. Em pouco tempo, percebeu que não poderia jogar no texto, ao mesmo tempo, todos os problemas que o preocupavam. Por isso selecionou um deles, o da ciranda financeira que premiava os especuladores e prejudicava os produtores – aberração que criticou durante toda a sua vida.

Brasil S/A não demorou a se firmar como título, pois sintetizava a ideia de uma República povoada por espertalhões cuja única função era "mamar nas tetas do governo, sem produzir um parafuso, um emprego e um centavo de imposto", como dizia Antônio.

Antônio escrevia os diálogos à mão, depois do jantar ou durante a madrugada, quando perdia o sono. E sempre com uma letra mais indecifrável que um hieróglifo. Na manhã seguinte, mandava-me dezenas deles para eu digitar e colocá-los numa certa ordem. Mas, uma vez digitados, ele se punha a mudar tudo, retocando-os indefinidamente.

Ele ia avançando com os diálogos sem ter uma visão completa do enredo. Fascinava-lhe a ideia de narrar fatos da vida real de forma comovente. Mas tinha muita dificuldade para fazer isso. Muitas vezes, um novo diálogo anulava outro escrito e reescrito muitas vezes.

Procurei ser absolutamente fiel a suas ideias. Mas, de vez em quando, apresentava sugestões que, no meu entender, poderiam melhorar a comunicação. Àquela altura, eu já havia mergulhado na leitura de técnicas de redação teatral. Tentava dar um pouco de ordem ao turbilhão de ideias que brotavam na cabeça de Antônio. Mas eu também não era (e não sou) do ramo. Conclusão: éramos dois amantes do teatro querendo trilhar o caminho da dramaturgia sem bússola e sem ferramentas... Quando eu me queixava das dificuldades, ele atalhava:

– Que nada. Está fascinante. Vai ser uma peça e tanto. O público vai vibrar ao ver os bastidores da vida de um empresário, o que é sua realidade.

A redação foi demoradíssima e foi interrompida várias vezes entre 1987 e 1989. Planejamos concentrar esforços em 1990. Mas os problemas da Votorantim, decorrentes do congelamento de recursos pelo Plano Collor, obrigaram Antônio a concentrar suas forças nas empresas. Com isso, os garranchos dos diálogos principais ficaram engavetados. Mas Antônio não esquecia seu projeto. Diante da falta de dinheiro criada por Collor e da explosão dos juros, ele achava ter escolhido o tema certo: o país da jogatina e da ciranda financeira.

Os diálogos da peça foram retomados no fim de 1991, tudo na velha rotina: ele relia o texto digitado e, como regra, alterava-o de ponta a ponta e pedia nova redação. E assim *ad infinitum*. Trabalhávamos aos sábados. Antônio me instalou numa sala perto da dele na Votorantim. Assim que eu chegava, ele me chamava para falar sobre suas novas ideias. Eu tomava nota e corria para o computador para registrar tudo sem esquecer.

Para mim, aquilo não era trabalho. Era puro prazer. Sempre fui um apaixonado por teatro. Cresci vendo meu pai montar teatro amador na Lapa, cheguei a ser figurante em muitas peças e respirei o ambiente teatral desde cedo. Para ajudar no desafio de Antônio, passei a assistir a peças com mais frequência, fazendo um esforço para entender sua estrutura à luz do que lia sobre técnicas dramatúrgicas. Peguei o básico. Aprendi, por exemplo, que as peças têm três mo-

mentos: a colocação do problema, a formação de um conflito e sua resolução; que no teatro não se devem explicar as coisas, mas sim fazê-
-las acontecer, pois teatro é ação; que o protagonista e o antagonista
devem se confrontar com muita emoção, e outras tantas coisas. Tudo
isso me ajudou a trocar ideias com Antônio "com mais propriedade".
A cada peça que eu assistia, no Brasil e no exterior, fazia um resumo, detalhava o cenário e o desempenho do elenco. Antônio prestava
atenção em cada detalhe e ficava entusiasmado com as tramas, os elementos de suspense, o entrelaçamento dos momentos de tristeza e
alegria por mim narrados. Seu primeiro impulso era aproveitar tudo
aquilo em *Brasil S/A.* Eu ficava feliz ao ver seu entusiasmo. Porém,
convenhamos, o que eu lia e via não era suficiente para enfrentar o
desafio de escrever uma peça. Éramos dois amadores procurando
dominar uma arte sinuosa, difícil e fascinante. Afinal, teatro não é
só técnica, mas, sobretudo, ideias, tramas, suspense, emoções. Isso só
ocorre nas mentes acostumadas a ler muita literatura e a ver peças
de teatro o tempo todo – o que não era nosso caso.

Pelo que pude conhecer, as interrupções frequentes e demoradas
não fazem parte do método dos grandes autores. Soube depois que
Juca de Oliveira se isola em sua fazenda para escrever suas peças e
faz tudo em um período concentrado. Benedito Ruy Barbosa enfur-
na-se em Sorocaba para criar as novelas de forma intensiva e contínua. Bem diferente era a situação de Antônio, que tinha sob sua
responsabilidade 96 empresas industriais, com 60 mil empregados,
e um grande hospital filantrópico (a Beneficência Portuguesa) para
administrar, com 5 mil funcionários e 1.500 doentes, que consumiam
grande parte de seu tempo "livre".

Em 1992, chegamos a um rascunho completo de *Brasil S/A.* Se
não era definitivo, ao menos tinha começo, meio e fim. Mas Antônio
pensou que tivesse uma peça pronta para ser encenada. Mal imaginávamos quão longe disso estávamos. Quanto mais ele lia a peça
"pronta", mais defeitos encontrava. Ele disse à imprensa ter feito
sete versões da peça. Na verdade, tenho gravado até hoje no computador dez rascunhos de *Brasil S/A.* O problema era que, a cada nova

versão, ele vinha com novas ideias. Queria sempre incluir – jamais eliminar (outra coisa que aprendi foi que, na maioria das vezes, é mais difícil reduzir do que adicionar; mais trabalhoso sintetizar do que acrescentar). Conclusão: o texto ficou quilométrico. E pior: não agradava nem a ele nem a mim. Depois de tanto trabalho, ficamos desapontados. A frustração ameaçava nos abater. Sentimo-nos como duas almas perdidas. Mais tarde, o próprio Antônio descreveria a redação da peça como "um parto doloroso, lento, sinuoso".

Para evitar uma dupla decepção, tentei convencê-lo a procurar ajuda profissional para formatar a peça. As ideias eram ótimas, os diálogos eram comoventes, mas faltava o essencial: uma boa trama, amor, emoções. Não havia suspense. Tudo era muito previsível.

A participação de Miguel Falabella

Depois de muito relutar, Antônio concordou em conversar com Miguel Falabella a respeito da peça. Foi no início de 1993.

Liguei para o Miguel, no Rio de Janeiro, e expliquei o projeto: Antônio Ermírio de Moraes estava escrevendo uma peça de teatro e gostaria de conversar com ele. Transmiti-lhe o convite para um almoço. Falabella estranhou a proposta para vir a São Paulo num sábado de manhã e fez dezenas de perguntas antes de aceitá-la. No dia marcado, fui ao aeroporto, e dali seguimos para o Restaurante Ca'd'oro. Antônio chegou logo em seguida. O almoço levou quase três horas e espantou os garçons, não só pelo excessivo tempo, mas, sobretudo, pela companhia que Antônio havia trazido. Antônio nunca gastava mais que uma hora para almoçar, muito menos com artistas.

Durante o almoço, Antônio entrou em cheio na descrição da peça, sem introito e sem preparação. Miguel ouviu atentamente, mas com surpresa. Do restaurante fomos para o escritório de Antônio. Ao ver tantos gráficos técnicos nas mesas e nos quadros, Miguel disparou uma surpreendente pergunta:

– Antônio, o que faz a Votorantim?

Antônio e eu nos entreolhamos e, por telepatia, entendemos que, assim como nós não entendíamos nada de teatro, Miguel não sabia nada de alumínio, aço e cimento. Mas era uma curiosidade genuína. Ele queria saber o ramo da empresa. Antônio explicou em poucas palavras, porque seu objetivo maior era saber se Miguel poderia ajudá-lo com a peça. Só queria pedir seu auxílio se ele realmente se mostrasse interessado pela peça.

O relógio já marcava cinco horas da tarde. Não sei se por cansaço ou por educação, Miguel disse que, a princípio, poderia ajudar – mas teria de levar o texto para o Rio de Janeiro para dar uma boa estudada. Assim foi feito.

Quando o levei de volta ao aeroporto, conversamos mais sobre a "aventura" do amigo Antônio. Contei-lhe resumidamente a difícil gestação da peça. Expliquei que a vontade de colocar os problemas brasileiros no palco nem sempre encontrava respaldo na diminuta capacidade dramatúrgica do autor – que, afinal de contas, era um engenheiro e produtor de alumínio. Falabella revelou compreensão e admiração pelo fato de Antônio gostar tanto de teatro.

Três dias depois, ele me ligou para dizer que a peça precisaria de muitas reformas. Não entrou em detalhes, comentou apenas que a narrativa estava muito didática e que "isso não ia bem no teatro". Mas confirmou sua disposição em colaborar. Tivemos mais três reuniões com ele em Copacabana.

Houve uma cena, que nunca fez parte de nenhuma peça, e que precisa ser contada aqui. Era inacreditável. Saímos três vezes de São Paulo para ir ao Rio de Janeiro discutir um rascunho de uma peça de teatro. Como sempre chegávamos adiantados, para "fazer hora", tomávamos um café no Copacabana Palace, ao lado do apartamento do Miguel. Aquele em si era um espetáculo incrível para mim: ver Antônio Ermírio de Moraes, com todas as suas responsabilidades empresariais, se deslocar para o Rio e ali "desperdiçar" preciosos minutos num cafezinho de hotel à espera de uma conversa com um possível diretor de teatro que evidentemente nada tinha a ver com alumínio, cimento, energia...

Travamos com Miguel uma boa amizade. Ficamos conhecendo seus valores, seus hábitos, sua frenética rotina de trabalho, sua mania de doar tudo o que tem em casa nos fins de ano e outros aspectos curiosos de sua personalidade – ele é uma pessoa admirável. Todos os que convivem com ele conhecem sua energia, sua paixão pelo teatro e seu amor pulsante pela vida. Foram contatos agradabilíssimos.

Todavia, logo após os primeiros encontros, o envolvimento de Miguel foi diminuindo. Ficou claro que ele não tinha tempo para fazer todas as mudanças que julgava necessárias. Ainda assim, foi muito amável. Jamais disse que a peça não tinha salvação. Mas ficou assustado com o enorme volume de alterações, inviável diante de sua já pesada carga de trabalho.

Eu insistia que seria um trabalho profissional e que Antônio fazia questão de acertar seus merecidos honorários. Perguntei-lhe diversas vezes quanto cobraria pelo trabalho. O problema dele era mesmo a falta de tempo. Uma vez, disse em tom de brincadeira:

– Quem sabe o Antônio me arruma um carro novo... O meu está em petição de miséria [*risos*].

A entrada de Marcos Caruso

O trabalho com Miguel Falabella não prosperou, e concluímos que era melhor procurar outra pessoa. Sugeri o ator Marcos Caruso. Antônio aceitou na hora. Já vira Caruso atuar, em 1986, numa peça de sua autoria – *Sua excelência, o candidato*. Gostara muito do texto e do trabalho do ator. Assistira também a *Porca miséria*, com a qual não se entusiasmou muito, embora tivesse gostado do trabalho do elenco.

Telefonei a Caruso, disse que Antônio Ermírio de Moraes rascunhara uma peça de teatro e gostaria de contar com a ajuda dele para os acertos finais. Não contei que havíamos recorrido a Miguel Falabella. Caruso achou que fosse trote e fez uma bateria de perguntas. Em seguida, pediu um tempo (soube depois que, ao conversar com Jussara Freire, sua esposa, ela concordou: só podia ser trote). Não obstante, pediu meu telefone. Ligou no dia seguinte e sugeriu que conversássemos pessoalmente. Mais uma vez, reservei uma mesa no Restaurante Ca'd'Oro. Marcos chegou ressabiado, continuou fazendo perguntas, mas, aos poucos, entendeu que a coisa era séria. Começou a se entusiasmar. Concordou que, por não ser do ramo, Antônio precisaria da colaboração de alguém da área. Pediu para ver o rascunho. Estava na minha pasta, com a mesma recomendação do autor:

– Só entregue se ele se dispuser a colaborar.

Seguindo à risca sua instrução, entreguei-lhe o calhamaço. Caruso se despediu e foi para casa. No dia seguinte, me telefonou e praticamente repetiu as palavras de Miguel Falabella.

– O texto tem boas ideias, mas não é uma peça de teatro. Tem vários defeitos. Mas acho que posso ajudar.

Marcamos uma reunião com Antônio. Caruso, pacientemente, explicou o que precisava ser feito. Antônio entendeu as ponderações e ficou encantado de imediato com a delicadeza, a educação, o respeito e a disposição de Marcos.

Feitos os acertos gerais – a palavra "honorários" nem sequer foi mencionada –, Caruso mergulhou de cabeça no texto. O trabalho passou a ser feito a seis mãos. Eu levava as propostas de Caruso para Antônio, que as aceitava ou rejeitava, e as devolvia para Caruso. Com toda a paciência do mundo, Caruso foi encontrando pontos de acordo, de modo a não deixar de lado o que achava importante e, ao mesmo tempo, não contrariar o autor.

Foi um processo que levou seis meses e incluiu vários encontros de Antônio e Marcos. No início eram conversas casuais, geralmente almoços, nos quais, surpreendentemente, Antônio falava de trabalho. Mas não era o trabalho empresarial. Falava sobre uma paixão. Sim, àquela altura, o teatro havia dominado sua alma. Ele estava irremediavelmente amarrado à peça.

A entrada de Caruso me deu um apoio precioso. Eu discutia com ele as ideias de Antônio antes de registrá-las no papel. Marcos dizia: isso vai bem assim, e não assado. Uma experiência valiosíssima. Frequentemente pedia uma reunião com Antônio para mostrar os progressos. Apesar de continuar trabalhando arduamente em suas empresas e na Beneficência Portuguesa, Antônio encontrava tempo para nos ouvir. Muitas vezes demorava, mas acabava aceitando as propostas de mudança. Com isso, o trabalho passou a render. Mesmo porque Caruso pegou firme no texto. Só parou quando sentiu que a peça ficara em pé.

Em nosso convívio, Marcos e eu nos surpreendíamos ao descobrir um lado pouco conhecido de Antônio: o do homem espirituoso e bem-humorado. Nós fomos os primeiros a assistir a uma metamorfose: o teatro estava quebrando a rigidez do empresário durão. Era a chance que tinha de expressar suas ideias com forte carga emocional. Caruso, com uma paciência incrível, ia corrigindo os tropeços do autor de primeira viagem e melhorando a chamada "carpintaria" dramatúrgica.

Com o tempo, Caruso passou a convidar alguns artistas, eventuais candidatos ao elenco, para participar de nossos almoços. Nos restaurantes, a roda de amizades foi aumentando e se diversificando, é claro. Os garçons e demais frequentadores observavam com curiosidade o grupo heterodoxo que compunha a mesa. Os artistas eram alegres, falantes, animados e sempre munidos com casos interessantes para contar. Para mim e para Antônio, foi a descoberta de um novo mundo. Eu também mudei muito – fiquei mais expansivo. Mas os convidados se surpreendiam a cada dia com aquele Antônio modesto, humilde, alegre e espirituoso.

Antônio e eu ficamos muito amigos de Marcos Caruso, que, além de ator e autor talentoso, cultiva valores primorosos. Aos poucos, estreitamos nossos laços, nos aproximamos de sua família e ficamos conhecendo aspectos de sua intimidade. Soubemos de seu amor e carinho para com seu pai, a quem dedicava um bom tempo durante o dia.

Nossa amizade chegou a ponto de Antônio e eu interferirmos num negócio imobiliário que Marcos pretendia fazer. Conto isso pelo lado pitoresco do desfecho. Caruso estava fascinado por uma casa que desejava comprar de qualquer maneira. Era uma ideia fixa. Só falava nisso. Após um de nossos almoços, convidou-nos a visitar a bendita casa. O negócio estava praticamente fechado. Assim que entrou no imóvel, Antônio achou melhor fazer uma vistoria detalhada. Deu uma de engenheiro. Visitou todos os cômodos, examinou a instalação elétrica, testou a parte hidráulica, analisou a alvenaria, as janelas e as portas. Notou sinais de umidade em várias paredes, bem como algumas rachaduras. E ofereceu sua conclusão ao Marcos:

– Como engenheiro e amigo, aconselho você a não fechar este negócio. Não vale um terço do que vai pagar. Você vai gastar um dinheirão para pôr esta casa em ordem. Mas a decisão é sua, e minha consultoria foi grátis...

Caruso ficou chocado, mas pensou bem e desistiu do negócio. Comprou um apartamento muito melhor em outro bairro e ficou agradecido à assessoria de Antônio.

Em outra vez, Caruso nos levou para visitar o Teatro Maria Della Costa. Ele era presidente da Associação dos Produtores de Espetáculos Teatrais do Estado de São Paulo (Apetesp) e conhecia o estado lamentável do imóvel. Novamente, Antônio fez uma vistoria completa no prédio. Vimos tudo, fomos ao porão, passamos pelo corpo do teatro e chegamos a subir no teto (!) – uma visita e tanto. Mais uma vez, ele ativou seu olhar de engenheiro. O teatro estava realmente no fim. Mas, naquela oportunidade, sua reação foi diferente: ofereceu-se para bancar a reforma do local. E assim foi feito. O teatro ficou lindo e, em sua reinauguração, Caruso fez um agradecimento comovido a Antônio. Ao chamá-lo ao palco – teatro lotado de artistas –, ele resistiu. Mas acabou subindo e, sem graça e sem saber o que dizer, falou:

– Eu é que agradeço a vocês, artistas, que mantêm viva a chama da cultura e agora estão me aceitando em seu meio.

Não poderia ser um agradecimento mais sincero – de ambas as partes. E, a medir pelos aplausos, acho que todos entenderam e sentiram o mesmo.

A finalização de Brasil S/A

Depois de incorporar ao texto as inúmeras sugestões do Caruso, Antônio o convidou para dirigir a peça e selecionar o elenco. Marcos aceitou, mas, com honestidade e cautela, avisou que seria sua estreia como diretor, havendo riscos a considerar. Antônio não pensou duas vezes e pediu que ele, já nomeado diretor, selecionasse o elenco com toda a liberdade. Na primeira temporada em cartaz, fizeram parte da peça Irene Ravache, Rogério Fróes, Mayara Magri, Suzy Rêgo, Luiz Guilherme, Jandir Ferrari, Rogério Márcico e Eugênia de Domênico.*

O texto final de *Brasil S/A* passou a contar o drama de um empresário nacionalista e trabalhador que vende uma fazenda que tanto amava para comprar um laboratório farmacêutico. Seu intuito era produzir e vender remédios mais baratos para a população de baixa renda. Sem condições de fazer pesquisas científicas, ficava na mão de multinacionais para comprar os insumos necessários. Aos poucos, começou a ser pressionado a vender a empresa para o capital estrangeiro. Resistiu o quanto pôde, mas não teve jeito. Sua interesseira nora envolveu-se com um intermediário a mando das multinacionais, que começou a criar problemas na concessão de crédito e no fornecimento das matérias-primas. O empresário acabou caindo nas mãos dos banqueiros, que passaram a cobrar juros escorchantes, levando-o à beira da falência, o que o obrigou a vender a indústria. Jamais imaginara ser traído pela própria nora e por um médico-político que se dizia seu amigo. Para dificultar as coisas, sua filha entrou numa organização ecológica radical e, acusando o pai de poluidor, decidiu invadir a fábrica com seus companheiros. No esteio da família estava a esposa do empresário, mulher de fibra, sempre pronta a tranquili-

---

*Ao longo das temporadas que se sucederam, Irene Ravache foi substituída por Jussara Freire, e esta, nas temporadas em outros Estados, por Lucinha Lins; Luís Guilherme foi substituído por Jonas Bloch e depois por Jonas Mello. E o papel de Suzy Rêgo foi interpretado por Luciene Adami. No Rio de Janeiro, a peça foi montada no Teatro Adolpho Bloch com o seguinte elenco: Rogério Fróes, Jonas Bloch, Lucinha Lins, Mayara Magri, Jandir Ferrari, Luciene Adami, Eugênia de Domênico e Rogério Márcico.

zar o marido e reacender suas esperanças. O filho era juiz de direito, equilibrado e parceiro. No fim, o empresário sofre um enfarte. Para atenuar o sofrimento do pai, o filho recompra a fazenda – o que reanima o empresário. Para mitigar o clima de sofrimento que domina a maior parte da peça, Antônio colocou no texto uma empregada engraçada que aliviava a dor da família e divertia o público que assistia a *Brasil S/A.*

Antônio recheou a peça com diversos de seus próprios valores e opiniões sobre meio ambiente ("os que eram vermelhos, viraram todos verdes"); política ("a diferença entre o capitalismo e o socialismo é que, no primeiro, o homem explora o homem e, no segundo, é o inverso"); filosofia de vida ("viva o capital sem trabalho!", exulta a nora, em frase oposta ao pensamento do autor); ostentação ("o que eu mais quero ver na Broadway é lojas, lojas e lojas", marcando a futilidade da mesma personagem). Apesar disso, ele sempre negou que a peça era uma autobiografia ou descrição de sua vida pessoal ou familiar, e brincava:

– A única parte que se parece comigo é o fato de Lucas, o empresário, pagar todos os impostos religiosamente...[4]

Antes de entrar na fase de ensaio e contratar de fato o elenco, Caruso organizou uma leitura da peça na casa de Antônio, num domingo à tarde. Foi um evento inusitado, já que Antônio não costumava receber convidados aos domingos, muito menos artistas.

Maria Regina recebeu os convidados com a costumeira gentileza. Tudo muito elegante e em clima de descontração. Parecia que aquelas pessoas se conheciam há muito tempo. Estavam presentes Marcos Caruso, Juca de Oliveira, Irene Ravache, Luiz Carlos de Moraes, Rogério Márcico, Mayara Magri, Eugênia de Domênico e Jussara Freire.

A leitura foi tão comovente que Antônio e eu choramos. Não deu para esconder. Todos observaram. Afinal, aqueles personagens ali falando e expondo seus sentimentos eram velhos conhecidos nossos. Estávamos vivendo com eles há vários anos. Foi emocionante ver os artistas defendendo com paixão as ideias que conhecíamos tão bem.

Completada a leitura, Antônio colocou-se como um aluno diante dos grandes talentos ali presentes. Porém, ninguém se atrevia a criticar o texto. Foi um silêncio inesquecível e sempre lembrado por Antônio:[5]

– O Juca, depois de um longo silêncio, deu o pontapé inicial: "Estamos diante de uma candidata a uma peça de teatro. O texto é bom. Mas há muito que trabalhar", ao que Irene Ravache emendou logo: "Há muita coisa comovente que aborda temas da maior importância para o Brasil, mas o que está por fazer é uma tarefa monumental".

Antônio sentiu alívio e, ao mesmo tempo, apreensão. Irene ponderou, entre outras coisas, que ele deveria mudar o trecho em que o empresário, personagem central, era atendido num hospital público após sofrer um enfarte. Argumentava que "empresários não vão para lugar de pobre". Antônio refutou:

– Você não conhece bem nossa classe. Tem muito empresário que termina no Inamps [atual SUS], uns para economizar, outros porque lá chegam como indigentes.

Afirmava isso porque, como presidente da Beneficência Portuguesa, estava cansado de atender pedidos de empresários falidos que só tinham acesso a tratamento de saúde como pacientes do SUS. Por isso, ele não aceitou a sugestão de mudar o texto.

Em outro ponto, Irene obteve sucesso. Reclamou que sua personagem, Rosa, esposa do empresário, ia "sumindo, sumindo, sumindo e, no fim, desaparecia" – quando deveria ser o contrário, pois era o esteio da família. Maria Regina, que estava presente, observou:

– Acho que ele se inspirou um pouco em mim, que sempre cuidei da família e nunca me envolvi nos negócios das empresas.

– Por isso mesmo – arrematou Irene. – Você sustentou e sustenta todo o alicerce que suporta este megaempresário e esta megafamília [nove filhos]. Sem seu suporte, onde ele estaria?

Antônio ouviu em silêncio, engoliu em seco, aceitou a crítica e mais tarde reformulou o texto. Fez o papel de Rosa crescer muito, provocando grandes emoções na plateia. Aliás, esse foi o único reparo que aceitou fazer em Rosa, pois sempre resistiu a mudar qualquer detalhe em sua imagem e em suas falas.

Mas as críticas não pararam por ali. Caruso, que ajudara a retocar o texto, provocou os companheiros:

– Digam o que falta, apresentem sugestões. Estamos diante de um homem que, apesar de não ser do nosso ramo, ama o que fazemos e quer usar nossa arte para transmitir sua experiência de vida ao público e, em especial, à juventude. Antônio quer incentivar os jovens a acreditar no Brasil e a lutar pela construção de uma nação que trate seu povo com dignidade.

Foi quando Juca de Oliveira entrou em cena e soltou o verbo:

– O tema é bom, os personagens são atraentes, mas a trama precisa ser muito melhorada.

E repetiu o que eu já havia lido nos livros:

– No teatro não se pode infringir certas regras básicas. Toda peça tem que mostrar um conflito intenso para o público. É a forma de atraí-lo. As figuras do protagonista e do antagonista devem ficar bem claras. O público tem que se identificar com o protagonista e ficar contra o antagonista. No meio do caminho, há um ponto de virada que é essencial. Daí para frente, o conflito tem de ser resolvido de forma inteligente.

Anotei todas as sugestões. Caruso também. Antônio mais ouviu do que falou. Os salgadinhos foram sendo servidos por Maria Regina, acompanhados de vinho e refrigerantes. Depois vieram os doces, o café e a hora da despedida. Todos se foram e ali ficamos nós três – Antônio, Maria Regina e eu –, sem muita vontade de falar e ainda tocados pela emoção da leitura. Para quebrar o gelo, eu disse:

– Na minha visão, eles gostaram do que leram. Eles têm reparos a fazer, mas querem ver esta peça no palco. Você tem em mãos uma peça de teatro, caro Antônio. É questão de fazer os acertos sugeridos.

Ele e Maria Regina concordaram, mas sem muita convicção.

Antônio mais tarde confessaria que ficou muito nervoso durante a leitura. E ficou mesmo. Disse com todas as letras:

– Se o Juca e a Irene torcessem o nariz, eu ficaria arrasado.[6] Mas ambos procuraram ajudar. São boas almas.

Ia me esquecendo de dizer que, logo depois de sua intervenção, Juca entregou a Antônio uma pilha de livros sobre técnicas de preparação de roteiros. Antônio começou a ler no mesmo dia, e Juca ficou impressionado quando recebeu os exemplares de volta, todos rabiscados:

– Emprestei ao Antônio Ermírio uma vasta bibliografia do precioso Seminário de Dramaturgia, de Augusto Boal, que acabou voltando com agudas observações a lápis, anotadas à margem de cada tópico, de cada capítulo, de cada livro. Uma preciosidade. Convenci--me de que Antônio é realmente apaixonado por teatro. Lembro que, no fim de cada estreia de meus espetáculos, durante anos, lá estava Antônio Ermírio de Moraes nos bastidores, para abraçar todos e comentar o espetáculo com seu entusiasmo contagiante. Não como um mero espectador. Discutia, fazia observações instigantes sobre a interpretação, a peça, seu conteúdo, a cenografia, o estilo da direção, tudo com a agudeza de um crítico profissional.[7]

Também li os livros emprestados pelo Juca – excepcionais. Deixavam claro que o desafio para Antônio era fazer seus personagens viverem os temas, em vez de descrevê-los didaticamente. Passamos assim para a fase das correções sugeridas. Marcos ajudou muito nessa empreitada. Àquela altura, apesar de não sabermos, já estávamos inteiramente mergulhados no sedutor universo do teatro. O teatro é uma arte envolvente. Quem dela se aproxima não se livra jamais.

O elenco e os ensaios

O elenco ainda não havia sido formalmente contratado quando os ensaios começaram. Antônio e eu tivemos de criar uma pequena empresa, a Nação Produções Culturais e Artísticas. Ou seja, ficamos sócios! Imaginem, eu, sócio de Antônio Ermírio de Moraes. Nunca tive coragem de divulgar essa façanha porque ninguém iria acreditar.

Como seu sócio, Antônio me encarregou de fazer os acertos financeiros com cada artista em separado. Com alguns, não tive dificuldades. Com outros, fiquei dividido. Antônio me pedia para endurecer. Eu endurecia. O artista ou atriz também endurecia de volta e rejeitava as condições propostas. Quando eu voltava para Antônio, ele perguntava:

– Mas por que você não fechou na base que ele(a) pediu? Telefone e diga que eu topo.

Depois de dois lances desse tipo, percebi que o jogo era aquele mesmo. O desejo de Antônio de ver suas ideias "vividas" no palco não tinha medidas e, por isso, estava disposto a fazer qualquer negócio.

Paulo Pisauro, funcionário do setor financeiro da CBA que conhecia Antônio como a palma da mão, passou a me ajudar nas tratativas com o elenco. Ele sabia que, no fim, Antônio aceitaria a proposta do artista. Mesmo assim, ficou surpreso ao vê-lo tão pródigo e mão-aberta. O fato é que, para Antônio, os artistas se tornaram as almas mais preciosas do mundo. Acabou desenvolvendo um relacionamento estreito com todos eles, e esteve sempre pronto a ajudá-los – secreta e anonimamente, claro, como era seu hábito.

Os ensaios de *Brasil S/A* tiveram início no fim de 1995 no Teatro das Nações. Era um prédio antigo, mal conservado e mal localizado (em plena avenida São João, no centro de São Paulo), cercado de violência e usuários de drogas. Plateia e palco gotejavam por todos os cantos. Glauco Mirko Laurelli, assistente de produção, comandada por Sergio D'Antino, acompanhava todos os ensaios e era obrigado a mudar sua mesa de um lado para o outro para escapar das goteiras. Porém, como o Caruso queria um palco grande para montar o enorme cenário (todo construído em alumínio) e ensaiar os atores em diversos ambientes, tivemos de ficar naquele pardieiro.

Narro aqui outro fato pitoresco. A assistente do administrador do teatro, Ditinha, era um travesti de corpo bem trabalhado, mas rosto ainda sombreado por resquícios de uma barba cerrada. Todo o elenco admirava a bondade e a amabilidade da Ditinha, mas nem por isso deixava de rir de seus trejeitos exagerados. Antônio, muito distraído ou concentrado demais no texto e nos ensaios, só descobriu que Ditinha era travesti depois de um mês de convívio. Foi uma gargalhada geral quando Caruso alfinetou:

– Antônio, você está precisando de um bom oculista, pois demorou um mês para ver que Ditinha é homem!

Antônio e eu comparecemos à maioria dos ensaios, à noite. Para mim, cada ensaio era uma travessia de apreensão, porque, terminada a sessão, infalivelmente, Antônio vinha com novas ideias e novos diálogos. Muitas vezes pedia que mudassem as cenas durante o ensaio. Caruso, com toda a paciência do mundo, acatava e "ajeitava" a maioria dos pedidos. Em seguida, dizia em voz baixa, mas com carinho:

– Autor bom é autor morto...

Os ensaios foram momentos muito comoventes para nós dois, que conhecíamos a peça de trás para a frente. Cada cena era motivo para profunda tristeza ou retumbante alegria. Afinal, não éramos do ramo e nunca tínhamos visto a difícil produção de uma peça. Emocionamo-nos muito quando vimos os artistas jogarem o texto em direção à plateia, passando a interpretar tudo de cor. Aquilo nos causou um impacto enorme. Novamente, nos debulhamos em lágrimas. A choradeira era tanta que, num dado momento, me virei para ele e perguntei:

– Antônio, será que não vamos parar de chorar?

– Puxei a meu pai, que era muito sentimental – respondeu ele. – Não tem jeito. Quando me emociono, choro mesmo.

E repetiu a história do pai, que chorava quando ouvia as novelas no rádio aos domingos, mesmo sem conhecer os capítulos anteriores.

Eu ficava imaginando o que aconteceria com Antônio se ele mesmo subisse ao palco. Certamente não conseguiria abrir a boca. Uma vez, um repórter perguntou:

– Doutor Antônio, o senhor gostaria de ser ator?

– Como ator eu seria um desastre total. Se conseguir escrever algumas peças, isso é muito, e terei de agradecer a Deus.[8]

Depois dos ensaios, havia uma sessão de papo com o elenco, durante a qual Antônio fazia questão de expressar sua gratidão aos atores e atrizes pelo esforço em compreender e transmitir suas ideias.

Para ele, os personagens da peça continuavam encarnados nos atores e nas atrizes. Mas, com muita dificuldade, ele passou a ver que eram realidades diferentes, reconhecendo que a carreira de artista é permeada de problemas:

– O trabalho dos atores e atrizes tem entressafra. Quando acaba uma temporada, eles ficam sem trabalho. É uma classe sofrida. Deveríamos pensar em envolvê-los em atividades nas quais pudessem contribuir o ano todo, como nas atividades de promoção do turismo.

Ou seja, para todo problema, ele procurava encontrar uma solução. O envolvimento com o turismo, na sua visão, poderia suprir de maneira contínua os artistas que eram obrigados a parar de trabalhar e de ganhar quando as peças terminavam.

Este é o momento de explicar um fato que ficou pendente. Durante os ensaios, algo começou a me intrigar. Como já disse, eu vinha notando que, para Antônio, os personagens não eram personagens. Eram pessoas reais, de carne e osso. Ele via a interpretação dos atores como uma representação da realidade. Por causa disso, comovia-se em dobro, e deixava os atores muito comovidos também. Só bem mais tarde, com a ajuda do Juca de Oliveira, passei a entender o motivo da conduta de meu amigo. Ele sempre assistiu a teatro como materialização da realidade. E as três peças que escreveu se basearam nas realidades que ele viveu intensamente: as agruras da especulação financeira (*Brasil S/A*), a precariedade dos serviços de saúde (*S. O. S. Brasil*) e a deterioração do sistema de ensino (*Acorda Brasil!*). Ele via no palco o que sentia na vida.

Nova rotina de vida

Diante de sua abertura de alma e da proximidade com os atores, Antônio tornou-se muito querido. Por sua vez, dispensava grande atenção ao elenco e ao Marcos. Além de ter assistido a quase todos os ensaios, depois da estreia da peça, viu 80% das apresentações. Sempre fazendo turno duplo, é claro, pois ia dormir à meia-noite e levantava às cinco da manhã.

Em entrevista ao programa *Roda Viva*, contou:

– Eu brinco com as atrizes da seguinte maneira: "Olha, minha filha, agora eu não posso jantar com vocês, porque na hora que vocês acordam eu já estou almoçando. O trabalho é o mesmo, mas o fuso horário é diferente".[9]

Mas ele fazia questão de estar sempre presente nos espetáculos de sexta-feira a domingo. Quando o então presidente Fernando Henrique Cardoso foi ao teatro, observou com propriedade:

– A primeira vez que assisti a uma peça de Antônio Ermírio de Moraes, *Brasil S/A*, foi no Teatro Procópio Ferreira, com atuação da Irene Ravache. Ao chegar, nova surpresa: lá estava o autor em carne e osso, e não era dia de estreia. Estreava ele na nova função, e era tão atento aos detalhes do teatro e da peça como o empresário às suas máquinas e empregados.[10]

Ele aceitava jantar com os artistas de vez em quando, e acabava saindo do restaurante – pasmem – às duas horas da manhã. Adorava as companhias. Deleitava-se com Rogério Fróes, o campeão das piadas. Tanto que, certa vez, reuniu um grupo de amigos em sua casa e convidou Rogério para dar um show de piadas. Os privilegiados convidados quase tiveram uma congestão de tanto rir.

Por intermédio dos integrantes do elenco, Antônio e eu ficamos conhecendo algumas intimidades de vários artistas brasileiros – que alimentavam nossas "infalíveis teorias" dos almoços de sexta-feira. Para cada nova intimidade revelada, e até mesmo por nós incrementada, ríamos a mais valer – e todos no restaurante assistiam, boquiabertos, à transfiguração daquele homem sisudo e sério chamado Antônio Ermírio de Moraes.

Quando o assunto era teatro, Antônio ficava muito feliz. E também, milagre dos milagres, parou de ter pressa. Certa vez, esperou quase duas horas pelo fotógrafo que ia clicá-lo para ilustrar o programa da peça. Chegou ao teatro às cinco em ponto, como combinado, e o fotógrafo só deu as caras às sete da noite. Imbuído de surpreendente e desconhecida paciência, Antônio comentou comigo:

– Tenho que me acostumar. O ritmo dos artistas é outro. Não tem nada a ver com a trepidação da empresa. Talvez eles estejam certos...

Eu mesmo ficava estupefato de ver o espaço e a liberdade que dava ao elenco. Os atores e as atrizes brincavam com ele o tempo todo. Muitas vezes, entrava nas brincadeiras. Certa noite, depois de um jantar, Irene Ravache pôs sorrateiramente um vidro de ketchup no bolso do paletó de Antônio. Após um tempo, apontou para o paletó e perguntou em voz alta:

– Antônio, o que é isto aqui? Você anda armado?

Surpreso, ele retirou o vidro do bolso. Ele se espantou, o que fez Irene continuar com a brincadeira, em tom de censura:

– Antônio, mas o que é isso... Você, um empresário rico, surrupiando vidro de ketchup de restaurante...! Inacreditável!

Todos os que ouviram – e foram muitos – caíram na gargalhada. Quem mais riu foi o próprio Antônio. Liberalidades como essas jamais teriam sido permitidas por ele em situações de trabalho ou no convívio familiar. Antônio mudara e mudaria muito mais. O teatro abriu para meu amigo as portas de um novo mundo, o mundo das emoções.

Ele gostava também dos momentos de papo descontraídos antes dos espetáculos, sentado em um banquinho desconfortável na coxia do teatro, ao lado dos artistas. Como regra, chegava lá com uma bandeja de salgadinhos ou pizza. Os artistas se acostumaram e, quando ele surgia na ponta da plateia, um deles, em geral o Jandir Ferrari, gritava:

– Está chegando o entregador de pizza! Preparem uma boa caixinha para ele!

Antônio e Rogério Fróes desenvolveram uma amizade maravilhosa. Os dois conversavam muito sobre política. Tinham pontos de vista semelhantes. Não gostavam do PT. Caçoavam do Jandir, que era petista roxo e cabo eleitoral da Erundina. Mas em nada mudavam as opiniões de Jandir.

Também gostava muito de Mayara Magri e Eugênia de Domênico. Admirava e respeitava Irene Ravache. Encantou-se com a personalidade amorosa da Jussara Freire, esposa do Caruso, e ela, depois de certo tempo, substituiu Irene no papel de Rosa. Jussara introduziu a rotina de dizer uma oração antes de cada espetáculo, rezada também por Antônio e por mim, e por Maria Regina e Wilma, quando estavam presentes. Foi ou não foi uma transformação grandiosa?

Mas nem tudo era satisfação e alegria. As complicações para a produção do espetáculo foram imensas. Trabalhar com teatro envolve centenas de detalhes para nós inimagináveis. Figurinistas, costureiros, cenógrafos, maquiadores, iluminadores, sonoplastas, contrarregras e camareiras. Todas são pessoas muito sensíveis. Afinal, trabalham dia e noite com as emoções. Aprendemos a respeitar seus pontos de vista e suas idiossincrasias, nem sempre coincidentes com nossos valores e nossas restrições mentais. Como não éramos do ramo, fomos nos aconselhando com atores e diretores amigos dos quais recebemos valiosa ajuda. Como "empresários da cultura", aprendemos à força os intrincados labirintos do ramo.

A estreia

Ao saber da autoria do espetáculo, a imprensa ficou muito interessada. Antônio concedeu inúmeras entrevistas para explicar sua "nova carreira" – a dramaturgia. Ao repórter Amaury Junior, pouco antes da estreia de *Brasil S/A*, Antônio se abriu:

– Escrever teatro dá uma sensação bem diferente do que construir uma fábrica. Você escreve uma montanha de papel, guarda uns, descarta outros, e no fim eles viram uma peça. No caso de *Brasil S/A* estou mostrando que o empresário não é necessariamente um *bon vivant* e um contumaz sonegador de impostos. Mostro um empresário que trabalha duro, que paga seus impostos e paga altos juros. É muito emocionante.[11]

Mas os jornalistas queriam saber o que tinha dado na cabeça de Antônio para escrever uma peça de teatro. Surpresa maior ocorreu quando, durante uma entrevista ao *Roda Viva*, da TV Cultura, ele discorreu com desenvoltura sobre as peças que lera e/ou assistira. Tudo começou quando o apresentador, Matinas Suzuki, provocou:

– Doutor Antônio, agora que o senhor está do outro lado, o senhor está vendo a produção do teatro, o senhor está vendo o trabalho dos atores, o senhor está vendo o trabalho da direção, dos técnicos... O senhor acha que está faltando ajuda para a cultura do Brasil? Está faltando ajuda para o teatro?

– Eu acho que sua pergunta é extremamente válida. Eu não posso dizer que conheço teatro. Sou um novato. Cheguei à conclusão de que eu precisava ler muito. E uma das coisas que eu li e que me impressionaram é que na França, na Inglaterra, nos Estados Unidos, todo autor de teatro é um homem respeitado. Aqui no Brasil nós temos autores excelentes, temos atrizes e atores também fantásticos e, no entanto, não se dá a devida atenção a eles. Você pega, por exemplo, nos Estados Unidos, Eugene O'Neill. Esse homem ganhou três prêmios Pulitzer, com *Beyond the Horizon* e com outras peças... *Anna Christi*, etc. Foi Prêmio Nobel de Literatura em 1936. Você pega Luigi Pirandello na Itália, que foi Prêmio Nobel de Literatura em 1934. Nós temos aqui gente excelente. No teatro brasileiro recente, há por exemplo o Juca de Oliveira, que fez *Meno Male*. É um homem brilhante, não só ele escreve bem como também é um grande ator. Você tem Abílio de Almeida, é fantástico também, já falecido, mas sensacional. Adelaide do Amaral é a mesma coisa, ela fez *Querida mamãe*... É gente de grande valor. Gente de primeira linha. Parece que o brasileiro tem a intenção de destruir! É uma coisa curiosa que eu vejo no Brasil. Eu sempre digo para meus amigos o seguinte: se você pegar Leonardo Da Vinci e considerar os 10% dos inventos que os italianos atribuem a ele, é claro, seria o maior gênio, na certa. A mesma coisa com Shakespeare. Você acha que Shakespeare, que morreu com 52 anos de idade, teve oportunidade de escrever todas aquelas peças? Era um homem que ninguém sabe dizer se existiu até hoje; há dúvidas. Dizem que Francis Bacon foi o *ghost writer* dele, a mando do governo inglês, porque as peças de Shakespeare, via de regra, giravam todas em torno do governo inglês. Então era *Ricardo*

III, Henrique IV, Henrique V, Henrique VII, Henrique VIII... Coração de Leão, Hamlet.[12]

A pequena plateia presente no estúdio da TV Cultura – eu incluso – ouviu boquiaberta as citações de Antônio. Todos devem ter pensado a mesma coisa:

– Como é que um homem como ele, com 96 empresas para cuidar, com a Beneficência Portuguesa para administrar e engajado em tantas outras obras sociais, encontra tempo para ler todos esses autores?

O próprio Antônio, porém, negava ser dramaturgo. Seu objetivo era simplesmente usar os recursos da dramaturgia para conscientizar jovens e adultos dos problemas nacionais e discutir soluções. Além disso, considerava a escrita de peças uma mera diversão:

– Escrever teatro é gostoso, e não paga imposto.[13]

Brasil S/A estreou em São Paulo no dia 11 de abril de 1996, no Teatro Procópio Ferreira. O mobiliário e o cenário gigantesco (48 pranchetas de cálculo para montar a estrutura de alumínio) foram concebidos por Renato Scripiliti; a iluminação foi do sensacional Maneco Quinderé; os figurinos maravilhosos, criados por Leda Senise; a confecção do belo programa, por Christoph Grimm-Kalume; a música foi inicialmente composta por Júlio Medaglia e depois adaptada pelas sonoplastas Tunica e Aline Meyer.

A noite da estreia foi um nervosismo só. Antônio confessou mais tarde que ficou com um incontrolável suor nas mãos. Eu me plantei na porta observando os convivas. Vieram os maiores banqueiros do país – mal sabiam que iriam ouvir fortes críticas à ciranda financeira! Compareceram também dezenas de empresários – para assistir a uma condenação aos que sonegavam e vendiam sem emitir nota fiscal. Temi pela reação daquele público. Mas, àquela altura, não havia o que fazer. Além do mais, era uma questão crucial para o autor. Afinal, se não fosse para falar do que o afligia, por que escrever e montar a peça?

Durante o espetáculo, deu para sentir que a plateia se emocionou muito. No fim, os aplausos foram calorosos. Na saída, procurei cumprimentar todos, inclusive os banqueiros e empresários. Alguns ficaram para abraçar Antônio e foram gentis. Outros passaram reto, com um jeito de quem vestira a carapuça. Nenhum deles comentou a peça além do formal e frio "interessante".

Também estavam presentes os maiores críticos do teatro nacional. Desses, Antônio receberia depois muitos reparos e algumas (poucas) referências elogiosas. Barbara Heliodora, do jornal *O Globo*, não chegou a desancar a peça de todo, mas viu em *Brasil S/A* uma pobre narrativa da vida de um empresário:

> Alguns personagens ficam com seu esqueleto funcional um pouco à mostra demais. Todos nós sabemos que os conflitos entre gerações existem, mas a filha Inês parece concentrar um número excessivo de posições antagônicas [...], enquanto a nora Monique, dinheirista convicta, é tão óbvia e destituída de qualidades que fica difícil descobrir por que razão o filho Dário teria se casado com ela.
>
> Mais grave do que isso, sendo o vilão doutor Leo revelado ao longo da ação como mau-caráter de longa data, fica difícil aceitá-lo como amigo, bom e íntimo da família [...] No quadro da dramaturgia brasileira, no entanto, *Brasil S/A* se mantém razoavelmente ao nível da média das comédias de costumes, com um grande mérito: apesar de seu autor proclamar no texto suas mais caras convicções de amor ao Brasil, ele resiste galhardamente às facilidades do *happy end* da salvação de última hora, e respeita cuidadosamente a tradição brasileira de impunidade.
>
> [...] Que ninguém espere grandes novidades com *Brasil S/A* de Antônio Ermírio de Moraes.[14]

O crítico da revista *Veja* foi cáustico ao dizer que a peça não valia um saco de cimento. Essa crítica doeu bastante em Antônio. Encerrada a temporada, na qual *Brasil S/A* foi vista por mais de 70 mil pessoas, Antônio enviou uma carta ao crítico dizendo:

– Você valorizou bastante o saco de cimento...

O crítico teatral do *Jornal da Tarde* tampouco saiu satisfeito:

Antônio Ermírio de Moraes tinha uma história para contar e conseguiu fazê-lo. Mas, em teatro, tanto quanto a fábula, importa a carpintaria que a sustenta [...] Nesse terreno, o empresário perde o pé. Seu texto [...] tem a narrativa truncada da metade para o fim. Os personagens são unidimensionais, chapados [...] O problema de *Brasil S/A* é que essas reflexões não são destiladas em cena através da ação. Na maioria, transformaram-se em sermões postos na boca do empresário honesto, bem intencionado e ingênuo, Lucas, que sacrificou vida pessoal e família à empresa e ao País.[15]

Mas houve comentários positivos, como este:

[Antônio Ermírio] se mantém como um líder empresarial capaz de mostrar que ter e ser são coisas diferentes, mas que podem conviver pacificamente. Em *Brasil S/A*, algumas passagens consideradas pela crítica como "ingenuidade do autor" traduzem a realidade de milagres de empresários que esperam encontrar no seu trabalho também a sua realização existencial, transcrevendo do lucro monetário para o benefício social. A peça é uma gigantesca terapia dos dias de hoje. Apresenta a falência moral de um sistema.[16]

A um jornalista de Sergipe, que elogiou o autor por "ter uma capacidade rara para a dramaturgia, apesar de seu noviciado", Antônio declarou ter simplesmente procurado transferir para o palco "como ouço, vejo e percebo o mundo em que vivo".[17]

A peça ficou em cartaz em São Paulo por cerca de seis meses, até 30 de novembro de 1996, e depois viajou pelo Brasil. Na primeira apresentação em Brasília, tivemos um susto que quase nos matou do coração. Uma hora antes da estreia, um fiscal do Ministério do Trabalho foi ao teatro decidido a embargar o espetáculo, sob a alegação de que a produção não providenciara um alvará da Ordem dos Artistas. Foi um rebuliço. Corri para o ministério, onde tinha conhecidos, e consegui negociar um prazo de 24 horas para providenciar o tal documento, e as cortinas se abriram na hora marcada, com o teatro lotado.

Em muitas oportunidades, Antônio subiu ao palco depois do espetáculo para discutir com os jovens não só a peça como também os problemas brasileiros. Era uma de suas paixões:

– Gosto de conversar com os jovens depois das apresentações de minhas peças. Fico animado com a esperança dos jovens e sua fé no Brasil. É isso que me mantém vivo.[18]

As 70 mil pessoas que assistiram a *Brasil S/A* representaram um bom público para os padrões brasileiros, sobretudo em se tratando de um autor estreante. Para estimular os jovens, Antônio proporcionou aos estudantes de faculdades ingressos gratuitos. Assim fez em relação a instituições dedicadas a projetos sociais. *Brasil S/A* foi publicada em livro e encenada por vários grupos amadores. A última apresentação que vi foi em dezembro de 2008, em Campinas – uma montagem de excelente qualidade, feita por funcionários da Companhia Paulista de Força e Luz (CPFL).

Em 1997, já rondava na cabeça de Antônio escrever uma segunda peça focalizando os problemas da saúde no Brasil. Rogério Fróes, que tem pavor de médico e hospital, mal sabia que seria convidado para fazer um dos papéis principais – o de um doente que estava internado numa enfermaria do SUS!

O lançamento de S. O. S. Brasil

O intuito de Antônio ao escrever sua segunda peça foi denunciar o mau tratamento dispensado aos brasileiros pela maioria dos hospitais públicos. Antônio presenciava esse problema diariamente:

– Idosos, grávidas e crianças enfrentam o frio das madrugadas para receber a atenção de um médico por cinco minutos e uma receita com remédios que não poderão comprar.

Os problemas da saúde no Brasil eram – e continuam sendo – calamitosos. Mais uma vez, Antônio entendeu que o assunto precisava ser debatido com a força da linguagem teatral. Assim nasceu a ideia de *S. O. S. Brasil.*

Sua experiência no campo da saúde era vasta. Havia sido diretor e presidente de vários hospitais e, desde 1971, estava à frente da Beneficência Portuguesa, onde praticava uma vida de inteira doação aos doentes, em especial aos mais pobres. Ao explicar a razão de entrar no tema da saúde na forma de teatro, ele assim se expressou:

– O que é a vida? Apenas uma grande lição de humildade, pois que o orgulho e a vaidade desunem os homens, enquanto a humildade e a seriedade os unem. Crescemos horizontalmente, ganhamos a fama e o poder, teremos nossa presença física reverenciada na terra, mas, se não trouxermos conosco a luz reta da consciência a nos banhar a alma, aí sim estaremos ombreando com os infelizes na marcha imprevidente para as ruínas do desencanto. Assim foram todos aqueles que nunca sacrificaram um pouco de seus prazeres para com os deveres da humanidade.[19]

S. O. S. Brasil nasceu de uma realidade vivida em seu cotidiano e de observações diretas feitas por ele em décadas de trabalho. Em sua elaboração, Antônio já dominava melhor as técnicas teatrais. Por outro lado, sentia o peso das críticas desfavoráveis a *Brasil S/A.* Isso retardou imensamente a redação. Esforçou-se para inserir mais cenas de ação e menos narrativas, sobretudo as de teor moral, buscando criar um enredo que fosse ao mesmo tempo realista e cativante.

Para os acertos da chamada "carpintaria teatral", contou mais uma vez com a colaboração do diretor Marcos Caruso, que reuniu novamente um excelente elenco: Mayara Magri faria Terezinha de Jesus, que vinha do Nordeste em busca de um transplante urgente. Rogério Fróes (general aposentado) e Rogério Márcico (ex-líder sindical) discutiriam questões políticas de forma profunda e divertida. Karin Rodrigues seria a doutora Mercedes (superintendente do hospital). Eliana Rocha e Eugênia de Domênico fariam duas enfermeiras. Jandir Ferrari, um médico, e Luiz Guilherme, um deputado.

A peça narra o drama de uma doente pobre que precisa de atendimento hospitalar, mas não o encontra em sua cidade natal, e é então obrigada a ir para São Paulo. A dramaticidade da peça é dada pelo diálogo áspero entre dois pacientes idosos, internados no mesmo quarto em uma enfermaria do SUS, pessoas de posições ideológicas extremadas e que viam a solução dos problemas da saúde de modo inteiramente distinto. Só depois de muito debate eles descobrem a verdadeira identidade um do outro: um era general reformado do Exército (Rubião) e o outro, um ex-dirigente sindical do Partido Socialista (Camarão). O primeiro acreditava que a solução dos problemas da saúde dependia de ações de força e de autoridade. O segundo defendia a "consulta às bases" e a discussão infindável com os usuários dos serviços médicos. E, tirando proveito de tudo, havia um político (Praxedes) que amava as longas filas para ali fazer sua demagogia e angariar votos na época das eleições. O desfecho é uma sadia convergência de opinião entre os pacientes e um apelo forte para a melhoria do voto dos brasileiros na época de escolher seus representantes no Congresso Nacional.[20]

Mesmo com a preocupação de não ser escorraçado pela crítica, Antônio escreveu S. O. S. Brasil com mais ânimo:

– Estou gostando de escrever. Para mim é uma terapia. Me dei bem com isso.[21] É uma diversão. É bom poder explicar o Brasil dessa forma [dramaturgia]. Fico emocionado ao ver no teatro pessoas rindo e também com lágrimas nos olhos. Para mim é um prêmio saber que minha peça emociona.[22]

Os ensaios foram feitos num salão da Fundação Armando Álvares Penteado (Faap), no Pacaembu. Antônio compareceu a quase todos. E, assim como ocorreu em Brasil S/A, propunha mudanças em cada cena, dificultando a direção de Caruso. Muitas vezes, a cena já estava ensaiada quando Antônio surgia com um diálogo completamente diferente. E Caruso repetia, sempre com carinho:

– Autor bom é autor morto.

O comentário era repetido pelos atores também em tom de brincadeira, mas, no fundo, creio que nutriam a esperança de Antônio entender o recado. Ele ria, constrangido, mas, no dia seguinte, fazia outra mudança.

S. O. S. Brasil estreou em São Paulo em 11 de agosto de 1999, no Teatro Faap, onde ficou em cartaz até 27 de fevereiro de 2000. A partir daí, percorreu o Brasil por vários meses e foi assistida por um total de 62 mil pessoas. No Rio de Janeiro, foi encenada no Teatro Leblon, e o ator Othon Bastos substituiu Luiz Guilherme.

Abro aqui um parêntese para contar mais um dos vários fatos pitorescos que marcaram nosso convívio com os artistas. Rogério Fróes morava no Rio e vinha a São Paulo semanalmente para as apresentações da peça. Ficava hospedado num hotel, sozinho, de sexta a domingo. Preocupado com sua solidão, Antônio passou a telefonar-lhe com frequência para bater papo – coisa que não era de seu feitio. Certo dia, com o propósito de distrair o amigo, resolveu fazer-lhe um convite para visitar a Beneficência Portuguesa. Afinal, ele representava um doente que estava internado em um hospital do SUS.

Era um domingo. Antônio passou pelo hotel guiando sua Caravan, pegou Rogério e foram para o hospital. Eu já os aguardava lá, a pedido de Antônio. A visita teve início na sala da presidência e em seguida começamos a circular por todo o hospital. Antônio mostrava com orgulho os modernos equipamentos de imagem, a sala de hemodiálise (onde diversos pacientes faziam a filtragem de sangue), a ala infantil (onde havia crianças com câncer), descrevia em detalhes o funcionamento dos novos aparelhos cirúrgicos, enfim, dissecava para nós o funcionamento de todo o hospital...

De repente, notei que Rogério ficou pálido. Chegara o momento de nos paramentarmos para entrar numa UTI. Escondendo-se de Antônio, ele me puxou de lado e comentou:

– Ô, Zé Pastore, isso é programa pra fazer num domingo de manhã? Logo comigo que, como todo artista, dorme até as 11h e que, ainda por cima, tem pavor de hospital? Pode me explicar o que está acontecendo?

Eu conhecia realmente suas fobias e sabia que só aceitara o convite por delicadeza. Não precisei responder à pergunta de Rogério porque, naquele exato momento, Antônio nos chamou para visitar os doentes mais graves com o intuito de proporcionar-lhes apoio e carinho. Era muito sofrimento. Aguentamos firmes, mas não víamos a hora de sair. No fim do "passeio", Antônio lhe perguntou:

– Não foi interessante para você, que vive só no teatro e na televisão, conhecer um hospital por dentro?

– Seu trabalho é admirável, Antônio. Mas confesso que me sinto bem melhor no palco.

No que diz respeito à reação a *S. O. S. Brasil*, o público parecia satisfeito em cada espetáculo a que assistia, e a aceitação da peça por parte da comunidade artística foi bem melhor. Na pré-estreia, em São Paulo, foram recolhidos os seguintes depoimentos:

Uma denúncia contundente. Interessante de começo ao fim. (Paulo Autran)

Há muito tempo não me emocionava tanto. (Juca de Oliveira)

Dá para sentir orgulho de ser brasileiro assistindo a um espetáculo com texto, direção e interpretação tão bons. (Eva Wilma)

A peça tem diversos momentos de grande força dramática e até uma exploração de diálogos bem-humorados que dão vida ao espetáculo, não deixando jamais que resvale para a monotonia [...] Quando termina, o povo inteiro se levanta e bate palmas, como querendo demonstrar a sua total adesão à mensagem ali contida. (Arnaldo Niskier, da Academia Brasileira de Letras)

A denúncia está muito bem colocada no palco. Autor, elenco, técnicos e direção estão de parabéns. (Miriam Mehler)

Muito bonita, muito bem dirigida e atores ótimos. A peça é uma revolução no sentido de colocar em cena o problema da saúde. Estou esperando a próxima peça do Antônio Ermírio sobre educação. (Carlos Zara)

A peça faz rir e chorar e eu não tenho conhecimento de que mais tem que fazer uma peça para ser considerada eficiente. (Consuelo de Castro)

Ele mostra na peça uma saudabilíssima indignação contra a deterioração do serviço destinado à sociedade brasileira. (Alberto Guzik, crítico do *Jornal da Tarde*)

A crítica especializada também foi mais amena, e alguns artigos, francamente elogiosos:

Antônio Ermírio consegue seu principal objetivo: retratar uma situação insustentável, num protesto social e político, e divertir o público, fazendo-o rir e emocionar-se. [Aguinaldo Ribeiro da Cunha, crítico do *Diário de Notícias*]

[Foi] enorme o progresso evidenciado pelo autor. Se em *Brasil S/A* o esquematismo e a previsibilidade eram a tônica, agora Antônio Ermírio de Moraes apresenta uma trama envolvente, repleta de situações imprevistas, de forte impacto emocional e, acima de tudo, extremamente oportuna. [Lionel Fischer, crítico da *Tribuna da Imprensa*]

Mesmo com personagens caricaturados, *S. O. S. Brasil* é eficaz no que se propõe. A peça chama atenção para a precariedade da saúde pública e traz ao público um pouco da experiência de Antônio Ermírio de Moraes na área hospitalar durante os últimos 36 anos. [crítica de *IstoÉ Gente*]

Apesar disso, Antônio insistia que o teatro era para ele apenas uma forma mais adequada de debater os problemas nacionais – além de proporcionar ao público o prazer de ver situações da vida real interpretadas com forte carga emocional. *S. O. S. Brasil* também se transformou em livro, amplamente distribuído em escolas de arte dramática.

Em uma entrevista a Marília Gabriela, a jornalista quis explorar um pouco mais a "veia artística" de Antônio e perguntou:

– E agora, qual é a próxima peça?

– Sou apenas um aventureiro no campo teatral.

– E musicais, está fora de cogitação? Você vê musicais?

– Não, mas gosto muito.

– Como gosta se não vê?

– Ouço no rádio do carro.

Ele era assim mesmo, tinha sempre uma resposta pronta para a mais inesperada pergunta. Mas uma coisa é certa: em seu carro, o que não faltavam eram CDs de Frank Sinatra. Era o que mais ouvia.

Ao responder a uma pergunta de Antônio Abujamra, se saiu assim:

– Antônio, como explicar que, entre seus familiares, só você foi para o teatro?

– Eles tiveram mais juízo do que eu...[23]

A última peça: Acorda Brasil!

O trabalho da peça *Acorda Brasil!* começou em 2002. O novo tema discutia mais uma calamidade nacional: a educação.

Antônio sempre lutou para melhorar nosso ensino. Logo no começo da peça, na abertura das cortinas, o protagonista, o professor Laerte, resume o pensamento do autor sobre o assunto:

– Existem vários exemplos de países que, sem recursos naturais, mas com educação, superaram as dificuldades e tornaram-se prósperos. Mas não existe um só exemplo de país que conseguiu progredir com educação de má qualidade. O Brasil ainda tem cerca de 15 milhões de analfabetos e quase 50 milhões de analfabetos funcionais... O grande problema é que as políticas públicas têm priorizado o ensino superior, que absorve enormes recursos, deixando de lado a melhoria do ensino fundamental e médio.

Antônio pensava poder estrear a peça em 2003. *Mas Acorda Brasil!* ficou na "chocadeira" por quatro anos. Em lugar de apenas criticar, Antônio decidira relatar uma experiência bem-sucedida para mostrar que a educação salva. Tratava especificamente do projeto de educação musical que redimiu a juventude da favela de Heliópolis. A peça descrevia um projeto real, que Antônio ajudou a construir: a formação da Orquestra Sinfônica Heliópolis do Instituto Baccarelli.

Acorda Brasil! teve trajetória diferente das peças anteriores devido aos problemas de saúde de Antônio a partir de 2006. Ele já havia escrito cinco versões quando resolveu enviar o texto a Juca de Oliveira. Ao ler o roteiro, Juca achou que faltavam elementos de ficção. Ofereceu-se para trabalhar com seu assistente, Newton Cannito, que participara da pesquisa para o filme *Cidade de Deus* e tinha grande experiência com trabalhos em favelas.

Para poupar Antônio, que não estava bem de saúde, atuei como intermediário entre ele e Juca. Com sua ajuda, a peça ganhou uma enorme dimensão, integrando uma trama emocionante com muita música, executada pela própria Sinfônica de Heliópolis e pelo coral de adolescentes do Instituto Baccarelli. Juca fez uma primeira e emocionante leitura na casa de Antônio, representando todos os personagens, cada um com entonação e intenções próprias. Muito contagiante. Antônio ficou tão animado que convidou Juca para dirigir a peça. Estávamos em meados de dezembro de 2005 quando Juca delicadamente recusou, assim se justificando:

— Caro Antônio, adoraria aceitar, mas meu forte não é esse. Sou muito bonzinho. Não sei repreender. Não consigo me impor, o que, neste caso, será essencial, pois a peça, além de oito atores profissionais, vai incluir atores amadores, adolescentes de Heliópolis que precisam adquirir técnicas de dramaturgia, de dança, de música e canto — o que eu não sou capaz de fazer. Penso que para dirigir essa peça só há um nome no Brasil: José Possi Neto. Se você quiser, telefono para ele.

Antônio quis. Juca passou a mão no telefone e ligou. Possi estava em Paris e chegaria a São Paulo antes do Natal. Por telefone mesmo, Juca fez um breve resumo do projeto social e do enredo da peça. Possi ficou interessado e pediu o envio do roteiro por e-mail. Passados dois dias, ligou para Juca e confirmou:

— Não só tenho interesse em participar como gostaria de dirigir a peça. Este projeto é um exemplo do que deve ser feito com nossa juventude. Precisa ser divulgado de todas as formas possíveis, e o teatro é uma delas. Marque uma reunião com o Antônio Ermírio logo depois do Natal.

Eu não conhecia Possi pessoalmente, mas sempre admirei seus trabalhos. Por isso, procurei Sergio D'Antino, que já havia colaborado na produção das duas peças anteriores, com quem tive uma longa conversa. Contei-lhe a filosofia da peça e descrevi alguns personagens. Em seguida, e sem fazer nenhuma alusão ao Possi, perguntei:

– Com base na sua longa experiência em teatro, quem deveria dirigir essa peça?

– José Possi Neto – respondeu sem pestanejar.

A competência de Possi em matéria de dramaturgia, música e dança foi fundamental para o êxito do espetáculo, assim como sua dedicação aos adolescentes. Ele foi várias vezes ao Instituto Baccarelli, familiarizou-se com o projeto, conversou com os adolescentes e seus familiares, assistiu a dezenas de ensaios da orquestra e trocou ideias com o maestro e com os músicos. No fim, montou um esquema a fim de selecionar 17 adolescentes para contracenar com os atores profissionais, que a essa altura já estavam contratados: Petrônio Gontijo (Laerte), Arlete Salles (Marta), Luiz Guilherme (Bonano), Norival Rizzo (Romão), Myla Christie (Valéria), Mila Moreira (Gerusa), Lavínia Lorenzon (Bruna) e Renato Caldas (Ariovaldo).

Num sábado à tarde, numa bela sala da Federação do Comércio do Estado de São Paulo, houve a primeira leitura da peça, sob a observação atenta de Juca e com a participação dos atores convidados, que comoveram os presentes, amigos de Antônio: Paulo Bomfim, Gabriel Chalita, José Renato Nalini e familiares – Maria Regina, Rosa Helena e Maria Lúcia. Antônio não estava bem de saúde. Não foi um bom dia para ele. Mostrou cansaço e saiu logo após a leitura, depois de agradecer a cada um dos atores e atrizes. Juca ficou satisfeito e me disse uma frase que sintetizou tudo o que queríamos ouvir:

– Funcionou, vai dar certo.

E deu mesmo. *Acorda Brasil!* foi um retumbante sucesso. O texto final e as adaptações de Possi exigiram uma produção de grande porte – mais de cem pessoas em cena. Além delas, trabalhavam nos bastidores cerca de 50 técnicos. No fim da apresentação, a Sinfônica Heliópolis inteira entrava em cena, tocava duas peças e encerrava o espetáculo. Um deslumbramento.

Sob a direção de Possi, os jovens aprenderam a trabalhar com disciplina e a amar o teatro. Sua capacidade pedagógica revelou-se extraordinária. Possi assumiu o projeto como seu, e nele depositou energia, entusiasmo e generosidade.

Devo narrar aqui outro fato preocupante e até pitoresco. Como é de seu hábito, Possi tratou também da concepção do cenário. Desenhou cada cena e fez uma miniatura do cenário com a ajuda do consagrado cenógrafo Jean Pierre Tortil. Antônio não gostou da maquete pelo fato de conter vários andares, onde os jovens de Heliópolis poderiam cair de cinco metros de altura, com graves consequências. Possi achou que Antônio estava alarmado à toa. Contrapôs que adolescentes são mais ágeis que adultos, citou sua experiência com dança e tentou provar "por a mais bê" que não haveria perigo. Em sua opinião, o cenário faria um efeito maravilhoso no palco do escolhido Teatro Frei Caneca, de propriedade de Sergio D'Antino, e que tinha uma enorme boca de cena. Antônio não se convenceu, mas sentiu-se sem força para mudar a ideia de Possi. Foi quando me pediu para convidar um juiz de menores a fim de avaliar o pretendido cenário. Fizemos uma reunião na própria Votorantim, na qual o juiz examinou a maquete. Sem saber a opinião de Antônio, ele viu ali enormes riscos para os adolescentes. Com base nesse "laudo técnico", Antônio ficou satisfeito e chamou Possi, que, ao saber do "veredicto do juiz", acabou concordando e modificando o cenário, reduzindo-o a dois andares, bem mais baixos.

A presença de Antônio nos espetáculos dessa vez foi diferente. Devido a seus problemas de saúde, não assistiu a nenhum ensaio e viu apenas três apresentações. Mas compareceu no último dia da temporada para agradecer a todos, tendo se emocionado muito ao ouvir dos garotos o mesmo agradecimento:

– Obrigado, doutor Antônio, o senhor nos ensinou a pescar.

De fato, José Possi fez verdadeiro milagre ao integrar adolescentes amadores com profissionais da melhor qualidade. Antônio alegrava-se ao ouvir que alguns alunos haviam sido convidados para fazer estudos avançados de música no exterior, como foi o caso do jovem Adriano Costa Chaves, que, por iniciativa do maestro Zubin Mehta, patrono da Sinfônica Heliópolis, foi estudar em Tel Aviv, na Academia da Orquestra Filarmônica de Israel, onde acabou se formando.

– Vejam – dizia –, é só dar uma oportunidade que os talentos desabrocham. É o milagre da educação. Espero que outros empresários entendam a mensagem de *Acorda Brasil!* e contribuam para educar outros brasileiros. Escrevi a peça para despertá-los.

Infelizmente, Antônio não pôde vivenciar a intimidade daquele trabalho como fizera nas peças anteriores. Mesmo assim, ficou atento o tempo todo. Enquanto corriam os ensaios, planejamos uma pré-estreia para uma quinta-feira, quando a classe teatral estaria mais livre. Fazia parte do plano convidar a imprensa especializada, é claro. Já estávamos organizando o *mailing* de convidados, quando Antônio interveio:

– Quero que a peça seja vista primeiro pelos pais, parentes e professores dos alunos de Heliópolis.

Não tínhamos pensado nisso. Com a sua "chamada", assim foi feito. A pré-estreia se deu na quarta-feira, 3 de maio de 2006. Ônibus foram fretados para buscar (e depois levar) os pais e outros convidados, e um coquetel foi oferecido após a apresentação. O teatro ficou lotado. Ninguém sabia qual seria a reação daquele público. Ao se abrirem as cortinas, os pais vibraram ao ver os filhos atuando e tocando no grande palco. A maioria nunca tinha posto os pés num teatro. De início, ficaram inibidos. Ao longo do espetáculo, tiveram reações surpreendentes. Nos trechos em que esperávamos risos, silenciaram. Durante todo o espetáculo a plateia reagiu com muito mais choro do que gargalhadas. E, no entanto, a peça tinha muitas passagens cômicas que, para aquele público, não foram nada engraçadas.

Fiquei preocupado. Mas, no fim, ouvi aplausos estrondosos. A plateia inteira ficou de pé. As pessoas choravam e abraçavam os vizinhos. Obviamente, tinham gostado. Não podiam imaginar os filhos fazendo o que fizeram. Foi muito emocionante.

Dois dias depois, o maestro Edílson Ventureli reuniu um grupo de pais e, com muito jeito, procurou saber por que não haviam rido quando assim esperávamos.

– Porque o que é gozado para vocês é a realidade de nossa vida na favela – responderam.

Fiquei pensando nessa frase por um longo tempo. Para os pais dos adolescentes, a apresentação não tinha nada de ficção: era a pura realidade de sua vida diária. Antônio conseguiu retratar bem o que pretendia. Mas foi pena que os problemas de sua doença o impediram de perceber esse alcance. De qualquer forma, no dia seguinte, contei-lhe tudo de maneira bem didática. Ele ficou feliz por ter cumprido seus objetivos: ajudar a comunidade, viabilizar uma escola, sustentar a formação de uma orquestra e transformar adolescentes em situação de risco em bons músicos, prontos a exercer uma profissão nobre. Foi uma de suas maiores alegrias.

Em 4 de maio de 2006, *Acorda Brasil!* estreou para a classe teatral e para a imprensa, com a presença de vários atores e atrizes de renome, que muito aplaudiram o espetáculo. A estreia para o público foi no dia seguinte. O teatro lotou novamente. Para nosso alívio e contentamento, o espetáculo foi bem recebido. A peça agradou até os convidados mais exigentes, como Fernando Henrique Cardoso, que disse:

– Fui assistir a *Acorda Brasil!* Fui temeroso. O que seria mais esta novidade do Antônio Ermírio? Entusiasmei-me e me emocionei. A peça reitera o *leitmotiv* "educar é preciso; educar é possível". O desempenho dos atores, principalmente dos que representam educadores, e a presença gloriosa dos meninos músicos de Heliópolis, com sua orquestra, formaram no conjunto um hino de confiança no Brasil.[24]

Porém, Antônio continuou reiterando não ser dramaturgo, mas amar muito o teatro. Assim ele se expressou na segunda página do programa da peça:

Apesar de ser a terceira peça que escrevo, continuo me sentindo o mesmo amador em matéria de dramaturgia. O teatro é fascinante: o que se consegue transmitir em 90 minutos com uma linguagem acalorada é difícil passar adiante por meio de centenas de palestras e escritos. É o milagre da linguagem emocional.

Críticas mais favoráveis

Acorda Brasil! foi, no geral, bem recebida. Tanto a crítica especializada quanto a comunidade teatral vibraram com o texto e, sobretudo, com a grandiosa montagem de José Possi Neto, assim como com a interpretação dos atores profissionais e dos amadores. A cena mais comovente foi o fim apoteótico, em que as cortinas se abriam repentinamente para mostrar toda a orquestra no centro do palco e pronta para tocar Beethoven, Bizet e Carlos Gomes. Eis trechos de alguns comentários:

> A simples leitura do texto revela o objetivo do autor: sensibilizar uma parte da elite a olhar além dos muros de suas mansões, chamá-la à responsabilidade. Embora não se considere um dramaturgo, é evidente a evolução no texto do empresário. Desta vez há personagens e tipos bem definidos e a trama bem urdida, cheia de tensão, com direito a uma história de amor paralela, com reviravoltas de melodrama. Trata-se de um projeto sensibilizador já na sua criação, a começar pela participação desses meninos, que agem como profissionais.[25]

> A peça *Acorda Brasil!* [...] desenvolve-se numa trama que lentamente nos distancia da atual onda de enredos apressados e nos tira do equívoco de que marketing e teatro são a mesma coisa [...], permitindo que várias classes e idades se sintam juntas assistindo ao espetáculo.[26]

> Impossível não chorar durante a leitura do texto, chorar de emoção pela esperança possível. Encantei-me. *Acorda Brasil!* é uma obra-prima para o coração.[27]

Da atriz Eliana Rocha, que atuou na peça *S. O. S. Brasil*, recebi a seguinte carta em maio de 2006:

Eu, como muita gente boa, acredito cada vez mais na educação pela arte, na força da integração contra a violência e a discriminação. Por isso, aquele momento em que o menino "marginal" [o VR] experimenta sozinho o instrumento [violino] foi para mim um dos mais emocionantes, porque é simbólico da passagem da descrença, da dor da discriminação, para a integração afetiva.

O cronista e autor Walcyr Carrasco fez a seguinte síntese das três peças de Antônio, quando este completou 80 anos:

Sempre me surpreendi com o homem Antônio Ermírio de Moraes. Quando eu morava no centro da cidade, muitas vezes o vi caminhando em direção a seu escritório. Logo entendi que era uma forma de participar da vida da cidade, sentir sua pulsação. Na época pensei: "Ele certamente não é um homem comum". Alguns anos depois, tive a oportunidade de constatar essa verdade, com a estreia de *Brasil S/A*, sua primeira peça. Foi fascinante descobrir que alguém tão conhecido pela força como empresário era capaz de aprofundar-se nas emoções e discutir questões sociais e políticas através de personagens intensos, bem construídos. Mais tarde veio *S. O. S. Brasil*, outro sucesso. E depois *Acorda Brasil!*, que toca em um tema profundo e importante: o poder transformador da educação e da arte [...] Daqui a anos suas peças ainda serão montadas, porque possuem a fagulha de vida, a vibração única que faz da Arte um agente de transformação.[28]

Como não poderia deixar de ser, houve também comentários restritivos na imprensa, como este:

O que é discutível é a trama da peça. É escrito como o relato de uma história. Se o objetivo do autor é, como parece, tentar despertar consciências para a participação em ONGs, seria interessante um aprofundamento psicológico de alguns personagens para que a empatia do público ficasse garantida e sua emoção, comprometida com os fatos descritos.[29]

Numa das últimas apresentações da temporada paulistana de *Acorda Brasil!*, o produtor Sergio D'Antino convidou Antônio para chegar ao teatro duas horas antes do início do espetáculo. Além dele, estavam presentes Maria Regina, minha esposa e eu, Possi e todos os atores e músicos, além da equipe técnica. Assim que nos sentamos, as luzes se apagaram. De repente, numa telona à nossa frente, começamos a assistir a um filme da peça. Foi uma surpresa e tanto, ainda mais emocionante pela reação dos presentes. Antônio, comovido, agradeceu a todos e, em especial, a Sérgio. O filme foi depois editado e distribuído para faculdades de comunicações e artes. Como as demais peças, *Acorda Brasil!* virou livro, que foi distribuído nas escolas.

Em 2007, Antônio expressou seu desejo de levar a peça à população carente de São Paulo – alunos, pais e professores dos Centros de Educação Unificados (CEUs).

– Afinal – dizia ele –, a peça trata dos problemas deles e dá a todos uma grande esperança: se agarrar à educação. Já que eles não podem ir ao teatro, quero levar o *Acorda Brasil!* até eles.

O desejo só seria realizado em 2008. Era um projeto complexo, pois os CEUs estão localizados em bairros muito distantes. Só o deslocamento do elenco e dos jovens de Heliópolis poderia levar até cerca de quatro horas. Mas assim foi feito. Formou-se um novo elenco e o projeto finalmente ficou em pé. Para fechar o espetáculo, apresentou-se a Orquestra Júnior do Instituto Baccarelli, igualmente talentosa. De abril a junho daquele ano, *Acorda Brasil!* foi encenada em 12 CEUs da periferia da cidade de São Paulo, com grande sucesso.

Antônio Ermírio no Carnaval

O primeiro a levantar a ideia foi Estevão, marceneiro cenotécnico do Teatro Frei Caneca. Certo dia, ele me perguntou:

– O doutor Antônio não teria interesse em levar o *Acorda Brasil!* para a avenida como tema da Escola de Samba Vai-Vai no Carnaval de 2008?

Levei a pergunta para Antônio, mas a época não era oportuna. Ele não estava bem de saúde e concentrava-se em recuperar as forças. Não me deu a menor bola. A demanda não parou por aí. Um belo dia, recebi uma ligação de Edmar Thobias, presidente da Vai-Vai, com a mesma proposta. Logo depois, outra de Sergio D'Antino, que era da diretoria da escola, e em seguida me ligou Renato Maluf, tesoureiro da escola, mais conhecido como Bola. Estavam todos animadíssimos com a ideia de levar *Acorda Brasil!* para o sambódromo e ganhar o concurso de 2008.

Conversei novamente com Antônio. Argumentei que seria uma ampla exposição de sua tese sobre educação. O desfile de Carnaval é um espetáculo direcionado ao povo, televisionado para todo o Brasil e até para o exterior. Antônio gostou da ideia e me autorizou a ouvir o plano da Vai-Vai. Marquei uma reunião com os diretores da escola, à qual compareceram Thobias, Bola e Chico Spinosa, carnavalesco que, como pude constatar, conhecia *Acorda Brasil!* de cor e salteado. Os três adoravam a peça e achavam o tema da educação "muito quente" para o Carnaval. Seria a consagração de *Acorda Brasil!* e de Antônio Ermírio como autor. Deram vários detalhes do plano de divulgação.

Eu não disse nada, só ouvi. E, no mesmo dia, transmiti tudo a Antônio. Seriam cerca de 30 mil pessoas só no sambódromo, mais os simpatizantes da Vai-Vai, que somavam 2,5 milhões de brasileiros. E a televisão alcançaria uns 25 milhões de espectadores – sem contar os do exterior.

Contei-lhe que havia conversado com José Possi, Juca de Oliveira e o ator Luiz Guilherme e que todos achavam a ideia muito boa. Todo mundo, o povo mais simples principalmente, iria vibrar ao ver as crianças de rua transformadas em músicos eruditos de primeira qualidade. E seria uma boa divulgação para a música clássica também, já que o desfile terminaria com toda a Sinfônica de Heliópolis no último carro alegórico, tocando para o público. Ele se animou de uma vez:

– Acho bom que o Brasil tome consciência da importância da educação – disse. – Pode tocar em frente. Estou de acordo. Quanto mais gente pensando nisso, melhor.

Mas foi logo dizendo que não queria aparecer. Enfatizou várias vezes:

– Se for para levar *Acorda Brasil!* à avenida, é exclusivamente para dizer que educação salva e que o Brasil precisa dar mais atenção a isso. Não quero nenhuma propaganda da Votorantim.

Antônio manifestou o desejo, porém, de ajudar financeiramente a Vai-Vai para concretizar o projeto, antecipando uma oferta de 400 mil reais. Mas queria saber de mim quanto deveria de fato doar. Silenciei, pois não tinha a menor ideia do custo daquele projeto. Na segunda reunião com o pessoal da Vai-Vai, Chico Spinosa trouxe croquis das fantasias e dos carros alegóricos com uma riqueza de detalhes que me impressionou muito. E fui direto ao assunto que mais me preocupava:

– Quanto vocês gastaram no Carnaval passado? – perguntei.

– Foram 1,2 milhão de reais, e para o *Acorda Brasil!* estimamos gastar 2 milhões.

Esfriei. Era muito dinheiro. E eu não tinha autorização para tratar de tamanho investimento, nem por parte de Antônio e muito menos por parte de seus filhos, que, àquela altura, tomavam muitas decisões pelo pai. Mesmo assim, prossegui:

– E o que vocês querem do Antônio Ermírio? – indaguei.

– Autorização para usar o texto da peça como tema.

– Vocês irão em frente mesmo sem nenhuma contribuição financeira da parte dele?

– Sim, porque divulgar o papel essencial da educação faz parte da filosofia da Vai-Vai.

A contribuição que Antônio havia me autorizado a oferecer estava bem longe dos 2 milhões. Por isso, repeti a pergunta. Eles repetiram a resposta. Disse-lhes, então, que Antônio autorizaria o uso do texto. Uma carta de autorização foi feita ali mesmo, e Antônio depois a assinou.

Contudo, embora tivessem interesse em levar esse tema para a avenida, os cofres da Vai-Vai estavam vazios. A partir dali, então, o problema ficou comigo. Eu antevia muitas dificuldades para arranjar os 2 milhões de reais necessários ao projeto. Fizemos uma reunião com Sérgio D'Antino, preparamos um pedido para a Lei Rouanet e apresentamos o projeto ao Ministério da Cultura, que, por azar, entrou em greve. O tempo foi passando, e nada de solução.

Chico Spinosa, por sua vez, estava a todo vapor, desenhando fantasias, adereços, carros alegóricos etc. Mas sem nenhuma autorização ministerial para captar recursos com as empresas, as despesas iam se acumulando. Minha aflição aumentava, e fui ficando bastante nervoso. A aprovação só saiu em outubro. Era tarde demais. As empresas já não tinham verbas disponíveis para desembolsar em 2007. Falei pessoalmente com vários empresários, sem sucesso. Eu sabia que a escola contaria com os 400 mil de reais de Antônio, mas isso não daria para nada. Os diretores da escola começaram a se desesperar. As contas estavam vencendo e não estavam sendo pagas.

No fim de novembro, a escola havia conseguido captar apenas 200 mil reais. As coisas ficaram tão mal que, num dado momento, Chico pediu demissão. A diretoria da Vai-Vai entrou em pânico. Diante do grave fato, tomei uma decisão: fui conversar com Carlos Ermírio, filho de Antônio, para pedir uma colaboração de 500 mil reais, em vista da aprovação do projeto pela Lei Rouanet. Isso seria além dos 400 mil reais oferecidos pelo pai. Carlos autorizou, mas houve resistências dentro da empresa. Foram momentos embaraçosos para mim, que nunca havia entrado no ambiente de negócios da Votorantim. Finalmente, tudo foi acertado. Quando dei a notícia ao Bola de que a Votorantim entraria com 900 mil, ele chorou. Saiu correndo para buscar Chico, trazendo-o de volta para completar o trabalho interrompido e que estava na sua cabeça. Dali para a frente, a escola foi captando parcelas pequenas das empresas e chegou até o desfile.

Apesar de bem adoentado, Antônio queria saber se sua mensagem seria efetivamente divulgada para o povo. Por sugestão dele, entrei em contato com sua amiga Marluce Dias, da TV Globo. Marluce, que havia adorado a peça, ficou entusiasmada e prometeu colaborar no que fosse possível. Dito e feito. Várias reportagens especiais foram veiculadas pela TV Globo, algumas com ótimos depoimentos de Antônio. Um deles, porém, me deixou de cabelo em pé.

Antes, é preciso contar um antecedente. Em 1994, Antônio havia comparecido ao sambódromo da Marquês de Sapucaí, no Rio de Janeiro, a convite da Brahma. Era a primeira vez que via um desfile de perto. Voltou dizendo que tinha gostado, que se entusiasmara com a vibração do povo, mas que tudo fora muito cansativo. Saiu às 4h da manhã, subvertendo totalmente sua rotina de vida.

Pois bem. Em janeiro de 2008, nas vésperas do Carnaval, por sugestão de Marluce, a TV Globo veio entrevistá-lo. Achei que daria um depoimento entusiasmado. Saiu tudo errado.

A repórter perguntou a ele:

– Doutor Antônio, o senhor gosta de Carnaval?

– Não – respondeu de imediato, e foi um susto geral.

– O senhor já gostou de Carnaval?

– Não.

– Já foi alguma vez ao sambódromo de São Paulo?

– Não.

– Tem vontade de ir?

– Não.

– Já viu as fantasias que estão sendo preparadas?

– Não.

– Viu os carros alegóricos?

– Não.

– Afinal, por que o senhor entrou nessa?

– Para que o Brasil inteiro fique sabendo que a educação salva, e que isso é de responsabilidade de todos nós, em especial dos empresários que não podem se limitar a pagar impostos. Temos de salvar a juventude, porque são esses jovens que vão tocar o Brasil dos próximos 30 ou 40 anos. Quero que a Vai-Vai dê um grito de guerra, uma voz de comando, para que todos percebam que a hora é agora. Se eles fizerem isso, estarei feliz.

Essa era a obsessão de Antônio. Para ele, o desfile era apenas um meio para se atingir aquele fim. Sabedor dessa obsessão, o samba-enredo, composto por Zé Carlinhos, Nayo Denai, Vagner Almeida e Danilo Alves, conclamava todos a combater a corrupção e a lutar pela boa educação:

Eu sou guerreiro de fé
Meu samba é no pé. Sou Vai-Vai.
Se quero axé, meu manto traz
No branco a paz, no preto amor.
Sou brasileiro e tenho o meu valor.

Desperta gigante é novo amanhecer
A levada do meu samba, vai te enlouquecer (meu Brasil)
Esbanja talentos musicais, herança de gênios imortais
Do céu ecoam melodias, em sinfonias, que embalam meu cantar
E "carinhosamente" a Bela Vista a desfilar vem mostrar
Que um lindo sonho, nesta vida se torna real
Pra quem lutar, acreditar, buscar um ideal
Um lindo sonho nesta vida se torna real
Pra quem lutar, acreditar num ideal

Alô, Brasil, o nosso povo quer mais
Educação pra ser feliz!
Com união, vencer a corrupção
Passar a limpo este país!

Brilhou na arte a esperança
Iluminou as nossas vidas com o doce afã
De tocar, encantar, transformar as mentes do amanhã
Com o dom da musicalidade, "acordes com dignidade"
Vem ver na grande ópera do Carnaval
O bem vencendo o mal é a força da cidadania a trilhar
Vamos gritar aos quatros cantos desta pátria mãe gentil
Pra sempre vou te amar, "ACORDA BRASIL".

Antônio adorou a letra e disse:
– Nada melhor que juntar as duas coisas: lutar a favor da educação e contra a corrupção. Com isso teremos um Brasil bem melhor.

Chegou 2 de fevereiro, dia do desfile. Fui ao sambódromo com minha esposa, Wilma, o amigo Jorge Caldeira e sua esposa, Lucia. Estávamos animados e, ao mesmo tempo, preocupados. A competição era dura. A certa altura, para surpresa de todos, Antônio e Maria Regina apareceram no camarote. Ele estava muito abatido. Fora acordado no meio da noite. O calor era intenso e ele suava em bicas. Mas notei que seus olhos observavam tudo. Passava de 1h quando, finalmente, a Vai-Vai foi anunciada. A entrada foi apoteótica e a galera explodiu de entusiasmo. As fantasias eram maravilhosas; os carnavalescos, animadíssimos; os carros, espetaculares; tudo muito original e criativo. O mais emocionante foi ver que grande parte do público sabia o samba-enredo de cor. *Acorda Brasil!* estava na avenida, com pompa e circunstância. O sambódromo inteiro cantou quando a escola passou. José Possi Neto, Luiz Guilherme e vários atores da peça sambavam nos carros alegóricos. Foi quando Thobias e Bola fizeram um agradecimento especial a Antônio. Ele chorou.

O público delirou quando os músicos de Heliópolis entraram na pista com seus instrumentos, dançando e cantando no maior entusiasmo. A escola saiu da avenida sob aplausos. Antônio estava exausto, mas, ainda assim, concedeu uma entrevista à TV Globo, em que enfatizou mais uma vez sua fé na educação. Saiu por volta das 4h da manhã e foi para casa feliz.

Na terça-feira ficamos sabendo que a Vai-Vai ganhou primeiro lugar em tudo, inclusive no enredo. Foi a campeã do Carnaval de 2008! Liguei imediatamente para Antônio, que disse:

— Nossa tese da educação está pegando... O povo cantou na avenida. Isso é ótimo. Acho que o povo vai pressionar mais pela boa educação. Isso é muito bom. Teremos menos crimes, menos prostituição, menos mendigos e mais progresso.

Dias depois, recebi um telefonema do Bola dizendo que uma comissão da escola queria levar o troféu do prêmio a Antônio e lhe dar o pavilhão pela seleção do enredo. Relatei isso a Antônio. Sua saúde já estava bem abalada. Ele pediu para adiar a entrega que, por fim, foi feita no início de março. Para surpresa nossa, vieram para a "solenidade" os produtores da Gullane Filmes, que estavam começando a rodar o filme sobre *Acorda Brasil!*[*] Ou seja, *Acorda Brasil!* terá um lançamento mundial como filme brasileiro que enaltece a educação. O lançamento deve ocorrer ao longo de 2013.

A turma da Vai-Vai chegou às 15h30. Eu levei um susto: o que imaginava ser um simples troféu de mesa era uma enorme taça de 1,5 metro de altura! O pavilhão, gigantesco, era a bandeira brasileira ostentando a frase *Acorda Brasil!* no lugar de *Ordem e Progresso*.

Quando fui chamar Antônio, ele, muito abatido, disse dispor de pouco tempo. Mas, quando entrou na sala, levou o mesmo susto, a ponto de as palavras não lhe saírem da boca. Seus olhos encheram-se de lágrimas. Conseguiu fazer uma única coisa: abraçar os presentes. Nesse exato momento chegaram Sérgio D'Antino e José Possi Neto, a mil por hora como sempre.

– Primeiro lugar, primeiro lugar! É campeão! – bradavam.

Antônio desmoronou. E o "pouco tempo" virou mais de uma hora. No fim, todos pediram para tirar uma foto ao lado dele e do "trofeuzinho". Antônio relutou, mas acabou aceitando, dizendo:

– Não vamos misturar as coisas. Estamos aqui para comemorar o mérito dessa moça que levou a educação para a avenida.

Atendendo a sugestões, acomodou-se numa cadeira para ser fotografado, mas imediatamente levantou-se para dizer jocosamente:

– Mais respeito. Este troféu merece que a gente fique em pé.

Ao ver essa foto hoje, enquanto rabisco estas memórias, penso que ficou perfeita. Para mim, pelo menos, é o retrato fiel de um homem que sempre soube dar valor ao que realmente importa na vida: educar bem o povo de uma nação.

---

[*] Depois da reunião com o pessoal da escola, fomos para a outra sala conversar sobre o filme. Lá estavam os produtores da Gullane Filmes Ltda. e da distribuidora Fox Films do Brasil, subsidiária da Twentieth Century Fox Corporation. A ideia inicial deles era fazer um filme de âmbito internacional. Antônio gostou, mas insistiu que o filme deveria ser bem brasileiro, com a favela no centro de tudo – não para mostrar violência e atrocidades, mas para demonstrar que, com educação, todos podem evoluir e conseguir uma boa profissão.

Notas

1 "Um furacão chamado Antônio Ermírio", *Afinal*, 29 abr. 1986.

2 "O pregador Antônio Ermírio", *Senhor*, 25 mar. 1986.

3 *Jornal da Manhã*, da Jovem Pan, 8 jul. 1986.

4 Resposta a uma pergunta da jornalista Márcia Peltier, no *Jornal da Band*, 2000.

5 "Um amador utilizando o teatro", in Célio Debes, Hernani Donato e Ives Gandra da Silva Martins (Orgs.), *Cultura paulista: antologia 2005*, São Paulo: Imprensa Oficial do Estado, 2006.

6 "Antônio Ermírio leva suas aflições ao palco", *O Estado de S. Paulo*, 12 jan. 1996.

7 Gabriel Chalita e José Pastore (Orgs.), op. cit., 2008.

8 Depoimento no programa *Conexão Nacional*, 2000.

9 Depoimento no programa *Roda Viva*, 1996.

10 Gabriel Chalita e José Pastore (Orgs.), op. cit., 2008.

11 Depoimento no programa *Flash*, 1996.

12 Declaração no programa *Roda Viva*, 1996.

13 Depoimento no programa *Conexão Nacional*, 1996.

14 Barbara Heliodora, "*Brasil S/A*: a estreia correta de um autor aprendiz", *O Globo*, 22 abr. 1996.

15 Alberto Guzik, "Reflexões pouco teatrais", *Jornal da Tarde*, 22 abr. 1996.

16 Cláudio Magnavita Castro, "A lucidez de Antônio Ermírio", *Jornal DCI*, 12 jun. 1996.

17 Clarêncio M. Fontes, "Ermírio de Moraes, empresário com senso de humor e erudição", *Jornal da Manhã*, Aracaju, 21 jul. 1996.

18 Depoimento no programa *Conexão Nacional*, 1996.

19 "Um amador utilizando o teatro", in Célio Debes, Hernani Donato e Ives Gandra da Silva Martins, (Orgs.), op. cit., 2006.

20 "Um amador utilizando o teatro", in Célio Debes, Hernani Donato e Ives Gandra da Silva Martins (Orgs.), op. cit., 2006.

21 Depoimento no programa *Conexão Nacional*, 1997.

22 Idem, 1998.

23 Depoimento no programa *Provocações*, 2002.

24 Gabriel Chalita e José Pastore (Orgs.), op. cit., 2008.

25 Beth Néspoli, em "Antônio Ermírio busca compreender", *O Estado de S. Paulo*, 5 maio 2006.

26 Ivaldo Bertazzo, em "A arte torna o homem mais gentil", *O Estado de S. Paulo*, 14 jun. 2006.

27 Maria Cristina Castilho de Andrade, em "Acorda Brasil!", *Jornal de Jundiaí*, 24 set. 2006.

28 Gabriel Chalita e José Pastore (Orgs.), op. cit., 2008.

29 Maria Lúcia Candeias, "O Brasil em discussão", *Gazeta Mercantil*, 12 maio 2006.

A presença nas obras sociais

> *Não adianta querer descobrir os planos de Deus.*
> *Melhor fazem os que procuram aprender com eles.*
>
> *Antônio Ermírio de Moraes*

A atuação de Antônio Ermírio no campo social foi ampla e contínua ao longo de sua vida. Seguindo os passos de seu avô materno, Antonio Pereira Ignacio, e de seu pai, José Ermírio de Moraes, Antônio desenvolveu uma veia social de alta sensibilidade. Ele apoiou uma infinidade de entidades, quase sempre no anonimato,* e sempre achou que a gravidade dos problemas sociais brasileiros, além de causar sofrimento ao povo, punha em risco a vida democrática. Costumava dizer:

---

* Entre os casos de que tomei conhecimento, lembro-me do apoio de Antônio ao Hospital de Fogo Selvagem de Uberaba, à Apae, à Basílica Nossa Senhora de Aparecida, ao Instituto de Cegos Padre Chico, ao Instituto dos Meninos de São Judas Tadeu, ao Seminário Bom Jesus de Aparecida, ao Centro de Saúde Geraldo Paula Souza, à Fundação Pio XII, às Obras Assistenciais Dona Filhinha e a inúmeros programas sociais de paróquias de São Paulo.

– Graças a Deus, o brasileiro é tolerante. Se o Brasil tivesse sido colonizado por espanhóis, eles já tinham posto fogo na nação.[1]

Fazia parte de sua filosofia a ideia de que os empresários, além de pagar impostos, tinham a responsabilidade de ajudar na melhoria das condições de educação, saúde e bem-estar da população. Em seu livro *Educação pelo amor de Deus*, publicado em 2006, Antônio defendeu que os empresários tinham a obrigação de colaborar na melhoria do ensino brasileiro.[2] Foi com essas ideias em mente que ele se engajou logo de início no programa Comunidade Solidária, coordenado por Ruth Cardoso quando era a primeira-dama do país, e no Projeto da TV Futura, conduzido pela Rede Globo de Televisão. No livro *Somos todos responsáveis*, publicado em 2007, ele dizia que, se a juventude está entregue às drogas e à violência, é porque alguma coisa falhou na geração que a educou, e isso precisa ser consertado pela mesma geração.[3]

Seu apelo aos empresários ia sempre acompanhado do exemplo pessoal. Durante toda a sua vida, Antônio defendeu que, mais importante do que assinar um cheque, era dedicar tempo às obras sociais. Ele queria dizer que o engajamento dos empresários na administração daquelas obras era crucial para elevar sua eficiência e garantir sua sobrevivência. Foi isso que o levou, entre inúmeros outros engajamentos, a participar ativamente da administração de vários hospitais. E sua participação fazia diferença. Ele mesmo dizia que, quando foi presidir o Hospital da Cruz Vermelha Brasileira (1962-66), a situação financeira era calamitosa e, com trabalho diário e empenho pessoal, durante cinco anos, as contas se equilibraram. Quando foi dirigir o Hospital da Cruz Verde (1967-75), este não dispunha de prédio próprio. Funcionava em instalações alugadas e bastante precárias. Em cinco anos, Antônio conseguiu um terreno da Prefeitura de São Paulo e construiu um belo edifício. Sua obra maior, porém, foi no Hospital da Beneficência Portuguesa, onde trabalhou por quase 40 anos. Durante esse tempo, esteve presente no hospital todos os dias, inclusive aos sábados e domingos. Dada a grandiosidade da obra, deixarei sua narrativa para mais adiante.

Devo dedicar o início deste capítulo a um resumo muito breve de outros projetos sociais que Antônio apoiou. Em 1999, a Catedral da Sé estava deteriorada, com vitrais quebrados e sérios problemas de estrutura no prédio. Sua reforma demandava recursos que a Arquidiocese de São Paulo não tinha. A situação era tão crítica que a Prefeitura de São Paulo interditou a igreja. Ao saber do problema, Antônio não pestanejou e liderou a coleta de doações entre empresários, as quais chegaram a 20 milhões de reais. Ele ficou agradecido a todos os que ajudaram, em especial a Olavo Setúbal, Lázaro de Mello Brandão e José Safra, que formaram, de certa forma, o comitê organizador da campanha. Esse foi um dos poucos movimentos de ajuda em que Antônio não pôde manter seu anonimato, porque a campanha foi pública. Mesmo assim, ninguém teve ciência do valor de sua contribuição pessoal – "só Deus e dom Cláudio Hummes saberão disso", dizia ele. A reforma demorou 29 meses, e a catedral foi reaberta em 29 de setembro de 2002.

Narro aqui uma ajuda que teve um início pitoresco – pois quase não foi aceita pelo beneficiário. Certo sábado de manhã, em 2006, ao ler os jornais em seu escritório, deparou com a notícia de que o respeitado Colégio São Bento teria de fechar as portas por falta de recursos para sanar problemas no prédio – vazamentos em telhados, rachaduras nas paredes, pisos desgastados etc. Antônio sempre foi homem de decisões rápidas. Vestiu o paletó e foi a pé, da praça Ramos de Azevedo, até aquela escola, no largo São Bento. Enquanto caminhava pelo centro de São Paulo, entre cumprimentos e abraços, buscava interiormente uma solução para os problemas do colégio. Lá chegando, tocou a campainha diversas vezes. Depois de muito esperar, um frade abriu a porta.

– O que o senhor deseja? – perguntou.

– Gostaria de conversar com o superior da Ordem dos Beneditinos.

– Qual o assunto?

– Li no jornal que o colégio está na iminência de fechar, devido a problemas no prédio.

– Não sei nada disso, mas quem é o senhor?

– Meu nome é Antônio Ermírio de Moraes.

– O senhor é do governo?

– Não.

– De alguma construtora?

– Também não.

– O que o senhor faz?

– Sou produtor industrial.

– O que o senhor produz?

– Alumínio e outros metais. Cimento também.

– O senhor quer vender alguma coisa aqui?

– Não. Quero apenas conversar com o superior.

Nesse ínterim, aproximou-se o diretor do colégio. Ao reconhecer Antônio, convidou-o para entrar e ofereceu-lhe café e biscoitos.

– É um grande prazer recebê-lo aqui, doutor Antônio. Em que posso ajudá-lo?

– Acabei de ler no jornal que o colégio vai fechar devido a problemas no prédio e à falta de recursos para repará-los.

– É isso mesmo, infelizmente.

– Mas este colégio é parte do patrimônio de São Paulo e do Brasil! Formou milhares de bons brasileiros. Não pode fechar.

– Agradeço suas palavras, mas a situação é insustentável.

– Se o senhor me permite, enviarei um funcionário da Votorantim na segunda-feira para ver o que podemos fazer para resolver esse problema.

Boquiaberto, só restou ao diretor agradecer. Na semana seguinte, Antônio reuniu todos os dados para dar início à reforma do colégio. Fiquei sabendo dessa história pelo próprio Antônio, mas guardei segredo, a seu pedido. Não demorou, porém, para que a imprensa tomasse conhecimento do gesto inusitado, que foi divulgado pelos próprios padres. Ao ser questionado sobre o que motivara sua atitude, Antônio respondeu:

– Pela educação não podemos titubear, sobretudo quando se trata de escolas de bom nível.

Alguns anos depois, tornou a ajudar a Ordem dos Beneditinos –

dessa vez para adequar os aposentos que receberiam o papa Bento XVI, em maio de 2007. Só fiquei sabendo dessa segunda reforma quando o funcionário responsável pela execução deu com a língua nos dentes.

A valorização da educação

O capítulo "educação" ocupou grande espaço na vida de Antônio. Ele apoiou muitos projetos nessa área e sempre colaborou com as autoridades nas atividades que visavam melhorar a qualidade do ensino. Antônio não se conformava com o fato de o Brasil estar em último lugar entre 32 países nos quais os alunos foram submetidos a provas de redação e de matemática, segundo pesquisa da Unesco.[4] Durante anos a fio ele chamou a atenção para o importante trabalho do professor e do diretor na tarefa de educar. Sua tese veio a ser confirmada por estudos recentes que demonstram ser a boa educação muito mais dependente da qualidade dos docentes e dos gestores do que do montante dos investimentos. Ele sempre discordou das autoridades que atribuíam a queda da qualidade de nosso ensino ao aumento da quantidade de matrículas. E indagava:

– O que seria de uma fábrica de automóveis que, para aumentar a produção, descuidasse da qualidade dos veículos?

Antônio nunca aceitou tampouco a tese da aprovação automática, atacando:

– Por esse método de avaliar, as crianças não repetem e não aprendem.[5]

Outro aspecto que sempre o preocupou foi o desvirtuamento das atividades de certas escolas que, no afã de querer planejar muito, acabavam ensinando pouco. Condenava a atitude dos sindicatos profissionais que pretendiam medir o desempenho das escolas pelo número de reuniões, assembleias e passeatas feitas ao longo do ano. Nesse sentido, defendia o sistema de mérito que premiasse o professor de melhor desempenho na sala de aula e não fora dela. Afinal, dizia ele:

– A função básica da escola é fazer com que os professores ensinem e os alunos aprendam.[6]

Outro fato que o deixava indignado era o desperdício dos recursos destinados à educação no Brasil. Ele não se conformava que, de cada 100 reais que saíam de Brasília, apenas 40 reais chegavam às salas de aula nas escolas dos Estados.[7]

– É isso que me tira o sono – dizia. – Porque, para chegar ao desenvolvimento sustentado, o Brasil não pode prescindir do uso de novas tecnologias, que, por sua vez, exigem um nível de educação superior ao disponível. As máquinas modernas já incorporaram grande parte de inteligência humana e os trabalhadores têm de interagir com elas.[8] O Brasil não pode negligenciar essa responsabilidade, sob pena de perder a competição.

Ele contava que a China estava investindo pesadamente em técnicos e pesquisadores, colocando-os em laboratórios bem equipados e dando-lhe os estímulos necessários para avançarem na preparação da juventude.

– O Brasil só conseguirá competir e vencer se investir bem em ideias.[9]

Conclamava intervenções imediatas no sistema educacional do Brasil, no qual, às portas do terceiro milênio, apenas 3% concluíam o primeiro grau em oito anos, sendo que 45% abandonavam a escola no meio do caminho.

– O problema tem de ser combatido, com recursos, firmeza e criatividade.[10]

Em todas as suas análises, Antônio sempre valorizou os mestres e se preocupava com a fuga de jovens dos cursos de formação de professores. Tivemos muitas conversas sobre esse assunto. Ele gostava de saber que eu havia lecionado durante quase 20 anos na Escola Normal Caetano de Campos, voltada para a formação de professoras primárias. Não entendia por que o governo acabara com as "escolas normais" e se preocupava com o fato de os cursos de pedagogia receberem os piores alunos do ensino médio, dizendo:

– Os jovens brasileiros não querem mais saber do magistério. E não é para menos. A remuneração é ridícula. As condições de trabalho são massacrantes. Além de longas jornadas (muitos mestres chegam a dar 60 aulas por semana!), o apoio didático é deficiente e as bibliotecas são mal equipadas; tudo isso regado por uma incontrolável indisciplina dos adolescentes, que levam para a sala de aula a generalizada confusão entre liberdade e libertinagem.[11] Sim, porque o problema da violência tomou proporções assustadoras nas escolas brasileiras. Os professores foram acuados pelos alunos e, muitas vezes, pelos próprios pais. Muitos têm medo de entrar na sala de aula.[12]

O apoio às obras educacionais foi amplamente reconhecido. Num depoimento sincero, Fernando Henrique Cardoso assim se expressou:

– Conheço Antônio há muito tempo. Quando eu era presidente da República, conversamos muitas vezes. Por acaso seria sobre seus negócios ou suas empresas? Que eu me lembre, nunca. Falávamos sobre os temas de sua e da nossa angústia: a educação. Poucos brasileiros têm tanto empenho em ampliar o acesso à educação, melhorar sua qualidade e, com isso, garantir uma vida melhor e mais próspera para todos.[13]

Senai: a menina dos olhos de Antônio

"Muitas universidades são fábricas de diplomas. Precisamos de escolas mais sérias, em especial, escolas técnicas."[14] Esse era um pensamento recorrente de Antônio, que nutriu uma grande admiração pelo Senai e patrocinou a construção de inúmeras escolas da entidade. Além disso, participou de várias campanhas, fez conferências e escreveu artigos sobre sua rede de escolas.

Durante muito tempo ele acompanhou de perto as "Olimpíadas do Conhecimento" promovidas por essa entidade. Nas disputas nacionais (preparatórias para a internacional), ia até o local onde as provas estavam sendo realizadas. Certa vez, o evento se deu em Brasília, onde eu estava. Antônio me avisou com antecedência que queria passar o dia todo assistindo às competições dos alunos. Fui esperá-lo no aeroporto com um recado.

– Antônio, os diretores da Confederação Nacional da Indústria (CNI) o aguardam na sede da entidade, para irem todos juntos até o pavilhão das provas.

Antônio hesitou.

– Mas esse pessoal não sabe que vim aqui com um propósito específico? Quero ver a garotada competindo. Não estou interessado em papo sobre política.

– Entendo, Antônio. Gostaria de ponderar, porém, que eles têm um enorme interesse em conversar sobre a economia nacional para depois acompanhá-lo ao pavilhão da competição.

– Quem disse que eu preciso de acompanhamento? Estamos perdendo tempo aqui parados. Vamos para as Olimpíadas.

E pediu ao motorista que seguisse diretamente ao pavilhão das provas. Mas no caminho ele notou que fiquei aborrecido ao fracassar na missão de levá-lo para um encontro com os empresários. Compadecido com meu estado, mudou de ideia e pediu ao motorista para ir à CNI. Assim fomos. Lá chegando, cumprimentou rapidamente os presentes e saiu feito um foguete, arrastando todos atrás de si – os diretores da entidade e os demais empresários que lá estavam.

Chegando ao local do torneio, ele se sentiu realizado. Encantava-se ao observar os garotos demonstrando suas habilidades de torneiro, soldador, mecânico, eletricista, marceneiro etc. Parava em cada bancada e queria ver o máximo possível. Observava tudo: da destreza manual e mental à limpeza das ferramentas e do uniforme. Além disso, conversava com os garotos – até demais, pois eles estavam empenhados nas provas e não podiam se desconcentrar.

Ficamos até a hora do almoço. Os diretores da CNI insistiram que ele fosse a um restaurante de luxo da cidade. Ele rejeitou. Fomos juntos – ele e eu – ao Hotel Carlton onde costumava me hospedar, para ali comermos uma salada frugal e voltarmos depressa ao pavilhão das provas, de onde só saiu às cinco da tarde, para embarcar para São Paulo.

– Ganhei o dia. O Senai está formando bons brasileiros. Garotos que entendem da profissão e se comportam como bons cidadãos. É um grande exemplo. Tenho que ajudar a difundir ainda mais esse tipo de educação. É o que vou fazer.

Antônio acompanhava também as Olimpíadas Internacionais, mas a distância. E vibrava com o bom desempenho dos brasileiros. Ao saber dos resultados, escrevia artigos para divulgar os grandes feitos antes mesmo do noticiário da imprensa. Nas homenagens aos garotos, muitas delas prestadas pelo presidente da República, Antônio não titubeava. Ia a Brasília e fazia questão de testemunhar e apoiar as merecidas cerimônias de homenagens. Terminadas estas, voltava em seguida, dizendo:

– Estes dias das homenagens são sagrados. A maior homenagem que posso prestar a esses garotos é a demonstração pessoal de meu entusiasmo ao comparecer a essas cerimônias. Os feitos desses alunos valem mais do que toda a política que se pratica aqui em Brasília...

Antônio equipou várias escolas do Senai por conta própria, sempre anonimamente. Narro aqui dois casos de que tomei conhecimento: as escolas de Bertioga e de Alumínio. No primeiro caso, ele fez sua própria pesquisa de mercado e verificou que as habilidades mais necessárias eram as que cuidassem da manutenção das casas de veraneio usadas pelos paulistanos que lá passavam os fins de semana. Não teve dúvida: acertou com a direção do Senai e equipou a escola com o ferramental necessário. A escola começou a funcionar em 2001. Os cursos oferecidos lotaram de alunos em poucas semanas. E assim continuam até hoje.

Já a escola de Alumínio, criada em 2004, é uma das mais modernas de toda a rede do Senai e visou atender toda a comunidade da região. Sua vocação é a metalurgia. Mas a escola não foi feita com o propósito específico de atender a CBA, que está naquele município. Ao contrário, logo após a inauguração, Antônio solicitou ao Senai total rigor nas provas de seleção dos alunos. Tanto que, entre os aprovados no primeiro exame, só 15% eram filhos de funcionários da CBA. O mesmo rigor norteia a escola até hoje.

Antônio carregou amor pelo Senai ao longo de toda a sua vida. Mesmo doente, costumava dizer com orgulho:

– Sairei às ruas em passeata para defender o Senai, se preciso for.

Além do Senai, Antônio ajudou inúmeras outras entidades a montar seus cursos no campo do ensino técnico. Como tudo era feito sob rigoroso anonimato, tenho notícias apenas parciais de sua constante colaboração nesse campo. Os que têm os detalhes guardam com respeito a promessa de não revelar suas ajudas. Muitas delas eram feitas diretamente aos beneficiários, sem que ninguém soubesse. Ele de fato apoiou pesadamente vários institutos de pesquisa voltados para a ciência e a tecnologia. Mas ninguém sabe quanto gastou.

Heliópolis: um projeto arrojado

O interesse de Antônio pela favela do bairro de Heliópolis, em São Paulo, teve início em julho de 1996, ao ver pela televisão o pavoroso incêndio que tomara conta dela. Antes de definir uma ajuda concreta, decidiu visitar o local. Ele me convidou sem prévio aviso. Estávamos em seu escritório quando perguntou:

– Você tem algum compromisso hoje à tarde?

– Vou voltar à universidade, onde prosseguirei no meu trabalho de pesquisa.

– Gostaria que você viesse comigo para uma pesquisa ao vivo.

– Como assim?

– Quero visitar a favela de Heliópolis.

– Mas ela esteve em chamas até ontem.

– Por isso mesmo. Acho que é nossa obrigação ajudar aquele povo. Mas não gosto de intermediários. Quero ver tudo de perto.

Fomos imediatamente. Era uma tarde chuvosa. O motorista de Antônio nos deixou na Estrada das Lágrimas, próximo do local do incêndio. Estacionou o carro e caminhou conosco. Quis nos dar um guarda-chuva, mas Antônio recusou. Começamos a explorar as ruas do local: desolação total. Barracos totalmente destruídos. Gente que se acotovelava na casa de parentes e amigos. Crianças sem ir à escola.

O quadro nos tocou profundamente. Quanto mais pobreza observávamos, mais determinado Antônio ficava em ajudar a comunidade, o que, de fato, fez no dia seguinte, sem que eu tenha sabido em que consistiu sua ajuda. Acredito que tenha sido com materiais de construção e mão de obra.

Mas houve um outro tipo de ajuda que acompanhei de perto. Trata-se do encontro de Antônio com o maestro Silvio Baccarelli, que também se sensibilizou com o ocorrido. Os dois passaram a planejar ações no campo educacional para os moradores da favela. Eu não presenciei o diálogo, mas ambos decidiram empreender um projeto de educação musical vendo nisso uma estratégia de salvação para as crianças que viviam em situação de risco.

Antônio proporcionou a Baccarelli tudo o que era necessário para implantar uma boa escola – do aluguel do prédio à contratação de professores e compra dos instrumentos. A escola começou pequena, mas cresceu rapidamente, e até hoje conta com o apoio decisivo de Antônio e do Grupo Votorantim. O resultado é conhecido de todos: surgiu ali uma orquestra sinfônica de padrão internacional, na qual centenas de jovens músicos vêm tomando o caminho da profissionalização – longe dos riscos sociais que envolviam aqueles grupos. O projeto conquistou inclusive a simpatia do maestro Zubin Mehta, que se tornou seu patrono e a ajuda até hoje.

Antônio teve uma bela surpresa com esse projeto, porque, no início, diziam que uma comunidade de periferia – como era o caso de Heliópolis – estava apenas interessada em ajuda material e, quando muito, em apoio para desenvolver uma escola de samba na qual os alunos pudessem aprender a tocar os instrumentos que cabem nos desfiles carnavalescos. Porém, com o maestro Baccarelli, Antônio apostou em um projeto de música erudita. E deu certo. As crianças e os jovens demonstraram uma sensibilidade extraordinária para a música clássica e entraram por esse caminho como quem entra para uma religião. Como os estudos exigem extrema disciplina, os alunos exibem condutas amadurecidas e valorizadas por todo o mundo. Não exagero nessa expressão porque, em 2010, tive a oportunidade de acompanhar a primeira turnê internacional da Sinfônica Heliópolis à Alemanha e ali testemunhei a conduta exemplar de jovens que, além de tocarem magnificamente bem, encantaram as famílias alemãs que os hospedaram. Na minha volta, relatei tudo isso a Antônio, que, mesmo doente, teve forças para dizer:

– É com isso que salvaremos nossa juventude. Eles, os jovens, têm bons sentimentos, e, se bem educados, conduzirão nosso país no rumo certo. Estou feliz com esse resultado do projeto. O empresariado precisa se envolver mais com iniciativas desse tipo. Para isso que escrevi a peça *Acorda Brasil!* Você acha que eles se tocaram?

Sem querer desiludi-lo e sendo fiel à verdade, respondi:

– Fique tranquilo. Sua semente foi plantada e está dando frutos. No caso, o projeto de Heliópolis ganhou o grande público. Passou a ser conhecido em todo o Brasil. Isso chamou a atenção de outras empresas, que começam a ajudar.

O trabalho hospitalar: a Beneficência Portuguesa

Antônio Ermírio de Moraes dedicou a maior parte de sua vida ao Hospital da Beneficência Portuguesa. Sou obrigado a detalhar sua participação porque, além de se tratar do maior hospital privado da América Latina, Antônio teve um papel estratégico em sua expansão e modernização. Hoje, são quase 2 mil leitos e mais de 3 mil profissionais que ali trabalham. Circulam pelo hospital, diariamente, mais de 5 mil pessoas.

O hospital – antigo São Joaquim, criado em 1859 – foi presidido pelo avô e depois pelo pai de Antônio, respectivamente Antonio Pereira Ignacio e José Ermírio de Moraes. Antes de morrer, José Ermírio pediu que Antônio cuidasse da organização. E assim foi feito durante os quase 40 anos em que ele exerceu os cargos de diretor, vice-presidente e presidente – sempre com grande desprendimento.*

---

* No hospital, José Ermírio ficou até 1962, quando foi eleito senador. Passou o cargo ao comendador Abílio Brenha da Fontoura, que exerceu a presidência de 1962 a 1970.

Os problemas enfrentados por Antônio na Beneficência Portuguesa foram enormes. O principal foi o da permanente falta de recursos para atender os que ali buscavam recuperar a saúde. Dando continuidade à filosofia de seu pai e de seu avô, Antônio fez questão de sempre reservar dois terços das vagas para pessoas de baixa renda, que ali se internavam pelo Inamps, hoje SUS. Apesar de o SUS remunerar mal, o hospital teve suas finanças sempre equilibradas, graças à enorme capacidade administrativa de Antônio.

Quando ele entrou na diretoria, havia apenas um prédio – o Bloco 1, deixado por seu pai. Eram 39 mil metros quadrados de área construída. Uma de suas primeiras providências foi reformar inteiramente o edifício, construindo, inclusive, um heliponto para receber emergências. Dali para a frente, nunca parou de construir, reformar e expandir. Em 2009, quando se afastou do hospital devido a problemas de saúde, deixou-o com 143 mil metros quadrados. De 900 cirurgias cardíacas por ano, quando de sua entrada, o hospital passou a fazer 9 mil anualmente, com um índice de mortalidade de apenas 3%, abaixo da média mundial, que na época era de 4%.

Antônio sempre disse ser mais fácil para ele fazer uma doação em dinheiro do que despender longas horas no hospital. Mas, além dos seguidos dias de trabalho, sempre fez expressivas contribuições em dinheiro, anonimamente. Graças a uma presença diuturna, ele foi elevando cada vez mais o nível de eficiência do hospital. As economias eram feitas a partir das pequenas coisas. Sua filosofia era:

– Quem não zela pelo pequeno não zela pelo grande.

No início de sua gestão, as irmãs religiosas dirigiram a administração, exercendo influência em várias áreas. Em pouco tempo, Antônio profissionalizou tudo e criou uma escola para formar enfermeiros. Dizia, jocosamente, que a missão primordial das freiras era "rezar pelos pacientes e confortá-los". E acrescentava com carinho:

– Esse é seu ramo, onde elas são imbatíveis: rezam 12 horas por dia com facilidade. Não vou pedir aos médicos que façam isso...

Além de sua atuação pessoal na gestão do hospital, Antônio devotava enorme atenção aos pacientes. Uma de suas práticas corriqueiras era visitar as enfermarias. Fazia isso todas as noites. Sentava-se no leito dos pacientes, pondo-se a conversar sem pressa. Muitas vezes ele me relatou o que mais ouvia:

— Doutor Antônio, o tratamento aqui não é bom, é ótimo.

— Fico feliz com isso.

— Mas estou triste porque vou ter alta amanhã.

— Esse deve ser um motivo de alegria e não de tristeza. Por que você está triste?

— Estou triste porque no barraco onde moro jamais terei uma cama gostosa como esta; lençóis trocados todos os dias; banho com água quentinha; e refeições tão saborosas. Saio do hospital e volto para o pior...

Antônio sempre esticava a conversa com os doentes. Dizia que aquelas visitas eram o alimento de sua alma, porque ali colhia bons ensinamentos:

— Os que se queixam da vida precisam passar metade de um dia neste hospital, para observar quanto sofrem adultos e crianças. Não adianta querer descobrir os planos de Deus. Melhor fazem os que procuram aprender com eles.

Quando caminhava pelas ruas de São Paulo, muitas pessoas o paravam para pedir atendimento hospitalar. Ele anotava o nome, endereço e telefone do solicitante, pedindo que entrasse em contato com sua secretária para ver o que podia ser feito. Testemunhei inúmeros casos como esses, acompanhados de um invariável comentário:

— É por isso que faço questão de reservar dois terços das vagas da Beneficência Portuguesa para os mais pobres, que só podem se tratar com a ajuda do SUS. Se a gente não fizer isso, onde eles vão cair? O Hospital das Clínicas e a Santa Casa estão lotados. Temos de ajudar e dar um pouco de nós mesmos para aliviar sua dor.

Ao mesmo tempo que Antônio se mantinha generoso com os de menor posse, restringia o uso gratuito do hospital por quem podia pagar. Em muitos casos, isso atingia seus amigos mais chegados e até diretores e funcionários do hospital. Para dar o exemplo, ele sempre pagou de seu próprio bolso todos os tratamentos de seus familiares.

No campo da ajuda financeira, perdura um mistério. Ninguém sabe exatamente quanto Antônio doou para o hospital nos quase 40 anos de gestão. Algumas doações puderam ser identificadas, como é o caso da Sala de Hemodinâmica e o das camas elétricas do Setor de Coronárias no Bloco 1 e em todo o Bloco 6 (Hospital São José). A grande maioria das doações, porém, permanece no anonimato.

Antônio sempre dizia que o perigo na administração de qualquer instituição mora nos detalhes. Por isso, verificava tudo. Ao assinar os cheques da Beneficência Portuguesa, queria as notas de compra anexadas. Olhava uma por uma. Isso é o que ele chamava de "valor do tempo". Repetia várias vezes:

– O acompanhamento de tudo é a mais importante ferramenta para se chegar à eficiência, muito mais do que dinheiro.

Conto aqui um fato engraçado que testemunhei pessoalmente. Certa vez, Antônio deparou-se com uma nota fiscal referente à compra de Viagra. Ligou imediatamente para o chefe da farmácia, que o informou ter sido o medicamento solicitado por um dos cardiologistas. Ficou surpreso, pois esperava isso de um urologista. Não teve dúvida: ligou para o médico e perguntou à queima-roupa:

– O senhor está usando Viagra?

Pelo que observei na expressão de Antônio, o médico tomou um susto. Afinal, ele não tinha intimidade para fazer uma pergunta tão pessoal como aquela.

– Doutor Antônio, estou estranhando sua indagação...

Antônio caiu em si e percebeu ter feito uma pergunta inadequada. Por isso, acrescentou rapidamente:

– Me desculpe, a pergunta não é pessoal. Nada a ver com sua pessoa. Liguei porque estou pagando uma compra desse medicamento e a farmácia me informou que foi prescrito pelo senhor.

– Ah, bem. De fato, tenho prescrito Viagra para provocar vasodilatações nos meus pacientes.

– Entendi. Muito obrigado pela informação e, mais uma vez, me desculpe pelo mal-entendido...

Antônio é do tipo que sempre confia desconfiando. Apesar de me parecer tranquilizado com a resposta, virou-se para mim e disse:

– Vou continuar observando esse consumo, mês a mês. Não permitirei o uso dos parcos recursos do SUS para animar a festança de espertalhões...

Outro episódio a que assisti – atônito – foi este: estávamos andando pelo jardim do hospital quando ele viu um homem carregando uma bacia de privada em direção à portaria principal. Ficou observando seus passos e acelerou a caminhada. Quando o homem chegou à portaria e se preparava para sair com a bacia nas costas, ele mesmo o interrogou:

– Aonde você vai com essa bacia?

– Encontrei ali, jogada no lixão.

– Você trabalha aqui no hospital?

– Não.

– O que está fazendo então?

– Vim visitar um amigo.

– Não quero continuar este papo. Ponha a bacia no chão e suma daqui.

Virando-se para o porteiro, estourou:

– O que você está fazendo aqui? As pessoas entram e saem levando o que querem! Hoje é bacia de privada, amanhã será um colchão ou uma cama. Dormindo desse jeito, você deixa passar até um raio X. Estou cansado de dizer que roubam os que encontram facilidade. Observe que é uma bacia nova. Por isso, pelo amor de Deus, fique mais atento!

Por maior que fosse a vigilância da administração, o hospital sempre foi alvo de furtos. Mas Antônio procurava seguir tudo de perto. Havia tempos que ele vinha percebendo um aumento exagerado no consumo de carne. Os pedidos ao açougue aumentavam mês a mês. Não podia admitir que os pacientes estivessem comendo mais carne. Ficou de olho. Pediu para todos os chefes observarem se havia desperdício ou desvio da carne comprada. Não deu outra. Descobriu que pedaços grandes eram embrulhados em plásticos fortes e jogados no lixo. Na outra ponta estavam os receptadores que tiravam a carne do lixo, desembrulhavam e levavam para casa. Impôs controles mais rígidos e normalizou o consumo.

Os itens mais furtados do hospital eram fronhas, toalhas de rosto e de banho. Para evitar o alastramento da má prática, Antônio passou a exigir relatórios detalhados da administração. Muitos rasgavam os lençóis para justificar jogá-los fora, recolhendo-os do local de refugo. Nesse caso, ele inovou. Lençóis ou fronhas rasgados passaram a ser reaproveitados em pequenos panos para o centro cirúrgico e enfermagem – como gorros, máscaras, proteção para os pés etc. Além disso, passou a controlar a produção das costureiras na feitura de tudo o que era usado no hospital. A lavanderia era pessoalmente supervisionada por ele. Afinal, ali se lavavam e passavam diariamente 18 toneladas de roupa.

Outro foco de sua preocupação era com os equipamentos do hospital. Ele exigia relatórios mensais sobre quantas vezes os sete autoclaves eram usados. Fazia a mesma coisa com os aparelhos de raios X, com os tomógrafos e até com os elevadores. Ficava de olho na manutenção de tudo. Paradas muito prolongadas prejudicavam os pacientes. Quando isso ocorria, ele queria saber quem era o responsável pelo atraso. Havendo necessidade, comparecia ao hospital e acelerava os serviços.

Engenheiro administrando hospital

Como engenheiro, Antônio calculava tudo antes de agir. Chegava a ser pitoresco. Ele sabia exatamente quantos metros eram gastos com esparadrapo, papel higiênico, gazes etc. Com frequência, apresentava didaticamente seus cálculos nas reuniões da diretoria:

– O que estamos gastando com papel higiênico em um mês dá para fazer uma viagem de ida e volta de São Paulo ao Rio de Janeiro. Há desperdício. Quero isso corrigido até a próxima reunião.

Em tudo ele via uma oportunidade para fazer cálculo e dar uma explicação matemática. Certa vez foi convidado por Marília Gabriela para falar sobre o hospital e outros assuntos. Ao sentar na cadeira, foi logo dizendo:

– Que mesa bonita. É um triângulo esférico. É a base da trigonometria esférica. Esse ramo da matemática permite fazer cálculos precisos, por exemplo, de Paris a Nova York. Você sabia disso?

– Não sabia, e os telespectadores que me veem sempre nesta mesa estavam esperando por essa explicação... – aduziu de modo jocoso.

Certa vez, na volta da Beneficência, encontramo-nos para almoçar. Perguntei como havia sido a reunião da diretoria. Ele me disse:

– Temos de ficar cada vez mais atentos. O hospital é grande e é pequeno. Grande para administrar e pequeno para atender a todos os que necessitam de cuidados. Mas hoje mandei uma mensagem para a enfermagem mostrando que, nos últimos três meses, gastamos uma quantidade de esparadrapo que dava para cobrir o campo do Maracanã de ponta a ponta. Mais de 7 mil metros quadrados! Sendo que no trimestre anterior gastamos um terço a menos para o mesmo número de pacientes e de cirurgias. Pedi mais atenção.

Como tudo se referia a enormes volumes, qualquer economia era de grande monta e significativa.

Os preços dos gêneros alimentícios eram pesquisados e memorizados por ele uma vez por semana. Para cada item de despesa, era feita a mesma análise, buscando sempre o melhor e o mais barato. Antônio guardava tudo na memória. Fez assim a vida toda. Mesmo quando o visitava em sua casa, já doente e afastado do hospital, ele me dizia que a Beneficência Portuguesa consumia 32 mil litros de leite por mês e que "precisavam ser bem controlados, pois as possibilidades de desvio eram imensas".

Antônio sabia de cor o número de cirurgias cardíacas feitas em cada mês, assim como o número de cateterismos e hemodiálises, e calculava o custo de cada procedimento. Exigia que tudo fosse apresentado em relatórios sucintos, sempre lidos com atenção. Fazia anotações e comentários que eram encaminhados a seus autores. Quando havia dúvida, pedia justificativas detalhadas. Nada passava em brancas nuvens. Até erros de soma eram pegos por ele.

Muitas e muitas vezes ele me mostrava relatórios feitos no computador, dizendo:

– Não sou contra o computador. Mas os números não podem substituir as ideias. Veja este relatório que recebi da Beneficência: está repleto de números, mas tem zero de ideias. Fiquei sem saber o essencial, ou seja, o grau de sucesso, quanto gastamos e o que pode ser melhorado. Vou devolvê-lo a seu autor, pedindo mais ideias e menos números, com a recomendação de que qualquer relatório tem de ser feito por neurônios, e não por chips.

Os que tinham interesse em fazer benfeito aprenderam muito com Antônio. Seu modo de administrar era uma grande escola. Afinal, a Beneficência Portuguesa tinha de fazer muito com pouco dinheiro. E isso só era possível com um estilo austero como o de Antônio.

Antônio ficava atento a tudo, em especial no setor de compras. Nesse campo, dizia haver muitas máfias, sendo que a maior de todas estava fora do Brasil. Assim explicava:

– A verdadeira máfia da saúde está nas empresas que fabricam equipamentos hospitalares. Tentei comprar diretamente materiais cirúrgicos nos Estados Unidos. Fiquei surpreso quando, em Nova York, os fornecedores se negaram a vender dizendo que eu deveria comprar de seus representantes no Brasil, que cobravam uma exorbitância.[15]

Mas não era só com as compras que ele implicava. Antônio acompanhava os pequenos detalhes do hospital. Fazia verificações *in loco* em todos os prédios, em geral à noite. Nas andanças, registrava o lixo que não fora esvaziado durante o dia; a lâmpada que estava queimada ou acesa sem necessidade; os banheiros que estavam com mau cheiro; o ruído da porta dos elevadores; as torneiras que pingavam; as janelas emperradas; os pisos que tinham anomalias e até mesmo os saltos de sapatos que provocavam excesso de ruído nos corredores. Além disso, acompanhava o funcionamento de todos os aparelhos. Pela manhã, antes de ir para a Votorantim, deixava a lista do que precisava ser corrigido na administração do hospital e, muitas vezes, para reforçar, telefonava para que as providências fossem tomadas – o mais rápido possível.

O controle da farmácia e do banco de sangue – setores muito sensíveis – fazia parte de sua maior preocupação. No caso dos medicamentos controlados, houve duas fases. No início, ele exigia que toda sobra fosse guardada no cofre com uma chave mantida sob os cuidados do chefe da enfermagem. Depois de três meses, levava-se tudo para a Chácara da Beneficência (Itapecerica da Serra) para incineração na presença de enfermeiros e seguranças. Na segunda fase, estabeleceu-se que as sobras seriam colocadas no estoque novamente, mediante autorização de órgão público. Depois disso, tais medicamentos passaram a ter registro rigoroso de saída e de retorno.

No caso do sangue que era comprado de bancos terceirizados, Antônio temia o fornecimento de material inadequado. Isso o levou a montar um banco próprio na Beneficência Portuguesa. Quando saiu da presidência, em 2009, o hospital coletava 3 mil litros por mês em média. Duzentos e dez litros eram descartados imediatamente. O restante era submetido a vários testes, o que reduzia o total a 1.200 litros, então aproveitados de várias formas. Com isso, Antônio ficou mais tranquilo.

Ele controlava também o desempenho dos médicos sem, contudo, ofender os princípios da ética profissional. Sabia quantas operações faziam; quantas eram pelo SUS e quantas pelos convênios – que geravam uma receita estratégica para compensar a minguada contribuição do poder público (SUS). Registrava pessoalmente a taxa de sucesso e de insucesso de cada cirurgião. Acompanhava com rigor o nível de infecção hospitalar de todos os setores. Ficava sabendo também quando os médicos da Beneficência Portuguesa operavam em outros hospitais. Não gostava disso. Oferecia recursos abundantes (locais, equipamentos, assistentes de pesquisa etc.) para manter os bons médicos no hospital. Facilitava a vida dos que estavam em início de carreira por meio de estágios e cursos de aperfeiçoamento. Por tudo isso, esperava que, ao longo do tempo, os médicos viessem a formar núcleos técnicos de boa qualidade na própria Beneficência Portuguesa. Muitos fizeram isso, outros não, magoando-o bastante.

Os que operavam em outros hospitais alegavam que tudo era bom na Beneficência Portuguesa, exceto os serviços de hotelaria e os de enfermagem, o que desagradava os pacientes e os médicos, que ficavam apreensivos com o pós-operatório. De fato, a hotelaria sempre foi espartana. Nem podia ser diferente para se atender dois terços de pacientes do SUS, sistema que pagava tão mal. Mas tudo era muito limpo. Os índices de infecção hospitalar eram baixíssimos e assim continuam até hoje. Os aparelhos são de última geração. Todos funcionam bem. Mas ao reconhecer as deficiências da hotelaria, e para atender os pacientes mais exigentes, Antônio construiu um novo prédio com os recursos mais modernos – o Hospital São José –, sobre o qual falaremos adiante.

Diferenças de filosofia

Antônio foi um homem feliz por poder ajudar os menos favorecidos, dizendo uma frase que virou chavão:

– Para rico, não trabalho de graça. Para os que não podem pagar, faço isso com prazer.

Ele discordava frontalmente de alguns diretores que, para equilibrar as finanças, queriam terminar com o atendimento aos mais pobres. Para eles, Antônio perguntava:

– O que você tem feito para reduzir as despesas do hospital? Isso é o essencial, pois é da nossa obrigação atender os mais pobres.

Para diretores que eram empresários, ele usava uma frase igualmente contundente:

– Entendo que no mundo dos negócios busca-se sempre aumentar a receita. Eu não compartilho dessa filosofia para administrar um hospital de benemerência. Mas, se alguém quiser assumir meu cargo, deixo-o logo.

Sistematicamente lembrava-se do primeiro dia em que assumiu a presidência do hospital, ocasião em que ouviu uma proposta de se extinguir o convênio com o Inamps (SUS) que atendia os pacientes mais necessitados. Sua resposta foi dura e direta:

– Vou pôr em votação. Se a proposta for vitoriosa, a respeitarei, mas adianto que esta será a primeira e a última vez que presidirei esta diretoria.

Esse foi um ponto de permanente divergência entre Antônio e os que viam o hospital como uma oportunidade de negócios. É claro que a organização não podia trabalhar no prejuízo. Com 60% dos pacientes internados pelo SUS – que geravam apenas 20% das receitas –, era preciso controlar as despesas com extremo rigor e gerar receita compensatória (dos convênios particulares). Essa era a complexa engenharia financeira que ele fez a vida toda para manter o hospital em equilíbrio.

Antônio não se contentava em fazer filantropia na Beneficência Portuguesa. Acompanhava de perto o que chamava de "pilantropia", feita por outros hospitais de São Paulo. Ficava irritado ao ver que, na maioria dos casos, a filantropia era só de fachada – o necessário para os hospitais conseguirem isenção de impostos e de contribuições sociais. Na Beneficência Portuguesa, ao contrário, o tempo todo ele fez questão de manter dois terços dos leitos com pacientes do SUS. Nos setores mais sofisticados – cirurgia cardíaca, transplante renal, hemodiálise etc. – o atendimento aos pacientes do SUS ultrapassava os 80%.

A rotina de um pesado trabalho

Anos a fio, Antônio chegou ao hospital às 6h30, ficando até 7h30, quando ia para seu escritório da Votorantim. Voltava às 11h30 e ficava até as 12h30, quando ia almoçar. Retornava às 19h e lá permanecia até tarde da noite. Muitas vezes saía depois das 22h. Aos sábados, o expediente inicial era das 6h30 às 8h00, quando ia para a Votorantim. Voltava às 11h e ficava até o meio-dia. Voltava à tarde. Aos domingos, eram duas ou três horas pela manhã.

Nos últimos anos, Antônio passava as tardes de sábado no hospital ouvindo as apresentações musicais do maestro Silvio Baccarelli, pago com seus próprios recursos. Sua ideia era levar música clássica

– instrumental e cantada – aos pacientes, sobretudo às crianças. O hospital dispõe de um salão nobre de indiscutível beleza – vitrais portugueses, móveis entalhados, madeira de lei –, que é um local suntuoso para as apresentações musicais. Antônio era frequentador assíduo, sempre acompanhado de Maria Regina. Sua grande satisfação era ver os pacientes felizes, esquecendo-se, por alguns momentos, da dor que os afligia. Depois dos concertos, passava pela capela do hospital para agradecer a Deus a oportunidade de poder ajudar a quem tanto precisava.

Nas reuniões semanais da diretoria, Antônio sempre era o primeiro a chegar. Não tolerava atrasos. Ele apresentava o assunto de maneira sucinta, objetiva e com proposta de solução, geralmente aprovada.

Tinha muito orgulho da área de cardiologia, que, durante muito tempo, foi liderada pelo doutor Euryclides de Jesus Zerbini. O início foi dificílimo. Por não ter equipamentos adequados, o hospital manteve um convênio com o Instituto de Cardiologia do Estado – ICE (Dante Pazzanese). Os médicos e residentes iam diariamente ao Instituto para pegar os tubos para circulação extracorpórea e levá-los à Beneficência. Chegavam por volta das 11h, almoçavam rapidamente e iam direto para o centro cirúrgico. No fim do dia, levavam os equipamentos de volta ao ICE. Assim começou o trabalho em uma área em que, mais tarde, o hospital se tornaria referência internacional.

Antônio teve um papel fundamental nessa metamorfose. Antes dele, em 1969, o hospital já havia comprado uma máquina de hemodinâmica (para fazer cateterismo), que era operada pelos doutores Shigue Mitsuso Arie e José Eduardo de Souza. Porém, logo que assumiu a presidência, em 1971, Antônio comprou mais duas e vários outros equipamentos. Os 25 leitos de UTI passaram para 77 e, mais tarde, para 185. Dali para a frente, o Departamento de Cardiologia cresceu aceleradamente. Em 2009, quando Antônio se afastou do hospital, de um total de 41 salas de operação, 16 delas eram só para cirurgias cardíacas. Na época, eram feitas 9 mil cirurgias cardíacas e 18 mil cateterismos por ano.

Ao completar 80 anos, Antônio recebeu o reconhecimento dos cirurgiões mais expressivos dessa especialidade. José Pedro da Silva assim analisou seu papel no desenvolvimento da cardiologia no Brasil:

> O talento e a dedicação do dr. Antônio permitiram que os maiores cirurgiões cardíacos do Brasil tivessem um espaço propício à produção, tanto em termos de tratamento dos pacientes quanto em desenvolvimento científico. Não é por acaso que várias técnicas cirúrgicas foram criadas no hospital administrado pelo dr. Antônio. A primeira cirurgia de ponte de safena do Brasil foi feita em 1968 na Beneficência Portuguesa, assim como a primeira correção anatômica de uma doença congênita denominada Transposição das Grandes Artérias foi ali realizada em 1975 e posteriormente adotada no mundo inteiro. O primeiro transplante de coração e pulmões com sucesso na América Latina foi também feito no Hospital Beneficência Portuguesa e, ainda nessa área, destaca-se o primeiro transplante heterotópico do Brasil, indicado em casos especiais, permitindo que o paciente sobreviva com dois corações. Na cirurgia cardíaca moderna, foram produzidas inovações técnicas que mudaram as condutas em importantes hospitais, como a Mayo Clinic e o Children's Hospital de Boston. Essas são apenas algumas contribuições relativas ao setor cardiovascular, sem mencionar as das outras especialidades... O dr. Antônio não só construiu um grande complexo hospitalar, mas nos ensinou e incentivou a pensar com grandeza e orgulho nacional, sempre com dedicação e senso humanitário.[16]

Mas os avanços não se limitaram à cardiologia. O consagrado cirurgião Raul Marino assim se expressa sobre o trabalho de Antônio no campo da neurocirurgia:

> O dr. Antônio é engenheiro de formação, não é médico. Entretanto, já fez ele mais pela medicina e pela caridade social neste país do que

centenas, milhares de profissionais da saúde reunidos. [...] Ele demonstrou que a assistência médica de alto padrão também pode ser levada aos pacientes de pequena posse [...] Aprendemos com ele que se deve trabalhar por devoção e nunca apenas por obrigação. Sua faina desconhece horários, feriados, férias, sábados ou domingos. Todos os dias para ele são dias de trabalho. Sou testemunha disso.[17]

O trabalho de Antônio na Beneficência Portuguesa foi reconhecido também pelo governador José Serra, que foi ministro da Saúde:

Um trabalho voluntário, diário e intenso, que permitiu a ele e a sua equipe organizarem um hospital cinco estrelas em termos de qualidade e, o que é muito importante, integrante da rede do SUS. Isto graças a uma administração criteriosa, eficiente e econômica. Fui e sou testemunha do empenho pessoal do Antônio em manter a "Beneficência" dentro da rede do SUS, apesar das dificuldades cíclicas nas remunerações oferecidas pelo Ministério da Saúde.[18]

Do governador Geraldo Alckmin, que é médico, recebeu o seguinte comentário:

No campo da filantropia, Antônio leva avante a gigantesca Beneficência Portuguesa, exemplo de hospital a serviço do povo, que diariamente acolhe e devolve a saúde a milhares de pessoas de todo o Brasil e do exterior, aliando o que há de mais avançado na medicina à atenção e ao carinho que sempre foram e serão o melhor remédio para quem se sente atormentado pelos mais diferentes tipos de enfermidades.[19]

"Tudo com dinheiro próprio"

Um dos maiores orgulhos de Antônio era dizer que a Beneficência Portuguesa era um hospital de primeira linha, que atendia dois terços de SUS e não tinha dívidas. Indiretamente, ele queria dizer que os demais hospitais que dependem do SUS estavam endividados porque eram mal administrados:

– Noto que os donos de muitos hospitais, que reclamam tanto, estão sempre bem de vida, enquanto os hospitais estão sempre mal de finanças. Alguma coisa está errada... – insistia maliciosamente.

Mas poucos sabiam que essa história de dinheiro próprio do hospital era por ele citada e repetida para encobrir as doações que fazia anonimamente. Essa foi uma prática rotineira. Quando eu o indagava sobre o assunto, ele desconversava. Apesar de seu silêncio, ouvi de funcionários do hospital que inúmeros aparelhos caríssimos (tomógrafos, ressonância magnética, raios X especiais e outros) foram comprados e pagos por ele. Consta que, no novo Hospital São José (que é a unidade mais moderna da Beneficência Portuguesa), a conta dos aparelhos doados passou de 10 milhões de dólares. A nova unidade tem cem leitos. Com uma área construída de 23 mil metros quadrados, foi erguida em quatro anos, abrindo as portas em 2006. Como de praxe, Antônio não quis inauguração, mas fez questão de fazer uma bela capela para São José, seu santo protetor.

Seu apego e dedicação à Beneficência Portuguesa foram impressionantes. Testemunhei muitos fatos que me tocaram fundo. Outros me foram contados por quem conviveu com ele no hospital. Certa vez, Antônio foi para o Rio com o administrador, Júlio Takahiro Yonamine. Como sempre fazia, usava seu avião particular, pagando do próprio bolso todas as despesas. O objetivo da viagem era a solução de problemas no SUS (então INPS) e no Ministério da Fazenda. A reunião no SUS demorou demais, terminando apenas as 18h30. Então, quando chegou ao Ministério da Fazenda, o prédio já estava fechado, mas, depois de convencer o porteiro, entrou, e conversou com o ministro até as 22h30.

Chegando ao aeroporto Santos Dumont, o piloto disse que, partindo àquela hora, só poderia aterrissar no aeroporto de Viracopos, em Campinas. Foram. Chegaram às 23h30. Antônio dirigiu-se ao banheiro, onde se demorou demais. Ao me contar essa história, Júlio disse que inicialmente ficou apreensivo, pois ficara do lado de fora esperando por um bom tempo. Achou que Antônio estivesse com algum problema. Que nada. Ao entrar no banheiro, viu-o observando o piso e quis saber de Júlio sua opinião a respeito daqueles ladrilhos. A pergunta tinha procedência. Ele estava cogitando usar o mesmo material em várias partes do hospital. Era mais de meia--noite, depois de um longo dia de trabalho, e ali estavam os dois levantando os prós e os contras a respeito de um piso. Chegaram a São Paulo à 1h da manhã. Antônio pediu para Júlio ir ao hospital às 6h30. Quando Júlio chegou, Antônio, já estava lá, com os cálculos retocados e a ordem para obter três orçamentos daquele material. E assim começou uma reforma que foi mentalizada tarde da noite num banheiro de aeroporto.

Antônio era assim. A todo momento, interrompia seu trabalho para telefonar a uma autoridade, falar com o administrador do hospital, conversar com um médico sobre o equipamento que pretendia comprar ou saber o estado deste ou daquele paciente. Os problemas do hospital circulavam em suas veias o tempo todo.

Uma vez, os governos federal e estadual lançaram uma grande campanha de profilaxia do câncer de mama com base em exames de mamografia. A Beneficência Portuguesa saiu na frente. No primeiro ano fez 3.600 mamografias. Ironicamente, o SUS não aceitou pagar pelos exames que o próprio órgão solicitou. Apesar de revoltado com a negativa, Antônio manteve as metas da campanha e, anos a fio, atendeu inteiramente as cotas que os governos atribuíram à Beneficência Portuguesa, sem nada receber do poder público.

Antônio nunca gostou de inaugurações. O hospital foi crescendo e funcionando por partes, sem festas ou fanfarras. Em datas especiais, ou quando uma autoridade pedia para visitar o hospital, ele organizava uma modesta solenidade de batismo do bloco pagão. Numa das vezes, esteve presente o presidente de Portugal, Antônio Ramalho Eanes. Na ocasião, Antônio pronunciou um discurso muito bem pensado para recuperar as tradições portuguesas no campo da ajuda ao próximo, destacando as Casas Pias, os asilos, as importantes Santas Casas de Misericórdia e os hospitais de benemerência levados avante em várias partes do mundo. De seu discurso, extraí os seguintes trechos:

> Embora lugar-comum, nunca é demais relembrar os traços indeléveis que nos legou esse povo [os portugueses], ao mesmo tempo romântico e pragmático: a disposição dos que não mandam, fazem; a intrepidez dos que não pedem, conquistam; a magnanimidade dos que não humilham, perdoam; a grandeza dos que não separam, unem. [Este hospital] nasceu da iniciativa de um grupo de portugueses de escol. Nessa empreitada não olvidaram os desvalidos, norma que continua até o presente.[20]

Antônio nunca deu nome aos blocos que ia construindo. Os diretores, inconformados, acabaram colocando uma placa no conjunto dos prédios existentes denominando-o de "Complexo Antônio de Moraes". Ao ver a peça, pediu para retirá-la. Por muito custo, acabou aceitando uma placa menor, colocada bem escondida, no corredor lateral. Está lá até hoje, sendo difícil de ser notada – como ele quis.

Frustrações e alegrias

Antônio lia muito sobre construção e administração hospitalar. Conhecia os vários formatos de hospital, em especial nos Estados Unidos e na Inglaterra. Por ser engenheiro, dominava as peculiaridades da parte elétrica, da hidráulica, enfim, de toda a parte física das construções. Lia também sobre o desempenho dos hospitais brasileiros e estrangeiros. Estudava os catálogos de equipamentos médicos e hospitalares. Analisava tudo em detalhes. Sobre equipamentos, antes de comprar, ele pedia aos profissionais que fossem ao exterior para verificar, *in loco*, as vantagens e desvantagens de cada um e, para aproveitar a viagem, faziam treinamentos para bem operar as máquinas na sua chegada.

Apesar de administrar as contas com muito rigor, volta e meia Antônio recebia pedidos de atendimento médico para políticos, familiares e amigos. Quando estes não pagavam, ele aportava os recursos do próprio bolso. Nunca gerou despesa sem cobertura. Apesar disso, ele foi alvo de críticas. Em discurso proferido pelo então senador Ney Maranhão no Congresso Nacional, já mencionado, o parlamentar disse que a Beneficência era um hospital filantrópico "da boca para fora", estando, na verdade, a serviço de Antônio Ermírio de Moraes. Antônio sentiu muito, mas, em vez de responder, perguntou ao senador o que ele havia feito em prol da saúde no Brasil:

– Na Beneficência nós atendemos 30 mil pessoas por ano, 17 mil por conta do SUS. Realizamos 550 cirurgias do coração por mês! Dessas, 490 são para o SUS. E o senador, o que faz?[21]

Num programa *Roda Viva* da época, ele aproveitou a oportunidade para dizer:

– Eu não me sinto parasita da nação. Estou na Beneficência Portuguesa todos os dias, inclusive aos sábados e domingos, enquanto muitos vão à praia.[22]

Em outra matéria, ele aproveitou a oportunidade para informar o drama dos doentes que não dispõem de recursos:

– No Brasil, operar o coração é uma ocorrência traumática. Não me refiro ao trauma cirúrgico, que hoje é mínimo devido às técnicas modernas. Refiro-me ao trauma econômico. Este constitui uma ameaça real. Se for para pagar tim-tim por tim-tim, a construção de uma ponte de safena pode provocar a destruição da economia da família. E quem não tem dinheiro? Para estes há o Inamps [SUS]. Mas é bom saber que o Inamps faz um pagamento meramente simbólico aos hospitais.[23]

Certa vez, a Rede Globo fez uma reportagem negativa à imagem da Beneficência Portuguesa, destacando as reclamações. Afinal, em todo grande hospital sempre há pacientes e profissionais descontentes. Dada a grande penetração da TV Globo, o programa teve ampla repercussão, o que levou Antônio a aproveitar a oportunidade para explicar:

– Tudo isso é resultado das deficiências do Inamps, que paga mal, com atrasos e sem juros os serviços do hospital. A Beneficência realiza cerca de 500 cirurgias do coração por mês, sendo 400 para pacientes do Inamps. O custo médio de cada cirurgia é de 3,5 mil dólares. Mas o Inamps paga apenas mil dólares ao hospital.[24]

A reportagem deixou Antônio muito triste. Apesar disso, continuou fazendo doações generosas à Rede Globo, que lançava na época a TV Futura. Um dia lhe perguntei:

– Por que você mantém essas doações para uma organização que foi tão dura com você e com a obra na qual você põe o melhor de si?

Ele respondeu:

– Eles também fazem uma obra que é justa, da educação, e que merece o apoio de todos. As eventuais injustiças que eles me causaram não me demovem de ajudar a educação do Brasil.

A razão da tristeza decorria também do fato de ter de manter uma complexa engenharia financeira para equilibrar as contas do hospital. Sempre procurou compensar o prejuízo do SUS com as receitas dos convênios particulares e com aportes pessoais. Com essa estratégia em mente, definiu três áreas prioritárias: cardiologia, neurocirurgia e oncologia. Todas exigem procedimentos de alta complexidade e demandam muitos exames de diagnóstico. Com isso, o hospital obtinha uma receita de convênios, o que permitia atender aos pacientes do SUS.

Nessas três áreas, Antônio equipou o hospital com as melhores tecnologias e os melhores médicos. Nunca parou de inovar. Como sempre dizia:

– O hospital é uma bicicleta: se eu parar de pedalar (e inovar), cairei na certa e não conseguirei manter os pacientes do SUS.

Antônio nunca se negou a atender uma doença complexa porque o paciente era do SUS, mesmo nos casos em que sabidamente nada receberia do governo. Ele seguia o regulamento à risca, segundo o qual, tendo condições técnicas, o hospital era obrigado a atender o paciente. Para garantir esse tipo de eficiência, sua atuação pessoal na administração do hospital foi essencial.

– Trata-se de uma equação muito complexa para ser conduzida a distância e sem amor – dizia ele.

Sempre que havia greve de transportes, Antônio autorizava alimentar os funcionários e acomodá-los no próprio hospital. Numa dessas paralisações, Antônio assim se expressou na *Folha de S.Paulo*:

– Foi uma terça-feira à tarde. Como de costume, a equipe técnica se reunia para planejar o novo dia. Eram dezenas de cirurgias escaladas, o rotineiro de um grande hospital: 30 enfartes; 90 operações; e 200 pacientes para serem assistidos minuto a minuto nas unidades de choque e terapia intensiva. Enfim, um dia normal. Anormal foi saber que, no dia seguinte, os cirurgiões corriam o risco de ficar sem apoio nas salas de operações; que o socorro ao enfartado poderia falhar pela ausência dos profissionais do cateterismo; que até mesmo os doentes mais graves poderiam morrer pela falta de enfermeiros especializados. Tudo por falta de transporte coletivo. Era um dia de greve. O hospital teria sofrido sério colapso não fora a maturidade de seus funcionários. Aos poucos, foram chegando para dizer à administração que, naquela noite, dormiriam no hospital a fim de garantir o atendimento no dia seguinte. Graças a esse gesto de compreensão, cumpriu-se a rotina da casa. Cidadania é isso. Que bom! Nem tudo está perdido![25]

Antes mesmo de adoecer, Antônio decidiu pedir a um de seus filhos que assumisse o hospital. Isso é o que seu pai havia feito com ele. Pensou bem e achou que deveria convidar Mário Ermírio para ficar a seu lado durante algum tempo – como vice-presidente. E assim foi feito. Mário trabalhou intensamente, tendo ajudado a racionalizar muitas rotinas de trabalho, alavancando a eficiência da entidade. Quando já estava bastante informado sobre todas as áreas e pronto para assumir o hospital, veio a falecer em decorrência de câncer. Foi um duplo choque para Antônio. Perdeu o filho e o braço direito na Beneficência Portuguesa.

A escolha seguinte recaiu em Rubens Ermírio, que entrou em 2004 como quinto vice-presidente, tendo sido eleito presidente em 2009 e reeleito em 2011. Ao longo dos últimos sete anos, Rubens deu continuidade ao trabalho de seu irmão e foi além, ao profissionalizar a gestão e prosseguir na tarefa de modernização do Hospital São Joaquim e do Hospital São José, tendo recentemente incorporado o Hospital Santo Antônio, localizado no bairro da Penha, que em 2012 passou a fazer parte do complexo da Beneficência Portuguesa. Sua obra tem sido reconhecida como de enorme impacto para a modernização da entidade.

Com a entrada de Rubens, Antônio se retirou por completo. Seus problemas de saúde o impediram de continuar. Nos dias atuais, quando o visito, ele não deixa de perguntar como vai a Beneficência. Dou-lhe as boas notícias que recebo continuamente de Rubens e por fazer parte do Conselho Consultivo da entidade. Digo-lhe a verdade, ou seja, que o Hospital São José está lotado, que desfruta de grande aceitação, tendo se firmado como uma casa de referência em oncologia. Ele lembra da morte de seu irmão e dos dois filhos, todos com câncer, para dizer:

– Estou contente por ter ajudado quem sofre com a mais terrível de todas as doenças. Estou feliz também por ver meu filho tocando a obra que meu avô e meu pai tanto ajudaram a construir.

Ao ver seu contentamento, também fico feliz e me despeço de meu maior amigo, dando-lhe sempre a certeza de estar a seu lado nos dias seguintes. É hora também de me despedir do caro leitor. Se, de um lado, carrego na alma a tristeza de testemunhar hoje em dia o precário estado de saúde de Antônio Ermírio de Moraes, de outro, guardo a alegria de ter podido relatar neste livro um pouco do que anotei das boas lembranças de um longo convívio com um ser humano que, como todos nós, teve virtudes e defeitos. Mas uma coisa é certa: ele sempre amou o Brasil, continua amando, e será eternamente lembrado como um grande brasileiro.

Notas

1 Depoimento no programa *Jogo da Verdade*, 10 set. 1981.
2 Antônio Ermírio de Moraes, *Educação pelo amor de Deus*, São Paulo: Gente, 2006.

3 Idem, *Somos todos responsáveis*, São Paulo: Gente, 2007.

4 Antônio Ermírio de Moraes, "Matemática e português: indispensáveis para uma boa educação", *Folha de S.Paulo*, 30 dez. 2001.

5 Idem, "Educação: triste transição da qualidade para a quantidade", *Folha de S.Paulo*, 14 jan. 2001.

6 Idem, "Mais aulas e menos reuniões", *Folha de S.Paulo*, 10 jan. 1993.

7 "Recursos: só 40% chegam às salas de aula", *Folha de S.Paulo*, 2 jan. 2005.

8 Antônio Ermírio de Moraes, "Educação pelo amor de Deus", *Folha de S.Paulo*, 20 jun. 1993.

9 Idem, "Observando o crescimento educacional chinês", *Folha de S.Paulo*, 15 jan. 2006.

10 Idem, "Preparando melhor o futuro", *Folha de S.Paulo*, 28 jul. 1996.

11 Idem, "Professor esquecido é juventude fracassada", *Folha de S.Paulo*, 18 jan. 2004.

12 Antônio Ermírio de Moraes, "Educação, sim; violência e indisciplina, não", *Folha de S.Paulo*, 26 jun. 2005.

13 Ibidem.

14 Depoimento no programa *Conexão Nacional*, 1997.

15 Depoimento no programa *Jogo da Verdade*, 1981.

16 Gabriel Chalita e José Pastore (Orgs.), op. cit., 2008.

17 Ibidem.

18 Ibidem.

19 Ibidem.

20 Discurso proferido em 25 de maio de 1978.

21 Entrevista de Antônio Ermírio de Moraes, "Tempos de cólera", *IstoÉ Senhor*, 19 nov. 1991.

22 Depoimento no programa *Roda Viva*, 1996.

23 Antônio Ermírio de Moraes, "Uma proposta para o coração", *Folha de S.Paulo*, 13 dez. 1992.

24 "Médicos são acusados de cobrar por fora", *O Estado de S. Paulo*, 8 set. 1992.

25 Antônio Ermírio de Moraes, "Nem tudo está perdido", *Folha de S.Paulo*, 26 maio 1991.

Discurso no Instituto de Engenharia em 10 de outubro de 1977

Honra-me, sobremaneira, o convite para proferir palestra ao ensejo das comemorações pelo transcurso do sexagésimo ano de fundação do Instituto de Engenharia que tantos e inestimáveis serviços tem prestado à Nação pelo estudo sistemático dos assuntos brasileiros das áreas que lhe dizem respeito. Vejamos o que se poderia dizer a respeito do futuro desenvolvimento industrial do Brasil. Até agora, nosso crescimento, em quase todos os sentidos, tem sido desordenado, e o que mais nos tem preocupado é a falta clara de prioridades para o mesmo. Talvez nosso principal mal de hoje seja a vontade de fazermos tudo ao mesmo tempo, sem que tenhamos amadurecido suficientemente alguns dos projetos a que o Governo se propõe executar, principalmente no que diz respeito à alocação real de recursos para a execução da obra. No Brasil, a industrialização [ainda que desordenada] vem sendo indiretamente promovida à custa de nosso produto agrícola.

A partir desse ponto, Antônio Ermírio fez uma detalhada apresentação das potencialidades e realizações da agricultura brasileira, explorando a extensão territorial, as condições climáticas, as vantagens energéticas, o desempenho das principais culturas agrícolas e vários outros aspectos, por si sós, dignos de outra palestra. Em seguida, tratou da questão energética, examinando detalhadamente o petróleo, o xisto betuminoso, o gás natural, o carvão, o álcool, a energia hídrica. Acrescentou a isso um longo capítulo, repleto de fórmulas físico-químicas, sobre energia nuclear.

Embora tenha produzido a palestra por escrito, consta que apresentou tudo de cor, inclusive as complexas fórmulas químicas sobre petróleo, álcool e energia nuclear. Apenas para ilustrar o nível de detalhes, extraem-se dessa parte os seguintes trechos:

No campo da energia nuclear, o Brasil não se encontra bem situado, pois que presentemente nossas reservas são extremamente pequenas. Fala-se em 10.000 toneladas de óxido de urânio (U_3O_8) entre Poços de Caldas e Figueira, no Paraná. Há 20 anos já se falava em 5.000 tons de óxido de urânio, de maneira que, no campo de reserva, nosso progresso foi muito pequeno, estando a exigir, em caráter prioritário, pesquisas sérias em todo o território nacional. Aliás, não posso compreender, sinceramente, como o Brasil poderá marchar com seu programa nuclear sem saber ao menos o que possuímos em nosso subsolo. O Brasil deve possuir, atualmente instalados, até o fim de 1977, cerca de 20 milhões de kws, e isso poderia gerar, dependendo do fator de carga, aproximadamente 100 bilhões de kwh/ano. Se transformássemos essa potência instalada em usinas termonucleares, isso significaria que, em apenas dois anos, esgotaríamos o minério de urânio presentemente cubado no Brasil. É fato sabido que o urânio se encontra disseminado na crosta terrestre de uma maneira mais ou menos constante, através de seus isótopos. O urânio 238 representa cerca de 99,28% de todo o urânio existente na crosta terrestre. O urânio 235, que é o mais importante, pois que é o liberador de nêutrons e o único físsil, representa apenas 0,711% e, finalmente, o urânio 234, que representa os restantes 0,006%. Para o processo de fissão, três são os chamados combustíveis nucleares, quais sejam: o urânio 235, o urânio 233 e o plutônio 239. Destes, apenas o urânio 235 se encontra na crosta terrestre, enquanto tanto o urânio 233 como o plutônio 239 são sistematicamente preparados pelo homem, com o uso de reatores, em laboratório. Pelo processamento através dos chamados Reatores Rápidos Regenerativos (Fast Breeder Reactor), é possível convertermos o urânio 238, que é aquele mais abundante na crosta terrestre, em plutônio 239. Por este mesmo processo converte-se também o tório 232 em urânio 233. As reações que envolvem esses dois ciclos são as seguintes.

Neste ponto, passou a escrever as fórmulas no quadro negro – tudo de cor. Ao comparar as fórmulas utilizadas com suas anotações estudantis, conclui-se que, para preparar a palestra, deve ter recorrido aos resumos e *papers* feitos durante o curso de engenharia, no Colorado. A consulta a essas anotações era frequente na preparação de palestras.

Prosseguindo, Antônio explicava a dimensão técnica do que dizia e dava sua interpretação econômica das escolhas realizadas pelo governo em matéria de energia nuclear:

No ciclo do urânio, um átomo de urânio 238, que é apenas fértil, absorve um nêutron e emite uma partícula beta, transformando-se, então, em 93 neptuno 239, o que por sua vez, através de decomposição radioativa, transforma-se em plutônio 239, que é físsil. Houve, portanto, a transformação de um material fértil em físsil! Aqui chegando, perguntaríamos: por que não se incluir no novo acordo nuclear com a Alemanha o desenvolvimento prioritário de utilização do tório? Há, conforme já disse, abundância de tório no Brasil e, *presentemente*, escassez absoluta de urânio. Sintetizando:

1º) [É] necessário, antes de mais nada, fazermos um minucioso levantamento de nossas reservas uraníferas antes de partirmos, agressivamente, para usinas nucleares, sem saber qual a matéria-

-prima de que dispomos. Se nos precipitarmos, estaremos eternamente dependendo de combustível pago em dólares.

2º) Por que não desenvolvermos nossa própria tecnologia para o uso do tório, já que as reservas brasileiras são enormes? Atualmente estima-se que a ocorrência, na crosta terrestre, de urânio, ande por volta de 4 partes por milhão, enquanto a presença de tório é estimada em torno de 12 partes por milhão.

3º) É evidente que o desenvolvimento da tecnologia do tório, do ponto de vista estratégico militar, será menos interessante. Todos sabem que, se a uma massa de urânio 235 ou plutônio 239, em menos de um milionésimo de segundo, aplicarmos uma grande força capaz de reduzir o volume inicial, teremos como resultado a detonação de uma bomba atômica.

4º) Quando viermos a desenvolver a energia atômica por fusão, no futuro, da qual o Sol é o mais nobre exemplo, precisaremos envolver uma massa de deuterium e tritium ao redor de um mecanismo detonador comparável a uma bomba atômica, e a reação química se processará da seguinte maneira.

Neste trecho, recorria novamente ao quadro-negro e apresentava uma série de fórmulas, todas memorizadas. Depois, prosseguia:

A liberação de energia desta reação poderá ser qualquer coisa equivalente a 20 milhões de toneladas de TNT, ou seja, aproximadamente 200 vezes superior a uma bomba atômica. É importante lembrar que o deutério pode ser fabricado pelo fracionamento da água, e o trítio, pela reação lenta de nêutrons com um isótopo de lítio, o chamado lítio 6. É bom lembrarmos que o Brasil tem grandes recursos de lítio, metal este contido principalmente nos minérios conhecidos como lepidolita, espodumênio e ambligonita.

Como a quantidade de lixo atômico numa reação atômica por fusão é extremamente pequena, é possível que nos dias futuros a energia nuclear por fusão seja, realmente, a solução. Mas, para que isso se torne uma realidade, o caminho a ser seguido ainda é dos mais longos.

APÊNDICE 2

Entrevista concedida por Antônio Ermírio ao Jornal da Tarde em 1978*

O Programa Nuclear Brasileiro foi concebido com base num pressuposto falso, o de que até 1990 o país terá esgotado as possibilidades de aproveitamento hidrelétrico. Esse é um erro gravíssimo.

Hoje [1978] o quilowatt hídrico custa cerca de 800 dólares e o termonuclear, 3 mil dólares. O potencial hídrico brasileiro é estimado entre 180 ou 200 milhões de quilowatts. Esse potencial é perene, é água que Deus nos deu. É energia para o resto da vida.

Juntemos ao potencial hidrelétrico o potencial termelétrico do carvão de Santa Catarina, Paraná e Rio Grande do Sul. Isso permite instalação de usinas capazes de produzir mais 20 ou 30 milhões de quilowatts de energia elétrica.

---

* Íntegra da entrevista "Por que entramos nessa aventura nuclear?", *Jornal da Tarde*, 21 dez. 1978.

Ou seja, temos um potencial firme de produção de 200 milhões de quilowatts apenas com água e carvão. Se descontarmos o fator de carga, que reduz de 50% esse potencial, chegamos à conclusão de que podemos contar com 100 milhões de quilowatts firmes durante o ano inteiro.

Esse número, multiplicado pelas 8.600 horas (que são as horas de um ano), daria um total de 860 bilhões de quilowatts. No ano 2000, a população será de aproximadamente 213 milhões de habitantes. Isso dará um consumo energético anual de 4 mil quilowatts/hora por habitante. Pois, o consumo anual da Itália, que é um país desenvolvido, é hoje de 2 mil quilowatts/hora.

Se temos tudo isso, por que gastar 30 bilhões de dólares com energia nuclear? Além do mais, as reservas conhecidas de urânio são muito pequenas. Bem diferente é o caso do tório. O Brasil, juntamente com o Canadá, a Índia e os Estados Unidos, detém uma das quatro maiores reservas de tório. Diante disso, seria importante desenvolvermos um plano de pesquisa para tentar utilizar esse tório. É uma [outra] fonte de energia que o Brasil não pode descartar assim facilmente.

Quando o tório é bombardeado com nêutrons, ele se transforma em urânio 233, que é físsil. Por que não entregar aos nossos cientistas a questão da utilização do nosso tório? Tenho certeza de que conseguiríamos sucesso.

Se amanhã, por qualquer motivo, a energia [nuclear] gerada por fusão não for dominada, os reatores rápido-regenerativos poderiam entrar em ação imediatamente, onde o tório desempenharia um importantíssimo papel.

[Defendo a paralisação imediata do Programa Nuclear] Eu ficaria apenas com Angra 1 e Angra 2 e não pensaria em mais nada, por enquanto.

Sei que Angra 3 está contratada. Mas o dinheiro não é nosso, é empréstimo. Temos que parar e reformular inteiramente esse programa. Angra 1 e Angra 2 vão gerar energia, mas estão mal localizadas.

A costa Rio-São Paulo é uma das mais bonitas do mundo. Tem 300 dias de sol por ano. É uma região extremamente piscosa, lá estão praias maravilhosas, começa a exploração turística intensa na região. Mas, de repente, você coloca em Santa Cruz uma usina para gerar energia térmica; em Angra dos Reis, as usinas termonucleares; ali perto uma fábrica de alumínio (Valesul). Estamos estragando o que há de melhor no Brasil em matéria de turismo e jogando fora uma grande fonte de renda.

Acho que Angra dos Reis é uma localização errada por excelência. Uma central nuclear deveria ser construída, talvez, no interior do Estado do Rio de Janeiro, ou, quem sabe, aqui mesmo perto da costa, em Registro (São Paulo) – em qualquer lugar onde o progresso não existisse, uma zona inóspita e sem esse grande perigo que é o da poluição. Porque vai poluir mesmo. O lixo atômico exige muito cuidado para que não se tenha acidente.

O Brasil está pronto para instalar usinas hidrelétricas. Empresas como a Siemens, General Electric, Brown-Boveri, AEG, Bardella, Zanini têm total condição de produzir geradores e turbinas de todos os tipos. Por que abandonar toda essa grande infraestrutura montada em 25 anos e, repentinamente, partirmos para uma política nuclear onde até os parafusos são importados?

Além do mais, penso que no Brasil não vai faltar petróleo. [No futuro] vamos ter petróleo extraído de outras fontes, como das areias oleaginosas, das areias pesadas e do xisto. Até agora fizemos um furo para cada 850 quilômetros quadrados, enquanto nos Estados Unidos fazem um furo para cada 3,5 quilômetros quadrados. Ainda há muita esperança nas potencialidades de nossa plataforma submarina, embora a perfuração no mar seja ainda muito cara.

[Sobre o que se comenta a respeito da bomba atômica] penso que não deveríamos nos preocupar com reprocessamento. O reprocessamento é o reaproveitamento do combustível já usado, do qual se recupera o plutônio e o urânio. Este urânio, que é concentrado na base de 0,8% de urânio 235, é transformado no processo em hexafluoreto de urânio. E o plutônio, por sua vez, pode ser misturado diretamente nos reatores. Mas o plutônio é a base para a construção de artefatos nucleares para fins bélicos, ou seja, é a base para a construção da bomba atômica.

Desconheço as eventuais finalidades bélicas do Programa. Mas tudo faz crer que estejamos movidos por uma ação mais militar do que realmente técnico-econômica.

[Finalmente], o Proálcool deve ser incentivado. Mas deve ser incentivado a partir de uma política energética global. A meu ver, tudo tem que ser equacionado – como já disse – a partir do consumo de óleo combustível.

Eu sou um entusiasta do Proálcool, por várias razões. Primeiro, pelo aspecto social. A tecnologia do álcool, seja ele produzido a partir da cana, da mandioca ou do babaçu, é inteiramente nacional. Essa tecnologia não obriga a gastos de um dólar sequer no mercado externo. Além disso, todo o equipamento é produzido no Brasil e dispensa quaisquer importações. E, por fim, temos que criar todo o ano 1,3 milhão de empregos novos, se a população continuar crescendo esses 3% ao ano. Não é a indústria que vai cumprir esse programa. Portanto, nossa saída é partir decididamente para a agricultura. E, dentro desse projeto de desenvolvimento agrícola, por que não partirmos para um grande aumento de produção de álcool para substituir a gasolina?

O raciocínio de que o álcool é muito caro é verdadeiro no curto prazo e falso no longo prazo, porque os preços do petróleo vão continuar a subir. Além disso, temos que pensar também em divisas. Mesmo que tenhamos um custo maior com a produção do álcool, mas, se, em contrapartida, estivermos dando paz social para este país – porque se criarão novos empregos –, estaremos economizando dólares com menos importações. Com base no álcool, o Brasil deixa de importar petróleo. Não há nada mais a discutir.

Enfim, temos o programa hidrelétrico, o programa do carvão, o programa do álcool. Não podemos investir em tudo ao mesmo tempo. Só para o programa hídrico temos que investir 6 bilhões de dólares por ano.

E não podemos aceitar que um Programa Nuclear de 30 bilhões de dólares seja aprovado num fim de semana. Quem decidiu isso? Com quem isso foi discutido? E essa decisão foi tomada por quem nem era especialista na matéria?